Henri Boulad

DIE TAUSEND GESICHTER DES GEISTES

W0413094

Henri Boulad

Die tausend Gesichter des Geistes

Aus seinen Vorträgen herausgegeben
und aus dem Französischen übersetzt
von Hidda Westenberger

OTTO MÜLLER VERLAG

Die Deutsche Bibliothek - CIP-Einheitsaufnahme

Boulad, Henri:
Die tausend Gesichter des Geistes / Henri Boulad. Aus seinen Vorträgen hrsg. und aus dem Franz. übers. von Hidda Westenberger. - Salzburg ; Wien : Müller, 2001
ISBN 3-7013-1042-4

2. Auflage 2002

ISBN 3-7013-1042-4

© August 2001 OTTO MÜLLER VERLAG, SALZBURG-WIEN
Alle Rechte vorbehalten
Satz: Fotosatz Rizner, Salzburg
Umschlaggestaltung: Leo Fellinger
Umschlagfoto vorne: Robert Weinzierl
Umschlagfoto hinten: Christine Ettenauer
Druck und Bindung: Ueberreuter, Korneuburg

Inhalt

SCHÖPFUNGSDYNAMIK

Der Geist ist nirgendwo bestimmbar, er ist immer schon am nächsten Ort, aber in tausend Gesichtern ist er für uns erfahrbar. Er ist nirgendwo, weil er überall ist; nicht an seiner Quelle, in Gott selbst, kann der Mensch ihn orten, noch im Sohn, noch zwischen ihnen, denn er ist der Kraftstrom zwischen beiden und der Energiefluß zwischen dem Schöpfer und der Schöpfung. Dieser dynamische Prozeß zwischen Ursprung und Vollendung ist ein geistiges Prinzip und deshalb vom geistbegabten Menschen innerweltlich erlebbar, falls dieser sich darum bemüht. Überall ist der Geist formend und bildend am Werk, setzt Verschiedenartiges in Beziehung zueinander und führt es in seinem unermüdlichen Bestreben, Einheit zu schaffen, zusammen.

Seine Unbestimmbarkeit ist seine Faszination. Wir können den Geist durch Vorstellungen nicht zu fassen kriegen, durch kein Wort und kein Symbol. Nennen wir ihn deshalb den **Geist der Wahrheit?** Der Geist hat kein Gesicht, weil er tausend hat und unzählige mehr, seine Gesichter sind die Wirkungen seiner Anwesenheit. Er macht fruchtbar, er gestaltet die Welt, und das schon vor Beginn allen Werdens: Noch vor dem ersten Gotteswort, **„Es werde Licht!"**, war er anwesend **„in der Finsternis über der Urflut"** ... Das war der Anfang. Und was ist das Ziel?

Das Ziel des Schöpfungsprojektes ist der Mensch, und der Weg Gottes führt durch diese Schöpfung selbst hindurch bis zum Menschen hin, damit sie durch ihn priesterlich verwandelt und zu ihm zurückgeführt werde. Der Sinn des Universums besteht in diesem Gottesplan. Teilhard de Chardin sieht den Menschen als die Achse der Evolution, denn es scheint, als hätte sich alles verschworen gehabt, den Menschen hervorzubringen in einer fünfzehn Milliarden Jahre andauernden, geduldig ertragenen Wartezeit. Der Evolutionsstrom ist nicht unpersönlich, die Natur ist nicht blind, und die Erscheinung des Menschen in dieser Welt ist kein Zufall, mag man Jacques Monod auch den Nobelpreis verliehen haben, denn **„Gott würfelt nicht“** (Albert Einstein), und **„ein auslaufendes Tintenfaß schreibt keine Gedichte“** (André Chouraqui).

Eine neugierige Wahrscheinlichkeitsrechnung ist einmal zu dem Ergebnis gekommen, daß die Materie des Universums, wenn sie sich ohne den ordnenden Gottesgeist allein überlassen geblieben wäre, **10^{241} (eine Eins mit 241 Nullen) Milliarden Jahre** gebraucht hätte, um im Spiel des Zufalls vielleicht ein Protein entstehen zu lassen. Vielleicht! Vielleicht! Und dann hätte diese primitive Lebenszelle noch einen völlig unvorstellbar langen Weg bis zum „Wunderwesen Mensch“ mit seinem denkenden Gehirn und liebenden Herzen zurücklegen müssen, auch ohne jede geistige Führung, schlicht aus sich heraus! Das Universum ist jedoch nur fünfzehn Milliarden Jahre alt, wer leugnet da ein Leitprinzip, eine unsichtbar waltende Ordnungskraft?

Katzen sind faszinierende, geheimnisvolle Wesen, intelligent und selbstverständlich beseelt. Aber wie lange brauchte wohl eine Katze, die Du mit einer Computermaus spielen und auf der Tastatur herumtanzen ließest, bis ein 25bändiger Brockhaus mit 20.000 sinnreichen Seiten zusammengestellt wäre? Vielleicht bekämst Du nach vielen Millionen Jahren im Spiel des Zufalls ein paar vernünftige Sätze geliefert. Vielleicht! Doch wie schwach ist dieser Vergleich, denn unendlich komplexer ist unsere Weltentwicklung, in der Zwecklosigkeit und blinder Zufall keinen Platz haben. Sie ist **sinnvoll und zielgerichtet, ein geistiges Schöpfungsprodukt mit absoluter Zweckbestimmung** – bei allem Spielraum durch die menschliche Handlungsfreiheit. Ihr Hintergrund ist ausgeleuchtet von einer Intelligenz, die wir nie begreifen werden, aber sie ist es, die dem Ganzen einen Sinn eingab. Und dieser Sinn kann von einer geschaffenen Kreatur, dem Menschen, gefunden werden, weil er den Schöpfergeist selber in sich trägt.

Seit dem Urbeginn ist der Geist in der Materie am Werk und überrascht sich selbst damit, immer neue Formen zu entwickeln bis zu Dir und bis zu mir. Dieses Vorhaben hat bestanden und eine lebendige Anwesenheit west im Innersten der Erscheinungen. Wir Menschen verdanken uns wie die Blumen und alles andere, das existiert, einem Sinn, einer Liebe. Das ist die Botschaft des farbenprächtigen Schöpfungsmythos, der uns die notwendige geistige Sicht vermitteln will und keine wissenschaftlichen Aufschlüsse. Vor allem vermittelt er uns den Sinn unseres menschlichen Daseins, **„das Geheimnis, das von Anfang an bestanden hat"**, lehrt Paulus. Welt und Mensch wurden in Weisheit erdacht.

Und trotz aller Rückläufe können wir diesen aufsteigenden Pfeil in der Geschichte erkennen, da strahlt ein Licht ins Universum hinaus, es ist das sich ständig erweiternde Bewußtsein des Menschen im Geist. Nicht der Tod als Widersinn bedroht das Leben, sondern der Ungeist, der Zweifel. Der Geist ist der Garant für die unsterblichen Wirklichkeiten, er leuchtet sie aus und weist auf ihren letzten Sinn hin, er reißt uns über manches absurd erscheinende Weltliche, alle Tragik und allen Irrtum hinweg. Er offenbart sich dem Suchenden, er bestärkt den Gläubigen.

Jedem möchte ich die Werke von Teilhard de Chardin zu lesen empfehlen. Seine Lehre weiterzugeben bedeutet Neuevangelisierung, denn sie basiert auf neuzeitlichem philosophischem und naturwissenschaftlichem Denken. Wie Paulus hat er darum gerungen, unserer Zeit das zu verkünden, was er erkannt hatte: Die ganze Welt ist drängende, unstillbare

Sehnsucht, sie bewegt sich in einer ungeheuren Spannung auf etwas Größeres hin, etwas Bleibendes. Die horizontale Fortbewegung durch die schnellsten Jets genügt dem Menschen schon längst nicht mehr, er sucht das Vertikale, und er stößt jetzt in dieser Richtung in die unendlichen Räume vor. Am liebsten würde er schon heute andere Sonnensysteme besuchen. Stephen Hawking flog mit seinem Rollstuhl im Januar 2001 nach Bombay, um vor 3000 Hörern einen Vortrag über „Wissenschaft und Zukunft" zu halten, in dem er die für ihn sichere These interstellarer Reisen des Menschen vertrat: **„Wir werden uns auf anderen Planeten und Sternen ausbreiten und zwar schon in den kommenden einhundert Jahren."** Bisher gab es schon 900 bemannte Raumflüge.

„Citius, altius, fortius" (schneller, höher, stärker) – lautet das Motto der Olympischen Spiele, und wem sollte entgangen sein, daß sich die Rekorde bis zum heutigen Tag noch immer steigern? Woher dieser nicht zu bremsende Antrieb? Als der Geist sich des Menschen bemächtigt hatte, geschah etwas, das die gesamte Welt betrifft, der Aufbruch einer neuen dynamischen Kraft. Seitdem befindet sich der Mensch im Lauf nach vorn, im horizontalen wie im vertikalen Sinn. Er hatte seine eigene Kreativität entdeckt, wurde Unternehmer, Städteplaner, Künstler. Zu Anfang betrug sein Gehirn um die 500–600 cm^3, heute das Dreifache. Das allerdings beantwortet uns nicht die tieferen Fragen seit dem Aufblenden des Geistes in der Evolution und der Bewußtwerdung des Menschen.

Und doch will unsere materialistische Kultur von der Transzendenz des Menschen noch immer nichts wissen, sie hat den Weg des analytischen Vorgehens gewählt, auf dem der Geist experimentell nicht nachweisbar ist. Deshalb kann uns auch niemand sagen, was Schönheit ist oder Güte. Die exakte Wissenschaft hat immer etwas Reduzierendes, weil beim Zerlegen vieles verlorengeht, allem voran der große Zusammenhang. Nicht selten steht am Ende dieses rein intellektuell beschrittenen Weges die trockene Schlußbemerkung, der Mensch sei ein ganz normales Naturprodukt, vielleicht ein höherer Primat, und Gott ist ein Mythos.

In Wahrheit kann ein Mensch die atmende Seele der Schöpfung entdecken, ihr Wesen schauen, ihr Wirken nachvollziehen, wenn er sich auf den geistigen Weg der Betrachtung einläßt. Dann wird er Gottes Geisthauch in dem Menschen spüren, der ihm gerade gegenüber steht, er wird auch die **anima** im Tier- und Pflanzenreich spüren, die inwendige Gottheit, verborgen anwesend, den Hauch des Geistes.

Die Evolution ist eine Bewegung auf das Absolute hin, denn das Absolute ist im Relativen enthalten, das Ewige im Zeitlichen, der Schöpfer in seinen Geschöpfen. Und noch mehr: Der Mensch bringt die sich selbst noch nicht bewußtgewordene natürliche Schöpfung weiter, er ist der Träger der letztgültigen Absicht Gottes. Diesen himmlischen Pol dürfen wir nicht aus den Augen verlieren, der irdische braucht ihn, sonst multiplizieren sich unsere Weltdramen, wir sind noch auf dem Wege. Unsere eigene, reale Wahrheit hat sich noch nicht abgezeichnet, unser Körper, den wir aus dem Tierreich geerbt haben, ist vom Geist noch nicht durchdrungen, deshalb trägt er unbewußt schwer an dieser Sehnsucht. In tausend Versuchen möchte der Mensch das sichtbar werden lassen, was an Schätzen in ihn hineingelegt wurde. Die christliche Erlösung ist uns Verheißung, aber sie verstärkt diese Sehnsucht. Der Mensch ist auf dem Wege, und in seinem Voranschreiten vergeistigt er die Welt um sich her. Er prägt ihr den Stempel des Absoluten auf.

Im Libanon saß ich einmal entmutigt am Fuße eines gewaltigen Bergmassivs im Schnee, weil mich meine törichten Skiversuche genervt hatten. Da entdeckte ich unweit von mir ein kleines Kind, das hingebungsvoll in Schnee und Sonne spielte. Plötzlich fühlte ich, wie unfaßbar es wäre, wenn jetzt ein herabdonnernder Fels dieses Menschenkind vernichtete. Zurück in die Nicht-Existenz! Da wußte ich, daß dieses kleine Wesen größer ist als dieser Berg, größer als der ganze Libanon, größer als unsere Erde. Seine Größe liegt im Gottesgeist, der dieses Kind bewohnt – jetzt und in Ewigkeit.

Das Drama unserer modernen Gesellschaft ist, daß sie für solche Bilder und Bezüge blind und taub geworden ist und damit den Sinn für das Göttliche entbehrt. Wer aber den Sinn für Gott verliert, verliert auch den Sinn für den Menschen, für seine innere Schönheit, seine Würde. Die Tiere können ihrer Natur vollkommen gerecht werden, der Mensch kann es auf natürlichem Wege nicht, weil er das Übernatürliche in sich trägt und danach zu leben verlangt. Dafür braucht er die Gnade, sie schenkt ihm das Mehr seiner Existenz, eine persönliche Zuwendung. Das kann so stark geschehen, daß er **„sprüht von Geist"**. Diese Zuwendung hat aber nicht nur das Wohlbefinden des Betreffenden zum Zweck, nein, der Geist muß schöpfungsdynamisch das Gesamtziel verfolgen, indem er Deinen Geist in Dir mobil macht und Dir etwas entlockt, sonst fehlt es in der Welt an irgendetwas, Du bist gefragt, Du! Sonst besteht ein Mangel und das sogenannte Böse kann sich um ein Quäntchen weiter mehren.

Der Geist ist nichts Statisches, sondern Leben, immer um seine Zunahme bedacht, weil die Welt noch nicht fertig ist. Nur durch Mensch plus Menschheit in vernetzter Verantwortlichkeit nimmt der Geist zu. **„Wer an mich glaubt, aus dem werden Ströme lebendigen Wassers fließen"** (Joh 7, 38), das ist die Quelle, die der Glaube öffnet. Du glaubst daran – und schon öffnest Du Dich. Du hast Dich geöffnet – und schon kann der Quell fließen! Du bleibst verschlossen, weil Du zweifelst oder Dich bewußt dagegen stemmst, also wird die potentielle Geistesmacht in Dir ein Schlummerdasein führen, ohne irgend jemandem zu nützen.

Sämtliche Geistenergien, die der Mensch freisetzt, wirken schöpfungsdynamisch. Sie greifen auf die Umwelt über, gestalten und verwandeln sie, bereichern oder heilen sie. **„Löscht den Geist nicht aus!"** (I Thess 5, 19) mahnte Paulus. Aber unsere gegenwärtige Epoche ist pessimistisch und skeptisch gestimmt, entmutigt oder im Überfluß gelangweilt, weil sie den Geschmack am geistigen Leben vergessen hat. Sie braucht eine neue Dynamik, um frische Hoffnung zu schöpfen. Erkennen wir Christen den Auftrag? Wir sind der Sauerteig, der gesellschaftsverändernd alles durchdringen soll. Die christliche Religion ist nicht nur eine liturgische Feier, sondern alle Tage eine neugestaltende und sinnschenkende Kraft. Es wurde uns ans Herz gelegt, doch weitgehend vergessen: **„Ihr seid das Licht der Welt! Ihr seid das Salz der Erde!"** (Mt 5, 14) Ich glaube, wir brauchen Narren, die sich bedenkenlos vom Geist umhertreiben lassen, um andere zu erwecken.

Unsere begrenzte Menschenphantasie reicht nicht aus, um sich diese Kraft vorzustellen, die im Hintergrund sinngestaltend arbeitet, Allmacht genannt. Dennoch ist die Schöpfung eine unvollendete Sinfonie, der Mensch soll sie als geistiger Partner Gottes mit ihm fertigschreiben. Das geschieht schon, wenn der einzelne sein Leben seelisch vertieft und geistig erweitert, damit vertieft und erweitert er den Raum Gottes in der Welt und verstärkt seine Wirkkraft. Alles greift ineinander, es gibt nur das EINE.

Das **„Magnifikat Mariens"** kündet in schlichten Zeilen von ihrer Verherrlichung Gottes, weil sie dem Geist erlaubt hatte, sich zu manifestieren. Das ist praktische Gottesverehrung, die ihn größer macht (magnificare = vergrößern). Durch die Sohngeburt wurde sie zur Gottesmutter, die Gott **„vergrößerte"**.

In Kairo gibt es eine Mittelschule von den **„Schwestern der Muttergottes“** – ein Skandalwort für muslimische Augen! Wie könnte Gott jemals eine Mutter haben? So behalf sich dieser Schwesternorden mit lautmalerischen Mitteln bei der Beschriftung seiner Schulbusse, um Ärgernisse oder Schlimmeres zu verhüten. Für uns Christen ist Maria als Muttergottes gerade der Schlüssel zum Verständnis jener Schöpfungsdynamik, die das Gottwesen unter der Wirkung des Geistes noch wachsen ließ; durch sie, die ganz Bescheidene, konnte Gott Mensch werden und sich in diesem Liebesvollzug **„selbst übertreffen“**.

Auch wir sind Teil dieser ganz Bescheidenen und Unbekannten, die den Geist empfangen und gebären können! „Auch durch meinen Leib und mein Wesen“, das mag sich jeder suggerieren. Hier ist der immanente Gott gemeint, der von innen kommt und nach außen drängt zur Welt. Maria ist Bildnis für die Kirche und für die Menschheit dieser Erde, sie ist Symbol, Prämisse, Sakrament, in dem wir alle in Liebe eingesammelt werden. Was mit Maria geschah, kann und soll mit uns geschehen in diesem anhaltenden, dynamischen Schöpfungslauf, das ist der Horizont, der uns Gott als Ziel erscheinen läßt, als die Krönung unserer Zusammenarbeit mit dem Geist.

In der Geschichte Gott gebären und das Gottesreich nahen lassen! Die Welt ist schwanger, niemand weiß im wievielten Monat, **„das weiß nur der Vater“**, sagte Christus. Und wenn das Ende naht, dann wird das ein Anfang sein wie nach einer Menschengeburt, denn auch Leid mag erfahren werden wie bei jeder schmerzvollen Entbindung, und wir werden vom Alten radikal losgebunden. Aber dann kommt die Freude, Raum und Zeit verlöschen, und **„Gott wird alles in allem sein“**, wie es verheißen ist, er wird uns eigenhändig **„die Tränen aus den Augen wischen, und die Nacht wird nicht mehr sein“** (Off 7, 17). Kraft dieser Verheißung alles Geschehen im Glaubenszusammenhang sehen!

Freilich können wir begrenzten Menschenkreaturen den transzendenten Gott nicht aus uns selbst gebären, Gott besteht allein in sich und durch sich, vergessen wir aber nicht: er ist Liebe! Liebe will sich mitteilen, Liebe muß sich hingeben, nichts ist ihr zu kostspielig, wer liebt, liebt grenzenlos. Also hat sich dieses ALPHA, dieses kosmische Himmelslicht, dieses universale Leben, dieses göttliche Bewußtsein eingebunden in einen Frauenleib und eine Futterkrippe und wurde zu einem bitterarmen Menschenkind, um auch den Letzten unter uns zu erreichen. Das ist das **„Ärgernis des christlichen Gottes"**. Die Muslime Ägyptens fragen mich unaufhörlich, in welcher Logik das geschehen sein sollte ...

Und diese KENOSIS, dieser Abstieg Gottes, besteht nicht nur in jener Stallgeburt und dann am Kreuz, sondern sie ist immerwährende Gegenwart in der Schöpfung. Er ist der verborgene, allezeit werdende Gott. Gott am Beginn der Welt und an ihrem Ende, und zwischenzeitlich unsere Geschichte, in der Gott in uns, durch uns und für uns geboren wird. OMEGA ist dieses Ganze. Schöpfungsbeginn, Menschheitsgeschichte und alle Vorgänge in den Tiefen des Universums sind auf OMEGA ausgerichtet, und **„die Schöpfung liegt in Wehen"** (Rm 8, 22a), deshalb! Ich zitiere Teilhard de Chardin während seiner Forschungsarbeiten in Peking 1934: **„Ich glaube, das Universum ist eine Evolution. Ich glaube, die Evolution geht in die Richtung des Geistes. Ich glaube, der Geist vollendet sich (beim Menschen) im Personalen. Ich glaube, das höchste Personale ist der CHRISTUS UNIVERSALIS."**

Entwicklungsbedingt ist die Schöpfung keineswegs begrenzt, sondern durch den ihr einwohnenden Geist Licht und Feuer, in hochdynamischer Spannung befindlich, gerufen von einem Jemand, der sie liebend erwartet. Diese unvorstellbaren Horizonte eröffnet die christliche Offenbarung, und unser Glaube muß große Maße annehmen, um langsam Erkenntnis zu gewinnen. Der Mystische Leib der Endzeit wächst Stunde um Stunde im Verborgenen, und sehr viel realer als wir es uns jemals ausmalen könnten. Die Mystiker unter uns sehen hier ein wenig klarer.

Mystisches ist nicht das Gegenteil vom Physischen, sondern etwas noch Wahreres, etwas ganz Tatsächliches, weil in die Betrachtung der Dinge das Bewußtsein für das Göttliche integriert ist. Mystiker erleben gewisse Dinge, die andere nur in Büchern studieren, sie wissen, der Mystische Leib strahlt zurück aus der Zukunft, er erhellt die noch unfertige Welt im Dämmerschein und unser unvollkommenes Leben darin immerhin so stark, daß sich daraus aller Lebenswille und alle Lebensfreude erklären lassen. Unausgesprochen wird in diesem turbulenten Welttreiben und in der Schaffensdynamik eines Jeden Sinn gefunden, wobei selbst der Tod in Kauf genommen wird, er hat ganz gewiß seinen notwendigen Beitrag zu leisten.

Ich nehme gern das Bild vom sterbenden Dattelkern, denn sein „Aufstieg" ist frappant. Seine „Selbstverwirklichung" und „Personalisierung" ist eine gigantische, fruchtschwere Dattelpalme. Um uns steht es ähnlich, aus dem schmalen Kern soll erst einmal etwas werden, und unsere Zukunftssehnsucht trägt uns dorthin. Aber auch wir müssen, wie der ausgereifte Dattelkern, eines Tages in die Erde gelegt werden, diese Etappe ist unumgänglich, und selbst die heutigen Koryphäen im Reich der Gene sind sich einig: **„Niemals werden wir für den Menschen ewiges Leben schaffen können"** (2001). Der Tod bleibt fester Bestandteil der Schöpfungsdynamik des Geistes: **„Stirb und werde!"** (Goethe)

Der Geist schafft, indem er Neues schafft im ständigen Wandel. Er ist auch Schöpfergeist in den uns noch unbekannten Fernen des Universums. Unter der Fülle des Geistes verstehen wir eine Fülle in der Unendlichkeit und in Dimensionen, die uns unvorstellbar sind. Auch auf unserer Erde war die bisherige Evolution ein Triumph des Unwahrscheinlichen, weil sie ein Geistgeschehen ist. Das biologische Leben ist die Synthese der Materie, das Denken die Synthese des biologischen Lebens, und Christus erschien in der lebendigen verkörperten Liebe als die Synthese des Vorangegangenen. Er glänzt wie tausend Sonnen über allen Synthesen.

Seine zentrale Rolle in dieser Entwicklung war und ist geschichtlich vorgezeichnet, und seine Gestalt überragt alles Dagewesene und Vorstellbare. Er ist noch größer als das Unvorstellbare. Teilhard nennt ihn deshalb den **„kosmischen Christus"**, Herz und Achse der Evolution, in der es immer gärt. Tiefer, geheimer besteht in uns noch eine andere Wirklichkeit, es bedarf deshalb noch einer weiteren Synthese des Menschseins, einer weiteren Strukturierung zur vollendeten inneren Einheit, damit diese Realität sich einmal zeigen kann – der **Punkt OMEGA** am Ende der Geschichte **„wenn die Zeiten sich erfüllen"**. Dann gibt Christus sich voll zu erkennen, und wir erleben **„was von Anfang an gewesen"** (I Joh 1, 1), Christus wird sich als diese wesentliche, innere Struktur der Evolution und der Geschichte für alle erfahrbar machen.

OMEGA ist ein historisches und zugleich transhistorisches Ereignis. Es ist nicht nur der geschichtliche End- und Höhepunkt, das empfundene Glück einer versöhnten Menschheit, sondern zugleich eine über Raum und Zeit liegende transhistorische Realität, so wie Christi Auferstehung beides war. Werden wir wie er durch Leid und Schmerz geführt? Wir wissen es nicht, aber Katastrophen sind angesagt worden, tiefe Krisen, sie mögen geistiger oder auch anderer Art sein, weil OMEGA den Vollzug einer totalen Verwandlung des Welt- und Menschenleibes in den Auferstehungsleib bedeutet. Das alles betrifft die unermeßliche Leistung des Geistes.

Jetzt arbeitet im Wunder der Gnade unser Zusammenwirken, Gottes Geist, menschliche Zustimmung und Bereitschaft, das Fiat Mariens im großen und heiligen Rahmen, unser Fiat heute. Je urpersönlicher und bewußter ich handle, umso stärker kann Gott in mir handeln, das lehrte bereits Karl Rahner. Göttlicher Geist und menschliche Freiheit schließen einander nicht aus. Ich weiß mit Sicherheit, daß der Geist durch mich zu sprechen begehrt, wenn ich zu einem Vortrag ansetze, und ich helfe ihm, „durchzukommen". Eine wunderbare Team-Arbeit! So sehe ich unsere gesamte Menschheitsgeschichte als eine heilige an, für mich gibt es keine profane, menschliche nebenher. Nein, die geistbefruchtete Geschichte, die göttliche und menschliche, sind EIN Unternehmen! OMEGA wird die Erfüllung dieses gemeinsamen Werkes sein.

Erinnern wir uns an die Prophezeiung des Jesaja, er benutzte das herrliche Bild aus der Natur, in der ein Regen fällt und die Früchte der Erde hervorbringt, der Regen als Gestalt des Geistes, die Frucht als Gestalt des universalen Christus, der sich bei uns inkarniert und im Gehen versprochen hatte: **„Ich werde bei euch bleiben bis zur Vollendung der Welt"** (Mt 16, 20). Wer schenkte unserer Welt diesen Jesus von Nazareth, Maria oder der Geist? Beide! Durch ihre Zustimmung wurde sie unser **„Morgenstern"**, Zeichen des Kommenden, unsere Erde ist jetzt der Marienleib, der diese Wirklichkeit Christi vorbereitet, und im eucharistischen Leib wird der OMEGA-Leib dargestellt. **„Gott gebiert sich in mir"** (Origenes), **„Ich bin Muttergottes"** (Gregor von Nyssa).

Seit Anbeginn wird alles vom Absoluten getragen, deshalb kann es nicht als Fehlschlag enden, alles ist in Weisheit geplant. Aber es geht darum, Christus als den Entwicklungsfaktor zu erkennen, gesandt vom Schöpfer! Das Mysterium des inkarnierten LOGOS zum Zweck der Parusie, der Vollendung, sehen! Christus kam nicht nur, um unsere Sünden abzutragen, sondern vor allem, um uns den Weg zu zeigen, sich selbst als Weg – als **„den Ersten und den Letzten, den Lebendigen“**, und als Integrationsprinzip. Begreifen, daß wir durch ihn unseren Unsterblichkeitsleib erhalten! Sein Fleisch hat unser Fleisch bereits mit ins Göttliche aufgenommen, denn er durchschritt die Materie. Es ist die faszinierende christliche Offenbarung, daß wir **„das Projekt OMEGA-Leib“** bereits in uns tragen. Deshalb werden wir ganz sicher weniger aus einer großen christlichen Vergangenheit **angetrieben** als von einer noch viel größeren Zukunft **angesaugt**. Im bereits gegenwärtigen Punkt OMEGA liegt all unser Streben begründet, ohne daß es uns voll bewußt ist. Und christlicher Glaube senkt uns die Gewißheit ins Herz, daß das Weltböse keine Zukunft hat, der Sieg unseres Herrn ist unwiderruflich.

Kein glücklicher Moment unseres Lebens wird verlorengehen, alles ist im göttlichen Archiv verwahrt und lebendig gehalten bis zur großen Synthese in OMEGA. Nicht ein Atom existierte umsonst. Wer das begreift, weiß, daß die mystische Dimension menschlichen Lebens realistischer ist als die politische, weil es letztlich um die Gemeinschaft der Seelen geht, um den regen Austausch zwischen den Lebenden und den Toten, die noch viel intensiver leben als wir. **„Blut im Schnee. Die Unschuld und das Böse ... Ein Unschuldiger, der leidet, breitet über das Böse das Licht des Heils aus. Er ist das sichtbare Abbild des unsichtbaren Gottes“** (Simone Weil). Das Phänomen des Todes bringt die Welt vielleicht gleichmäßiger voran als unsere weltlichen Bemühungen, denn Christus ist der Treffpunkt auf der Brücke, alles, was lebt, hat Gemeinschaft mit ihm.

Die Bewegung der Evolution unter der stillen Führung des Geistes ist dieselbe Bewegung wie in der Dreifaltigkeit, es ist das allgegenwärtige Gottesleben, ein von uns Menschen nicht zu Ende zu denkendes Gottesabenteuer. Im Zentrum der Materie finde ich bereits den Geist wie einen Abdruck der Trinität, sein verborgenes göttliches Abbild, die positive und negative Energie zusammenhaltend durch die „Kernkraft" (ein schöneres Wort fiel uns noch nicht ein). Dort schon, im Mikrokosmos, ist der dreieine Gott ablesbar, aus seiner Schöpfung, die er selber ist. Das gesamte Universum trägt dieses Zeichen, überall ist das Siegel der göttlichen Dreifaltigkeit eingebrannt. Der Geist hält die Materie zusammen, verbindet die Pole, in den tiefsten Strukturbereichen finden wir sein Gesicht. Er garantiert die Konsistenz und den Bestand des Weltalls.

Wie erhält ein schöner Baum, den wir bewundern, sein inneres Leben? Warum gedeiht er? Weil er sich vom Leben durchfließen läßt, weil er es nicht einbehält, sondern weiterreicht. Im Verschenken des Lebens an den nächsten Zweig, das nächste Blatt. Niemals käme es einem Baum in den Sinn, das, was er empfängt, abzuriegeln – **„ich, der prächtigste Ast, werde ab sofort alles mir zuströmende Gut allein genießen!"** Seine innere Stimme, die Weisheit seiner Zweige, würde ihm alsbald den Tod voraussagen und ihm das Bild eines abgestorbenen Holzes in die Seele setzen, das sich nicht einmal mehr erinnern kann. Sich von den anderen fernhalten, das Leben allein besitzen wollen, hat den Tod zur Folge, der Geist entflieht. Auch eine Quelle muß fließen, hält sie sich an, so wird sie zum Sumpfbecken, übelriechend wie der Tod, und es ist ein Tod.

Alles substantielle Leben ist Gott, er gibt sich hin, weshalb wir vom **„lebendigen Gott"** sprechen. Das Leben fließt in ihm wie in einem Baum und schon vor der Entstehung der Welt in der Dreifaltigkeit. Aber er braucht eine Erweiterung seiner selbst wie der Baum seine Zweige und Früchte, denen er sein Leben zukommen lassen kann. So stelle man sich den ewigen Aufsprung des Lebens in Gott vor, der es sogleich weitergibt an den Logos, den Sohn, oder an die Göttliche Weisheit: **„machtvoll entfaltet sie ihre Kraft von einem Ende zum andern und durchwaltet voll Güte das All“** (Weisheit 8, 1). Und der Logos geht über in den Kosmos, es sind die Ideen und die Klangwellen Gottes, die im Sohn zur Welt werden – **„die Schöpfung ist in ihm gegründet“**. Das Göttliche wird Materie, Erde, Fleisch ... und will sich selbst als die Wahrheit zum Aus-Druck bringen.

Der Geist ist es, der Gott zur totalen Entäußerung drängt, um transzendent (Dreifaltigkeit) und immanent (Schöpfung) aus sich herauszutreten. Ein gewaltiger Druck geht vom Geist aus, der Gott veranlaßt, bis ans Ende seiner Liebe zu gehen, seiner Selbsthingabe. Er gibt sich dem Sohn vollständig wie die lebendigen Äste eines Baumes, die davon leben, sich weiterzureichen. Das gesamte Sein ist für die Hingabe gemacht, sonst würde es sich selbst vernichten und Sein gegen Nicht-Sein tauschen. Wie ein notwendiger Blutkreislauf pulst das Leben in der Dreifaltigkeit, und der Geist ist die Suggestionskraft. Diskret regt er die Geste des Sich-Gebens an, er agiert im Innern dieses Mysteriums wie in allen Teilen der geschaffenen Welt. Tiefe Achtung gebührt dem Geist als dem Impulsgeber, er ist ein Weltprinzip: die Dynamik alles Lebendigen. Aber diese Wahrheiten muß man selbst erleben, es gibt keine wirkliche Sprache dafür, ich weiß, daß ich stammele ...

Und wenn ich sage, die Schöpfung war notwendig für Gott, dann wird man mir philosophisch entgegnen, daß es für Gott keine Notwendigkeiten gibt. Ich spreche auch von keiner äußeren, ihn zwingenden Notwendigkeit, sondern von einer inneren, jener aus der Natur der Liebe und des Lebens stammend. Und wir Menschen sind Gott wesensähnlich, alles fließt aus einer einzigen Quelle, aus dem von Liebe überflutenden Gottesherzen. Versuchen zu verstehen, daß Gott sein Leben mit anderen Wesen teilen muß! Unsere Schöpfung „beweist“

diese Wahrheit, wir können bei den Kreaturen dieselbe Liebesekstase wie bei ihrem Schöpfer erspüren, Gott lebt sie seit aller Ewigkeit mit dem Sohn und mit der Schöpfung, Gott geht durch den Menschen hindurch, um seinen Lebensfluß weiterzureichen wie ein Baum oder wie ein Weinstock: **„Ich bin der Weinstock, ihr seid die Reben“** (Joh 15, 1). Wir sind uns längst noch nicht bewußt geworden, wie sehr wir durch unsere Kommunikation – auch untereinander – am Leben gehalten werden.

Dieses Bild vom Baum gilt auch für die Entwicklung unserer Kinder, es gilt für das Verhältnis von Mann und Frau oder für die Freundschaft. Denn es geht um das lebenspendende Element der Einfühlung in den anderen, die Umarmung im geistigen Austausch. Gott, aus dem wir alle stammen, ist bipolar, und alles steht unter dem Zeichen einer nicht endenden Liebesdynamik durch den anwesenden Geist. **Ohne Geist keine Liebe. Ohne Liebe kein Gott. Ohne Gott keine Schöpfung und keine Liebe in der Schöpfung.**

Ich leide darunter, daß allzu viele Menschen dem Dreifaltigkeitsmysterium fremd gegenüberstehen, allenfalls bedenken sie es rein theoretisch, vielen erscheint es „unmöglich“, und nach islamischer Auffassung ist es sogar sträflich. Doch bleibt es für uns die einzige wahre Antwort auf die Frage nach dem Gottwesen, und das ist Liebe durch den Geist, nicht statisch, sondern dynamisch. Wer an einen persönlichen Gott mit höchster Liebesqualität glaubt, dem dürfte der Zugang zur Dreifaltigkeit nicht schwer fallen, denn die Liebe ist der einzig logische „Existenznachweis“ eines schaffenden Gottes und eines Gottes der Menschwerdung um unseretwillen.

Zurück zu den Anfängen, die wir jetzt vermutlich besser verstehen: Jetzt ist der Geist mit zwingender Notwendigkeit an der Arbeit. Nach dem ALPHA („Urknall“) wurden unvorstellbare Mengen ionisierter Materie (mehr eine Strahlungsform, Energie von extremer Hitze und Dichte) binnen einer Sekunde in den Raum geschleudert, und es heißt, nach drei Minuten waren sämtliche physikalische Bedingungen für alles weitere gesetzmäßig gegeben. Noch herrschte die **„chaotische Unordnung"**, deren sich aber der Geist bemächtigte. Durch seine organisierende und strukturierende Kraft entwuchs dem wilden Chaos in ständiger Formierung der Kosmos. Und wer oder was ist dieses ALPHA gewesen, aus dem alles keimt? ... **„Ich bin das Alpha und das Omega, der Anfang und das Ende"** (Off 22, 13). Als vor 3,8 Milliarden Jahren aus bestimmten Makromolekülen die ersten Mikroorganismen entstehen, ist, wie bei allen großen Abenteuern Gottes, der Geist dabei. Bei der Erschaffung des Menschen erhält er den Namen **„Atem Gottes"**, Maria wird er als **„der Schatten des Allerhöchsten"** angesagt, am ersten Pfingsttag nahm er die Gesichter von **„Feuerzungen"**, **„Sturmgetöse"** und **„Sprachwundern"** an.

Das Leitprinzip in allem ist der Geist, der die Welt nimmt und aufsteigen läßt. Seitdem das WORT Fleisch geworden ist, ist das WORT dieser Erdenleib, denn dem materiellen Universum wurde ein winziges Teilchen daraus entnommen, in Jesus vermenschlicht, vergeistigt und zugleich in uns allen personalisiert. Christus lebt in jedem von uns wie in jedem Partikel. Aus diesem Grunde glaube ich, daß sich auch alle übrige Materie in dieser Erwartung befindet, in einem tiefen Zustand der Sehnsucht. Das ist der Weg der **Kosmogenese** über die **Anthropogenese** in die **Christogenese**. Dieser langsame Umwandlungsprozeß stellt für meine Vorstellungen keine Schwierigkeit dar, denn die moderne Physik spricht, wenn sie Materie meint, von **Energiefeldern**, von **quantenmechanischen Zuständen** und dergleichen, weil sie längst beweisen konnte, daß alles Energie ist, fließende Energie oder verfestigte, die in ihrer Vielgestalt immer noch weitere Überraschungen für uns bereithält, und vor allem ist sie wandelbar. Tote Materie, die Materie von einst gibt es nicht mehr ..., schlage ich auf einen Tisch, dann treffe ich auf Energie, unfaßbar stark und ungeheuer beweglich, und ich kann den Tisch in Licht verwandeln. Offenbarung der Immaterialität.

„Wohin und wieweit wir also blicken mögen", sagte der Nobelpreisträger für Physik Max Planck, **„zwischen Religion und Naturwissenschaft finden wir nirgendwo einen Widerspruch, sogar gerade Übereinstimmung in den entscheidenden Punkten. Gott steht für den Gläubigen am Anfang, für den Physiker am Ende allen Denkens."** Und die Materie beschrieb er so: **„Es gibt keine Materie an sich, sie entsteht und besteht nur durch eine Kraft, welche die Atomteilchen in Schwingung bringt und sie zum winzigsten Sonnensystem, dem Atom, zusammenhält. Wir müssen hinter dieser Kraft einen bewußten, intelligenten Geist annehmen – als den Urgrund aller Materie."**

Die heutigen Physiker kennen diese geheimnisvolle **Kraft**, die sie nicht bestimmen können, aber deren **Spuren** sie im Labor beobachten, Spuren! Auch in diesem subatomaren Bereich hat der Geist schon viele Gesichter, man nennt sie **elektromagnetische Kräfte**, **starke oder schwache Kräfte**, eine jede erfüllt ihre Aufgabe, ihren Sinn. Und Teilhard de Chardin, vor 60 Jahren bereits, wußte von diesem **„dedans"**, dieser **„Innenseite"** aller weltlichen Erscheinungen, die noch einen anderen Zugang als den naturwissenschaftlichen braucht.

Gott kontempliert seine Schöpfung nicht von außen wie ein Künstler sein Werk, sondern er bleibt durch seinen Geist inwendig anwesend, er bildet und führt sie über riesige Zeiträume der Vollendung entgegen, auch wenn es für viele den Anschein hat, die Natur arbeite selbsttätig oder gar blindlings. Evolution ist eine Entfaltung in Raum und Zeit, alles war in der **„materia prima"** geheimnisvoll angelegt, und wir leben in einer **„creatio continua"** (Gottes fortgesetztes Schöpferwirken) durch seinen wachenden, sammelnden und vorantreibenden Geist! Er ist ein Fruchtbarkeitsprinzip, er ist die ewige Urkraft; alle Psalmen, Lieder und Hymnen, welche die unversiegbaren Kräfte der Natur preisen, gelten ihm! Nimm ein Gramm Gartenerde auf Deine Fingerkuppe und stelle Dir vor, daß sie fünf Milliarden quicklebendige Bakterien enthält...

Erscheint uns in dieser Perspektive die Evolutionstheorie nicht wesentlich christlicher, wunderbarer, faszinierender als die vorangegangene Vision einer statischen Welt, ein für allemal geschaffen und hingestellt? Nein, Evolution ist Schöpfungsdynamik! Nachdem Darwin das Evolutionsgesetz etabliert hatte, erlebte die Kirche eine strapaziöse Lehr- und Glaubenskrise, weil die Christenheit an das alte Schöpfungsmodell gewöhnt war, an einen äußeren Erschaffungsprozeß durch Gottes Wort und Gottes Hand und Gottes Atem. Jetzt befürchtete man den Zusammenbruch dieser Idee, doch das Gegenteil traf ein: Durch vertiefte Evolutionsforschung sind wir auch zu einer tieferen Bedeutung des göttlichen Schöpfungsprinzips gelangt und zu einem neuen Konzept. Papst Johannes Paul II. hat 1996 den Darwinismus rehabilitiert und von ihm gesagt, daß dieser **„den ontologischen Sprung – die Erschaffung des Menschen – erst recht denkbar werden läßt"**.

Das neue Konzept: **Erstens** eine anhaltende Schöpfung von innen her durch Selbsterschaffungsprozesse aus den gottgegebenen Urstoffen, in denen Gott sich „ausgedrückt" hat und sein gestaltender Geist immerwährend anwesend bleibt. **Zweitens:** Gott spiegelt auf seine Weise und in verschiedenen Stärkegraden sich selbst in seinen Dingen und Wesen, es liegt das Gottessiegel auch auf jedem Grashalm und auf jeder Erdenkrume, denn das **„Bildnis Gottes"** als die Realität des Geistes ist in jedem Atom enthalten und in jeder Zelle.

Mein Rat: Besuche – wie ich – ein Institut mit einem Elektronenmikroskop und erbitte Dir einen Einblick in den Mikrokosmos. Wenn Du die rechte Einstellung hast, wirst Du den Geist am Werke finden, und Du darfst eines seiner tausend Gesichter betrachten, wenn es sich auch dem Elektronenauge physisch entziehen wird. Aber an dieser Schwelle bleibt Dir die glaubende Verehrung, Du möchtest geisterfaßt in einen stillen Jubel ausbrechen, nichts begehrend als Gott zu danken. Die Religion ist die **anima** der Wirklichkeit, sie gibt dem Weltlichen eine Seele ein. In Lyon war ich einmal bei einer Zellteilung dabei, und ich dachte an Tagore: **„Zeitalter vergehen und immer gießest Du aus, und immer ist Raum, um erfüllt zu werden."**

Wenn Materie oder Zellverbindungen als das Durchscheinen einer Anwesenheit erlebt werden, dann leben wir die Mystik. Kreatürliches wird zum Ort der Gotteserscheinung. Und hier offenbart sich uns der Sinn der Sakramente. Die Materie dient als Trägerin der Gnade und Vermittlerin göttlichen Lebens, vor allem aber als Aus-Druck der Gottesliebe. Diese sakramentale Dimension der Materie ist die Erweiterung der Inkarnation, die Einswerdung von Himmel und Erde. Man kann sich der Materie auf materialistische oder auf spirituelle Weise nähern, Teilhard tat beides, und dann schrieb er eine strahlende Hymne an die Materie, in deren Herz er **„das Glühen Gottes"** wahrnahm. Für den einen kann die Materie die endgültige Dichte bedeuten, für den anderen endlose Transparenz, hier scheiden sich die Menschengeister, je nach ihrem Herzensblick, denn im Herzen der Materie **„glüht"** das Gottesleben, die Substanz des Universums heißt **„Liebe"**. Die heutige Wissenschaft versucht auf ihre Weise diesem Innersten auf die Spur zu kommen, dem Geist hinter dieser Ordnung – und das ist außerordentlich spannend geworden! „Eigenwillig" nennt sie die Quarks, jene verborgenen Strukturelemente atomarer Teilchen.

Und zu begreifen, daß jene Urmaterie, die der Geist befruchtet hat, bereits Trägerin aller unserer Gesichter war, läßt mich schweigend niederknien. Weit davon entfernt, das göttliche Prinzip auszuklammern, öffnet uns heute die moderne Wissenschaft einen Weg zur Mystik hin – und zur Gottesverehrung. Und wenn die Zehnmalfrommen heute noch immer die Materie geringschätzen, dann sollten wir sie vor ihren Augen taufen, denn zutiefst gehört die Materie der christlichen Religion an, einer Spiritualität der Inkarnation, die betet: **„und das WORT ist Fleisch geworden"** (Joh 1, 13).

Der Leib Jesu war ein materieller Leib und kein Phantom, andernfalls wäre sein Leiden am Kreuz nur eine Theaterszene gewesen. Da er aber Materie war, unsere Materie, aus der auch wir bestehen, deshalb ist Jesus für uns alle **DER WEG** zu Gott, **„ich bin der Weg"** (Joh 14, 6). Dieselbe Botschaft enthält das Himmelfahrtsereignis: **Ich gehe euch voraus, ihr folgt mir nach, ich ebne euch den Weg, ich bin der Weg.** Es erwartet uns eine Metamorphose und die Auferstehung des Fleisches, um im Geistigen vergöttlicht zu werden. **„Wenn die Erlösung nicht gleich zu Schöpfungsbeginn anwesend war, so könnte ich das Gott niemals verzeihen!"** (Simone Weil).

Und die miterlöste Kreatur wird uns nachfolgen, denn auch im unendlichen Spektrum der Tierwelt scheinen die tausend Gesichter auf, die den hartgesottenen Artenforschern gelegentlich Demut abzwingen, etwas regt sich da in ihrer Brust, sie stoßen an Grenzen, kommen über das Zusammenzählen von Fakten nicht hinaus, können Grund und Ursprung nur lückenhaft erklären und das Warum schon gar nicht. Allein die Vielzahl der Tiefenbewohner der Südsee, unserem Auge entzogen in einer eigenen Lebenswelt. Hunderttausend Formen und Farben und Eigenarten haben sie entwickelt, so verschieden voneinander, daß man sie verschiedenen Planeten zuordnen möchte. Dieses Getier in ein paar Kilometern Meerestiefe ist so bizarr und so verrückt gestaltet, daß wir unseren Augen nicht trauen. Aber jedes dieser schrulligen Geschöpfe lebt in der vollkommenen Harmonie mit sich selbst. Es gibt nichts Häßliches in der Natur, selbst die verschrobensten und manchmal erschreckendsten Formen sind auf ihre Art schön, der Geist drückt sich aus! Die unendliche Vielfalt ist sein Gesicht.

Wenn unser Vater uns in Alexandria in den Zoologischen Garten führte, war jeder neue Besuch eine Sensation für uns Kinder. Ganz außer Atem waren wir angesichts des Spektrums der Natur **„als Abbild der verschwenderischen Gotteskräfte“** – so erklärte es uns der Vater. Über das Königreich der Vögel und ihre tausendfach verschiedene Lebensweise und außerordentlichen Fähigkeiten ist ähnliches zu sagen, wir kommen an kein Ende mit dem Staunen und Bewundern. Machen wir uns immer empfänglicher für die Gesichter des Geistes im Tierreich, dann leben wir doppelt und dreifach! Lesen wir alle Berichte und Forschungsergebnisse, die unsere Printmedien gottlob fleißig verstreuen, das ist lohnende Lektüre! Hundertfältige Wunder sind zu erleben, die uns den Schöpfungswillen in seiner Geistigkeit und Sinnhaftigkeit vor Augen setzt. Und dann wissen wir, daß wir die Pessimistenfahne nicht heraushängen dürfen, der Geist bleibt am Werk, **„Gott schreibt auf krummen Linien gerade“** (Portugal).

Die Ökologen wehklagen zu Recht über das Aussterben vieler Arten und berechnen uns den Zeitpunkt ihres Todes, aber ohne anzumerken, daß die Natur Neues erfindet. Ich könnte mir auch denken, daß die Gentechniker jetzt zum Mitschöpfer des Geistes bestellt sind, sie können aus vorhandenen Substanzen neue Arten entwickeln, der Geist ist niemals am Ende mit seinem Einmaleins. Schwarz-Weiß-Lösungen ohne Risiken sind heute nicht mehr zu haben, gute Antworten müssen aus unserem eigenen Geist und dem Gewissen heraufgeholt und **Inspiration und Intuition** gemeinsam bedacht werden. Ich bitte um die Einführung eines **„Weltgebetstages für die Wissenschaftler“** und ihre Gratwanderungen.

Von meinen Vortragshörern werde ich gefragt, ob Gott nicht beim großen Wurf der Schöpfung ein Fehler unterlief, denn die Evolution irrt sich auch zuweilen, gleitet ab, oder es stellen sich ihr unüberwindliche Hindernisse in den Weg, die in Katastrophen münden. Wie kann das im Plan enthalten sein? Dann antworte ich mit der Gegenfrage, ob man von einem vollkommenen Gott auch eine vollkommene Schöpfung einfordere? Als eine Gottespflicht? Offenbar hat Gott sich für eine Evolution entschieden, die sich selber sucht und erschafft. Sein Geist und der Geist des Menschen nehmen teil an diesem Werdeprozeß und arbeiten auf die Vollendung hin – in aller Freiheit und Spontaneität. Die Evolution tastet, wie alles Lebendige tastet, sie folgt keinem Computerprogramm, nicht einmal einem göttlichen. Deshalb gibt es auch Rückschläge zu verkraften. Aber selbst Erdbeben und Klimaveränderungen werden die Menschen zu beeinflussen lernen wie die Pocken und die großen Kriege der Menschheit. Niemand kann bestreiten, daß bisher das Leben immer die stärkere Kraft besaß.

Nein, Teilhard ist nicht blind. Ich zitiere Dom Helder Camara (aus „Menschen, die mich beeinflußten“): **„Der Philosoph, Theologe, Wissenschaftler und Mitglied des Jesuitenordens Pierre Teilhard de Chardin (1881–1955) zeigt uns anstelle einer Schöpfungsvision, die einen eifersüchtigen, in jedem Augenblick, in jedes Detail eingreifenden Gott vorstellt, eine kühne und großzügige Vision einer schöpferischen Entwicklung. Als der Mensch erscheint, muß er seine Rolle als Mitschöpfer erfüllen; es liegt an ihm, die Natur zu beherrschen und die Schöpfung zu vollenden. Teilhards Optimismus – er schließt die Tatsachen des Bösen nicht aus und vergißt keinesfalls die Sünde, das Kreuz**

und die Sühne – hilft mir, stets der Hoffnung das letzte Wort zu reden."

Ich möchte hinzufügen: Alle reden von den Bedrohungen und nur wenige, sehr wenige, von einer **neuen Moral der Askese,** die das Böse von innen her ausheilen und zugleich das spirituelle Erwachen fördern kann. Läuterungen durch die Mystik und eine zeitgemäße, moderne Askese sind wirksame Maßnahmen gegen das Böse. Das Leben ist eine geistige Herausforderung gegenüber der universellen Gravitationskraft, die eine Schwerkraft ist im Angesicht der Gnade.

GEISTWIRKUNG und GNADENWIRKUNG. Die Fähigkeit, diese Sachverhalte zu erkennen, verleiht der Glaube. Der Glaube kann sehen, und er sieht auch die Richtung, die alles nimmt. Wenn der Wurzelstock in dunkler Erde nicht die Vision eines blühenden Baumes in sich trüge, wenn er den Sonnenhimmel nicht schon jetzt über sich spürte, würde er erschlaffen und an keiner Arbeit, keinem Streben interessiert sein. Aber nein, er streckt sich einem neuen Leben erwartungsvoll entgegen, ohne es zu kennen. Umwandlungen müssen sein, die Natur braucht Atempausen, auch das.

Letztlich aber gilt für uns als geistbewohnte Menschen die definitive Wahrheit: WIR SIND UNSTERBLICH, und wenn ich es mir „verdienstmäßig" nicht zugestehe, so wird es mir spätestens dann zur Gewißheit, wenn ich jemanden liebe. Dann weiß ich, daß diese Person niemals aus dem Sein verschwindet und dem Rachen des Nicht-Seins zum Opfer fällt, sondern sie wird als eine ewige Gegenwart fortbestehen. Diese Geist-Inspiration erhalte ich pünktlich, denn keine andere Religion hat den Menschen so erhöht wie das Christentum. Unverdient in reiner Gnade. Offenbart als „Frohe Botschaft", die allen gilt.

Nicht mit Gott hadern! In unzähligen Fällen ist er, wenn es um die Erfahrung des Bösen geht, nicht der Henker, sondern das Opfer. Unsere Vorstellungen und Reaktionen sind oft heidnischer Natur. Außerdem gab Jesus den Jüngern, die nach dem Unkraut neben der guten Saat fragten, zur Antwort: **„Laßt beides wachsen bis zur Ernte"** (Mt 13, 30). Interessant! Dem sogenannten Bösen kommt eine Rolle im Weltgeschehen zu. Die Erfahrung der Seele, daß Gott Liebe ist, bleibt für Außenstehende ein Geheimnis, und für sie selbst eine Gnade ... angesichts des Weltbösen, das sich als **Rätsel** oder als **Ärgernis** manifestiert, als **unlösbares Problem** oder **Mysterium**, als das **kosmisch Böse**, das **physisch Böse** oder das **moralisch Böse**. Die Liebesbotschaft des Evangeliums kann ich nur anbieten wie ein Glas Wasser und es jemanden an den Mund führen. Doch zwingen, die Lippen zu öffnen, kann ich ihn nicht. Dann aber darf er nicht mitreden, es fehlt ihm die Erfahrung – die Wohltat Gottes.

„Du wiegst 60 Kilo und ebenso viel wiegt dieser Tisch, an dem wir sitzen, beide besteht Ihr aus den selben Atomen. Und Du willst keinen Unterschied zwischen Euch bemerken?" fragte ich einen Zweifler und versuchte seine Trübsal zu entkräften, **„was unterscheidet Euch? Der Geist! Die Liebe! ... Und was unterscheidet die Farbtuben vom fertigen Gemälde? Der Sinn, die Botschaft! Es geht immer noch ein Stück weiter im jetzigen Leben und darüber hinaus, und der Geist möchte Dich erleuchten."**

Das Leben läuft nicht rückwärts und es steht nicht still, auch wenn unsere Beobachtungen es so registrieren. Unser Menschentod ist nur die Umkleidung für eine neue Szene, das Spiel wird fortgesetzt – oder, in der frühkindlichen, intuitiven Sprache von Daniel-Alexander, einem Fünfjährigen in Kalifornien: **„Der Tod ist nur der Umzug in ein anderes Haus."** O, wie beglückt war ich, als man mir das erzählte, groß ist diese kurze

Bemerkung eines kleinen Kindes, groß in seiner Einfachheit und vollkommen wahr. Wir können als von Gott personalisierte Wesen nicht mehr zurückfallen ins Unpersönliche, wir werden unser individuelles Ich-Bewußtsein nicht nur behalten, sondern ausdehnen und müssen deshalb **„unser Haus wechseln"**.

Burne Jones hat an Oscar Wilde geschrieben: **„Je materialistischer die Wissenschaft wird, desto mehr Engel möchte ich malen. Ihre Flügel sind mein Protest: Ich glaube an die Unsterblichkeit."**

Die Rolle des Geistes ist es, als Impulsgeber das gesamte Sein zu dynamisieren, wir existieren nicht, sondern wir leben! Der Geist drängt als Feuerfunke alles Seiende und unser Werden, um uns die Ewigkeit zu bereiten. Die Schöpfung zielt und strebt, sie will höhere Bewußtseinsstufen erreichen, und immer dann, wenn eine Metamorphose geschieht, ein äußerlich wahrnehmbarer Wechsel, dann glauben wir, es sei Verlust. In Wahrheit ist es Aufstieg im Zeichen einer unbesiegbaren Schöpfungsdynamik. Der Geist ist die geheime Triebkraft allen Werdens und Strebens, tausendfach vielgesichtig in seiner endlosen gestalterischen Fülle – Puls der Natur, Atem der Kreatur, Seele der Welt.

GOTTESGLEICHNIS, GOTTES-KINDSCHAFT DURCH DEN GEIST

Es wird höchste Zeit, den menschlichen Heiligenschein zu entmystifizieren. Wahrer Glaube relativiert und demaskiert den künstlichen Glamour ohne Sinn und Wert von Medienstars, Supermodels, Prominenten oder Aristokraten. Denn wer denkt darüber nach, daß der höchste Rang und Titel die Gotteskindschaft ist? ICH BIN EIN GOTTESKIND! Und wir sollten uns daran erinnern, daß **„die Letzten die Ersten sein werden"**, die von der Gesellschaft Unbeachteten oder Verkannten könnten vermutlich als erste ins Gottesreich einziehen.

Unser Kairoer Filmstar Adel Imam, der Schwarm der ägyptischen Jugend und vielleicht der ganzen arabischen Welt, hatte seinen Sohn auf unserer Jesuitenschule. Als ich auf Reisen in Nordafrika oder Syrien erlebte, wie man Imam vergötterte, erwähnte ich einmal, daß wir seinen Sohn bei uns hätten – und man gratulierte mir. In übertriebenen Worten und Gebärden. Da legte ich gern noch einmal zu und sagte, wir hätten auch einen Enkel Nassers bei uns – und die Admiration für unsere Schule war schrankenlos. Welch eine Auszeichnung! Aber nicht nur er, sondern unsere 1500 Schüler, Muslime und Christen, sind von höchster Würde – jeder ein GOTTESKIND!

Die göttlichen Wesenszüge, die ein Mensch besitzt, wurden – von der griechisch-hellenistischen Philosophie beeinflußt – im Weisheitsbuch unserer Bibel verarbeitet, und es ist für mich wunderbar zu wissen, daß der Geist den Menschen ein Ahnen über ihre Herkunft schon vor der jüdisch-christlichen Offenbarung eingeflüstert hat. Paulus wies in seiner Rede auf dem Areopag (Apg 17) die Athener auf ihre eigenen Denker hin, auf ihre inspirierten Dichter wie Aratus und

Cleante im 3. Jahrhundert v. Chr., Heiden, die von dieser Wahrheit erleuchtet waren: WIR SIND GOTTESKINDER. Paulus hat mit diesem Hinweis nur einen gefundenen Schatz aufgehoben, um an ihn zu erinnern und ihn im Lichte Christi neu zu bestätigen. Die erste Wahrheit heißt **GOTT MIT UNS ALLEN.** Die zweite Wahrheit: **ERLÖSUNG ALLER MENSCHEN AM KREUZ.**

Der Mensch ist das einzige irdische Wesen, zu dem Gott spricht und das ihm antworten kann. Durch ein Wort, so lesen wir, sei alles Bestehende, die sichtbare und die unsichtbare Welt, geschaffen worden, das Leben des Menschen aber durch einen persönlichen Atemhauch Gottes. Eine ganz andere Ordnung manifestiert sich bereits an unserem Ursprung, Gott hat damit eine Trennlinie zur materiellen und biologischen Welt gezogen, der Mensch trägt das Mal des Geistes. Und ich behaupte, daß man den Gottesgeist nicht in sich beherbergen kann, ohne ihn zu spüren, ganz unabhängig von einer objektiven Offenbarungslehre.

Das menschliche Gesicht ist für mich eine Prophezeiung. Ein Augenpaar, zwei Lippen, der geistige Ausdruck eines Menschen sind bereits verklärte Gegenwart, sind ein Blick in die Zukunft, sind schon gottähnlich, denn **„Gott schuf den Menschen als sein Abbild"** (Gen 1, 27). Wer einen anderen in diesem Wissen betrachtet, wird im gewöhnlichen Menschen den außergewöhnlichen finden, weil ihn Strahlen der Herrlichkeit Gottes treffen. Jedes Gesicht trägt Züge des Absoluten. Wäre das zum Allgemeinwissen herangewachsen, dann würden Kriege der Vergangenheit angehören. **Denn einen Menschen verletzen, ihn lieben oder hassen, heißt Gott verletzen, ihn lieben oder hassen.**

Und ich weise wiederholt auf das Menschengesicht hin, um auch dieses alle Tage zu meditieren, weil es uns jene Fülle

Gottes vermittelt, von der in den Paulusbriefen so leidenschaftlich die Rede ist. Wir können den Glanz göttlicher Würde im Widerschein eines menschlichen Blickes finden. Ich bezweifle, ob das Wort Herrlichkeit in der Bibel nicht irreführend ausgelegt wurde, denn es geht nicht um Ruhm und Glorienschein, sondern um die sinnlich erfahrbare Schönheit unseres Herrn in unserer Welt, um das Aufleuchten seiner Ewigkeit im Geschöpflichen und in ganz besonderem Maß in einem Gesicht. **„Wir alle spiegeln mit enthülltem Angesicht die Herrlichkeit des Herrn wider und werden so in sein eigenes Bild verwandelt, von Herrlichkeit zu Herrlichkeit, durch den Geist des Herrn."** (II Kor 3, 18) – ein Pauluswort.

Und mir ist es Erfahrung. Ein Gesicht kann mir zur ganz besonderen Kontemplation des Göttlichen verhelfen, wobei ich meine Tabor-Erfahrung mache, meine Sinai-Erleuchtung habe, Theophanie und Epiphanie erlebe. Zuweilen benutze ich auch ein Porträtfoto, in das ich so lange eintauche, bis ich mich darin verliere. Ich versenke mich in die Menschengesichter auch auf den Straßen und in der U-Bahn, erfreue mich an ihren Gesten, ihrem Gang. Auch an einem Krankenbett, das ganz vom Leiden überschattet ist, entdecke ich oftmals einen Adel, eine Größe, die in diesem verhängnisvollen Zustand nicht aus der Welt stammen kann. Wie ist diese Würde, unangetastet, zu begreifen? Reicht unser Glaube bis in diese Zonen?

Grundsätzlich möchte ich dem einzelnen seine Güte offenbaren, denn er ist am Grund seines Herzens GUT und zum Lieben erschaffen. Man kann es ihm nicht oft genug sagen, daß er GUT ist. Deshalb: mehr Mut zum Verzeihen! Ein herzliches Pardon besagt, daß an das Bessere im anderen geglaubt wird. Die Vergebung ist der Glaube an die Macht der Auferstehung, an die eigene wie an die des anderen. Jesus mahnt uns, wir sollen **„nicht richten"**, im Gegenteil, wir sollen den anderen **„lieben wie uns selbst"**. Der Schwierigkeitsgrad dieser Verwirklichung ist uns allen Erfahrung, aber damit ist es nicht getan. Ich muß mich täglich nach mir selbst erkundigen. Es gibt so viele um mich her, die besser leben als ich, die intensiver lieben. Oft denke ich, unsere Putzfrau ist für Gott ein größerer Erfolg als ich, sie trägt ein märchenhaftes Lächeln, ist immer freundlich zu allen, richtet niemanden und arbeitet in zwei Berufen, ohne je zu klagen. Dabei danke ich dem Herrn, daß er wenigstens meine Augen offenhält, um dieses wahrzunehmen, denn es ist Gnade, wenn man seine eigene Unvollkommenheit spürt, das Bewußtsein, daß andere dem praktischen Evangelium näher sind als man selbst, ist ein Gnadenimpuls, der uns nur helfen kann.

GEBET: *„Bitte, Herr, erhalte mir diese Klarsicht, auch wenn sie zuweilen schmerzt. Du besitzt mich als ein Gotteskind, Dein Geist inspiriert mich, er treibt mich voran, er ermutigt mich, er will mich wachsen sehen – Dir entgegen! Stärke meinen Glauben an den Geist in mir und gewähre mir einen ganz verrückten Glauben an Dich und meine Mitmenschen. Weite meine Seele, sodaß sie sich bereithält wie ein Schiff, das seine Segel spannt, ich will mein Leben geistig durchsegeln in der Kühnheit der Kinder Gottes, die sich unendlich geliebt wissen."* Amen.

Jeder einzelne ist mehr als nur Mensch, hier liegt der Unterschied zu allen anderen Kreaturen. Aus sich selbst besitzt er nichts, aber im Geist und durch ihn wächst er ohne Ende. Jesus betont diese Noblesse des Menschen, seine göttliche Herkunft, und er liebt den Aufrechtstehenden, den Selbstbewußten, der sich dieser Herkunft würdig erweisen möchte. Jeder Mensch ist ein Hinweis auf Gott, der gekrümmte Alte in seinem Bett, die mittelmäßige Pop-Sängerin, die keiner ernst nimmt, es ist immer derselbe Geist, der uns alle bewohnt, das selbe Licht hält uns am Leben. Wir schauen einander an und tauchen ein in eine Gotteslandschaft, denn hinter diesem

Gesicht steht die Größe und Würde Gottes! Die höchste Form einer Offenbarung Gottes auf dieser Erde ist ein Menschengesicht, ein heiliger Ort, so heilig wie das Tabernakel in unseren Kirchen. Die Liebe weiß darum, die Mutterliebe insbesondere: eine Mutter hat daheim nicht vier Kinder wie sie vier Tomaten auf dem Tisch hat, sondern sie hat viermal ein Kind. Die ungeteilte Mutterliebe ist ein einzigartiges Phänomen in unserer Welt, das lebendige Gleichnis für die Gottesliebe zu jedem einzelnen.

Früher meinte man, Gott offenbare sich nur an auserlesenen, heiligen Orten wie auf dem Sinai in jener großartigen Feuerszene mit eindrucksvollen Begleiterscheinungen. Aber seit der Todesstunde Jesu gibt es keine Trennung mehr zwischen der Gotteswelt und der Menschenwelt. Der Mensch, jeder, wurde uns als heilig offenbart: **„Gottes Tempel ist heilig, und der seid ihr!"** (I Kor 3, 17), demnach ist der Glaubensschritt nicht kompliziert – Gott kann in einem Menschengesicht geschaut werden. Wem das widerfährt, wer das versteht, befindet sich im Herzen des Evangeliums, im Zentrum unserer christlichen Verkündigung.

Unsere Kämpfer für die Menschenrechte in aller Welt ahnen von dieser Würde, sonst hätten sie diese Rechte nicht in solcher Zähigkeit und Strenge eingefordert. Sie beziehen sich auf das Absolute im Menschen, und welche Vorstellung man auch immer damit verbindet, es ist Gott! Wenn auch diese Erkenntnis einmal ihren Durchbruch feiert, dann wird uns ein verändertes Leben auf dieser Erde gelingen, geisterleuchtet – **„Gott hat uns sein Siegel aufgedrückt und den Geist in unser Herz gegeben"** (II Kor 1, 22). Und dieser Geist wird im Nächsten in seiner Gänze und Einzigartigkeit wahrgenommen.

Man behauptet heute, unsere Epoche habe den Sinn für das Heilige verloren. Ich zweifle daran, denn in dem Maß, in dem sie die Würde des Menschen stärker denn je betont, anerkennt sie seinen Absolutheitscharakter, und es geht ihr der Sinn für das Heilige auf. Manchen unserer gegenwärtigen Gesellschaften muß leider noch immer gesagt werden: Mann und Frau sind heilig, nicht nur der Mann hat etwas mit dem Absoluten zu tun… Als Adams Gesicht erschaffen war und sein Körper, war diese neue Kreatur offenbar noch nicht das Abbild Gottes, in dem er sich wiederfinden konnte. Erst nach der Erschaffung Evas nahm er das Paar zusammen in die Arme und sagte: Das ist der Mensch. Er ist mir ähnlich.

Daß aber auch nur eine einzige andere Kreatur gottähnlich sei, davon ist nirgendwo die Rede, auch wenn uns die tausend Gesichter des Geistes in der wundersamen Tier- und Pflanzenwelt begegnen. Deshalb soll uns diese eilige Botschaft aus der Genesis gleich auf der ersten Seite der Bibel erreichen, mehrmals nacheinander wird sie betont, so stark, daß es fast schon überladen wirkt. Und schließlich nehmen die Zeilen dieses inspirierten Autors eine sichtbare Verkörperung an in der herrlichen Bildsymbolik der Schöpfungsszene: Kniend am Ufer des Flusses formt Gott den feuchten Lehm in seinen Händen, und es entsteht ein Mensch, in den er sich verliebt. Endlich war die Zeit gekommen, er hat seinen Traum verwirklicht. Zufrieden mit dem Werk beugt er sich zu ihm nieder und gibt sein eigenes Leben an ihn weiter, **„el muhyii«** – **„Lebensspender“** im Arabischen, mehr noch als ein Geisteshauch. Unsere Bibel eint die Wörter zu **„Lebensatem“** (Gen 2, 7). Viele verbinden mit dem Geistbegriff etwas Vages, Ätherisches, Abstraktes, und es ist doch ganz konkret **„Leben“**, und zwar **„Gottesleben“**.

Ich liebe diese anschauliche Sprache der Genesis, die uns ein unerhörtes Geist-Geschehen vermitteln will. Ich kann Gottes Freude nachempfinden und seine Sorge teilen, die Sorge eines Vaters und einer Mutter, wie in unserer Menschenwelt, wenn sich die Eltern über die Wiege ihres Neugeborenen beugen und ihre Liebe in einem lebenslangen Versprechen in dieses kleine Wesen fließen lassen. Es ist ein Teil von ihnen. Es ist ihnen ähnlich. Es schaut zu ihnen auf. Später wird es lächeln und immer mehr verstehen. Die Eltern erhoffen es, sie glauben es.

Das Universum, so entschied sich Gott, muß ein persönliches Gesicht bekommen – sein Gesicht. Die ganze Pracht der Natur in Paradiesesfülle hatte er diesem Adam zum Geschenk gemacht, spürte aber, daß dem Menschen diese Unendlichkeit an Größe und Schönheit nicht genügte, er suchte nach einem DU, um lieben zu können. Hier spiegelt sich zum ersten Mal die Dreifaltigkeit in der Schöpfung, hier, im Urverlangen des Menschen, in seinem Begehren zu lieben. In Eva fand er das DU als ein Abbild der Gottesgegenwart, als sein Gleichnis. Das Wesen des Vaters und des Sohnes lebt auch in uns Menschen in der Einheit des Heiligen Geistes. Gott hat das Dreifaltigkeitsgeschehen im Geist der Liebe auf seine Geschöpfe erweitert. Und die Art und Weise wie der Mythos es erzählt, zeigt das Besondere: Kein rasches Schöpfungswort: **„Es werde der Mensch!"** wie bei allem anderen, sondern jetzt in der Begegnung zwischen Wesensverwandten, deren Lippen sich berühren. Das Einflößen des Geistes nenne ich den Gotteskuß.

In der Gesamtperspektive der Evolution gibt es nichts dergleichen. Als der Mensch vor drei oder vier Millionen Jahren auf der Erde erschien, stand er in der Einsamkeit. Die Wissenschaft verrät uns nichts von der Anwesenheit Gottes, sie bleibt bei der nüchternen Erklärung eines **„Evolutionssprungs vom Tier zum Menschen"**. Anonymer geht es nicht. Demgegenüber erzählt der biblische Schöpfungsmythos dasselbe Phänomen vor dem Hintergrund einer Liebe. Das ist der Umsturz einer Betrachtungsweise, das ist die Gnade einer Erleuchtung, die uns vermittelt wird.

Ein überdimensionaler Paradigmenwechsel! Die Natur wurde aufgehoben in eine höhere Ordnung, der Geist hatte sich ins biologische Leben ergossen. Auch wenn der Körper des Menschen sich kaum von dem der Säugetiere unterscheidet, steht er auf einer anderen Stufe. Der Geist kann sich mehr und mehr in den Gesichtern der Menschen spiegeln – und im Ich-Bewußtsein der Menschen. Auch das unterscheidet ihn grundsätzlich vom Tier, denn der programmierte Ich-Trieb des Tieres folgt einem anderen Ruf. Vogelnester, Bienenstöcke, Ameisenstaaten – wir bewundern fraglos intelligente Tiere, die aber über Jahrmillionen dieselben geblieben sind, monoton-repetitiv üben sie ihre Instinkte aus ohne geistige Reflexion, ohne Entwicklung. Meeresschildkröten tun seit 200 Millionen Jahren immer dasselbe. Das menschliche Bewußtsein aber trägt uns wie ein Pfeil durch die aufsteigende Evolution, unsere Zivilisation ist kraft des Geistes **„ausgelebte Transzendenz"** gegenüber der Tierwelt, die zufrieden mit sich selbst ihren Trieben und Bedürfnissen lebt, ohne Ambition und Befähigung, ihre Umwelt auf ein höheres Niveau zu bringen.

Der Mensch verändert seine Welt fortlaufend, wobei er sich verwirklicht. Wäre es denkbar, daß er sich mit dem Erreichten je zufrieden gäbe? Nein, denn er sucht mehr darin, er will dem Göttlichen entgegenwachsen. Die Besitznahme des Menschen durch den Geist erklärt, weshalb nur menschliche Geschöpfe Kulturen hervorbringen, neue Welten, die nicht aus der biologischen Ordnung stammen. Bei Henri Bergson gibt es suggestive Texte über Instinkt und Intelligenz zu lesen. Tierinstinkt wiederholt, menschliche Intelligenz strebt weiter, weil ihr die Gabe der Vorstellungskraft gegeben wurde, und diese ist geistig. Sie stellt sich aus dem Nichts heraus Dinge vor, die es geben könnte, und arbeitet so lange daran, bis es diese Dinge wirklich gibt. Das ist das Gottesgleichnis Mensch! Seine schöpferische Kraft und Sehnsucht! Daß es Vorstufen von geistigem Tun auch in der Tierwelt gibt, ist mir bekannt, doch dient es nur der Selbsterhaltung, z. B. **„finden Wintervögel durch Einprägen einer Landkarte ihre Vorräte wieder, die sie vergruben, was dem abstrakten Denken nahekommt“** liest man in einem Forschungsbericht der Universität von Nebraska, Lincoln 1997. Delphine erkennen sich im Spiegel, Wale verständigen sich über Ozeane hinweg – und vieles andere mehr läßt uns das Reich der Tiere ehrfürchtig bewundern.

Aber welches Tier kleidet sich? Auch die Kleidung ist ein Merkmal unserer Transzendenz, sie setzt ein Signal: Wir wollen nicht auf unseren Leib reduziert werden, wir sind unendlich viel mehr als das! Ich bedecke meinen Leib und sage mir: Bleib hier nicht stehen, dein Leib ist nicht dein Wesen. Erinnere dich daran, daß du ein Gottesgleichnis bist!

Im Überschreiten dieser entscheidenden Schwelle ist der Mensch in den göttlichen Bereich der Unsterblichkeit aufgenommen worden. Dank des Geisthauchs ist diese unwiderruflich im Menschen verankert. Bereits das alttestamentliche Weisheitsbuch wußte es, wir lesen in 2, 23: **„Ja, Gott hat den Menschen zur Unvergänglichkeit erschaffen und ihn zum Bild seines eigenen Wesens gemacht.“** Das Weisheitsbuch wurde vermutlich in meiner Heimatstadt Alexandria geschrieben, etwa eine Generation vor Jesu Geburt. Das Konzept der Unsterblichkeit, das bald darauf die christliche Offenbarung lehrt, hatte bereits diesen Hintergrund, und zwar einen altägyptischen. Im Pharaonenland hatte man Unsterblichkeitswissen, das künden euphorisch alle Tempelwände und Grabinschriften. Diese ägyptisch-heidnischen Vorläufer werden heute akribisch analysierend verglichen mit Aussagen des Weisheitsbuches und anderen Texten des Alten Testaments.

Im Neuen Testament wird dieses Thema der „rote Faden“ sein – der Mensch als Teilhaber der göttlichen Natur: **„Er hat das unvergängliche Erbe empfangen, das im Himmel für**

ihn aufbewahrt wird" (I Pe 1, 4), demnach darf und muß er sich als transzendentes Geschöpf verstehen und seine Lebensphilosophie in dieses Licht stellen. Wir Christen glauben an die Auferstehung des ganzen Menschen und nicht nur an die Unsterblichkeit der Seele, desgleichen die Juden. Sie nennen die Leib-Seele-Einheit den **„Nefesch"**, welcher auferstehen wird. Das ist die jüdisch-christliche Sicht: Auch unser Leib wird vergöttlicht werden, und alle „Schichten" unseres Menschseins, eine nach der anderen, werden sich verewigen, denn **„Christus nimmt in uns Gestalt an durch den heiligen Geist, der die Göttlichkeit in uns wiederherstellt"** (Cyrill von Alexandria). Die biblische Sprache hat ein Wort dafür, sie nennt es unsere **„Verherrlichung"**. Ich möchte es die **„Schönheit Gottes"** nennen, die im GOTTESGLEICHNIS MENSCH erstrahlen wird, wenn er „alles in allem" sein wird, denn das war seit Anbeginn sein Verlangen. Dann wird sich verwirklichen, **„was kein Auge je gesehen und kein Ohr je gehört hat, was keinem Menschen in den Sinn gekommen ist…"** (I Kor 2, 9).

Wer den Menschen aus dieser Ordnung herausnimmt, indem er ihn auf seine biologischen und intellektuellen Funktionen reduziert, bereitet damit den Nährboden für ungeahnte Schrecklichkeiten, wie sie in den Konzentrationslagern Hitlers und Stalins an der Tagesordnung waren. Wem die geistige und geistliche Komponente seines Menschenbildes fehlt, der richtet Unheil an. Leider sind von diesen Unheilstiftern unter den zeitgenössischen Literaten zu viele unterwegs.

Der Geist inspiriert unsere Herzen und läßt uns wissen, wer wir sind und was er mit uns vor hat. Jesus erkannte sich als Gottessohn durch den Geist, der es ihm offenbarte. Jesus war Gotteskind seinem Wesen nach, wir sind durch Adoption, wie man sagt, zu Gotteskindern geworden, denn durch ihn wurde uns die Gotteskindschaft zugestanden und besiegelt. Zu begreifen bleibt, daß diese Adoption in keiner Weise etwas

Geringeres darstellt, sozusagen eine Second-hand-Gotteskindschaft, ein wenig abgeschwächt. Nein, sie ist ebenso vollgültig und vollkommen auf uns übergegangen. Allerdings hat der Geist noch eine immense Arbeit zu leisten, um das allen Menschenseelen klarzumachen.

Ein Kind ist nicht ein Irgendwer zu Besuch auf Zeit, sondern das Allernächste, das im Haus die höchsten Privilegien genießt – bedingungslos! Leider ist unsere Beziehung zu Gottvater noch immer von einer alttestamentlichen Unterwürfigkeit gekennzeichnet, Respektbezeugung aus Distanz, großer Distanz, sogar die Gebetsbegegnung unter Protokollablauf. Die frühere Demutshaltung in der ständigen Selbstverachtung als Pflichtübung führte dazu, daß unser Blick getrübt wurde, man hat sich praktisch dafür entschuldigt, daß man existiert. Diese Selbsterniedrigung muß wohl für Gott recht schmerzhaft gewesen sein, vielleicht zählte sie so schwer wie der Hochmut. Beides ist lebenswidrig, beides dient nur dazu, uns von Gott zu entfernen. Wir haben diese Barrieren aufgerichtet, sie können Gott nicht lieb sein, denn zu viel Respektbezeugung ist eher beziehungsschädigend. Gott ist die kindliche Hingabe in tiefem Vertrauen viel lieber, und wer ein Vorbild braucht, der möge sich mit der Kleinen Therese von Lisieux beschäftigen, sie war voll des Geistes und fühlte sich als Kind in Gottes Armen.

Weshalb meinen heute viele Christen, eine Entscheidung treffen zu müssen: Sie wollen die Kirche verlassen, **„um sich besser humanitären Aufgaben zu widmen"**? Für mich ist das kein Malheur, denn recht verstanden und gut gelebt ist diese Zeit eines Engagements zum Wohle der Bedrängten und Leidenden auch Teilnahme am christlichen Erlösungswerk, die Helfer werden bei ihrer Arbeit empfänglich werden für den göttlichen Funken im Menschen – und sei es unbewußt. Der Geist wird seinen Teil dazugeben. Ich denke hier auch an die

Kleinen, die den Kleinen helfen, und nicht nur an imposante Hilfswerke, die Schlagzeilen machen. Unter diesen Kleinen finden sich wahre Heilige. **„Kirche“** – das ist nicht zuerst eine gigantische Weltorganisation, sondern zuerst eine **aktive Gemeinschaft**.

Einer dieser Engagierten sagte mir einmal über die Menschen, die er betreut und in ihrer Misere begleitet: **„Ich suche nicht Christus in ihnen, das würde mich von ihnen trennen, mich beschäftigt nur dieser Mensch zu dieser Stunde.“** Sollte diese Bemerkung eine unreligiöse sein? Wer wagte es, das zu behaupten! Früher hat man den Hilfesuchenden tief verletzt, wenn man ihm sagte, man täte das für's Gottesreich. Das war auch viel zu einfach, der eigene Glaube glitt ab in Passivität, der Geistfunke sprang nicht mehr. Der Glaube soll im Engagement wachsen, und das wird er, sobald er den absoluten Wert des Gegenüber durch seine Haltung bestätigt, wenn er eine Nächstenliebe übt, die groß und rein ist wie die Liebe Gottes. Das wäre das Höchste, das Ideale. Jesus von Nazareth hat es vorgelebt, und vielen Heiligen unter uns ist es fast gelungen.

Ich plädiere seit Jahr und Tag dafür, daß christliche Agape im Eros gründen darf – und soll! Meines Erachtens gibt es kein fundiertes spirituelles Leben ohne die Erotik, selbst die Agape lebt von ihr, sie wurzelt in diesem Humus und nährt sich aus ihm. Eine pflichtbewußte Arbeit am Nächsten ohne Eros bleibt fragmentarisch, unsere Zuwendung muß eingebettet werden in ein tief empfundenes Mitgefühl – in unsere geschlechtlichen Kräfte. Dann werden starke Energien frei, die eine natürliche Nächstenliebe ins Übernatürliche aufsteigen lassen – und das ist ein qualitativer Sprung. Man tut ihm Unrecht, dem Gottesfreund Eros, er bedeutet nicht bloßes Luststreben, vielmehr liegt hier ein Wissen zugrunde, daß das Göttliche selbst im Eros keimen kann, sei es im praktischen

Hilfsdienst oder in einer subtilen Nächstenliebe. Der Gebende kann aus dem heftigsten Eros aufsteigen zu Gott, dann war es sein Weg.

Unsere christliche Religion ist eine Schule des Realismus. Wir erreichen Gott in einem anderen Menschen tatsächlich, das Universale existiert nicht als abstrakte Größe, unfaßbar, sondern faßbar im Nächsten, wenn wir durch Intensivzuwendung seinen tiefsten Punkt erreichen. Es ist ja so einfach für eine idealistische Seele, große Gefühle zu proklamieren und die ganze Menschheit zu lieben, der Wahrheitstest ist immer der Nächste. Gut formulierte es Simone Weil: **„Man soll nicht von der Liebe zur Wahrheit reden, sondern von einem Geist der Wahrheit in der Liebe, er ist immer gegenwärtig in der wirklichen und reinen Liebe."**

Ordentlich herausgefordert hat uns der Schweizer Theologe und Geistliche Maurice Zundel, dessen Buchtitel allein schon eine Gedankenlawine lostritt: **„Welcher Mensch? Welcher Gott?"** Er sagt darin: **„Ich frage Sie nicht, ob Sie an Gott glauben, aber ich frage Sie, ob Sie an den Menschen glauben."** Auch Zundel geht es um unseren Blick, der die Transzendenz unserer Mitmenschen zu erfassen sucht. Gottes Schöpfungswerk, so der Mythos, geschah durch das **„Fiat lux!"**, der göttliche Befehl zur Lichtgeburt, und er hat sein Werk durch ein zweites **„Fiat lux!"** angereichert: in der geistigen Erleuchtung des Menschen.

Unsere Gotteskindschaft als Konsequenz der Menschwerdung Gottes wird von Carlo Caretto geradezu physisch erlebt: **„In mir fließt ein Blut, das mir weder von meinem Vater noch von meiner Mutter gegeben wurde, sondern auf direktem Wege von Gott"**, weil Caretto den Johannesworten Glauben schenkt: **„... und allen, die ihn aufnahmen, gab er Macht, Kinder Gottes zu werden, allen, die an**

seinen Namen glauben, die nicht aus dem Blut, nicht aus dem Willen des Fleisches, nicht aus dem Willen des Mannes, sondern aus Gott geboren sind.“ (Joh 1, 12-13), **„... Nicht ihr habt mich erwählt, sondern ich habe euch erwählt.“** (Joh 15, 16). Und wir werden an seinen Tisch geladen, wir sind Kinder des Hauses und empfangen gratis, wir sind der Gottesgnade würdig. Und nochmals Carlo Caretto, wie in einem Freudengesang: **„Das ist die größte aller Wahrheiten, die begeisterndste aller Nachrichten und die sicherste aller Gewißheiten. Hier geht es nicht um eine juristische Herkunftsbestimmung, sondern um die authentische Abstammung. Geboren aus dem Menschen, ja, aber neu geboren aus Gott durch die Gnade.“**

Lange Zeit bevor wir im Mutterleib gezeugt und ausgetragen wurden, waren wir existent in Gottes Sinn – als sein Kind. Später, im feierlichen Akt der Taufe, legte man uns die formelle und auch sakramentale Bestätigung hinzu, nachdem unsere Eltern es für uns angenommen hatten. Im Taufakt wurde unsere Gotteskindschaft „ratifiziert“, und wir dürfen unser ganzes Leben diese beispiellose Gnade einer Gotteskindschaft feiern. Von Ewigkeit her wollte Gott durch seinen Geist Wesen schaffen, die an seinem Leben teilhaben können, **„in ihm, Christus, hat er uns erwählt vor der Erschaffung der Welt.“** (Eph 1, 4)

Diese Unbegreiflichkeit verführt zu Zweifeln. Ist es eine Gotteskindschaft symbolischer Art? Nein, Gott macht zwischen uns und Christus diesbezüglich keinen Unterschied. Dieselbe Liebe durchfließt auch uns, dasselbe Gottesleben. **„Seht, wie groß die Liebe ist, die der Vater uns geschenkt hat, wir heißen Kinder Gottes und wir sind es.“** (I Joh 3, 1). Warum, so wird noch einmal nachgefragt, dann unsere Adoption durch Christus? Weil der weltumspannende und ewige Vater nur einen einzigen Sohn zeugen kann, dem er sich ganz hingibt, ganz! Denn nur das ist Liebe und göttliche Liebe in ihrer Vollendung. Weitere Zeugungen und Selbsthingaben wären gottwidrig, sie entsprächen nicht seiner Vollkommenheit; seine Wesenssubstanz hat er dem Sohn gegeben, bis zur Blutleere hat er sich entäußert und verausgabt. Deshalb durfte Jesus den Menschen predigen: **„Niemand kommt zum Vater denn durch mich"**, und seinen Jüngern hat er diese Wahrheit zur Weltverkündigung als Auftrag hinterlassen, weil in ihm, dem Sohn, alle Menschen den Vater erhalten.

Seien wir unbesorgt, die Göttlichkeit teilt sich nicht auf, man bekommt nicht „seinen Anteil", sondern das unteilbar Ganze in seiner Fülle! Paulus lehrte, Gott gibt sich nicht durch seinen Geist auf sparsame Weise, und auch im Moment der Kommunion wird uns nicht nur ein Partikel der gewandelten Hostie ausgeteilt, gewissermaßen ein symbolischer Krümel, sondern eben der volle, runde, unbeschädigte Leib des Herrn. In der eucharistischen Vereinigung verschenkt sich Christus vollständig an jeden einzelnen. Christi Besitz ist auch unser Besitz, wir haben dasselbe Erbe und dieselben Rechte. Über dieses eigentlich Unsagbare wartet eine Fülle genialer Paulustexte darauf, von uns meditiert zu werden. Jedem sei angeraten, sich von ihnen erleuchten zu lassen.

Wir haben einen Gouverneur in Alexandria, der mit Eskorte und Sirenengeheul zu öffentlichen Terminen jagt, aber, um mehr zu fühlen, mehr zu verstehen und mehr zu sein (!), mischt er sich heimlich unters Volk und steht um 5.00 Uhr morgens beim Bäcker in der Schlange. Dort lauscht er den Stimmen und schaut sehr genau hin was geschieht. 1987 zeigte mir jemand im Straßentumult von Kopenhagen die dänische Königin, ganz schlicht lief sie da zwischen den Menschen. Mir wurde gesagt, das täte sie öfter, denn sie sei **„groß und einfach"**. Von der geistigen Verblendung handelt das Evangelium von A bis Z und teils in zorngeladenen Tönen. Vom Erkennen muß der Schritt ins Existentielle geschafft werden, mitten hinein ins volle Leben.

Erfahrung der Gotteskindschaft in der **Geschwisterlichkeit** mit den anderen. Erfahrung der Gotteskindschaft in der **Liebesbegegnung**. Die menschliche Liebe wird immer, wenn sie echt ist, als heilig empfunden, weil sie von Gott stammt und Bezug zur Grundexistenz nimmt. Ich existiere, weil Gott an mich denkt, und mein Partner existiert aus dem selben Grund, wir existieren, weil Gott uns liebt und gestaltet. Und weil Gottes Geist uns bewohnt, sind auch die Körper der Liebenden heilig, deshalb sind sie auch schamhaft. Sie entkleiden sich nur, um in einem anderen Sinn neu bekleidet zu werden, vom anderen, von der Liebe selbst, von Gott. Die Liebe hüllt sie ein.

In der Kraft der Gotteskindschaft das Engagement in der Selbsthingabe wagen! Wagen im Urvertrauen der Heiligen, sie haben es vorgelebt. Sich üben in der Vertrauensseligkeit eines reinen Kindes, im Gebet vor allem! Dann spüren wir das Getragensein und zugleich die Liebe Gottes zu allen Menschen, mit denen uns eines verbindet: der gemeinsame Heimweg! Dieses Gottvertrauen wirkt sich aus auf unsere Nerven und Drüsen, auf unseren Humor, auf den Schlaf und die Träume ...

In den USA wird seit Jahren das **„Healing by Faith“** (Heilen durch den Glauben) praktiziert. Nur eine Glaubenstherapie kann endgültig heilen, behauptet diese Bewegung. Sie läßt jede Krankenhilfe in der Gewißheit gipfeln, daß allen Kranken allezeit die urpersönliche Gottesliebe zuteil wird, der Kranke ist in keinem Augenblick allein. Erfahrungsgemäß führt diese Behandlung zu effektiver Linderung, Besserung oder Heilung der Beschwerden, da diese geistige Einstellung auf Gott hin zur Regenerierung der Körperkräfte führt. Vor allem geht es der Bewegung um die Erkenntnis des Patienten, falls dieser

Durchbruch im gesunden Leben noch nicht erfolgte. **„Dann bezeugt der Geist selber unserem Geist, daß wir Kinder Gottes sind."** (Röm 8, 16)

Wir stehen alle im Prozeß der Bewußtwerdung füreinander, auch das! Wir sind nicht geschaffen worden, um isoliert voneinander auf Inseln zu leben. Einer soll sich um den anderen bemühen in dieser großen Gottesfamilie, so wie es innerhalb einer Menschenfamilie eine gern geleistete Pflicht ist. Wachsen im Glauben, Vertiefen im Bewußtwerden! **„Liebe Brüder, jetzt sind wir Kinder Gottes, aber was wir sein werden, ist noch nicht offenbar geworden. Wir wissen, daß wir ihm ähnlich sein werden, wenn er offenbar wird, denn wir werden ihn sehen, wie er ist. Jeder, der dieses von ihm erhofft, heiligt sich, so wie er heilig ist."** (I Joh 3, 2-3)

Erleben wir, wie Johannes uns darauf hinweist, daß wir zwar grundsätzlich Gotteskinder sind, aber es dennoch ständig werden müssen. Wir stehen noch im Prozeß des Heranreifens zur Fülle, und jenes Werden meint unser Streben nach tieferem Bewußtwerden. Dann kommunizieren wir auch spontaner mit den anderen, denken großzügiger, lächeln offener, weil es aus dem Innersten quillt und aus einer gottmenschlichen Liebesbeziehung stammt, die erkannt hat. Erkennender Glaube, umgesetzt in Licht und Leben, gibt sich praktisch von selber weiter – auch die anderen erfahren sich als Gotteskinder. Das ist die glühende Botschaft des Apostels Paulus, für die er stritt und kämpfte bis zum Märtyrertod. Es ging ihm um das Höchste der menschlichen Existenz, **die Selbsterfahrung als Gotteskind**.

Und es geht dem Geist um unsere innere Wandlung, damit wir die Fülle dieser Botschaft in vollen Zügen genießen können. Es ist verwirrend und zugleich beglückend, zu hören, wie Jesus seine Apostel mit sich auf eine Stufe stellt – und uns mit ihnen! In seiner Abschiedsrede betet er: **„Aber bitte nicht nur für diese hier, sondern auch für alle, die durch ihr Wort an mich glauben. Alle sollen eins sein: wie Du, Vater, in mir bist und ich in Dir bin, sollen auch sie in uns sein, damit die Welt glaubt, daß Du mich gesandt hast. Und ich habe ihnen die Herrlichkeit gegeben, die Du mir gegeben hast, denn sie sollen eins sein, wie wir eins sind, ich in ihnen und Du in mir, so sollen sie vollendet sein in der Einheit, damit die Welt erkennt, daß Du mich gesandt hast und die meinen ebenso geliebt hast wie mich."** (Joh 17, 20-23) Das ist die Identität der Gotteskindschaft, die Identifizierung mit der Vater-Sohn-Beziehung, in sie sind wir hineingenommen **„durch ihn, mit ihm und in ihm"**.

Träumen wir nicht von einer Direktbeziehung zum Vater, denn wenn wir sein Kind sind, dann sind wir es durch Christus, den Gottessohn, in dem die Schöpfung gründet. Außerhalb des Sohnes gibt es keine Weltexistenz. Nur in ihm verstehen und erleben wir unsere Gotteskindschaft, und er selbst ist es, Christus, der uns in dieses Geheimnis eingeweiht hat.

Unser Glaube an die Vaterliebe rettet. Unser Vertrauen und Hoffen auf die väterliche Vergebung für diese und jene Fehler und Schwächen bedeutet schon die Vergebung. Eine fast kindliche Sprache hat die kirchliche Liturgie für die Bitte um Vergebung gewählt, und das ist gut so: **„Bitte schau nicht auf unsere Sünden."** Wir hören diese Bitte von allen Altären der Welt. Und mit dieser Glaubenshoffnung, dieser Zuversicht, überspringen wir schon unsere Sünden und bauen auf das **„Wegschauen"** eines wahren Vaters. Eine wortlose Liebeserklärung. Ein Glaube, der rettet.

Im Gleichnis vom **verlorenen Sohn** wird uns in dramatischer Form vor Augen gesetzt, warum dieser Vater ALLES verloren hatte. Aber er besaß doch noch einen zweiten Sohn, den älteren sogar, den wichtigeren, den Erstgeborenen, und dieser war treu und fleißig und ihm ganz ergeben! Die Botschaft dieser Jesus-Parabel lautet: **Jeder ist für den Vater der Einzige. Es spielt keine Rolle, wer er ist...** Aber Gott hat doch seinen vielgeliebten Sohn, der nach der Auferstehung zu ihm zurückgekehrt ist! Die Antwort lautet: **Gott braucht, weil er Gott ist, das Ganze, aus dem nichts herausfallen darf. Du bist für ihn nicht weniger als der himmlische Christus „zu seiner Rechten", Du bist sein ALLES, und ebenso der kleine, unscheinbare Kerl, der heute morgen mit Dir im Bus gefahren ist. Für Gott gibt es keine Wichtigen und Unwichtigen.**

Hat sich jemand abgewendet, fehlt er, so entsteht eine schmerzende Leere im göttlichen Herzen wie in dieser Erzählung. Wissen wir es denn nicht? Weshalb dann unser energisches Einschreiten gegen Abtreibung und Euthanasie? Warum unser spontanes Brechen eines fremden Willens und das Aufgebot allen Schutzes, um in unserer Umgebung einen Selbstmord zu verhindern? Es darf nicht geschehen! Vielleicht ahnen die meisten, daß es ein Unrecht ist, das man Gott zufügt. Jeder ist einzigartig für den Vater, weil Gott das Absolute ist und er nur in der Absolutheit lieben kann. Ein Mensch, der das verstanden hat – was braucht er eigentlich noch mehr? **„Alles, was du im Glauben erbittest, wirst du erhalten."** (Mt 21, 22) Ein kühnes Wort, aber ein erprobtes Wort durch die Jahrtausende. Bitten wie ein Kind, denn **„wer das Reich Gottes nicht so annimmt wie ein Kind, wird nicht hineinkommen"** (Lk 8, 17/Mk. 10, 15).

Ich denke an unseren spanischen Jesuiten im Kairoer Kollegium, den Bruder Roberto, dickleibig und von ungestümem Temperament. Sobald er mich auf den langen Korridoren oder im Aufzug zu schnappen bekam, wurde ich mit beiden Händen gerüttelt: **„Pater Boulad, er liebt Sie! Er liebt Sie bis**

zum Wahnsinn! Er liebt Sie!“ Gelegentlich war es mir lästig, allein wegen der Wiederholung, aber nachdem Bruder Roberto verstorben ist und ich sein Zimmer geerbt habe, verstehe ich ihn ganz und gar. Er war voll des Geistes und mußte sich mitteilen, und es kamen Worte wie Goldperlen aus dem Evangelium. Roberto – ein Gotteskind! Das Gleichnis vom verlorenen Sohn verkündet diese fast unverständliche, ganz verrückte Vaterliebe zu seinen Kindern, von denen nicht eines fehlen darf.

Am Beispiel meines Mitbruders Roberto konnte ich erleben, wie eine dynamische Kraft aus jenen strahlt, die vom Geist **„besessen“** sind, und wie sie übergeht auf ihre Umgebung. Diese Kraft, die nicht aus ihnen stammt, deren Herkunft ihnen aber voll bewußt ist, ist unerschöpflich. Sie wird auch dann nicht geringer, wenn die Körperkräfte nachlassen oder wenn eine Krankheit sie befällt. Dieses geistige Feuer wird in ihnen weiterbrennen und sie tragen, höher als die Welt sie trägt...

Im Fortwirken des unendlichen Geistes erkennen wir den Strom der Geschichte und das geistige Wachstum in der Vielfalt – durch ihn, den Geist. Seine tausend Gesichter werden für nie endende Überraschungen sorgen. Jede neue Epoche wird sich mit einer Epiphanie des Geistes ankündigen. Und die Medien fahren fort, ihre Schauermärchen zu verbreiten, reich an entstellten Wahrheiten über den Niedergang der Völker. Die falsche Brille? Gezielte Manipulation? Daß der wahre Reichtum einer Nation sein Menschenpotential bedeutet, davon geben sie uns keine Kunde. Es ist die menschliche und geistige Energie eines Volkes, die sich unaufhaltsam mehren wird. Der Geist altert nicht. Und er ist bei jeder Problembewältigung dabei. Auch ein Mensch altert nur dann, wenn er den Geist entläßt, ihn leugnet, ihn vergißt. Seine Lebensjahre werden an seiner **„geistigen Einstellung“** gemessen. Wie treffend hier die Sprache wieder formuliert.

Gewiß, materiell und irdisch-fleischlich gesehen und vor allem bewußtseinsmäßig steht die Menschheit noch voll im Vergeistigungs- und Vergöttlichungsprozeß, aber mit dieser Materie, mit diesem Fleisch hat Christus sich zu diesem Zweck vereint, Gott schloß diesen Liebesbund mit uns. Ich kann weder die **„kosmische Energie“** lieben noch eine **„Weltseele“** oder den **„Logos“** als abstrakten Begriff, denn ich bin ein Gotteskind, ein Mensch, ich muß ein lebendiges Wesen lieben ... den persönlichen Gott! Deshalb kam er uns ganz nahe, als ein Liebesgott, und zeigte uns – in Jesus – sein Herz. Die christliche Offenbarung ist die Verkündigung einer unfaßbaren Wahrheit... Gott kam, lebte, lehrte, litt und starb – hier unter uns, vor unseren Augen! Welch ein Gott! Und ein Jünger durfte den Finger in seine Wunde legen.

„Welch ein Gott!“ – das sage ich mir bei jedem Karfreitagsgottesdienst. Im Orient berühren oder küssen die Gläubigen die Brust des Gekreuzigten, seine Wangen oder seine Füße. Als zelebrierender Priester in Alexandria und Kairo bin ich Jahr für Jahr darüber erschüttert: **Welch ein Gott!** ... In unseren Kirchen des Orients beginnt schon ab Karfreitag die Auferstehungsfeier, die ostkirchliche Liturgie preist den siegenden Pantokrator in herrlichen Wechselgesängen, die sich über den Karsamstag fortsetzen und sich immer mehr steigern bis zum großen, wahrhaft mystischen Feuer der Osternacht.

Vor einigen Jahren gab eine Muslimin in Pakistan, Bilquis Sheikh, in Genf ein Buch heraus mit dem für islamische Begriffe kühnen Titel: **„Ich wage es, Gott unsern Vater zu nennen.“** Ein berührendes Buch! Ja, Gott ist unser aller Vater, das ist die große Gleichung oder der Nenner der gesamten Schöpfungsordnung, und jede Liebesregung, die wir im Weltgeschehen wahrnehmen, das ist er selbst! Sie spiegelt sich in unserem Füreinander-Dasein und sagt uns, daß Gott hier ist, immer und überall anwesend. In der religiösen Literatur des

Judentums kehrt deshalb diese Warnung mehrmals wieder: **„Wer einen Menschen tötet, tötet die Menschheit!"** ..., das ist richtig, weil jeder von uns **„die Menschheit"** in sich verwaltet, aber ich gehe hier noch weiter und sage: **„Wer einen Menschen tötet, tötet Gott!"** – zumindest versucht er es, denn auch das ist wahr, weil jeder Mensch noch mehr ist als **„Menschheit"**, er ist potentiell **„Gottheit".** Der persönliche, individuell liebende, verwundbare Gott ist erreichbar für Dornen, Nägel und Lanzenstiche.

Einen Menschen schlagen, ein Kind verkaufen, seinen Nächsten enttäuschen – alles verletzt Gott. **„Das ist mein Leib"**, er spürt es. Die Tränen der Menschen sind die Tränen Gottes, das Drama von Golgotha reicht tiefer und weiter als alle Ahnungen. Unsere Trägheit, unser Mangel an Vorstellung und Einfühlung, der Verrat an unserer menschlichen Berufung, das Stagnieren alles Geistigen im Konsum, die Unterlassung, sich für Gottes Pläne zu interessieren und mitzuwirken – all das schmerzt Gott, er leidet! Es ist die Fortsetzung des Dramas eines menschgewordenen Gottes und das Drama der Schöpfungsgeschichte, in der noch ein immenses **„Liebesmanko"** besteht, das darauf wartet, von uns Menschen gefüllt zu werden. Wenn ich bei Gott bin im Gebet, so fühlt er es, wenn ich ihm danke, so spürt er es, wenn ich ihn ignoriere, so schmerzt es ihn in göttlicher Weise, d. h. unvorstellbar intensiver als jemals ein Menschenherz vom Schmerz erreicht wird.

Das Christentum ist wesentlich die Religion des Menschen und der Mystik, weil Gott und Mensch sich im Lichte der Inkarnation treffen. Jeder von uns ist Fleisch des fleischgewordenen Logos, denn die Schöpfungssubstanz ist dieser Logos, Christus. Vielleicht wartet er seit zwanzig Jahrhunderten darauf, daß wir den in uns wohnenden Geist danach befragen und die notwendige Wahrheit verstehen: Jeder Mensch ist eine Ikone, ein Abbild Gottes. Wir sind einesteils geschaffene Kreaturen, aber wir sind potentiell göttlich, ihm gleich, noch nicht erkennbar, winzig wie ein Saatkorn, aber ein geistiges Saatkorn voller Versprechen! Entwicklungsfähig bis in die höchsten Stufen des Gottesreiches.

Deshalb hat Jesus die Heiligkeit des Menschen beim Namen genannt, indem er auf den Psalm 81 hinwies: **„Ihr seid Götter!“** – Johannes hat uns das überliefert (10, 34). Derjenige, den wir gelegentlich geringschätzen, hat in den Augen des Schöpfers Höchstwert, er ist für ihn unersetzlich, nicht austauschbar, und sein geheimer Name, den er ihm bei der Auferstehung offenbaren wird, steht schon jetzt **„eingezeichnet in seinen Handflächen“** (Jes 49, 16). Wir sind sein Gleichnis. Hans-Urs von Balthasars Wort sollten wir uns eingraben in unser Herz: **„Jeder ist, wer er ist, ein Geliebter Gottes, trotz allem, was er mir zu sein scheint.“**

Das göttliche Bewußtsein der Gotteskinder dieser Erde wird sich kraft des Geistes mehr und mehr entfalten, ihre Transzendenz nimmt zu, sie werden hellhöriger, feinfühliger, hellsichtiger, um ihre Situation zu begreifen, auch die Geschwisterlichkeit aller Menschen. Die Existenz gewinnt an Substanz. Alles ist auf das Heil des Menschen hingeordnet, Liebe und Weisheit stehen wie ein Leuchtfeuer hinter dem Sinn der Geschichte. Geben wir acht beim Begriff der Vorsehung, denn sie führt zu Desinteresse, Stagnation und Fatalismus. Nein, die Würfel sind für keinen Menschen im voraus gefallen.

Dementsprechend wartet Arbeit auf uns: 800 Millionen Gotteskinder können noch nicht einmal lesen und schreiben und 830 Millionen sind unterernährt – und immer hungrig.

DER GEIST BETET IN DIR

Unser Anreger, der Geist, möchte uns Tag für Tag im Gebet geborgen wissen. Stimmen wir uns auf ihn ein, dann ist er es, der in uns betet.

Ich bezeuge, seit Jahrzehnten in dieser Geistesgegenwart zu leben, wobei mir Unaussprechliches zuteil wird – tiefer Frieden und eine innere Helle. Ich koste an manchen Tagen auch einen besonderen Geschmack jenseits der sinnlichen Wahrnehmung. Das alles ist weit mehr als nur eine Bestätigung oder Tröstung, noch innerlicher, diese Erfahrungen nehmen mein ganzes Wesen ein.

Seit meiner frühesten Jugend erlebe ich Gott als eine ganz klare und offenbare Präsenz, damals wie heute beginnt mein Tag mit einer Stunde Zweisamkeit. Als Jugendlicher war die Erfahrung der Gottesgegenwart für mich fast unerträglich stark und ekstatisch, sodaß sie viel mit Tränen verbunden war. Heute ist es stiller in mir geworden, und die Tränen sind seltener. Gebet hat mit Emotionen nichts zu tun, wenn es auch zu Gefühlsregungen kommen kann, weil der Geist das Herz berührt. Aber sie sind nicht das Wesentliche.

Das Gebet ist eine Reise in die Tiefe zum eigenen Selbst, wo Gott uns zum Liebesgespräch erwartet. Eine Reise an den Quellgrund, an dem uns die Fülle des Daseins „überfällt". Unvorstellbares wird möglich, denn betend treffen sich mein kleiner Geist und der Große Geist. In diesem Brennpunkt, den wir im Gebet erreichen sollten, vereinen wir uns mit einer geheimnisvollen Energie, es wird uns Erkenntnis gewährt – und Kommunion. Dieses gemeinsame Zentrum von Mensch und Universum ist **der Ort der mystischen Erfahrung**, der Ort der Vereinigung mit Gott – dem Geliebten der Menschen, dem Geliebten jedes einzelnen.

„Als mein Gebet immer andächtiger und innerlicher wurde, hatte ich immer weniger und weniger zu sagen" empfand wie ich Sören Kierkegaard. Wahres Beten entbehrt die Worte. Viele Menschen verstehen das nicht. Schweigend, in einer stillen Liebe, muß man Gott begegnen wollen, das ist die Haltung, die ihm entspricht und ihm würdig ist, durch sie wird eine ganz andere Sprache möglich als jene aus unserer Welt. Wortloses Beten in der Stille einer Liebe!

Es gibt die Erlebnisfülle in der stillen Leere, und es gibt das randvolle Nichts. Es gibt auch die Stille, welche aufgeladen wird mit glühender Vernunft, genialen, sehr wichtigen Gedanken, aber das kann nicht Gebet sein, weil es zu leer und zu voll ist. Das Gebet verlangt etwas ganz anderes: Stille und Demut gegenüber einer anwesenden Person, der göttlichen. Aber das will geübt werden. In der Gegenwart eines geliebten Menschen geht es sehr lebhaft zu im Überschwang der Gefühle und Gedanken, man schließt die Lippen, man schaut, man genießt die meditative Betrachtung eines Gesichtes. Im Gebet jedoch, diesem Liebesfeuer, bleibt Gott verborgen und ist doch konkret wahrnehmbar im Glauben oder in einer heroischen Opferhaltung. Das kann eine kostspielige Gebetsarbeit sein, verzehrend wie keine andere, und sie begreift und vollzieht sich allein durch die Hingabe in der gespannten Aufmerksamkeit gegenüber dem Geist.

In dieser mystischen Gebetsverfassung kann die einströmende Geistenergie nahezu körperlich spürbar werden. Meine persönliche Erfahrung ist reich und langjährig. Ich fühle diese Energiekonzentration zuerst im Bereich des Sonnengeflechts, dann in den Augenlidern, zuletzt in den Lippen. Möglicherweise wußte man in der spirituellen Praxis der Pharaonenzeit davon, denn in unserem Kairoer Museum meine ich, diese geistige Verdichtung auf den Lippen mancher Statuen zu entdecken. Das deutet man wohl nur, wenn man ähnliche Erfahrungen macht. Meine Betrachtung dieser Gestalten führt mich vom Hals über ihr Gesicht unweigerlich zu den schwer gewordenen Lippen, in denen sich besondere Kräfte zu sammeln scheinen. Das gibt es auch in der europäischen Kunst bei Gemälden von Mystikern zu finden, und man versteht diese durchgeistigten Gesichter besser, man begreift, was sie uns schon immer wissen lassen wollten und was leider seit Jahrhunderten mißverstanden wird: Mein Selbst und die Achse der Welt sind eins.

Dort, im tiefsten Zentrum, geht im Einssein die Macht Gottes durch mich hindurch, und ich könnte, wenn ich es wagte, allmächtig werden, doch weiß ich, daß diese Kraft zwar in mir, aber nicht von mir ist. Der Mystiker, der in dieser Haltung des Selbstvergessens lebt und atmet, kann zu einer Identifizierung mit dem Sein gelangen, mit dem Einen, mit Gott. Das waren auch die Worte Jesu: **„Glaubet, daß der Vater in mir ist und ich im Vater"** (Joh 10, 38), **„Wer mich haßt, der haßt auch meinen Vater"** (Joh 15, 23), **„Ich und der Vater sind eins"** (Joh 10, 30). Und wenn Mystiker und Heilige ähnlich empfinden, dann ist das kein Hochmut, sondern schlicht das Zeichen, daß Gott von dieser Seele Besitz ergriffen hat. Dann kann der Geist durch diesen Menschen Wunder wirken, die niemand versteht und keiner bejaht, selbst wenn er sie mit seinen fünf Sinnen wahrnimmt. Durch einen kühnen, naiven und eindeutigen Glauben werden unmögliche Dinge möglich: **„Ihr werdet noch größere Werke als ich vollbringen"** (Joh 14, 12), denn **„das Reich Gottes ist in euerm Innern"** (Lk 17, 21).

Und Meister Eckhart mahnte und mahnte. Und er klagte: **„Gott ist drinnen, aber wir sind draußen."** ... Wie hineingelangen? Durch das Gebet! Das ist der Weg. Alles restlos aus sich hinauswerfen, jede Vorstellung, die ganze eigene Gefühls- und Gedankenwelt, ohne in dieser selbstgeschaffenen Leere Beute des Halbschlafes oder der Apathie zu werden, sondern voll bewußt in dieser Stille wachen, in der man hochgradig aktiv ist und ganz gegenwärtig. Nichts anderes wird ersehnt als das göttliche Wasser, das in den ausgeschachteten Brunnen einfließen wird, doch nicht gedacht als ein Himmelsregen aus fremden Gegenden, sondern von innen aufsteigend – geistgesteuert. Das ist Beten in der Liebesstille, das mich Gott und Welt erkennen läßt, weil die Schleier reißen.

Das vollendete mystische Gebet ist ein Zustand der Ekstase, wie könnte es anders sein! Und ein Glück souveränen Friedens. Das Bewußtsein ist hellwach, es weitet sich, doch gleichzeitig ist dieser Zustand dem Schlaf verwandt, Atmung, Muskeln und Nerven arbeiten auf Sparflamme. Der Geist aber ist hyperaktiv und begünstigt jede Form von Kreativität, die Intelligenz arbeitet subtil und kann außerordentlich erfindungsreich sein. Die einen sprechen hier vom Wachtraum, die anderen vom Halbschlaf, die dritten befinden sich im Überbewußten, das der Sache am nächsten kommt. Genies, Propheten und Mystiker verstehen es, sich lange Zeit im Überbewußten aufzuhalten – oder sie empfangen diesen Zustand als überraschendes Gnadengeschenk.

Das reicht sehr weit. Durch die gebündelte Geistenergie erlangt die betende Person im überbewußten Zustand Zugang zur universellen Energie, und diese ist unbegrenzt. Im starken Glaubensakt des Betenden geschieht die Vereinigung durch den Geist, der ihn an die verborgene Quelle in seinem Innersten führt, zum WORT, zu JESUS, zum **„wahren Licht, das jeden Menschen erleuchtet"** (Joh 1, 9). Versuche zu erkennen, daß Du mehr von einer höheren Kraft bewegt wirst als von Deiner eigenen Willenskraft. Der Geist betet in Dir.

Erneut werde ich gefragt, wie man zu dieser Haltung kommt, und ich setze hinzu: Durch eine spirituelle Askese im weiten Sinn, eine Askese, die mehr Passivität als Aktivität bedeutet. Früher wollte man seine Heiligwerdung durch härteste Anstrengungen selbst bewerkstelligen, in einer Art spiritueller Eroberungspolitik. Der bessere Weg ist der mystische, der Weg der stillen Bereitschaft, auf dem man sich vom Geist bewegen läßt. Freilich greift unser Wille auf bestimmten Stufen nach, aber in den entscheidenden Bereichen unserer Existenz wird vor allem eine Haltung der **„aktiven Passivität"** verlangt, diese müssen wir verstehen, entwickeln und gut zu leben lernen, es ist die mystische Haltung.

Im menschlichen Liebesverhältnis wirst Du auch nicht Deinen Willen betätigen und Deinen Partner nach Deinen Wünschen zwingen, sondern umgekehrt, Du wirst Dich voll auf ihn einstellen und die **„aktive Passivität"** leben. Wenn Du Dich nur passiv verhältst, so wird Eure Beziehung bald zu Grabe getragen, nein, in der Liebe bist Du hochgradig aktiv in der Passivität, und diese Haltung brauchst Du auch für Dein Leben mit Gott. **„Auch Passivität ist Aktivität"**, sagt Teilhard de Chardin, und bei Simone Weil können wir dasselbe in der ihr eigenen Eindringlichkeit lesen. Unser Sein ist vielschichtig, auf der einen Ebene ist es passiv und zugleich auf einer anderen hoch aktiv. Es geht um die stille Kraft der **„energeia akineseos"**, die „Unbewegliche" im Griechischen.

Das Geheimnis Deines spirituellen Lebens ist Dein Dauerkontakt zum Geist wie die Lampenschnur in Deiner Zimmerwand, die Du nie aus der Steckdose ziehst. Nicht Dein halbstündiges Gebet am frühen Morgen stellt diese Tagesverbindung her, sozusagen als intensive Kurzaufladung, dann schaltest Du den Strom ab, hast Deine Pflicht getan und wendest Dich anderen Dingen zu. Das bringt nichts. Diese Morgenzeit ist nur die erneute Konzentration und Bewußtwerdung, eine

Konkretisierung. Das Spirituelle geschieht unentwegt, der Geist lebt und sprudelt, und man läßt sich unfehlbar von ihm bewegen. Ich wage zu sagen unfehlbar, sofern der Mensch sich öffnet und diesem Mysterium traut! Sich freimachen dafür in der stillen Kraft des Gebetes, frei von jeder Beschäftigung, und sei es die heiligste, die notwendigste! Für mich ist das Beten ein Seelenzustand und nicht beschränkt auf eine zeitliche Periode am Tag, es bildet mein Gemütsleben, es ist meine Geistesverfassung.

Daß Du alles in der Geistesgegenwart tun und denken mögest! Daß alles Dein Gebet sei! Daß alles in der Anwesenheit des liebenden Gottes geschehe! Dann wird Dein Gebet **„alles in allem"** werden, was immer die Form und die Umstände ausmachen. Du wirst den Ursprung Deines seelischen und geistigen Gleichgewichtes erkennen, und dankend wirst Du Dich glücklich sehen. Laß dem Geist in Dir freie Hand, bleibe frei in der Wahl Deines persönlichen Stils, nimm Dir und gestalte Dir das, was Dir hilft, ans Ziel zu kommen, zu Deiner Begegnung mit Gott. Bete im Knien, wenn Du willst, im Gehen oder im Liegen, bete in der Bahn, im Flugzeug oder in der freien Natur. Ich bin gegen das Korsett, das viele Gurus heute ihren Jüngern anlegen. Auch das nenne ich geisttötende Gesetzesstarre!

Geistliches Leben und Ordensgehorsam sind viel zu sehr als eine rigorose Einzäunung erlebt worden und von nicht wenigen als ein Überfahrenwerden der eigenen Persönlichkeit. In Wahrheit soll am Ziel eines recht verstandenen Gehorsams die innere Gelöstheit stehen. Freiheit meint nicht Zügellosigkeit. Paulus sah diese Gefahren voraus, als er die christliche Freiheit über das Gesetz stellte und warnte, daraus keinen Vorwand für **„den Menschen des Fleisches"** zu machen: **„Ihr seid des Geistes!"** Einen Fleischmenschen nenne ich auch den Unterhaltungssüchtigen am Bildschirm, aber vor allem der

Luxusorientierte in seiner Begierde nach Sattheit ist ein Fleischmensch, und er wäre entsetzt, es zu hören. Die Anbetung des Extravaganten und Überflüssigen gehört der untersten Ordnung an, weil es nichts mit der geistigen und nichts mit der geistlichen Sehnsucht des Menschen, der beiden ungleich höheren Ordnungen, gemein hat. Kierkegaard hat sie wohl gemeint, diese Fleischmenschen **„mit schlaftrunkenem Blick, die ein rein vegetatives Leben führen, sich mit Banalitäten beschäftigen und im Inneren schrecklich allein sind …"** – Trotz Glanz und Gloria.

Aus der Physik kennen wir die zentripetale Kraft, die zum Zentrum drängt, und die zentrifugale, die nach außen treibt. Der Weg des Betenden führt zur Mitte, er aktiviert im Geist diese entscheidenden Kräfte. Leider bewegen die Stimuli unserer modernen Gesellschaft die zerstreuende Kraft, die zentrifugale, die auch Fliehkraft genannt wird – der Mensch flieht mit ihr und verliert sich. Der Betende hingegen hat eine Verabredung mit dem Geist, dafür sammelt er seine Kräfte und geht daraus in unsäglicher Freude hervor, kraftgespeichert und mobilisiert. Angelus Silesius könnte auch unsere gehetzte Welt in seinem Vierzeiler meinen: **„Mensch, geh nur in dich selbst, / denn nach dem Stein der Weisen / darf man nicht allererst / in fremde Länder reisen."**

Als man mir als Fünfjährigem ausladend von der Sonne, der Milchstraße und den Weiten des Weltalls erzählte, fragte ich nur immerzu: **„Und dann? Was kommt danach? Was ist dahinter?"** Bereits ein Kind spürt den Ruf aus den Tiefen des Alls, denn in seinem Mikrokosmos ist der Makrokosmos enthalten, die unstillbare Sehnsucht nach dem Absoluten ist in uns eingezeichnet. Das Absolute kann nicht definiert werden, denn dann wäre es nicht länger absolut. Das Goldene Kalb war ein Versuch, ein Menschentraum, der zerrann. Mythen fanden hier und dort eine Sprache – in esoterischen Kreisen wieder im

Trend als eine Gegenreaktion gegen unseren exzessiven Rationalismus, der die letzte Weisheit pachten möchte. Auch der Traum des Verheißenen Landes war ein Traum geblieben – die gute Pädagogik Gottes! Das Durchqueren der Wüste ist schon das innere Land, in dem Milch und Honig fließen, dort ist man schon vom Absoluten genommen worden! Man erobert, ergreift und besitzt es niemals, das Absolute besitzt uns.

Deshalb sage ich, die Zukunft des Menschen, auch seine spirituelle, muß eine weibliche werden, denn Weiblichkeit läßt sich umarmen. Der Mann muß femininer werden, um die allumfassende, unendliche Wirklichkeit besser in sich aufnehmen zu können. Noch immer will er greifen und dominieren. Aber auch im Sich-Ergreifenlassen ist der Mensch stark und aktiv. Die Voraussetzung für das Hineingleiten in den göttlichen Bereich ist die Passivität der Seele, die Selbstaufgabe im stillen Gebet. Nicht zu viel wollen, nichts wollen! Sich leicht machen für Gott! Eine zu große Anstrengung des Herzens, des Verstandes, des Willens ist hinderlich. Wer sich leicht macht, kann vom Geist ergriffen und dorthin gebracht werden, wohin er heimlich möchte…

Das Konsumverhalten ist gerade das Gegenteil, es ist eine Ersatzbefriedigung dieser Sehnsucht nach dem Absoluten. Das Absolute ist keine Sache, sondern ein Appell, ein Hohlraum, ein Abgrund in uns, der aufgefüllt werden möchte bis zum äußersten Rand. Daß dieses Sehnen immer bestehen bleibe! Jedes Verlangen vertieft und weitet sich durch den Verzicht und die Selbstbeherrschung, während es in der Bedürfnisbefriedigung erlischt. Der geistige und geistliche Mensch soll sein Verlangen intakt lassen und sich auf die Suche nach der Quelle begeben. Wenn er sein Verlangen bewahrt, wird er sie finden. Dort, am tiefsten Grund, singen die Engelchöre… Das religiöse Verlangen steigert sich auch in den Perioden des Fastens. In Ägypten sind diese eine Selbstverständlichkeit, es gibt das Marienfasten, das Apostelfasten, das Jonasfasten, man fastet jeden Mittwoch und jeden Freitag und zur Advents- und Karzeit. Die koptischen Christen fasten 230 Tage im Jahre, die Muslime während des Ramadan-Monats, und das sogar auf Staatsbasis, doch es bewegt das Innere.

Das wäre eine ganzheitliche Regeneration auch für den Westen! Verzicht trainieren! Die heutige Gesellschaft der reichen Länder, auch Asiens, lebt sich aus im Übermaß und verdrängt unwissend das Eigentliche. Das Ausscheiden lernen, die Eingrenzung, die Selbstbeschränkung, sonst wird der Mensch zum amorphen Lebewesen. In der Begrenzung aber kann er wachsen, der Geist wird frei und aktiv. Unser Assuandamm hält einen Großteil des Nilwassers zurück, warum? Die Wasserabgabe für die Felder wird kontrollierbar, regulierbar, effektiver. Das läßt mich auch an die **Kundalini** im Hinduismus denken, eine Wissenschaft, die praktisch lehrt, wie der sexuelle Energiefluß im Menschen reguliert werden kann. Wenn er sich weise zu verwalten weiß, kann es der Mensch durch die in ihm aufsteigenden Kräfte der Kundalini bis zur Erleuchtung bringen. Auch den **Tantrismus** kennen wir aus Asien, jene über Stunden anhaltende Askese während der sexuellen Begegnung, die das Paar nicht entleert, sondern nahezu unbegrenzt füllt, ekstatisch von innen her. Auch hier geht es um das Aufsteigen des Menschseins ins Geistige.

Heute finden wir in unserer rationalen Gesellschaft einen erstaunlichen Neo-Paganismus mit weitgefächertem Götzendienst. Der Narzißmus blüht, und der Persönlichkeitskult hat Priorität. Alle Tabus sind gefallen, diese Schutzfunktion gibt es nicht mehr, das Absolute hat sich aus dem Bewußtsein verflüchtigt. Die Devise vom Mai 1968, **„Es ist verboten, etwas zu verbieten"**, hat nach wie vor Gültigkeit, der Mensch ist sich selbst ausgeliefert. Umso dringender ist es, eine Askese für unsere Zeit zu entwickeln, sonst werden wir nicht länger die Welt beherrschen, sondern werden fremdgesteuert sein wie das Pferd, das geritten wird, und nicht der Reiter.

Wenn man Dir eine Skala von Wahlmöglichkeiten aufspannt, begleitet vom Sirenengesang der Werbung, reiße nicht Augen und Ohren auf und frage, was und wieviel von allem, sondern was davon überhaupt zählt und warum. Dann vielleicht, nicht unbedingt, wähle etwas. Das ist zeitgemäße christliche Armutsübung oder Askese für jedermann, denn Einigelung und Abkapselung in diesem Wahnsinn des Überangebotes wird nicht fruchten. Abstand wahren, nur das Notwendige suchen, nicht das Zuviel ist das Wertvolle, sondern das Genießen des Wenigen, denn alles ist göttlich! Wer wenig beansprucht, wird viel empfangen. Mystik im Herzen der Konsumgesellschaft – das wäre eine Perspektive! Dann würden wir nicht mehr konsumieren, um zu konsumieren, sondern um zu kommunizieren.

Was unterscheidet das **Fleisch** von einem **Leib**? Das Fleisch ist ein Leib, dem der Geist entwichen ist, der Leib aber ist ein Fleisch, das vom Geist vereinnahmt wurde. Verwandeln wir unser Fleisch in einen Leib! Lassen wir das Fleisch zurück, es dient uns, um ein Leib zu werden, der sich mit unserer Geistseele vereinen kann. Verwandeln wir auch das Fleisch des anderen in einen Leib, fühlen wir die Verantwortung füreinander. Dann haben bei der sexuellen Begegnung die Begriffe „rein" und „unrein" keine Bedeutung mehr. Ein Pornofilm hat nur zum Ziel, uns an unser Fleisch zu erinnern, weder hat er den Leib noch die Person oder gar die Liebe im Sinn, er lehrt als Einziges die Lust an sich selbst.

Materie, Fleisch und Geist lassen sich jedoch versöhnen. Wir stammen aus dieser Welt und nehmen Gutes mit in unser Gebet hinein. Unsere inneren Bilder entsprechen dem Gebrauch unserer Sinne, wir speichern sie, versenken uns in sie und dürfen sie leidenschaftlich lieben. Auch das ist Gebet! Dabei eint sich unser Wesen in der Liebe und durch die Liebe, und es vereint uns mit der Welt und Gott, aus dem alles quillt. Alles seelisch tief Erlebte wird zum festen Bild in uns, einmal spontan, ein anderes Mal allmählich und ganz im Einklang mit uns selbst. Welch schöner Raum für die betende Seele! Leicht, einfach, aus dem sie mühelos, wie es der Liebe eigen ist, in Gott übergehen kann.

GEBET: *„Gott, Du quillst in den Tiefen meines Wesens, Du bist die Seele meiner Seele, laß mich zu Dir gelangen und Dir ganz zu eigen werden, damit ich den Geist erkenne und aus ihm wirken kann. So wird mein Wesen das Wesen der anderen erreichen können, im Blick, im Wort und im Gedanken, wenn ich mit Dir am Grunde meiner Seele bleibe, am tiefsten Punkt in mir, in dem sich alles eint. Von dort her darf ich die Welt schauen und in der reinen Freude kosten, im Geist der Liebe."* Amen.

Askese also als allgemeine Lebensübung, als eine Weisheit unseres Geistes, unserer Seele und unseres Leibes, eine Hygiene, um sich gut in den Griff zu bekommen und gesund und gut mit unserer Umwelt leben zu können. Diese zeitgemäße Askese entspringt der Freiheit, sie ist nicht vorrangig religiöser Natur, sondern es gilt herauszufinden, wo zwischen dem Maximum und dem Minimum das Optimum liegt. Hierfür brauchen wir wiederum die geistige Unterscheidungskraft, zumal wir zugeben müssen, daß dieses Optimum nicht für alle Menschen dasselbe sein kann. Du hast Dein Optimum und ich habe meins.

„Der Geist der Einheit" ist der Geist unseres inneren Gleichgewichtes, er weist uns an, dieses zu finden, und macht uns Mut, gelegentlich den freundlichen Mittelweg zu verlassen und etwas weiter auszuholen. Wenn ich ein Metallstück biegen will, um einen bestimmten Winkel zu erreichen, dann muß ich es ein Stück überdehnen, denn ich weiß, es wird auf jenen Punkt zurückschnellen. Weil die Askese auf einen sehr tiefen Bereich im Menschen zielt, kann ich mit ihr sehr weit ausholen, um nach dort zurückzugelangen. Der Widerstand, den es zu überwinden gilt, ist mein EGO, diese immerwährende Versuchung! Ich bin nicht nur Sklave der Konsumgesellschaft, sondern, schlimmer noch, meines EGOs, und beides ist fest miteinander verflochten. **Askese** heißt frei werden von allem, insbesondere von sich selbst. **Askese** heißt, andere Wege ausfindig machen als den des geringsten Widerstandes, den die Welt uns suggeriert. **Askese** ist der bewußte Verzicht oder das gelassene Hinnehmen eines Mangels. Und das ist heute allen Menschen anzuraten, dann leben sie intensiver und wahrer.

Wir verdanken diese wichtigen Dinge unserem Anreger, dem Geist, und die Askese würde ich als eines seiner tausend Gesichter bezeichnen. Der Geist betet in Dir, und Gott erwartet Dich. Er ist das Innerste Deines Innern, die Seele Deiner Seele, und der Geist Deines Geistes. Solange Du aber eine Verschmelzung noch nicht wirklich ersehnt und vollzogen hast, solange hast Du Deine volle Menschengestalt noch nicht erreicht. Christus hat uns in diese Dimension hineingerufen, wir alle stehen in der Berufung, den Gottesgeist weit in uns auszuspannen und auf ihn zu hören. Behindert unser eigenes Innenleben diese Entfaltung durch eine Fülle anderer Dinge, dann bleiben wir zeitlebens Schmaldenker und Flachempfinder, kümmerlich in uns verengt, ahnungslos im Abseits des Lichtes der Erkenntnis.

Gibt es hier konkrete Anweisungen, Geistinspirationen, die vermittelt werden können? Ich nenne ein Schlüsselwort – **„die Wüste"**. Besser ist es, für den unerläßlichen Reifungsprozeß von Zeit zu Zeit eine ordentliche Durststrecke zu akzeptieren, ein Alleinsein in der Wüste – als Symbolbegriff. Als Opfer der gegenwärtigen Überflußgesellschaft stopfen wir uns voll mit Unnützem in einer nicht endenden Gefräßigkeit. Alles ist Droge, auch der Arbeitsstreß, der Lärm, der Wechsel von Bildern. Deshalb müssen wir uns zeitweilig selber Abgeschiedenheit und Stille schaffen und uns eine innere Welt ohne Fremdbestimmung bauen, in der unser Geist und der Gottesgeist gemeinsam Regie führen. Das ist ungleich interessanter und lebensspendender, denn unser Leben schöpft dann aus der spirituellen Dimension.

Jeder weiß, daß man aus wochenlangem Fasten nicht geschwächt, sondern gestärkt hervorgeht. **„Der Mensch lebt nicht vom Brot allein“**, er vermag sehr Großes zu leisten, er vermag sogar kosmische Energie zu fokussieren – durch Askese und Gebet. Auch hier das Fasten nicht als eine kirchliche Verfügung sehen, sondern wissen, daß ich mit einer materiellen Leere in mir einen notwendigen geistigen Empfangsraum schaffe. Dem vom Geist Erweckten fällt das nicht schwer, jenem, in dem der Geist betet, denn kraft der geschulten geistigen Unterscheidung wird für ihn das Wesentliche erkennbar. Er nimmt ganz andere Dinge wahr als eine teure Fotokamera oder ein Unerweckter, beide können über eine glänzende Sehkraft verfügen, doch ohne Tiefenschau keine Ahnung haben von einem geweiteten Bewußtsein. Der Unerweckte hat auch eine andere Auffassung von Glück. Tatsache ist, wer geschickt beides will, dem wird keines gelingen ... Die Askese reinigt die Sicht.

Wir sehen, es geht hier um jeden, und es geht um **„die Freiheit des Christenmenschen“** (Luther) und nicht mehr um jene frühere terroristische Spiritualität, die uns zur Askese verurteilte und selbst zum Gebet, die unseren Schmerz und alles menschliche Leid glorifizierte. Heute erreicht derjenige den Gipfel der Freiheit, der gut unterscheidet und fähig ist, sich von weltlichen und geistlichen Dingen anziehen zu lassen: **„Prüfet alles und das Gute behaltet."** (Thess 5, 21). Die Treue zum Geist ist viel anspruchsvoller als die Treue zum Buchstaben. Die Treue zum Gebet ist viel kostspieliger als ein demonstrierter Gesetzesgehorsam. In unserem Prozeß des Reifwerdens zur Selbstverantwortung müssen wir unsere eigene Strategie und Philosophie entwickeln, um die bestmögliche Verbindung zur Welt in der rechten Ausgewogenheit herzustellen. Niemand anderer als der Geist kann uns auf die Frage antworten: **„Was schadet mir? Was fördert mich?"**

Und vergessen wir keinen Augenblick, daß der Geist uns liebt, er ist der Geist der Liebe und der Wahrheit. Gott lieben heißt vor allem, sich von ihm geliebt wissen, **„denn er hat uns zuerst geliebt"** (Johannes). Wie oft fragen mich junge Menschen: **„Aber wie sich mit Gott vereinen? Wie an ihn denken? Wie ihn lieben?"** Und ich sage ihnen allen: **„Indem Ihr Euch von ihm nehmen laßt, indem Ihr Euch leicht macht, indem Ihr den Toten Mann im Meer der Gottesliebe macht. Im Urvertrauen."** Und wem es damit ernst ist, für den ist es nur eine Frage der Zeit, wann seine Seele im Licht der Gnade zu leuchten beginnt... Deshalb: Warten können, Trägheit und Schwere aushalten, Niedergeschlagenheit überwinden wollen, achtgeben auf den Geist!

Dieses Wachbleiben ist das Verlangen des Geistes, und es ist die Frucht einer vernünftig gelebten Askese, sie schärft die Aufmerksamkeit und reinigt das Herz. Die geschlossenen Augen des Betenden sind ein Symbol des Todes, das aber, wie im wahren Tod, zum Erkennen führt. Jedes gute Gebet entläßt Dich mit einer klein wenig besseren Sicht. Zu Beginn Deiner Begegnung ein Abstrahieren des Sinnlichen, ein notwendiger Sprung in den Tod alles Geschaffenen und Deiner selbst. Wenn Du Gott real erblicken könntest, würde Dir die Welt als Traum zerrinnen, also opferst Du zustimmend das innerweltlich Wahrnehmbare, dann scheint Dir die höchste Wirklichkeit auf. Nenne es eine vorübergehende Abtötung oder nenne es Liebesopfer, als bewußt gesetzten Akt, Gott etwas zu schenken – aus Liebe! Wer liebt, will schenken, wer liebt, muß schenken, er braucht es wie seine Atmung. Dann wird der Geist in Dir das übrige tun...

Das Gebet ist auch eine Sache der **keuschen Gesinnung**, sie führt zu Klarheit und Evidenz. Keuschheit ruht in der Entsagung vieler Dinge verschiedenster Art, kein Umweg führt um eine gewisse Abtötung herum. Es ist interessant zu sehen, daß auch die Mystiker im Islam, die Sufis, die keusche Liebe preisen, denn im allgemeinen werden Sexualität und Ehe bei den Muslimen verherrlicht, sie sind beinahe eine Verpflichtung.

Die Mystiker, diese Lebenskünstler, wissen darüber viel zu berichten. Johannes vom Kreuz erlebte die Nacht der Sinne, die totale Verfinsterung seiner Seele und nannte es den **„spirituellen Tod"**, denn es war die Abwesenheit allen Lebens, allen Trostes, die Ferne Gottes. Nach dieser Nacht aber, aus diesem Nichts aufsteigend, wurden ihm neue Erfahrungen geschenkt: Das Universum singt von der verschwenderischen Schönheit als freie Gottesgabe, deren Ziel in ihr selbst begründet liegt.

Deshalb wünscht eine Kontemplation oder Anbetung der Schönheit nichts anderes, als sich das Geschaute in stiller Betrachtung zu verinnerlichen, denn nehmen kann man sie sich nicht. Die Schönheit gibt sich hin wie das Sein in seiner nackten Wahrheit, sie verschenkt sich unverhüllt an den, der sie in rechter Weise zu betrachten weiß, dessen Seele arm genug ist, um nicht einmal etwas zu erbitten. Er erreicht sie nur im abgelösten Blick, der das Objekt nicht erstarren läßt. Nur wer sich nicht an die Schönheit bindet, wird sie kosten dürfen, sonst wird sie sich ihm bald entziehen.

Buddha ist einmal gefragt worden, was ihm seine Meditation eigentlich brächte, und seine Antwort war: **„Nichts!"** Damit wollte er sagen: Ich will aus diesem unvergleichlichen Wachsein für mich nichts gewinnen. Aber warum meditiert er dann? Wonach verlangt es ihn? ... Wir Christen dürfen uns dasselbe fragen, und meine Antwort wäre dieselbe wie die des Buddhas: Es ist wichtig, absichtslos zu beten, nichts zu wollen, nichts zu erwarten. Besser ist es, sich ins Gebet hineingleiten zu lassen wie ins Meer, so wie ich es den Jugendlichen erkläre. Wenn wir nichts Bestimmtes im Auge haben, sind wir offen und erfassen die Fülle und manchmal die Überfülle des Seins.

Eine Extremposition finden wir in den radikalen Gedanken der Simone Weil. Ihre Wortschöpfung **„la décréation"** (Entschaffung als Gegenteil von Erschaffung) meint den totalen „Striptease" bis zur völligen Entblößung von ALLEM, nicht nur vom HABEN, sondern auch vom SEIN. Ein ehrliches spirituelles Leben kann das Risiko nicht ausklammern. Es läuft mit. Entäußerung und Opfer bilden unverzichtbare Bestandteile. Durch diese geistige Aufmerksamkeit werden wir nicht nur Gott gegenüber offener und empfänglicher, sondern auch anderen Menschen kommt unser geistiges Wachsein zugute, es ist dieselbe Haltung im Akt der Nächstenliebe: durch eine in mir geschaffene Leere werde ich verfügbar für den Geist, der durch mich wirken will. Leere sehnt Gnade herbei, jede tief gelebte Leere ist ein Appell. Der Geist antwortet.

Und jeder Mensch, der sich im persönlichen Gebet mit dem Geist zusammenschaltet, wird von ihm ein Stück vorangetragen, zunächst auf unmerkliche Weise, später deutlicher, denn im Gebetsprozeß tritt er in die Dynamik des Geistes ein, welche alles zugleich in Bewegung hält, die Gotteswelt und die Menschenwelt. Nichts ist „getan", alles strebt in einem ineinandergreifenden Wachstum auf EIN Ziel hin. Auch Gott erneuert sich ständig, warum sonst würde er **„Lebensquell"** genannt? Mit einem statischen Gott hätten wir nur einen Götzen zur Verfügung. Nein, sehr viel lieber nenne ich auch Gott eine **„Bewegung"**, denn er ist ein in sich unerschöpfliches und unendlich lebendiges Wesen, aus dem unsere Schöpfung tagtäglich wie aus einem Mutterschoß geboren wird.

Alles ist innige, geistige Gemeinschaft, die durch unser Beten gespeist und gestärkt wird. Der hl. Franziskus sagte zu seinen evangelisierenden Mitbrüdern: **„Die Tragkraft Eurer Worte stammt nicht aus Euch, sondern aus den Gebeten Eurer Brüder."** Menschliche Anstrengung und göttliche Gnade ergänzen sich „wunderbar", sie rufen einander, die Gnade vollendet und krönt unser menschliches Tun, das sich in eigener Entscheidung den Weg gebahnt und erhofft hat.

Allezeit ist die menschliche Freiheit im Spiel und wird von der Gnadenwirkung Gottes respektiert. Eine Violine spielt nicht von selbst, sie bedarf der menschlichen Kunst. Auch kann der größte Künstler ohne seine Violine kein Konzert geben. Gott spielt mit uns Violine. Glauben wir nicht, er könne alles ohne den Menschen tun oder der Mensch ohne Gott. Glauben wir nicht, trotz unseres Nichtstuns wären Wunder zu erzwingen. Wir leben in Symbiose mit den göttlichen Kräften. Gib deshalb dem Geist beizeiten Deine Blankounterschrift, die Zusage, daß er auf Dich zählen kann, dann können Wunder über Wunder folgen, nicht die spektakulären, die Schlagzeilen machen, aber Dein Alltag geht Dir „wunder-bar" spontan von der Hand.

Ein chassidischer Rabbi ist einmal gefragt worden, ob der Gottesgeist tatsächlich überall sei, so wie er es lehre. Er antwortete: **„Überall dort, wo man ihn einläßt."** Ich möchte das fast physisch umsetzen und plädiere für einen kleinen Betwinkel in jedem Haus, in jeder Wohnung, in den man die

Universalpräsenz des Geistes einlädt – und sie wird kommen, darauf ist sicherer Verlaß. **„Ich stehe vor der Tür und klopfe an; wer meine Stimme hört und die Tür öffnet, bei dem werde ich eintreten, und wir werden Mahl halten, ich mit ihm und er mit mir“** (Off 3, 20). Dem Göttlichen Raum geben! Diesmal meine ich das wortwörtlich.

Dabei kann der Mensch „Sinne“ für den Geist entwickeln, die sich in der Bedrängnis mit Sicherheit bewähren. Es gibt labyrinthische Tage in unserem Dasein, der Ausgang ist unauffindbar, oder wir haben bittere Stunden der Selbstvorwürfe oder Schuldanklagen gegen einen anderen in unserer Verlassenheit. Niemals die Effizienz des Geistes unterschätzen! Glauben! Gegen alle Hoffnung und Verzweiflung zu ihm beten! Sich nicht gehen lassen. Wenn Du aufgibst, beleidigst Du den Geist in Dir. Und gib keinen anderen Menschen jemals auf. Wenn alle menschliche Hoffnung zerrinnt, wissen, daß über ihr noch die Zuversicht liegt, diese kommt aus göttlichen Räumen.

Glauben! Heftigst und hingerissen glauben! Auch das eigentlich Unmögliche erhoffen, der Glaube erschafft sein Objekt. Wer das Morgen in allen Regenbogenfarben erträumt, wird bald das reale Erlebnis einer Morgenröte haben, denn das Evangelium ist eine Verheißung. **Letztendlich gibt es nur eine Tugend, den Glauben. Und nur eine Sünde, den Zweifel.**

Und es gibt eine unumgängliche Pflicht, das Zuhören. Zuhören können wie Maria von Bethanien, die nichts anderes im Sinn hatte, als dem Herrn zuzuhören. In unserer Zeit verliert man den Wert des SEINS, nur auffälliges TUN hat Renommé. Da lehrt uns der Beduine vor seinem Zelt eine andere Weisheit, die Weisheit des Gegenwärtigseins. Jesus lobte die ihm still lauschende Maria, während er Martha, die im

Haus herumhetzte, eine sanfte Rüge erteilte. Maria war voll gegenwärtig, und Jesus empfand das als das wahre Gastgeschenk, das ihm bei seinem Besuch zuteil wurde.

Sich oftmals fragen: welche Qualität hat meine Präsenz? Sie ist abhängig von meinem Sein und dieses wiederum von der Qualität meines Gebetslebens. Wer sich in seinem eigenen Zentrum tief verankert, wird zum Kraftimpuls für seine Umwelt, wird zum starken Licht, das sich in alle Richtungen verströmt. Das Geheimnis dieser Geistesgegenwart ist das tägliche Gebet, weil der Betende dabei sein Wesen „einsammelt". Der Mensch überantwortet sich dem Geist, der ihn seinerseits über vieles in Kenntnis setzt; die beiden Dimensionen verschmelzen, und das wird seinen Lebensstil ausmachen und sich unverwechselbar in seinem Verhalten spiegeln.

Diese Verbindung von Gottesgeist und Menschengeist ist für einen erfahrenen Beter die Gottesfülle im Herzen der Erfahrung, er erlebt einen geradezu fühlbaren Frieden, der den Alltagskampf erleuchtet, und eine Freude, die ihm die Welt aus den Angeln hebt. FÜLLE – FRIEDEN – FREUDE – das sind die Früchte eines guten Gebetslebens, wovon ich Zeugnis ablegen kann, denn es ist meine tägliche Erfahrung seit Jahrzehnten, wenn ich mich zur frühen Morgenstunde an diesem Kraftquell niederlasse, um mich für den arbeitsreichen, noch unbekannten Tag, speisen zu lassen. Ich spüre neue Energien aufsteigen, das Gebet setzt sie mit Sicherheit frei.

Wie Mann und Frau im ehelichen Kontakt eins werden, so wird der Geist des Betenden eins mit dem Gottesgeist. Das Mysterium des Gebetes liegt in dieser tiefen Zweisamkeit. Der Geist bewirkt die Einswerdung und das Wissen um diese Osmose, um die Fusion mit dem Göttlichen. Der Betende fühlt sich am Ziel und am Ursprung zugleich. Und sein Gebet nimmt Einfluß auf das Herz Gottes, weil Gott und der Betende einander lieben, deshalb sind sie auch gegenseitig beeinflußbar. Der Geist ist der schaffende und menschgewordene, der rettende Gott, die Weltseele und zugleich der Gott der Menschen, der Liebende, der uns in die Vollendung führen will. Und kraft unserer Gotteskindschaft engagieren wir uns mit dem Vater für das EINE ZIEL.

Doch geben wir acht, es gibt auch den impliziten Glauben, hier betet der Geist sozusagen allein in einer Menschenseele, und ich möchte behaupten – sie ahnt es! Bis zum letzten Lebenstag eines Menschen hofft der Geist, ihn zu erwecken und ins Gespräch zu locken. Das Gebet ist das Zeichen unseres Menschseins, wer es übt, bestätigt seine Transzendenz gegenüber den weltlichen Mächten jeglicher Art und gegenüber der eigenen Alltagsplage. Der Mensch überragt alles, unendlich überragt er seinen Intellekt und auch sein Gefühl, der Mensch ist Geist! Leider sind wir so sehr an unsere Transzendenz gewöhnt, daß wir sie nicht einmal wahrnehmen…

Nur der Mensch forscht nach dem Unbekannten, dessen reale Existenz er spürt, und wenn sein Herz es findet, dankt es in unzähligen Ausdrucksweisen. Nur der Mensch übt zeremonielle Totenbestattungen und schafft bleibende Grabstätten, und wir wissen, daß damit dem Paläontologen erlaubt wird, unter Knochenresten von Menschenaffen und Urmenschen zu unterscheiden. Der primitive, aber geistbewohnte Mensch wußte bereits, daß dieser Leib, den er sorgsam in die Erde bettete, mehr war als er schien und daß die Verwesung sein inneres Leben, sein eigentliches, nicht zerstören kann. Der Trauernde weiß seit frühesten Zeiten, daß dieser Leichnam auf geheimnisvolle Weise wieder Leben gewinnen wird, ein ganz anderes Leben, weil eine höhere und gute Macht über ihn gewaltet hat und diese ihn jetzt ganz bei sich verwaltet.

Zu Beginn unserer Existenz wurde uns etwas zum Geschenk gemacht, das unseren Leib verklärt, und dieses Etwas trägt den Namen GEIST. Mit gefalteten Händen betten wir noch immer unsere Toten zur Ruhe. Der Geist begleitet sie, und er betet in den Trauernden. Der ewig junge Schöpfergott schafft uns nicht für das Verderben – wir sind seine Kinder.

GEBET: *„Großer Geist! Du inspirierst uns, die Hände zu falten, die Augen zu schließen – und zu warten. Du betest in uns im Jubel des Glücks wie in den bangen Stunden des Leidens. Du bringst uns das Gleichgewicht zurück und bereitest in uns Deinen Frieden. Du regst auch unseren Verzicht und die Hingabe an, damit wir unserer Ichsucht und Habsucht entkommen, um frei zu werden für die Liebe, denn es wird immer notwendiger, zu verstehen, daß wir dem Leben eine andere Haltung zeigen müssen, als unbedingt erobern und besitzen zu wollen. Wir Betende erkennen den Sinn des Daseins, der heißt GEBEN. Die gesamte Schöpfung ist GEBEN, wir Betende nehmen an ihr teil."* Amen

Laut ist das Leben in den Industrienationen geworden, reich und gesättigt an allem, aber gerade weil alles erreichbar wurde, regt sich ein unbestimmtes, aber wesentliches Sehnen in den Menschen. Sie werden fortschreitend empfänglicher für spirituelle Erfahrungen, um mehr zu werden und mehr zu sein, nicht aber um noch mehr zu haben. Die wesentlichen Dinge unseres Lebens sind freie Gaben, wer den Sinn dafür verliert, verliert auch den Sinn für alles Geistige, und er verliert seine Beziehung zu Gott. Einige der freien Geschenke, die wir erhalten, sind die Liebe, der Sauerstoff, die Freiheit des Denkens, das Licht. Im Gebet werden sie geschaut und als solche erkannt, das führt uns zurück an den Ursprung, wo der Geist als das größte Geschenk Gottes an diese Welt entspringt, damit er alles lenke – auch die geheimsten Gebete in den Herzen der Menschen.

Ich glaube, es ist die Rolle des Mystikers, in unserer Zeit des Nützlichkeitsdenkens und der Pragmatik den Sinn der freien Gabe zu lehren, denn dieser ist rar geworden. Die mystische Spiritualität sollte heute das Herz der Theologen wiedergewinnen. Im Grunde gibt es **keine Theologie außerhalb einer Spiritualität**. Es gibt **keine Spiritualität außerhalb einer Mystik**. Es gibt **keine Mystik außerhalb eines tief verinnerlichten Lebens**. Und unsere Epoche ist sehr hellhörig für mystische Laute geworden.

Das Sein liegt jenseits unseres Seins und Habens. Die Wahrheit und das Leben liegen jenseits von Wahrheit und Leben. Freiheit und Glück liegen jenseits von Freiheit und Glück. Die Freundschaft liegt jenseits der Freundschaft. Die Moral liegt jenseits der Moral. Die menschliche Person geht über den Menschen hinaus. Der Glaube geht über sich selbst und die Dogmen hinaus. Gott liegt jenseits von Gott. All das wird der Betende Schritt um Schritt erfahren.

GEGENSÄTZE UND WIDERSPRÜCHE

GEBET: *„Ewiger Geist! Einer Deiner Wesenszüge ist die Widersprüchlichkeit, Du birgst in Dir Kontraste und Gegensätze, Du selbst bist diese Spannung, denn Du bist das Leben und zugleich der Sprung in den Tod. Du bist Sonne und Nacht, Freude und Träne, männliche Kraft und weibliche Zärtlichkeit, die kühle Brise und der glühende Sturm, Wissen und Unwissen, Vergangenes, Gegenwärtiges und Zukünftiges. Du bist die Transzendenz und die Immanenz Gottes zugleich, das Sein und das Nicht-Sein. Aber in diesem Gegensatz führst Du zur Synthese und schaffst die Vereinigung im weitgespannten Pendelschlag ohne Ende. Im Anstieg und beständigen Voran, durch die Selbstüberschreitung, in der alles reift und erstarkt, bist Du Abgrund und Neuaufbruch – Du, Ewiger Geist!“* Amen.

Der Geist ist paradoxal, weil das Leben paradoxal ist in seiner Spannung zwischen Vielheit und Einheit und im Verwobensein der Gegensätze. Er nimmt tausend Gesichter an, um den Dingen und Wesen zu ihrer Verwirklichung zu verhelfen und ganz original, ganz persönlich heranzureifen. Sein Wesen spiegelt Komplexität und Synthese.

Der Geist ist ambivalent wie das Wasser, das töten kann oder frisches Leben schenken, er ist der Durstlöscher und der Durst selbst. In uns wohnend löscht er den Durst und erregt ihn aufs neue. Vom ganz geisterfüllten Menschen sagt man, er sei unersättlich, wo doch gerade er im höchsten Maße Sättigung erfährt! Aber beides ist wahr. In einem Rundfunk-Interview wurde ich einmal gefragt, wie ich mich selber sehe, und ich habe spontan gesagt: **„Ziemlich gegensätzlich. Ich bin ein Freund des Paradoxen und fordere mich selbst heraus. Mit und durch den Geist fühle ich mich riesig, doch minimal ohne ihn in meinem Menschsein, an manchen**

Tagen gänzlich blaß und nichtssagend, so sehr, daß ich über mich lachen muß... Ich spüre auch in mir das Alles-Sein, das Göttliche und zugleich das Nichts-Sein." (Mai 2000)

Aber unsere Religion der Menschwerdung Gottes gibt meinem Dasein allen Sinn – das Christentum als Synthese des Menschlichen und des Göttlichen, des Geistlichen und des Leiblichen, des Heute und des Ewigen. Dieser GOTT-MIT-UNS, dieser JEMAND in uns, in der Liebe und in der Schönheit – oder in der Schwere des Alltags! Spannung und Versöhnung, Stärke und Milde auch in den Gesichtern des Geistes. Die Bibel sucht ihn zu benennen als sanften Windhauch oder gewaltigen Sturm, weil er potentiell beides ist, es ist die physische Macht des Geistes, erfahrbar in der freigesetzten Atomenergie oder in der weißen Glut unserer ägyptischen Wüste, doch auch fragil erscheinend gegenüber der Freiheitsmacht der menschlichen Verneinung. Der Geist im Kräftespiel des Kosmos und in der leisesten Regung eines menschlichen Herzens, das er berührt hat.

Die geheimnisvolle Aktivität des Geistes führt zwei Bewegungen aus, eine des Sich-Verströmens und Belebens, des Schaffens und Ordnens, und eine andere, die der Verinnerlichung, zu der er uns liebend drängt. Laufen sie gegeneinander oder sind sie komplementärer Natur? Der Geist ist einzigartig, denn er drängt voran und hoch hinaus in andere Dimensionen, und er drängt ins Zentrum der betreffenden Wirklichkeit. Diese Doppelbewegung darf man dialektisch nennen. Würdest Du den Geist auf nur eine dieser Tendenzen reduzieren, dann gingst Du an ihm vorüber und er bliebe Dir fremd. Der Geist ist der Gegensatz der Extreme, weshalb wir niemals sicher sein können **„woher er kommt und wohin er geht"**.

Der mystische Weg der Erkenntnis ist der sicherste. Er führt ins **Herz des Herzens**, wie ich es nenne, dorthin wo die absolute Transzendenz sich mit der absoluten Immanenz vereint und jeder Widerspruch aufgelöst wird im Einen, in der **göttlichen Gegenwart**, sie erfüllt und durchströmt alles.

Der sehr sensible **hl. Bernhard von Clairvaux** sprach von der **„schlafenden Ekstase"**, seine mystische Erfahrung war eine Art Schlafzustand, der zugleich ein hochgradig verstärktes Wachsein war und alle seine Sinne schärfte. Paradox! Aber wir schließen auch die Augen, wenn wir etwas Anspruchsvolles begreifen oder übermäßig Schönes genießen wollen. In der Konzentration des Wachseins hat man das Ganze im Auge, fixiert es wie einen Punkt und versteht es, denn der Blick hat sich nach innen geweitet. Ein anderes Beispiel aus der Mystik gibt uns **Marie-Antoinette de Geuser** in unserem Jahrhundert, sie fühlte im Leiden **„das göttliche Schwert"**, das sich in ihren Leib bohrte, so tief, so schmerzhaft, daß es im innersten Bereich umschlug in ein höchstes Glücksgefühl. Sie empfand sich als leblos, ausgeblutet, aber selig vereint mit Gott. Leid und himmlische Freude, Todeszustand und Lebensfülle waren für sie zur einzigen Erfahrung verschmolzen, sodaß sie begann, die tiefe Harmonie des Seins zu besingen. Natur und Gnade waren in ihr zusammengeflossen.

Der Geist folgt nicht unseren logischen Konzepten, er residiert über allen Konzepten. Unsere Logik ist klar geschnitten, ein JA oder ein NEIN, während der Geist genial beides zugleich sein kann. **Das ist sein Gesicht der Wahrheit**, das kein Dazwischen duldet, er ist das Äußerste und das Innerste zugleich und niemals ein Kompromiß. Er ist der zärtliche Tröster und der streitende Verteidiger des Menschen – und er ist sein Tod! Weil er beides ist, Leben und Tod des Menschen, habe ich für meine Vortragsserien über den Tod in Österreich (1996/1997) den Titel gewählt: **„Die große Metamorphose, die Geburt im Tod."** Dieser Titel sollte schon die Botschaft enthalten.

Lassen wir uns auf ihn ein oder nicht? Die einzige Frage! Aber wer es nicht wagt, wird nur ein mageres Leben haben. Paradoxerweise kann das in verschwenderischem Luxus geschehen, mangelhaft oder leer in seiner Individualität und Verschlossenheit, so wie das stolze Weizenkorn, das sich nicht hergeben wollte, um in die feuchte Erde zu sinken, vertrocknete und allein blieb. Ein sinnloser Tod, ein ewiger. Fruchtbarkeit und Glücksentfaltung hängen vom Aufstieg in höhere Seinsstufen ab, und in dieser Passage dürfen wir uns zermalmen lassen, damit aus unseren freiwerdenden Kräften Neues entstehen kann.

Deshalb sorgt der Geist auch für unseren Tod, einen Tod aus göttlicher Hand, ein Gang mit ihm woandershin. Der Geist ist also auch jene Macht, die uns zerdrückt wie ein Weizenkorn, aber ohne personale Vernichtung! Der Geist ist nicht immerzu freundlich nach unserem Sinn und streichelt unsere Wangen, sondern er sorgt auch für die neue Etappe unserer Existenz, stark ist er und kreativ.

Wenn der Tod demnach nur das andere Gesicht des Lebens und das Leben das andere Gesicht des Todes wäre? Laotse schaute zum bewölkten Himmel auf und empfand, daß Leben und Tod identische Begriffe sind: **„Leben ist Tod und Tod ist Leben."** Der Wissenschaftler Pasteur bemerkte unter seinen Mikroskopen dasselbe: **„Das Leben ist das Werk des Todes, und der Tod ist das Werk des Lebens"**, oder der Dichter Rilke: **„Der Tod ist allezeit unter uns. Die Macht des Todes ist in der Lebensmitte gegenwärtig."** Ein deutscher Dichter, ein französischer Wissenschaftler und ein chinesischer Weiser treffen sich, alle wissen sie, daß Leben und Tod ein unauflösliches Paar sind, und Jesus hat seine Jünger nichts anderes gelehrt. Unser Werden vollzieht sich im Akt des Verzichts. Paradox! Es ist die „radikale Armut", die uns spätestens im Sterben abverlangt wird.

Nicht als Feind begleitet uns der Tod durch unser Leben, wir haben diesen natürlichen Freund mit einer schauerlichen Maske verfremdet und mit dunklen Mythen umrankt, in denen wir uns verstricken. Nur derjenige ist innerlich frei, der seinen Tod bejaht und voll angenommen hat, denn damit hat er ihn schon gemeistert und ihm sein falsches Gesicht, die Maske, genommen. Dann verklärt sich seine Gestalt und man begreift: **alles ist Gnade, alles ist Gewinn**.

Hier wird der fundamentale Gegensatz ganzheitlich erlebt, der Sterbende verliert sich, doch um sich in der Ganzheit des Geistes wiederzufinden. Erahnen wir die Steigerung im Verlust, das Wiedererwachen und das Sich-Wiederfinden, jenes unausdenkbare Mehrsein? Auch die Gesamtmenschheit muß eines Tages ihre Individualität verlieren, um im **Mystischen Leib** aufzugehen und dabei ihr **Mehrsein** zu erfahren – eine **Seinsverstärkung in der vollendeten Gott-Mensch-Einheit**. Mit großer Gelassenheit sehe ich meinem eigenen Tod entgegen, denn ich habe die Gewißheit, durch ihn, geistgeführt, zur Fülle zu gelangen und durch die Metamorphose des Todes einen Geistleib zu erhalten, unverweslich. Mein alter Leib zerfällt, die Moleküle werden ihrem Schicksal überlassen, meine Geistseele wacht nicht mehr über sie. Aber zur Stunde der Auferstehung wird der Geist definitiv die Regie übernehmen und über meinen neuen Leib, den Geistleib, wachen. In Ewigkeit.

Der Mensch stirbt in seinem eigenen Geist, bevor er in seinem Körper stirbt, das mag schon Jahrzehnte vor seinem leiblichen Tod geschehen, denn längst hatte er in Freiheit und Aufrichtigkeit zugestimmt. Und dann, wenn es so weit ist, wird er in den Tod hineingleiten wie in ein grundloses Wasser, er übergibt sich und läßt sich davontragen. So ist Jesus eingetaucht in den Tod, **er, der das Leben selbst war**! Denn längst hatte er ihn gekannt, und uns hat er mit hindurchgenommen.

„Jeder, der lebt und an mich glaubt, wird auf ewig nicht sterben“ (Joh 11, 26). Das versicherte er Martha bei der Auferweckung ihres Bruders.

Bestimmte **Erscheinungen des Bösen** sind auf logischer Ebene für uns nicht enträtselbar, aber auf der Glaubensebene wird es lichter, denn die Gesichter des Geistes werden wahrnehmbar. Auch der Glaube gibt keine logischen Antworten, das Böse bleibt paradox, aber er offenbart, daß sich jenseits aller Schrecken und Agonien, die wir durchstehen müssen, etwas unvorstellbar Tiefes und Wunderbares vorbereitet. Christlicher Glaube verkündet, daß das Kreuz als Kulminationspunkt des Bösen in etwas ganz anderes, in eine andere Dimension hineinragt, das ist der paradoxe Aspekt der christlichen Botschaft. Nur im Abstreifen der direkten Logik kommt man dieser heiligen Botschaft immer näher: ALLES IST GNADE.

Es gilt eine Wahl zu treffen zwischen dem Absurden und dem Sinn, zwischen der Leere, der Sinnlosigkeit, dem Chaos – und dem gestaltenden Geist. Augenscheinlich gehören eine Reihe von Weltrealitäten dem Absurden an, weshalb leichtsinnig dahingesagt wird, unsere Existenz sei ohne jeden Sinn. Oder aber man postuliert einen Sinn hinter dem noch Unergründlichen und hört im Innern auf die Stimme Jesu, der den zweifelnden Thomas mahnt: **„Selig, die nicht sehen und doch glauben.“** Entscheidest Du Dich gegen den Glauben, dann bekommst Du eine absurde Welt zu kosten, wählst Du für ihn, dann bist Du so weit wie Pascal, der die berühmte **„Glaubenswette“** einging, aber wußte, daß es eine Wette war, bei der er nichts zu verlieren hatte. Es ist der Geist, unser Mahner, der uns insgeheim die Wahrheit wissen läßt: unser Dasein hat einen Sinn! Noch nicht einsehbar, aber in einer anderen Dimension des Seins manifest, wer es so annehmen kann, bekommt Glaubensgewißheit.

Das Unbeantwortete, das Böse, hat fast immer auch sein Gutes, wenn auch schwer oder nicht erkennbar, da beide Werte nicht auf der selben Ebene gemessen werden, sondern tiefer im Herzen des Ereignisses oder weit darüberliegend. Mein Lehrer in den USA, der Religionsphilosoph Mircea Eliade, sprach von der **„Erfahrung des Heiligen in Grenzsituationen"**, die einen Menschen nicht zerschmettern, sondern derart stimulieren, daß das Böse letztlich in Nützliches, ja Notwendiges verwandelt wird und damit seinen Zweck erfüllt. **„Unsere Feinde sind unsere Freunde"** sagte Alan Watts, ein anderer zeitgenössischer Religionsphilosoph in den USA, dessen Bücher ich schätze. Der Feind hilft mir, mich nackt und wahr zu sehen, denn er provoziert mich. Und meine lieben Freunde können meine Feinde sein, weil sie mir schmeicheln und mir viel zu oft viel zu viel Gutes tun, sodaß ich an Selbstwahrnehmung einbüße und stumpf gegen alles werde. Dem Feind aber muß ich mich kraftvoll stellen, und über seine Aktivitäten hinausreichen, um die Sache im Griff zu haben. Jesus hinterließ uns eine gesalzene Botschaft: **„Ärgernisse müssen zwar kommen, aber wehe dem Menschen, durch den sie kommen"** (Mt 18, 7b), denn ein bestimmtes Maß davon scheint in der Welt gebraucht zu werden. Gott hat diese Polarität so erdacht und läßt sie bestehen.

Wenn wir nicht eine gewisse Opposition aushalten müßten, die uns zu vielerlei Wichtigem verpflichtet, würden wir kein wahres Leben leben, sondern einen Scheintod schlafen. An den Widerständen bist Du gewachsen, hast Du es nicht bemerkt? Aber Du hast nicht aufgegeben! Stellt eine Quelle ihr Sprudeln ein, wenn sie am leichten Fluß gehindert wird? Mit unvermindertem Willen treibt sie sich selbst nach vorn und akzeptiert, daß sie einen kostbaren Teil dabei verliert, weil er abgetrieben wird und im Boden versickert, sie aber verfolgt weiter ihre Richtung. Auch für den Menschen sind die Hürden zum Nehmen da! Durch das Prinzip des Hindernisses, das keinen Widersinn zur Evolution darstellt, strebt diese nach vorn, von der Materie bis zum Menschen, dieser Weg ist übersät mit Widersprüchen und Gegensätzen! Indem sich die Materie verleugnet hat, erzeugte sie das Leben, und indem sich das niedere Leben verleugnet hat, erzeugte es das höhere Leben. Schließlich brach das geistige Leben aus dem biologischen hervor, der menschliche Gedanke, die menschliche Liebe! So transzendiert das Leben ohne Ende, um immer noch weiter voranzuschreiten im Geiste der Liebe, bis das Leiden einmal überwunden sein wird.

Versöhnung der Gegensätze auch im Erleben der **menschlichen** Liebe. Es geschieht, daß einem das geliebte Wesen erst während einer langen Abwesenheit ganz nahe kommt, so nahe, daß man es zu erkennen und zu verstehen beginnt. Eine ausgedehnte, emotional erlebte Gegenwart mag das Aufscheinen der inneren Person eher verhindern, vorübergehende Trennungen führen in der Distanz zur wahren Nähe.

In der **Sexualität** haben wir bereits die ganze Polarität der Existenz, ohne das Yin- und Yang-Prinzip könnten wir gar nicht leben. Nur wird heute alles in einen Topf geworfen, Erotik muß schon Sexualität bedeuten und Sexualität schon genitales Ausleben, doch sind diese Dimensionen menschlichen Verhaltens nicht gleichartig. Hier wird nicht nach einer Verwischung der Gegensätze verlangt, sondern nach ihrer Synthese, nach einer Versöhnung. Es ist der in allen Erscheinungen wirkende Geist, der in sich These, Antithese und Synthese bedeutet, er ist die Gesamtheit und Einheit ohne Grauzonen dazwischen, ein Grau wäre ohne Wahrheit, die Farbe Grau ist keines der Gesichter des Geistes. Denn er ist Feuer und Eis, er vierteilt den Menschen, wenn es sein muß, damit er erwacht. Mit den Extremen des Geistes in Berührung kommen bedeutet aufgebrochen werden, um sich den Dimensionen des Universums anzupassen und die Nähe Gottes zu spüren.

Und jede Liebe braucht auch die offene Auseinandersetzung, ja, es darf miteinander gerauft werden, sonst erblaßt und altert eine Liebe. Die Liebe besitzt den negativen Pol, der die schöpferische Spannung der Beziehung bewahrt, er ist der Nerv jeder Dialektik, und er ist selbst in der Dreifaltigkeit nicht abwesend, in ihr schafft er das trinitarische Geschehen. Jede Liebe hat daher paradoxe Züge, und wenn wir dafür blind sind, dann glauben wir vorschnell, daß sie ein Fehlschlag war und alles zu Ende ist. Wir weigern uns, den negativen Pol, den Sterbepol, im Bereich einer Liebesbeziehung anzuerkennen. Aber die Liebe muß erst durch einen Tod hindurchreifen, sich läutern – und auferstehen, erst dann kann sie ihre wahre Natur zeigen.

Dieses Motiv von **Eros und Thanatos** hat Freud herausgearbeitet. Wir tragen in uns nicht nur den Selbsterhaltungstrieb, sondern auch den Todestrieb, der sich in der Polarität einer Liebe zuweilen bemerkbar macht; selbst im sexuellen Akt kann er präsent sein, wenn es in der Leidenschaft um eine Dominanz geht, denn auch dieses paradoxe Element ist der Liebe inhärent. Sie kann grundverschiedene Phasen durchlaufen, es mögen gleichzeitig sogar Haß und Liebe bestehen, Aggressivität und innige Zärtlichkeit, Lust und Überdruß, Erfüllung und Ärgernis. Aber solange wir der Polarität der Liebe nicht zustimmen, laufen wir Gefahr, einem nur eindimensionalen Erlebnis oder einem idyllischen Traum nachzuhängen, der eines Tages zerrinnt. Der allezeit in einer Liebe anwesende Geist ist die dialektische Spannung, die in uns **„den Engel und das Tier"** (Pascal) zum Einklang bringt.

Das Maskuline und das Feminine bilden einen Gegensatz struktureller Art, den der Geist genial in uns zur Einheit bringt. Wir haben jeweils Hormone des anderen Geschlechts, und das leitet zur Gottesfrage hin, weil auch Gott beides ist, männlich und weiblich, und wir sind sein **„Gleichnis"**. Jeder Mann muß auf der Strecke seiner Ganzwerdung auch Frau werden, und jede Frau muß auch Mann werden. Denn im militanten Auseinanderdriften, wie es heute propagiert wird, kann die Vollendung weder für ihn noch für sie gefunden werden. Es geht um viel Tieferes als nur um einen psychologischen Ausgleich, es geht um ein Hinzugewinnen der anderen Dimension, denn alles drängt zur Mehrgestaltung, zu Wachstum und Ausdehnung der Person. Diese größere Fülle zu erreichen ist wiederum das Werk des Geistes. Seine Funktion kennt hier keine Beschreibung, sie muß existentiell erfahren werden, dann schaut man in ein weiteres seiner tausend Gesichter.

Und es gibt die **geistliche Liebe**, absolut, aber im absoluten Verzicht. Paradox, und doch existiert sie. Viele menschliche Berufungen – viele Wege! Und alle werden sie von gegensätzlichen Spannungen getragen, die ein Zeichen für die Wahrheit sind, die gelebt wird. Denken wir auch an die **höfische Liebe der Minnesänger**, diese anbetende, keusche Liebe eines Mannes. Es ist interessant, daß der mittelalterliche Marienkult in engem Zusammenhang mit dieser Keuschheit gestanden hat. Man vergleiche einmal solche Marienhymnen mit der Liebeslyrik der „Ritter der Tafelrunde" auf der Suche nach bestimmten Gesetzen der **erotischen Liebe**.

In der Polarität des Unvereinbaren finden wir die ausgelebte sinnliche Lust und das bewahrte erotische Verlangen. Um dieses Verlangen an seinem Höhepunkt zu halten, muß weitgehend auf die Lust verzichtet werden. Das hatten einst die Minnesänger im Sinn, nicht die Lust besangen sie – in diese Falle ist unsere Zeit gegangen – sondern das Verlangen, und dessen anhaltende Steigerung haben sie in ihren Noten und Texten verherrlicht.

Dem **keusch lebenden Geistlichen** geht es um die Steigerung seiner Liebesfähigkeit und nicht um Abtötung, denn er soll sein Geschlecht nicht verneinen, sondern seine Seele am anderen Geschlecht laben. Eine Keuschheit, die den Eros und alle geschlechtliche Energie verteufelt, führt in die Katastrophe; innerlich ausgetrocknet, können solche Seelen eines Tages weder arbeiten noch lieben, der feinsinnige Eros gibt ihrer Nächstenliebe und ihrer Arbeit den vitalen Aspekt. Geistliche, mystische Liebe ist auf das Unendliche hingeordnet. Aber hier der unaussprechliche Gegensatz: einerseits erfährt der Mystiker die vollendete Erfüllung, andererseits bleibt sein Verlangen fordernd, und das ist für ihn wesentlich.

Mystische Liebe kann auch von einem liebenden Paar in der Vereinigung erfahren werden – ein höchst paradoxer Zustand, aber eine wahrhaft göttliche Synthese der Gegensätze; hier wird Widersprüchliches zur Gänze aufgesogen. Die beiden erfahren die vollkommene innere Stille, die zugleich höchste Aktivität der Psyche ist. Sanftmut der Herzen oder wilde Heftigkeit, himmlische Freude oder unvermittelter Tränenfluß, und im Dunkel der Geheimnisse werden die Dinge auf einmal klar. Hier wird eine Synthese aus Mensch und Gott erlebt, aus Geist und Leib, die in ungewöhnlicher Intensität zur Einheit finden; sie nehmen voneinander Besitz, als würde der Geist zu Fleisch und das Fleisch zu Geist werden. Das ist jene Ekstase einer Liebesvereinigung, die im Gebetsfeuer schon manchen Mystiker levitieren ließ – ein seltsamer Geisteszustand. Aber wir kennen auch aus der menschlichen Liebessprache die beiden Wörter **„ich schwebe"** für ein extremes Glücksempfinden, selbst von anderen bemerkt: **„sie schwebt"**. Der Geist beflügelt.

In der Liebe, welcher Art sie auch sein mag, wecken wir gegenseitig das, was in uns am tiefsten verborgen liegt. Wir berühren und ernten das, was der andere als Heiligstes in sich verwahrt. In der Liebe dürfen wir die Blume des anderen pflücken. Und dennoch: Unser spiritueller Weg hat die schrittweise Dezentrierung unserer Person zum Ziel. Geist und Gnade sind die gemeinsame Kraft im Universum, um die verstreuten geistigen Zentren einander anzunähern. Sie wacht über jede Menschenseele, daß sie nicht die falsche Richtung nehme, nach innen immer mehr erstarke und sich zu einem Anti-Gott entwickle, denn jedes Atom und jede Zelle begehrt, ein potentieller Gott zu sein. Der Geist versieht das Geschehen mit einer anderen Dimension – die alles verändernde Liebe, denn **„die Liebe ist der Punkt, wo sich auch Egoisten dann und wann vergessen"** (Nestroy), ... **„die Liebe löst alle Knoten"** (Tolstoi).

Bei einem Menschen, der liebt, wird das DU rasch zum Mittelpunkt, sein ICH möchte aus seinem eigenen Bewußtsein schwinden. Aber **die geistige, die fortgeschrittene Liebe** weiß, daß dieser Mittelpunkt weder das ICH noch das DU, nicht einmal das besungene WIR ist, sondern beide erfahren in ihrer Umarmung: GOTT ist das Zentrum, GOTT ist ihr gemeinsames Zentrum, **„denn die Liebe ist ausgegossen in unsere Herzen durch den heiligen Geist"** (Röm 5, 5). Mit dieser stillen Erkenntnis ist alles gerettet und alles gewonnen, die Dezentrierung hat stattgefunden in der Dynamik dieser Liebe, angeregt durch den Geist. In ihren Armen halten sie nun zugleich das Universum und werden einander zum Sakrament der Ganzheit, zum Sakrament der Welt.

Jetzt haben die Liebenden ihre eigentliche Wahrheit gefunden. Doch wie oft welkt und stirbt eine Liebe, weil sie ihre Zweidimensionalität nicht verlassen will. Liebe muß transzendieren, dann ist es der göttliche Geist, der die Beziehung schützt und verewigt, indem er die Liebenden schon jetzt für das Unendliche öffnet. In diesen heiligen Bezirk versuchen sämtliche Strömungen der Philosophie, der Theologie und der Mystik vorzudringen, dorthin, wo es ganz klar wird, weil im göttlichen Einen alles einfach ist. Die Widersprüchlichkeit des

Geistes ist einerseits seine Vielschichtigkeit und Kompliziertheit, doch andererseits seine göttliche Einfachheit.

Diese Polarität ist selbst im Geheimnis Gottes enthalten, im göttlichen Selbstverzicht, in der Christusgestalt. Zu einer bestimmten Stunde läßt der Geist absterben, aber um des Lebens willen. Die Ambivalenz seines Wirkens! Aber das ist das Gesicht des Geistes, es läßt uns das Gesetz des Seins erkennen. Auch der Islam weiß darum, indem er die **„99 Schönen Namen Allahs"** aufzählt, die von den Gläubigen meditativ rezitiert werden, und in ihnen lebt auch die Kraft des Gegensatzes: Allah ist der „Erhebende" heißt es, aber auch der „Erniedrigende", der „Vergebende", aber auch der „Rächer", der „Todgebende" und der „Wiederhersteller" und „Lebensspender", der „Demütigende", der „Verhinderer", aber auch der „Beförderer", er ist der „Offenbarer" und der „Verborgene" (Übers. Arabisch-Deutsch nach Tirmidhi/Venzlaff; im arabischen Original in anderer Reihenfolge). Und in der hinduistischen Theologie kennen wir nicht nur den Weltenschöpfer und Erhalter Brahman, sondern auch den **sechsarmigen tanzenden Shiva mit Feuerkrone, „den Zerstörer"**. Doch letztlich um des Lebens willen! Zerstörung und Tod sind nicht das Ende im Glauben der Hindus und Muslime, und wahr ist die Polarität im Gottwesen selbst, die in den meisten Religionen erahnt und angenommen wird. Wir Christen haben als gemeinsames Symbol für beide Geschehen **das Kreuz – Tod und Auferstehung in einem**... In einem!

Das ist die KENOSE, die radikale Entäußerung Gottes in seiner unbegreiflichen Geste der Menschwerdung – ein nacktes Kind auf Stroh, gewärmt vom Hauch des Ochsen. Diese materielle Armut ist der äußere Ausdruck für eine ontologische, viel tiefere Gottesarmut, gelebt vom WORT, dem EWIGEN LOGOS. Keinen Platz gab es für ihn und sogleich die Verfolgung, die Flucht ins Ausland, ein Wanderleben auf der Straße, und schließlich kniet er vor seinen Jüngern und wäscht ihnen die Füße! Christus, ein Abbild wahrer Größe, nicht an Macht und Herrlichkeit, sondern kniend und dienend. Das christliche Mysterium zeigt sich dem, der es verstehen will, in seiner **außerordentlichen Liebeslogik**, die sich aus der Paradoxie von Leben und Tod, von Größe und Kleinheit, von Stärke und Schwäche nährt. Und deshalb ist es ganz wahr. Das Evangelium zu leben, wird jedem Christen in Strenge auferlegt, wir sind eingeladen, Jesus durch dick und dünn zu folgen. Das ist das ernste Gesicht des Geistes.

In Jesus manifestiert sich die ganze Gegensätzlichkeit des Geistes. Ist er Menschensohn? Ist er Gottessohn? Er ist beides. Erfährt er die unermeßliche Gottesliebe oder die Monstrosität des Leidens? Er ist der gekreuzigte König, Ohnmacht und Macht zugleich, der von den Menschen Erniedrigte und der von Gott Erhöhte. Das ist das unendliche Christusgeheimnis, das maßloses Unverständnis und Ärgernis brachte, in dessen Tiefe sich aber die Gotteswahrheit für uns offenbart. Stimmen aus allen Jahrhunderten könnte man sammeln, von jenen, die dennoch geglaubt haben: **„Ich glaube, weil es unmöglich ist"**, schrieb Tertullian. Der LOGOS, das Gotteswort, bedeutet in sich **„Sinn"**, bedeutet **„schöpferische, höchste Vernunft"**, die uns Menschen in ihm erreichen kann.

Wir Christen werden für diese Welt immer ein Zeichen des Widerspruchs sein. Die Kirche kann von der Welt nicht erwarten, umarmt zu werden, im Gegenteil, wo sie laut gepriesen und übermäßig unterstützt wird, ist etwas faul. Die ersten Christen haben Tod und erbitterten Widerstand erlitten, Jahrhunderte! Vielleicht keimt heute auch etwas Neues und Starkes auf diesem weiten Feld der Mißachtung und des Mißverstehens des christlichen Engagements? Um die existentielle Wahrheit zu verkünden, müssen wir vor allem wahrhaftig sein, wir müssen Weiß und Schwarz sagen, dort wo es hingehört, und das Weiß soll ein Blütenweiß und das Schwarz ein Rabenschwarz sein, denn **„man kann nur in einer Wahrheit sein"**, sagt Jean Sullivan, ein Mystiker und Autor der Gegenwart. **Das Evangelium ist ein Gewebe aus Widersprüchen**, Jesus lag in seinen Aussagen niemals dazwischen, wie gern hätten wir die Texte harmonisch gerundet und homogen, er zog es vor, heute das eine zu sagen und morgen das Gegenteil. Genau hier preise ich den Wahrheitsanspruch des Evangeliums, denn wir sollen es nicht rational verstehen, sondern aktiv leben, wobei wir nach einer Zeit die persönliche Erfahrung machen, daß das Gesagte wahr ist. Dann wird ein bislang schmerzender Widerspruch nicht mehr im Wege sein.

Einerseits heißt es, man soll **„seinen Vater und seine Mutter ehren"** (Ex 20, 12), andererseits gibt Lukas ein ganz anderes Jesus-Wort wieder: **„Wenn jemand zu mir kommt und nicht Vater und Mutter, Frau und Kinder, Brüder und Schwestern, ja sogar sein Leben gering achtet, dann kann er nicht mein Jünger sein."** (Lk 14, 26). Oder die Seligpreisungen der Friedensstifter in Matthäus 5 und Matthäus 10, aber Jesus als Person, Überbringer von Streit und Feindschaft? **„Selig, die Frieden stiften, denn sie werden Söhne Gottes genannt werden"** (Mt 5, 9), **„Denkt nicht, ich sei gekommen, um Frieden auf die Erde zu bringen, ich bin nicht gekommen, um Frieden zu bringen, sondern das Schwert. Denn ich bin gekommen, um den Sohn mit seinem Vater zu entzweien und die Tochter mit ihrer Mutter und die Schwiegertochter mit ihrer Schwiegermutter und die Hausgenossen eines Menschen werden seine Feinde sein."** (Mt 10, 34-36)

Ihre Krönung finden diese Widersprüche in Jesu lapidarem Satz, der das ganze Evangelium in sich zusammenfaßt und höchstwahrscheinlich das Gesetz des Lebens in seiner Paradoxie darlegen will: **„Denn wer sein Leben retten will, wird**

es verlieren, wer aber sein Leben um meinetwillen verliert, wird es gewinnen.“ (Mk 8, 35 und Lk 9, 24). In dieser Kernbotschaft bekamen wir den Goldenen Schlüssel. Und sie war für ihn kein Lehrwort geblieben, er hat sie selbst durch Kreuz und Auferstehung verwirklicht. Sein qualvoller Tod bedeutet nach seinen eigenen Worten **„seine Verherrlichung“**, und er versicherte seinen Jüngern: **„Es muß geschehen.“** Er, der kam, um uns das ewige Leben zu schenken, mußte seines dafür hingeben. Wir nennen es das Ostermysterium.

Wahres Leben vergißt und verleugnet sich, auch Gott tat es. Gott ist alles, weil er nichts sein will und nichts besitzt. Haben und Verlieren, aus dem Verlust das Sein und Werden, eine dialektische Spannung, die Gott selbst in seinem Herzen lebt, sie reicht bis in die Lebenswirklichkeit des Menschen und berührt seine Freiheit, seine Liebeserfahrung, seine leibliche Gesundheit und vieles mehr. Sterben heißt, sich hingeben für etwas, das größer ist als man selbst. Sterben heißt werden. Deine volle und wahre Gestalt wächst Dir aus der Zukunft entgegen wie ein Versprechen, wenn Du es gelernt hast, Dich loszulassen. Wer sein eigenes Leben übermäßig liebt und hütet, hat es vielleicht schon verloren. Wer es an etwas hingeben will, hat es vielleicht schon gewonnen. Wir brauchen ein Lebensideal, für das wir uns vollständig verausgaben, aber dann vibrieren wir! Wage es! Du wirst in diesem Absterben immer lebendiger werden, **denn was Dich wirklich am Leben hält, ist das, wofür Du zu sterben bereit bist**.

Es geht nicht um das langsame Freilegen seiner Persönlichkeit, über deren Reichtum man selber staunt, das wären die russischen Holzpuppen, eine in der anderen verschachtelt und allerliebst, mit Lust werden sie aus ihren Verhüllungen gelöst…, doch diese Szene spielt stets auf derselben Ebene, alle leben sie in derselben Dimension. Es geht aber um Überwindung, also um Anstieg, der Übergang von der Existenz zum

Sein. Hier sei angemerkt, daß vor der Selbstverleugnung die Selbstbehauptung stehen muß, im Urvertrauen. Wer sich nicht zunächst selbst gefunden hat, kann sich nicht verlassen, dann aber steht im „spirituellen Programm" die Nacktheit, die Armut, um zur PERSON zu werden. Weil es so wichtig ist, leiste ich mir auch überspitzte Formulierungen wie diese: **„Jetzt wirst Du vom Niemand zum Jemand."**

Die Interpretation der Selbstaufgabe von Simone Weil meint weniger das bewußt Gezielte und Gewollte, das Setzen einer bestimmten Entäußerungshandlung, als vielmehr das Hinnehmen und Erleiden-Können einer Sache, die uns bis zur Aushöhlung „vernichtet". An diesem Punkt stirbt das EGO ohne unser Zutun. Jesus hatte keine Todessehnsucht, er hat sich aber in voller Freiheit der **„totalen, sanften Selbstaufgabe"** (Pascal) hingegeben. Das war kein strahlender Heroismus, sondern reine Passion, die er zu erleiden annahm – **„Dein Wille, nicht meiner"**.

Simone Weil hat in ihrer tiefen Gedankenwelt auf den Widerspruch der Existenz hingewiesen, der vom Menschen angenommen und in seiner oft unerträglichen Spannung doch gelebt werden muß. Die Selbstverleugnung steht bei ihr immer im Mittelpunkt der Betrachtungen, für sie muß der Mensch ein entblößtes und restlos entleertes Wesen werden: **„Das Heil tritt nicht durch aufsteigende, sondern durch absteigende Bewegung ein."** Ihre unnachgiebige Haltung ist teilweise furchterregend, weil man ahnt, daß sie die Wahrheit spricht. Auch für Gott ist die Schöpfung Selbstverlust und das gesamte Drama seiner Inkarnation, um unseretwillen! Das sind die kosmischen Kräfte und Gegenkräfte, die Schwere der Natur auf der einen Seite, Gnade und Geist auf der anderen.

Der Mensch befindet sich in diesem Spiel der Kräfte, er ruht keineswegs in einem sicheren Zentrum, im Gegenteil, der Geist fördert die lebenswichtige **Dezentrierung**, welche schmerzhaft und doch eine Gnade ist. Der Geist inspiriert und tröstet zugleich, und je mehr sich der Mensch ihm öffnet, umso mehr kann dieser begreifen – oder er wird nichts begreifen. Simone Weil lehrt deshalb das Selbstvergessen als ein Muß, radikal zum Äußersten, denn unser Selbst können wir erst dann an Gott zurückgeben, wenn wir es loslassen, wir stammen aus ihm, bleiben aber sein Eigentum. Auch hier besteht dialektische Spannung zwischen **Erschaffung und Entschaffung**, wir leben nun einmal zwischen **Einheit und Vielheit**, wir leben im Körper und zugleich im Geist, in Raum und Zeit und schon in der Ewigkeit.

Ich fühle, daß die Dreifaltigkeit dieses Geheimnis in sich birgt. Durch die Anwesenheit des Geistes ist sie auf göttliche und unendliche Weise spannungsgeladen, ständig neu entlädt und verwirklicht sich der dreieine Gott in seiner Entäußerung. Und die endgültige Einheit durch den Geist kann auch dort an keine Grenze stoßen und ganz vollzogen werden, selbst in Gott weist sie noch über sich hinaus, ist sich selber immer voraus, ständig im Kommen, ständig im Werden und Wachsen. Kann man von Gott sagen, er sei im Werden? Philosophisch gesehen ein falsches Wort. Doch aus einer anderen Sicht möchte ich sagen, wir würden ihn vermindern, schwächen und begrenzen, wenn wir nicht auch ihm Ausdehnungen zugestehen, denn er ist kein Dogma! **Gott reicht immer über sich selbst hinaus, er ist höchste Dynamik, für welche der Geist sorgt.**

Dasselbe gilt für uns Menschenkinder, erschaffen nach dem göttlichen Bild und Gleichnis. Was der Geist schaffen will und schaffen muß, sind Wesen der Liebe. Deshalb suggeriert er das schrittweise Überwinden egoistischer Abkapselung, ganz besonders bei jenen Menschen, die sich so großartig in ihrer sorgsam ausgearbeiteten Individualität gefallen und bestrebt sind, sich ganz in ihr zu verankern. Dann drängt sie der erfinderische Geist zur Öffnung, gelegentlich unter Schmerzen, um auch mit ihnen den **Mystischen Leib** heranzubilden.

Ich werde gefragt, was mit dem Mystischen Leib geschieht, wenn so viele Menschen taube Herzen haben. Niemanden aufgeben! Von Geburt bis Tod waltet der inspirierende und liebende Geist über einem Menschen, und es bleibt uns ein Mysterium, wie er es schafft, den Mystischen Leib aufzubauen. Vergessen wir dabei nicht **„die Gemeinschaft der Heiligen", die Lebenden und die Toten** sind in fruchtbarer Wechselbeziehung an diesem Aufbau beteiligt. Unsere Toten entwickeln sich ständig weiter, nehmen an Kraft zu und sind uns ohnehin überlegen. Wir brauchen einander für einen geheimnisvollen Energieaustausch, und ich denke, vielleicht sind sie es drüben, die für die hiesigen „Verweigerer" geradestehen.

Der Geist ist der Meister. Stellen wir uns nur das ganze Wundersystem organischen, affektiven und geistigen Lebens im Innern unseres Körpers vor, das sich in einem Augenblick zur Einfachheit einer schlichten, aber bedeutungsvollen Geste löst, zu einem zarten Laut, den zwei Lippen von sich geben, zu einem starken, weitreichenden Wort oder zur Äußerung einer großen Liebe. Solche Umsetzungen stellen die Synthese aller Gegensätze dar! Polarität, Spannung und Umsetzung auch in einer geistlichen Gemeinschaft, der Ort, an dem diese Doppelbewegung des Geistes erlebt und erlitten wird, der Ort, an dem man lernt, sich zu verlieren, um sich zu finden, wo man begreift, daß man sich an seiner betonten Selbstbestätigung nur verletzt, in der praktizierten Selbstlosigkeit aber seine Verwirklichung erfährt. **„Nicht der Dorn verwundet Dich, Du selbst verletzt Dich an den Dornen"** (Afrikanische Weisheit). Dieser Spannungsbogen von der Selbstbestätigung über den Selbstverlust zur Selbstverwirklichung trägt das Gesicht des Geistes.

Es wird so oft gefragt, ob man als eigenständige Person nicht untergehe, wenn man sich Gott ganz ausliefert. **„Er wird mich vollkommen vereinnahmen, mein Wille erlischt, ich bin nur noch Werkzeug."** Auch hier arbeitet der Geist als aktiver Versöhner. Er bewirkt, daß ich umso klarer zu mir selbst erwache je leichter Gott mich in Besitz nehmen kann. Je mehr Raum Gott in mir einnimmt, umso freier kann ich mich in diesem Raum entfalten, und eines Tages werde ich das Wunder erleben, mehr zu sein und mehr zu werden, als ich jemals von mir erwartet hätte. Gott ist kein Rivale – entweder Du oder er –, vielmehr bildet er den tiefsten Grund Deines Wesens. So ist es verständlich, daß er umso erfolgreicher mit Dir umgehen kann, je stärker Du selbst ihm entgegenwächst.

Der Abgrund liegt nur einen Schritt vom Gipfel, aber in diesem riskanten Spannungsfeld findet sich die Wahrheit im Gehen und Weitergehen. Stehen ist ein kleiner Tod, Leben ist Verlustbereitschaft, Wechsel und Bewegung, denn die Wahrheit muß immer neu gefunden werden. Wir orientalischen Naturen suchen nach ihr auf eine etwas andere Weise, als der Verstand des Westens es gern verkündet: **„Das Leben ist nicht paradoxal, sondern ziemlich klar durchschaubar und sogar machbar."** Das ergab schon zu früher Zeit den Unterschied zwischen der **griechischen Logik** und der **semitischen Dialektik**. Die Griechen konstruierten die Wahrheit pyramidal, hierarchisch gegliedert und durchorganisiert, von nur einem Prinzip ausgehend, aus dem sich alles entfaltet und abhängig ist. Das ist die ableitende Logik, vererbt an unsere heutige Welt der Rationalität und wissenschaftlichen Arbeit, die bis in die letzten Konsequenzen analysiert.

Die orientalische Logik geht anders vor: Mittels der Gegensätze und Widersprüche schreitet sie langsam und bedachtsam voran, sie sagt A oder sie sagt B, aber sie sagt auch gleichzeitig A und B, unvermischt nebeneinander und gleichzeitig.

Jesus war Semit, er bediente sich der orientalischen Logik und war demzufolge nicht ständig bestrebt, Gegensätze aufzuheben, er ließ sie bestehen. Die Dinge dürfen zusammengebracht, aber ihr Widerspruch muß nicht immer aufgelöst werden, man respektiert ihn. Dann sagst Du Dir: Ich stehe zu den Originalfarben, ich erkenne ein Weiß, beseitige deshalb aber nicht das Schwarz, denn ich habe hier nicht zu wählen. Noch weniger geht es um den faulen Frieden im verschwimmenden Grau, sondern um die Akzeptanz des bestehenden Weiß und des bestehenden Schwarz.

Uns fällt es schwer, über den kartesischen Rahmen hinauszuschauen, ich selbst bin betroffen durch mein langjähriges Studium im Westen, wir sind diesem logisch-philosophischen „Denksystem" nach „Denkmodellen" ganz verhaftet. Wir üben unverbrüchlich eine **Entweder-Oder-Sicht**, nahezu unfähig, einmal beides zugleich anzunehmen. **Gut und Böse, Lust und Schmerz, Leben und Tod** sind sich widersprechende Realitäten des Daseins. Ist aber nicht die eine in der anderen enthalten? Und ist das Böse nicht ein strukturelles Element im Schöpfungsbereich? Auch in der Mitte allen Naturgeschehens ist es aktiv, immer aktiv, und es hat sein eigenes Gesetz. Das Positive und das Negative, Proton und Elektron, halten im Innersten der Materie ihr Gleichgewicht, in dem das Universum ruht. In dieser Kraft der Gegensätze, in dieser grundlegenden Polarität ist der Fortbestand der Welt gesichert. Und doch versuchen wir sie in immer neuen Denkmustern außer Kraft zu setzen…, philosophisch zumindest. **Der Hinduismus** lehrt, daß gerade alle Gegensätze das Gleichgewicht schaffen, das sei naturgegeben und einsichtig. Also gibt es dort viel weniger Fragen mit pessimistischen Denkansätzen.

Ist das Licht eine Energie oder ist es korpuskulär, aus Elementarteilchen bestehend? Auf der Plattform der wissenschaftlichen Beobachtung ist man sich heute nicht mehr einig darüber, was subjektiv und was objektiv ist, deshalb rettet man sich in den Begriff der **„Metalogik"**, die über das wissenschaftlich-rationale Denken hinausreichen soll – ein neues Phänomen. Die Kategorien objektiv und subjektiv werden langsam verlassen, um in andere Bereiche vorstoßen zu können, und ich sehe hier den einenden Geist am Werk. Diese neue Vorgangsweise wird uns auch dem **Todesverständnis** näher bringen, wobei sich tiefere Fragen lösen könnten und die Stimmigkeit des Weltsystems langsam erkannt und bejaht wird.

Im Tod werden wir ganz – welch ein Widerspruch! Im Tod verlieren wir unsere Grenzen – welch ein Widerspruch zur Szene am Grab, wenn uns die andern bedauernd nachschauen! Im Tod tauschen wir unser menschliches Sein gegen die Seele des Kosmos – Christus! Wir wechseln in den universalen Zustand, um erst dort unsere wahre Dimension zu erlangen. Weil wir die Gesamtschau, kontemplativ und umfassend, eingebüßt haben, wurde der Tod aus der modernen Zivilisation der spektakulären Erfolge evakuiert, er wurde als Menschenjäger aus unserem Gesichtsfeld und aus unserem Bewußtsein verbannt. Hier erkenne ich einen der Gründe für die Krise des heutigen Menschen, der den Tod zur vollendeten Tragödie dramatisiert und damit sein Wesen verfälscht.

Für die Naturvölker war er nie diese Katastrophe. Wir „Kultivierten" ertragen diesen Widersinn des Lebens nur, wenn wir beide Wirklichkeiten weit voneinander getrennt halten. Denn wir begreifen nicht, daß es nur eine Wahrheit gibt – im Doppelgesicht des Geistes. In diesem entscheidenden Punkt haben uns die Naturvölker viel voraus, sie verstehen es, mit den Gegensätzen und Widersprüchen ihres Daseins zu tanzen: Sie wissen, die afrikanische Erdmutter ist segensreich und aggressiv, sodaß man ihr „Konflikttänze" mit sich widersprechenden Masken widmet, um die Konflikte **„spielend zu lösen"**. Sie begreifen Leben und Tod als ein unzertrennliches

Paar, wie vertraut ist ihnen das Sterben! So klar wie Kalenderzeiten haben sie den Zyklus des Lebens im Blut, also verdrängen sie nichts, sondern leben im Einvernehmen mit der Natur und gehen dem Tod nicht aus dem Wege wie einem Fremden, sonst gingen sie sich selbst aus dem Wege.

Die gewaltige Kluft, die wir „Zivilisierten" zwischen Tod und Leben beklagen, brauchte nicht zu bestehen, wenn wir nur fähig würden, in **das mystische Stadium unserer geistigen Entwicklung** einzutreten. Vermutlich sind wir noch weit entfernt, die Erfahrung der Gegensätze irritiert. Denken wir auch an die ambivalenten Verhaltensweisen des Masochismus und Sadismus; der Österreicher Bruno Bettelheim, mein Lehrer in Chicago, hat viel über **die Gewaltbereitschaft bei Kleinkindern** gelehrt, die gleichzeitig mit ihrer vielgepriesenen **„süßen Unschuld"** besteht. Jeder von uns wird mit einem bestimmten Potential sich widersprechender Tendenzen geboren, denn das Leben folgt dieser Doppeltendenz von Anziehung und Abstoßung, und zwischen den Polen sucht es sein Gleichgewicht zu halten. Unter diesem Impuls aber schreitet die Welt voran und ist von der Paradoxie des Geistes gekennzeichnet als eines seiner wahrnehmbaren Gesichter.

„Heiliger Geist, Du vereinst in Dir alle Gegensätze!" (Jean Guitton), widersprüchliche Wirklichkeiten, die eigentlich einander ausschließen, berühren einander und haben unter dem Befehl des Geistes miteinander auszukommen. **„Glauben wir?"** fragt Teilhard de Chardin, **„Dann beginnt alles um uns her zu leuchten und nimmt Gestalt an: der Zufall ordnet sich, der Erfolg erhält seine unzerstörbare Fülle, der Schmerz wird zur Heimsuchung und zur Liebkosung Gottes."**

INSPIRATION UND INTUITION

„Wer von den Menschen kennt den Menschen, wenn nicht der Geist des Menschen, der in ihm ist? So erkennt auch keiner Gott, nur der Geist Gottes“ (I Kor 2, 11). Nur der Geist erlebt, was im Gottesinneren vorgeht, weil er die Tiefe Gottes selber ist, und nur der Geist kann uns Menschen offenbaren, wer er ist und was er vermag.

Der Geist bemüht sich, Dich in eine Richtung zu lenken, die für Dich die beste ist. Eine Inspiration ist diese Einladung des allezeit aktiven Geistes in unserer Wesensmitte, ihm zu folgen. Ich nenne es eine Einladung, weil der Geist um unsere menschliche Freiheit weiß. Du kannst Dich ihm beharrlich widersetzen, aber dann fühlst Du Dich nicht wohl in Deiner Haut, Du reagierst gereizt, Du bist nicht mit Dir im Einklang. Wird Dir der Zusammenhang bewußt, dann ist das meiste schon gewonnen. Bestehst Du darauf, Dich auch weiterhin dem Zuspruch zu verschließen und Deine eigenen Entscheidungen durchzuboxen, dann verlierst Du „die heilsame Unruhe“ Schritt um Schritt und wirst ein zufriedenes Leben mit Dir selber führen. Doch nur bis zur Stunde X…

Der Geist konnte die verängstigten Jünger nicht von ihrer Flucht zurückhalten, die Verhaftung und der nahende Tod ihres Meisters hatte sie zu sehr geschockt, alles war so schnell gegangen! Doch nach einigen Wochen schon hatte er sie so weit inspirieren können, daß sie Gefängnisfolter auf sich nahmen und ihren eigenen Tod nicht scheuten. Jetzt hatten sie alles – und sich selbst dazu – in die Waagschale der Wahrheit geworfen, jetzt verkündigten sie das WORT, das unter ihnen in Fleisch und Blut gelebt hatte, der Geist bewegte ihre Zungen. Und heute haben wir nach der amerikanischen Religionsstatistik Barret-Johnson vom März 2000 zwei Milliarden Christen in der Welt.

Das Wort Inspiration stammt aus dem Lateinischen **„in spirare"** und meint **„im Geist sein"**, man schaltet sich ein, gleicht sich ihm an, begibt sich unter seinen Einfluß. Unser Urvater Adam war kein Christ, das bedeutet, Gott blies und bläst jedem Adamskind dieser Erde seinen Lebensatem ein (Gen 2, 7) – wir sind göttlichen Ursprungs! Jeder ist, wie wir im Arabischen sagen, ein **„bani-âdam"**, das ist das Gottessiegel des einzelnen. Wie könnte auch eine Inspiration nur an ein **„auserwähltes Volk"**, an eine bestimmte Nation oder Konfession gebunden sein! Jeder von uns, ob er es wahrnimmt oder nicht, ist persönlich gemeint, der Geist manifestiert sich in ihm und für ihn. In beiden Testamenten finden wir es schwarz auf weiß, im Prophetenbuch Joël und in der Apostelgeschichte: **„Danach aber wird es geschehen, daß ich meinen Geist ausgieße über alles Fleisch"** (Joël 2, 1 und Apg 2, 17). Die Formulierung „über alles Fleisch" kann niemand kontrovers interpretieren, hier ist eindeutig jeder von uns gemeint.

Sich des Zustandes der Inspiration bewußt sein bedeutet Glauben an den Geist haben, bedeutet wahre Dinge im Herzensbereich spüren, bedeutet, daß das Gottesmysterium im Licht des Geistes erfaßt wird. Man schließt die Augen und läßt das innere Auge schauen, man dämpft sein äußeres Gehör und richtet seine Antennen nach innen. Dann hört man auch sich selbst nicht länger zu, weil der Geist geheimnisvoll in uns zu senden beginnt. Der Mensch bleibt nur Empfänger. Ist er sich dessen bewußt, bricht die Inspiration nicht ab, sondern der ganze Mensch wird transparent für den Geist, und er wird seinerseits **zur Stimme Gottes**, nicht mehr er spricht, sondern Gott teilt sich mit. Das gilt für alle Lebenslagen: **„Und wenn man euch abführt und vor Gericht stellt, dann macht euch nicht im voraus Sorgen, was ihr sagen sollt, sondern was euch in jener Stunde eingegeben wird, das sagt. Denn nicht ihr werdet dann reden, sondern der Heilige Geist."** (Mk 13, 11)

Die Inspiration löst sich aus der Wirklichkeit und zielt sie zugleich an, sie sucht empfängliche Menschengeister, phantasiebegabte Seelen, mutige, mit denen sie arbeiten kann, um in der Welt etwas voranzubringen. Wir hören vom MIT-Institut in Boston, wo man Intelligenzbestien für's Nichtstun teuer bezahlt. Ihre Pflicht ist einzig die Entspannung, damit der Geist durchkommen kann. Und dann stürzt die Inspiration herab wie ein großer, bunter Vogel, der Mensch muß nur bereit sein, ihn einzufangen und ihn in eigener Regie zum Ausdruck zu bringen, freimütig, nicht von Selbstzweifeln durchzogen, sondern ganz dem Geist wie in Teamarbeit vertrauend. Die heutige Wissenschaft ruft nach Visionären, die Hypothesen liefern, bei diesen Denkversuchen beginnt die Wissenschaft, und wenn sie sofort Beweise fordert, zeigt sie sich engstirnig, der Prozeß wird nur verlangsamt oder bricht ab. Wie in der Philosophie wird oft der Schlußstein erst viel später gefunden.

Der Geist löst fortwährend unsere feste Erdkruste und läßt die göttlichen Strahlen einfallen, und jeder Demutsvolle, der sich vor dem Einfluß des Göttlichen nicht verschanzt, es anzweifelt oder aggressiv leugnet, wird inspiriert. Auch der Ungläubige sagt: **„Ich bin inspiriert worden"** – Weiß er nicht, was er sagt? Geistempfängliche Menschenherzen erreichen einander leicht, der Geist trifft auf den Geist. Und er bewohnt uns auch dann noch, wenn wir ihn betrügen, unser ganzes Leben ist ein **„Tempel des Geistes"**. Und es gelingt ihm wohl besser, die klaren, einfachen, offenen Seelen zu inspirieren als die „geblähten".

Wir kennen es: Es ist ganz unwesentlich, ob wir einen Luxus-Kugelschreiber betätigen oder nicht, mit einem einfachen Stift können wir das Wertvollste niederschreiben, wenn er leicht und gut in der Hand liegt. Wir sind nach Ignatius von Loyola ein **„instrumentum conjunctum Deo", ein Gotteswerkzeug**.

Ich habe Schwierigkeiten, am Computer Neues zu entwerfen, lieber rast mein Stift in alter Weise über leere Seiten, wenn die Inspiration wie ein Wolkenbruch auf mich niedergeht, der Geist hat so viel zu sagen und alles gleichzeitig, dann werde ich zum Halm im Wasser, der von den Stromschnellen mitgerissen wird. Ich weiß, daß das nichts Besonderes ist, sondern eine Allgemeinerfahrung unter geistoffenen Menschen.

Ein sehr einfaches Erlebnis: Es geschieht mir nicht selten, daß ich beim Ankleiden in der Sakristei noch nicht weiß, wie ich den Tagestext auslegen werde, aber ich bleibe zuversichtlich, denn später, in der Seelengemeinschaft mit der Gemeinde, werde ich inspiriert. Am großen Festtag zum 150jährigen Bestehen der Christlichen Schulbrüder in Ägypten erwartete man eine „entsprechende" Predigt, das Kirchenschiff war überfüllt, viele standen; Eltern und Schüler, ehemalige und gegenwärtige (die jüngsten sieben Jahre alt) und alle Lehrer. Ich hatte mehrere interessante Lösungen im Kopf, die Entscheidung war quälend. Plötzlich wurde ich abgelenkt, von innen her, und eine mahnende Stimme sprach: **„Vergiß die Kleinen nicht, um die Kinder geht das Ganze, neige dich zu ihnen!"** ... Mein eigener Geist stand im Widerstreit, ich hatte für dieses Fest Theologisches geplant. Nichts half, die Mahnung wiederholte sich, und ich schlug dem Geist den Kompromiß vor, Theologisches kindgemäß zu bringen, wenn es mir gelänge! Ich flehte um Begleitung, und der Geist durchlief mich wie ein Sturmwind in den wenigen Minuten, die noch blieben. Ich entschloß mich für eine Dialogform, durch Frage und Antwort konnte ich die Kinder einbeziehen ... und es wurde mir selbst zum Erlebnis! Im Nu waren sie „drin", die Ärmchen gingen hoch, Zusatzfragen wurden gestellt, und es wurde auch herzergiebig gelacht. Welch ein intensives Hin und Her im Kraftstrom des Heiligen Geistes! Später hörte ich von Freunden: **„Henri, Du warst total inspiriert!"**

Der Geist hat immer die Liebe im Sinn. Sie will er im Weltgeschehen fördern, er, **der Geist der Liebe**! Hier empfinde ich die Wirklichkeit des Geistes. Der Mann glaubt, aus seinem Handeln heraus zu bestehen, sein Sein existiert in seinem Tun. Die Frau handelt bereits durch ihre Existenz, ihr Da-sein, durch ihr Wesen **„im reinen Zustand"**, wie ich es nenne. Und dieses weibliche Handeln hat eine ganz besondere Strahlkraft. Sie bewegt. Fast möchte ich von der Frau sagen, was Aristoteles den **„Erstbeweger"** genannt hat (kinei os eromenon), denn nach seiner Philosophie bewegt Gott die Welt durch die Anziehung der Liebe. Für den Gottesgeist und für die Frau gilt dasselbe, die Frau läßt sich wirklich inspirieren! Daher hat sie etwas zu verkünden, das aber nur verstanden werden kann, wenn wir Männer uns bekehren. Dann könnte die Frau unsere Welt von morgen humanisieren. Bisher wurden Welt und Kirchengeschichte vom Mann geprägt, insbesondere die Kriegsgeschichte! ... Jetzt kommt sie. Lassen wir sie gewähren, sie verfügt über besondere Charismen. Die Welt braucht mehr Feinsinn und Verinnerlichung. Allein die Art einer femininen Naturbetrachtung, ihre intensive Einfühlung, verdienen Aufmerksamkeit, sie **ist Seherin und Künderin einer geheimen Sprache, und sie weiß, daß Inspirationen eine kostbare Quelle des Erkennens sein können**.

Das feminin Göttliche wird stark empfunden. Clemens von Alexandria: **„Wie eine Mutter hat uns der Vater geliebt"**, Anselm von Canterbury ruft Jesus in einem Gebet als **„Mutter"** an. Papst Johannes Paul I. sagte 1978: **„Gott ist sogar mehr Mutter als Vater."** Für mich ist die Mariengestalt das weibliche Gesicht Gottes, die Offenbarung seiner Zärtlichkeit, eine bestimmte Art, wie er uns zu berühren versteht, dort, wo wir es am stärksten empfinden. Das ist weiblich. Maria stammte aus unserem Geschlecht und ist seit ihrer vorbehaltlosen Öffnung gegenüber dem Gottesgeist zur Nähe Gottes selbst geworden. In unnachahmlicher Weise hat sie uns allen vorgelebt, wie man auf eine – selbst vollkommen unverständliche – Inspiration reagiert.

Auch in der Dreifaltigkeit geschieht Inspiration, sie lebt von dieser! Im Glaubensbekenntnis sagen wir, der Geist ginge vom Vater aus, vergessen wir aber nicht, daß dieser Text im 4. Jahrhundert formuliert wurde, 381, auf dem Ersten Konzil von Konstantinopel, weshalb auch unsere orthodoxen Brüder und Schwestern diese Passage bis heute beibehalten. Später, im 15. Jahrhundert, 1439 auf dem Ökumenischen Konzil von Florenz, hat die lateinische Kirche des Westens die Dreifaltigkeitslehre tiefer erarbeitet und neu bestimmt, weil man zu dem Schluß gekommen war, daß der Geist, vom Vater allein ausgehend, sich nicht vollenden könne, denn die Liebe ist auch in der Gotteswelt keine Einbahnstraße. Damit Liebe existiert, muß ein Gegenüber da sein, sie ist wesenhaft lebendig sprühender Austausch, weshalb das Konzil von Florenz diese Passage erweitert hat: **„Der Geist geht vom Vater und vom Sohn aus."** Tragischerweise trennt uns nun **„der Geist der Einheit"** von der orthodoxen Theologie, er wurde zum Problemstoff und führt noch immer zu explosiven Debatten.

Der Geist geht vom Vater aus? Oder von beiden? Von Vater und Sohn? Was für uns tatsächlich Bedeutung hat, ist unser eigenes inständiges Suchen und unser Einleben ins Mysterium. Für mich ist **der Geist die göttliche Liebesumarmung, die den Vater und den Sohn umschlungen hält und ihre Einheit garantiert**. Ohne den Geist blieben Vater und Sohn im ewigen Spannungsverhältnis sich zwei gegenüberstehende getrennte Wesen. Wir hören die Altarworte **„... in der Einheit des Heiligen Geistes"** und stellen uns vor, wie er die Gotteswelt mit der Menschenwelt eint – zwei Pole –, aber dem Geist gelingt es, die innigste Liebesverbindung zwischen Schöpfer und Geschöpf zu schaffen.

In allen Dimensionen agiert der Geist am Ursprung jeden Geschehens, er ist der Schlüssel zu den geheimen Bereichen Gottes. Er ist mehr als nur ein Antrieb, er ist ein Aus-sich-Herausströmen. Man nennt ihn **Leben**, weil er dieses fortwährend gebiert, man nennt ihn **Liebe**, weil er im Herzen des Vaters west, und immer tritt er aus sich selbst heraus, um den andern zu erreichen. Man nennt ihn **Energie**. Alle Namen erzählen uns von seiner göttlichen Dynamik, und sie weisen das Sich-Verlassen als einen geistigen Vorgang aus ...

Ohne Geistaktivität gäbe es keinen Sohn, keine Welt, keine Menschwerdung (in der sich der Vater ein zweites Mal überstieg), keinen anwesenden Gott in unserer Menschenwelt. Und alles ist von seiten des Geistes ein Aufruf zur Liebe! Ohne Liebestätigkeit kein Leben, nicht heute, nicht später. Wahre Liebe führt immer an die Quelle zurück, wo die Zeit sich selber löscht und Gott von Ewigkeit zu Ewigkeit liebt.

Das Mysterium des dreieinen Gottes und das des Menschen durchstrahlen einander und lassen sich am besten gemeinsam verstehen. **Personwerdung** nennen wir den Schritt eines Individuums, das seinen Eigenbesitz behütet und dadurch in die Isolation abgetrieben wird, hin zur Offenheit einer sich hinschenkenden Person. Dieses Wunder bewirkt der Geist, denn er weiß, daß ein Sich-Verlieren ein Sich-Finden auf höherer Stufe zur Folge hat, daß die Person vom Haben- und Besitzen-Wollen zum Sein erwacht und wirklich „erwachsen" geworden ist. Ein Kind ist es noch nicht, seine Hände sind immer ausgestreckt, es will haben und mehr und mehr von allem. So ist die Dreifaltigkeit für uns eine Lesart des Lebens, die uns aufzeigt, wie wir unser beziehungs- und spannungsreiches Dasein meistern und den Sinn darin erkennen können.

Vorstellbar ist die Dreifaltigkeit als ein göttliches Liebesgeschehen, als Wellenschlag zwischen Vater und Sohn, und der Geist ist weniger die dritte Person als das Element jenes heftigen Stromes, Anfang und Ende dieser Bewegung. Diese Geisteskraft liebt, zeugt und gebiert, sie bildet und erhält diese Gemeinschaft. Der Geist bewirkt, daß Gott zu Gott wird in der Liebe und durch sie. Von Ewigkeit her? Vor Schöpfungsbeginn gab es doch keine einzige Seele, keinen Liebespartner in dieser Nicht-Existenz, in dieser kosmischen Leere! Liebte Gott das Nichts? Dann wäre er ein Narr. Liebte Gott sich selbst? Dann wäre er ein Egozentriker oder Narziß, ein Gigant der Selbstliebe.

Gott „wird" erst Gott, indem er sich verliert. Zu sein bedeutet für ihn zu verzichten auf das, was er hat, um das zu werden, was er wirklich ist. Durch seinen Selbstverlust in der Sohnzeugung, die sich in der Menschwerdung wiederholt, ist er der anbetungswürdige „Gottvater" geworden. Die Sprachgrenze beim Verb „werden" irritiert, doch verstehen wir: Gottes Sein tritt hervor und verwirklicht sich in dem Maß, als das Haben erlischt, und diese Sprungkraft, diese treibende Energie des Verzichtes nennen wir den Geist, denn es ist seine Inspiration innerhalb des trinitarischen Geschehens, die Gott in der ständigen Ekstase leben läßt (ek-stasis = außer sich sein). **Gott ist seinem Wesen nach Ekstase**, das ist seine Grundverfassung, und deshalb muß er dreifaltig sein nach dem christlichen Liebesverständnis, das für uns ein ganz anderes ist als jenes des abstrakten Gottes der Antike oder der modernen Philosophie.

Die Frucht dieser Gotteszeugung ist der Sohn, weshalb wir diesen den **„eingeborenen Sohn"** nennen, **„von Ewigkeit her"**, Ergebnis der ewigen väterlichen Selbsthingabe. Indem Gott sich freimacht von sich selbst, zeugt er den Sohn, und dieser empfängt zur Gänze das Wesen des Vaters. Vor der Sohnzeugung war Gott noch kein Vatergott und deshalb kein Liebesgott, er war noch nichts, und nun ist er alles! Aber dieses Alles verschenkt er sogleich an den **„vielgeliebten, einzigen Sohn“**, in dem unsere Schöpfung gründet. Göttliche Liebe ist unlösbar an den Begriff der Kommunion gebunden, das Gottwesen ist fortwährender Aufsprung in der Liebe, da es sich nach vorn projeziert, so konkret wie **eine gebärende Mutter in der Geburtsekstase**, die innerlich einzig dem Kinde zugewandt ist und sich im doppelten Sinn entäußert, risikobereit will sie das Beste von sich geben und noch mehr, um des Kindes willen. Bei Gott geschieht das, wie alles, vergrößert und ins Unendliche erweitert, jede seiner Gesten ist eine absolute. Aber Gott hat sich aufgesprengt in seiner Liebe und dabei den Sohn **„gezeugt, nicht geschaffen“** (Credo) und wenn er diese trinitarische Liebe nicht in sich hätte, wäre er kein Liebesgott.

Meine Diskussion mit einem muslimischen Religionslehrer in Kairo beruhte auf zwei Begriffen: **„Allah wâhed“ (Gott ist eins)**, worauf dieser bestand und das ich immerzu bejahte, denn auch wir Christen glauben an den einen, jedoch nicht an einen einsamen Gott! Er ist Polarität, Hinwendung zum Du, er ist Liebe, er ist kein **„Allah wâhid“ (Gott ist allein)**, weil das seiner innersten Natur widerspräche. Gott erkennt sich in seinem Abbild, dem **Logos** (intellektuell-philosophischer Begriff) oder im **Sohn** (affektive, vermenschlichte Bezeichnung desselben). „Das Streben Gottes zum anderen hin (Sohn, Schöpfung, Mensch) kannst Du am besten mit dem innigen Liebesstreben des Menschen vergleichen, selbst in der Sexualität lebt die Polarität Gottes“, versuchte ich dem Muslim zu erklären. Heikle Worte ...

Dieses Abstreifen seiner eigenen Göttlichkeit im Sich-Verschenken an den Sohn, welches Gott erst zum wahren Gott werden läßt, nannten die griechischen Kirchenväter **„Hyper Theos“ – „Gott über Gott stehend“**, denn in seinem Akt des Selbstverzichtens hat er sich selbst übertroffen, er hat sich arm gemacht und ist über sich hinausgegangen und nun ein

„Gott jenseits von Gott", weil er sich selbst ins Unendliche übersteigt. Das ist göttliche Freiheit! Und das ist göttliche Liebe! Und im Akt der Sohnzeugung wurde der Sohn Erbe aller göttlichen Eigenschaften, dessen er sich bewußt ist, er weiß, wo die Quelle in ihm liegt und wer sie nährt. Desgleichen weiß der Sohn, daß der Quellfluß nun für beide in gleicher Fülle sprudelt, denn Göttlichkeit halbiert sich nicht. Jeder der beiden erhält zu jedem Augenblick das ungeteilte Ganze, das Eine.

Der Sohn könnte, so erwägen wir menschlich, sein Göttlichkeitsgeschenk als Besitz lobpreisend einbehalten, was aber von der Verfaßtheit der Gottheit her nicht möglich ist. Dieselbe Kraft des Geistes, die den Vater inspiriert, sich in der Liebe zu vergessen, ist auch dem Sohn zu eigen, der **„eines Wesens mit dem Vater ist"** (Credo). Auch er will arm und nichts sein, sich ganz an die Quelle zurückgeben in seiner Liebe zum Vater. Das ist das Mysterium des Geistes! Die Göttlichkeit verweilt weder im Sohn noch im Vater, sondern sie ist das Liebesverhältnis der beiden selbst, immerzu angeregt durch den Geist, der die Kommunion sichert.

In Feuerzungen ist der Geist am ersten Pfingsttag wahrgenommen worden, Symbol für das Verständigungsprinzip durch Zunge und Sprache. Der Geist ist bis zur Stunde hier und überall dort, wo es um Verständigung geht, wo Einheit ersehnt wird oder wo sie in Gefahr ist. Er will einen, was noch getrennt ist, er will versöhnen, was divergiert. Denn zwei gegensätzliche Kräfte sind im Universum aktiv, eine zusammenführende und eine hinwegstrebende, Gott allein wird wissen weshalb; die eine zerstreut und zersprüht, die andere sammelt liebend die kleinsten Teilchen ein, und keines möchte ihr fehlen! Vielleicht nennen manche unter uns die zerstreuende Kraft den Teufel, der aber, so lautet die Verheißung, am Ende der Zeiten der Verlierer sein wird.

Jene Einflüsterung im Herzen Gottes: **„Gib Dich hin und vergiß Dich!"**, welche die Sohnzeugung und die Gottwerdung aus Gründen der Liebe zur Folge hatte, manifestiert sich in jeder menschlichen Zusage gegenüber einer Geistinspiration. Die Erfahrenen unter uns wissen es, demütig dankend erkennen sie diesen **Geistzuspruch** an, erkennen die Eingebung, erkennen, daß sie unter seinem Impuls etwas Besonderes leisten.

GEBET: *Geist Gottes! Laß mein Herz weit werden für Dich, ich will mich Dir überlassen, mich hingeben an Deine Inspiration. Und Du wirst mich in allen Phasen meines Lebens führen, damit meine Gedanken, Worte und Taten die Deinen sind. Geist Gottes! Sprich in mir und durch mich in diese Welt hinein, wirke in mir und durch mich in den anderen, denn ich verlange danach, ein Instrument in Deinen göttlichen Händen zu sein. Verhindere mein inneres Altern und Starrwerden, verhindere, daß ich undurchlässig werde für Deine Impulse, laß mich neu werden, neu wie Du immerzu neu bist – ein Geist der Freiheit! Und ich bitte Dich für die Aufmerksamkeit unserer Kirche, möge sie sich dem Neuen Deines Wirkens voll erschließen und die Vergangenheit Vergangenheit sein lassen, sie ist untauglich geworden für jene Zukunft, die Du mit uns bereitest. Geist Gottes, erneuere den Glauben unserer Erde."* Amen.

Auch an einer **menschlichen Liebe** nimmt er fortwährend teil, es ist undenkbar, daß auch nur die leiseste Regung ohne ihn geschähe. Beobachte zwei Menschen im Brand ihrer Augensprache und wisse, daß dort nicht zwei, sondern drei Personen aktiv sind, der Geist bewirkt den Strom zwischen den Herzen, er ist es, der sie heftiger schlagen läßt als gewöhnlich. Oder lausche zwei anderen im engagierten Gespräch miteinander, auch sie sind zu dritt, der Geist inspiriert beide, er ist die Erregung ihrer Gemüter, er ist der intellektuelle Funkenschlag zwischen ihnen, der auf der Ebene des Logos zwei Menschen zusammenschließt, sodaß sie beide dasselbe denken: **„Wir sind uns einig geworden."** Das schönste Gesicht des Geistes ist jedoch immer die Liebe, der Augenblick, wenn ein doppeltes Lächeln wie aus einem entfernten Spiegel tatsächlich zusammenfließt zu einem einzigen, und wenn die Liebenden im Gnadenzustand sagen dürfen **„wir wurden eins"**. Die tausend Gesichter des Geistes ... ich kann sie wirklich sehen, wenn zwei Menschen intuitiv miteinander verkehren.

Das Wort Intuition kommt von **„intueri"**, dem Blick nach innen, und das bringt uns der wahren Intelligenz näher. Wenn ich in meinen Vorträgen sage: **„die Frau ist intelligenter als der Mann"**, so werde ich zunächst von vehementem Beifall unterbrochen, dann aber erkläre ich, daß es **die Intuition** ist, die diese weibliche Intelligenz reicher und tiefer macht. Frauen können die Wahrheit im Sprung erfassen, teils ohne zu wissen wie und wieso, aber es ist die Wahrheit, denn sie gehen geradlinig hinein ins Innere der Dinge und Wesen und verstehen von dort her. Später gehen auch sie die Sache schrittweise ab wie der Mann, kehren aber zum Ausgangspunkt zurück, der ihnen bereits die Blitzerkenntnis geliefert hatte. **Mystiker** gehen ähnlich vor, sie **„schauen"** die Wahrheit zu Beginn, dann **„schmecken"** sie sie durch bis an ihr Ende und nehmen sie vollständig in sich auf.

Intuition ist nach meiner Erfahrung die weibliche Seite der Intelligenz, die Intelligenz des Herzens, und im Grunde dürfte es keine andere geben, denn **„nur mit dem Herzen sieht man gut"** (Saint-Exupéry). Leider verstehen die meisten eher die männliche Seite der Intelligenz als die entscheidende, die mit rationalem Verstand systematisch arbeitet, während der Ursprung des Wortes Intelligenz, seine Schönheit, in Vergessenheit geraten ist. Tatsächlich suggeriert es eine Art göttliche Innenseite der Dinge und Wesen, diese bildet ihren Grund und Bestand, weshalb echtes Verstehen aus dem Herzen stammt. Um ein anderes Menschenherz zu erreichen, steigt diese Intelligenz auf vom Grund, um in den Grund seines Gegenüber hinabzutauchen. Das Eindringen in das Wesen ist das Entscheidende, ich nenne es das **innere Schauen** oder **die geistige Intelligenz**.

Weil es hier um tiefere Zusammenhänge geht, betont die Bibel das Herz weit öfter als das Gehirn, denn das Herz reicht tiefer, sogar tiefer als alle Gefühle; es ist der Ort, der das Lebendige jenseits der Sinne, des Denkens und Fühlens bindet, alles, was wir die Eigenschaften der Seele nennen, vereint dieser Ort als Brennpunkt des Menschen. Nur von dort her kann der Geist unser Erkennen und Verstehen anregen, er inspiriert den mystischen Umfang des Geschehens.

Im Pfingsthymnus **„Komm, Heiliger Geist"** wird vom **„Herzenslicht"** gesungen, **„veni lumen cordium"** (komm, Licht des Herzens!), eine herrliche Wortverbindung! Aber es wird noch intensiver gesagt: **„Incede lumen sensibus"** (zünde an das Licht unserer Sinne!). Der Geist entzündet nicht nur das Licht Deines Herzens, sondern auch das Licht Deiner Sinne. Hier besteht wieder eine Dialektik, die Dialektik zwischen dem inneren Erfühlen und dem sinnlichen Wahrnehmen, beides führt uns in die geistige Erkenntnis. Es ist die noble Gabe des Geistes, den Menschen die inneren Mysterien der Erscheinungswelt schauen und verstehen zu lassen. Ständig weist die Bibel uns darauf hin, daß spirituelles Verständnis nichts mit einer Arbeitsleistung des Gehirns zu tun hat, sondern ein Prozeß ist, der durch das Herz läuft. Nicht mit der gläsernen Logik des Kopfes kommt man den wesentlichen Zusammenhängen auf den Grund, sondern mit der heißen Brust...

Der Geist deckt auf – das ist Intuition, und wahre Intelligenz muß eine intuitive sein. Diese Seelenaktivität folgt durchaus den Prinzipien eines logisch-kritischen Denkens, denn die Seele hat so viele Eigenschaften und Qualitäten wie der Körper Organe und Glieder hat, und das rein logische Verstandesdenken unterscheidet sich klar von der Intuition, so wie der Fuß in anderer Weise für uns arbeitet als das Auge. Alle Eigenschaften sind auf verschiedenen „Etagen" zu Hause und arbeiten in verschiedene Richtungen, und alle sind sie seelische Funktionen, sie schließen nicht einander aus, sondern ergänzen sich. Sie gehen auch in dieselbe Richtung: Wenn Du Deinen Schlüssel im Gras verloren hast, dann geht das Auge Deinem Fuß voran, um die Strecke abzutasten und den Fuß zur Fundstelle zu lotsen, weder Dein Auge allein noch Dein Fuß brächten Dir den Schlüssel zurück. Alles, was Dein Körper vermag und für Dich leistet, ist **einende Geistesarbeit**.

Die biblischen **„Bücher der Lehrweisheit"** besingen den Geist des Herrn im menschlichen Gelingen, z. B. im Bezwingen der Naturkräfte und in allem, was die Entwicklung voranschreiten läßt. Heute aber, angesichts eines sich überschlagenden Wissensanstiegs und einer uns überwältigenden Technologie, die wir alle Tage begierig erweitern, stehen wir noch immer an der Eingangspforte zum wahren Abenteuer. Außerstande sind wir, unsere nahe oder ferne Zukunft auch nur zu skizzieren, und doch orientieren wir uns am noch Schleierhaften, am Undenkbaren, am Unmöglichen, weil wir das Mögliche kommen sehen. Unbewußt ahnen wir, daß der Gottesgeist in uns unbegrenzt ist, daß er uns mobil hält und immerzu voranstößt, daß er uns ins Wasser wirft, ohne zu fragen, ob wir Schwimmer oder Nichtschwimmer sind. Ständig entwickeln wir neue Fähigkeiten, weil wir unter der Inspiration des Geistes stehen.

Ich habe mir in Graz ein Lichtmikroskop mit 2000facher Vergrößerung angesehen und mir erzählen lassen, daß es **100 Milliarden Gehirnzellen** im Kopf eines Menschen gibt, aber noch 10–50 Mal so viele Spezialzellen, die diese Gehirnzellen unterstützen. **„Und wieviele Zellen arbeiten insgesamt in unserem Körper?"** fragte ich. **„100 Trillionen"** war die Antwort, und ich versuchte mir vorzustellen, daß jede einzelne der 100 Milliarden Gehirnzellen und jede der 100 Trillionen Körperzellen **ein Programm von drei Milliarden „Buchstaben"** beherbergt. Jede einzelne Zelle! ... Wir entschlüsseln das menschliche Erbgut. Ständig werden auf allen Gebieten die Zukunftsperspektiven ausgeleuchtet, es ist atemberaubend! Dabei gefällt mir ein Wort des Erfinders Thomas Edison, der Mann mit den 1.200 Patenten: **„Ich empfinde größten Respekt für alle Ingenieure, besonders für den größten unter Ihnen: Gott!"** Dämpfen wir allen Triumphalismus.

Wenn wir Demut und Weisheit walten lassen, bringt uns die Naturwissenschaft dem Geist immer näher, ich lese das aus unzähligen wissenschaftlichen Artikeln. **„Keiner der Erfinder des Atheismus war Naturwissenschaftler"**, sagte der englische Physiker und Astronom Eddington, **„sondern alle waren sie sehr mittelmäßige Philosophen. Die moderne Physik führt uns notwendig zu Gott hin und nicht von ihm fort."** Alle werden wir inspiriert, nicht nur die Wissenschaftler und Künstler, nicht nur die wenigen Genialen unter uns. Sagt nicht jeder in seinem Alltag des öfteren: **„Mir ist eine Idee gekommen"** (woher?), **„Ich habe eine Eingebung erhalten"** (von wem?), **„Die innere Stimme hat mir befohlen"** (wessen Stimme?). Wir formulieren in dieser Weise gedankenlos, weil uns intuitiv die Wahrheit bewußt ist. Alle stehen wir unter dem Einfluß des Geistes, er ruht niemals und spart niemanden aus.

Fast möchte ich sagen, die Inspiration sucht uns heim, denn sie hat mit uns etwas vor, mit Dir, mit mir, mit der Welt. Wenn wir eine Erkenntnis nicht einmal gesucht haben, dann überfällt sie uns aus heiterem Himmel. Vielleicht ist das recht so, der Geist braucht unsere innere Leere, um einbrechen zu können und uns zu bewegen. Aber die Brise des Gottesgeistes (ein Bibelwort) weht für den Menschen nicht zu privilegierter Stunde, totale Windstille davor und danach, sondern vor allem bereitet sie die **geistige Atmosphäre**, die vitale Existenzebene des Menschen, die, wie Teilhard de Chardin sagt, **„unser göttlicher Bereich"** ist.

Wir können Wind und Luft nicht sehen und berühren, und doch ist die Luft dienend und sorgend vorhanden. Es wundert nicht, daß man dem Geist den Namen dieses Mediums gab, denn er ist universelle Gegenwart. Luft und Geist sind da unter dem Modus, nicht da zu sein, und das gerade ist die Stärke des Geistes, in der seine Wirkkraft liegt. **Luft und Atmung sind Gesichter des Geistes!** Heute haben spirituelle Gemeinschaften verschiedenster Konfessionen die Atem-Methodik in ihre Programme eingebracht, es wird in bestimmten Atemrhythmen gebetet und meditiert – **„Gott, mein Leben!"** Diese drei Wörter sollen keine Wörter bleiben, sondern existentielle Erfahrung werden. Äußeres soll durch bewußtes Einatmen zum Inneren werden. Du absorbierst den Geist, nimmst ihn bewußt in Dich auf und entläßt ihn wieder, das bindet Dich an das rhythmische Leben der Welt, und das Universum gleitet durch Dich hindurch, um Dich zu regenerieren.

Der Buddhismus spricht hier von **prana** und meint mit diesem Sanskritwort die universelle Weltenergie, die alles Leben der Schöpfung trägt und belebt. **Prana** ist dort zugleich **„das Herz des Menschen"** in einem sehr tiefen Sinn gemeint, der Sitz seiner Lebenskraft, die sich im Weltall widerspiegelt und als **„Atem"** erfahrbar wird. In der arabischen Sprache ist es der Lebensatem **„Nafas"**, der die Seele erzeugt. Wie beide Wörter verschiedener Kulturkreise ihre Verwandtschaft erweisen! Göttliches Leben manifestiert sich physisch, psychisch und geistig. Wir haben im Arabischen noch eine andere sprachliche Nähe: **„Ruach"**, der Geisthauch, der übrigens bei uns feminin ist, und **„Rih"**, der Wind. Wer sich neugierig etymologisch auf die Suche begibt und die Wurzeln verwandter Wörter vergleicht, wird meistens belohnt, er macht zahllose Entdeckungen, besonders im Arabischen und Hebräischen, es gehen ihm tiefreichende Analogien auf.

Die semitischen Sprachen sind konkret, bildhaft. Wenn sie Geist mit Wind übersetzen, dann gestehen sie ihm, abgeleitet aus der physischen Kraft, spirituelle Macht zu. Leider ist das keine Allgemeinerfahrung, der Geist wird unterschätzt und dazu außerhalb des Menschen angesiedelt. Es genügt jedoch, die Augen zu schließen, tief und bewußt einzuatmen und sich vorzustellen, den Geist in sich aufzunehmen wie Adam in den Armen Gottes. Diese Urerfahrung des Eindringens des Lebenshauchs können wir, wenn wir aufmerksam sind, bis heute nachvollziehen, und es ist wahr, **zuweilen kann eine geistige Atemweise als Begegnung mit dem persönlichen Gott erlebt werden und sich bis zur Liebesekstase steigern**.

Beten ist lieben und lieben ist beten. Der Betende erlebt das Hinweggetragenwerden oder das Absorbiertwerden im Zustand der Inspiration, er spürt die Einheit seines Wesens im einenden Geist, er glaubt, sein Körper wäre geistig, immateriell, zu allem befähigt. Der Geist dringt ein in den Leib wie das Licht ins Kristall und wird unaussprechlich erlebbar! Die Zeit verlöscht, oder man befindet sich über ihr, denn beten ist lieben. Und der mystisch Betende verkostet sein Erleben bis an die Grenzen des Möglichen und darüber hinaus, er nimmt sich Zeit dafür, gute Zeit, und immer wieder geschieht es ihm, daß die göttliche Wirklichkeit in ihn „einfällt", um ihn zu besitzen. **„Er ist der Geist der Wahrheit, den die Welt nicht empfangen kann, weil sie ihn nicht sieht und nicht kennt. Ihr aber kennt ihn ..."** (Joh 14, 17)

Gott offenbarte sich nicht nur den Menschen des Alten Testaments in ihren Träumen, besonders dann, wenn es um einen Auftrag ging – **„dann begann der Geist ihn herumzutreiben"**. – Er weiß, ein Schläfer ist seinen Eingebungen zugänglicher, seine Sinne sind aktiv, doch in einem anderen Bewußtsein, der Menschengeist befindet sich frei im Raum und kann kontaktiert werden, ohne daß der kritische Verstand sofort die Botschaft kontrolliert und sie damit zunächst blockiert. So wird der kleine Geist vom großen Geist erfaßt und bewegt. Noch heute haben wir in allen Kulturen diese **„fruchtbaren Träume"**, weil ein überlasteter Verstand im Wachzustand nichts Schöpferisches leisten kann, er ist anderweitig besetzt und gefordert. Kreativität, Erfindungsreichtum, die der Geist von uns allen erhofft, müssen aus einer gewissen Leere oder Stille aufsteigen. Der Weise schafft sich auch bei Tag diese notwendigen Freiräume, in denen der Geist tanzen kann.

Wir alle sind gerufen. Leben und Geschichte warten nicht. Durch Intuition versuchen, die Inspiration zu erkennen, zu deuten und umzusetzen! Wir dürfen sie nicht ignorieren, vielleicht wird sich der Augenblick, die Konstellation, nicht wiederholen. Wer zu lange das Für und Wider hin und her wägt, verpaßt das Rendezvous mit dem Geist. Es mögen Blitzentscheidungen notwendig werden wie für Abraham und Paulus. Sie haben nicht erst Exerzitien gemacht, bevor sie JA sagten, sondern kopfüber sind sie die göttliche Wette eingegangen. Das Risiko läuft immer mit, spirituelles Leben ist ein Abenteuer sondergleichen, aber die geistoffene Risikobereitschaft ist schon das JA zum Leben!

Eine Inspiration verlangt nicht nur vernommen, sondern im rechten Kontext verstanden zu werden. Eine Inspiration richtig zu erfassen, bedeutet die Gnade des Augenblicks erleben, denn Du weißt, welcher Schritt der erste sein muß. Garantien und Anleitungen bekommst Du nicht mitgeliefert, der Geist verleiht nur die Ausleuchtung der ersten Schritte. Jetzt sind Dein Menschengeist und Dein starkes Herz, das Mut und Zuversicht kennt, gefordert. Du darfst und Du sollst Dich bewähren. Mir gefiele keine Spiritualität der Versicherungen, **ich bin für eine Spiritualität des Risikos**. Denn Wagen und Riskieren heißen zwei wesentliche Mahnungen des Evangeliums wie unseres Lebensalltags. Es ist besser, Großes ins Auge zu fassen, um die Zukunft zu gewinnen, es ist besser, sein Leben zunächst aus der Utopie zu starten, als nichts zu wagen und nichts zu hoffen.

Allezeit wissen, daß der Geist in Dir, durch Dich und mit Dir agiert, es sind nicht nur die Besonderen, die diese Erfahrung machen, jeder erlebt es. Man wird von einer stillen, unausweichlichen Botschaft zu etwas gedrängt und **„folgt seiner inneren Stimme"**, nicht selten, ohne Sinn und Zweck zu erkennen, nicht einmal die Richtung ist klar. Aber man ist überzeugt, zweifelsfrei und willig. Hier spielt sich auf einer anderen Ebene, jenseits der logischen Rechtfertigung, etwas Geheimnisvolles ab, und wir nennen es die Frucht einer Inspiration.

Du kannst Deine Energie wie unter einem Prismenglas konzentrieren und einen Brand entfachen, angeborene Talente dürfen nicht ihre Pflicht verschlafen. Sich selber Kreativität zutrauen! Denn Du bist niemals allein! Deine Autosuggestion und die Suggestivkraft des Geistes arbeiten Hand in Hand und können ungeahnte Energien freisetzen. Wachsen! Wachsen! Und dabei Deine Freiheit nicht unterschätzen! Frage einen Baum, wie er sich zu gestalten gedenkt, er wird es Dir nicht sagen können, er will frei bleiben und sich dem Licht, dem Geist hingeben: **„Ich strebe aufwärts, dem Licht entgegen, und lasse das Leben von mir Besitz ergreifen, es wird mich inspirieren, und ich werde nachgeben. Meinen Zweigen gewähre ich alle Zeit und allen Raum, sich auszudehnen**

in diesem Licht." In der Treue zu sich selbst und zum Licht erfindet der Baum Tag für Tag seine persönliche Gestalt – seine einmalige.

In einem fortgeschrittenen spirituellen Leben entwickelt sich der Sinn für das Göttliche in allen Situationen, ich nenne ihn den **„siebten Sinn"**. Der sechste Sinn operiert noch ganz im innerweltlichen Bereich, Menschen verkehren telepathisch, Tiere leisten Ungeheures mit diesem sechsten Sinn, oder der gute Arzt setzt ihn ein bei seiner Diagnose. Der göttliche, der siebte Sinn, ist die Erfahrung der Anwesenheit Gottes oder des Geistes in unserem menschlichen Tun und Entscheiden. Zwischen dieser Welt und der anderen liegt nur ein hauchdünner Film, unvorstellbar fein, ein Nichts fast, ja, ein Nichts! Nichts trennt unsere Welt von der göttlichen, und wir können uns in beiden Dimensionen bewegen. Das zu erfassen geschieht durch den **siebten Sinn**.

Der **siebte Sinn**, der übrigens bei Frauen, wie auch der sechste Sinn, entwickelter ist als beim Mann, ist auch die Antennenausstattung für den Glauben. Wenn der sechste Sinn **Intuition** genannt wird oder **„Intelligenz des Herzens"** und in einer besonderen Sensibilität für bestimmte Dinge besteht, dann ist **der siebte Sinn der Glaube**. Glauben haben bedeutet sensibel sein für das Göttliche, bedeutet fähig sein, Gott als eine Anwesenheit zu spüren, strahlend aus dem Herzen seiner Schöpfung. Diesen Glauben bewußt in der Gotteskindschaft zu leben, ist die Zentralbotschaft des Christentums.

Dem Inspirierten enthüllen sich blitzartig das Wesen und der ganze Sinn des innerlich Geschauten, wenn ihm der sechste und der siebte Sinn nicht fremd sind. Menschen um Jesus wurden Zeugen seiner Taten, und alle hörten mit den gleichen Hörorganen seine Botschaft, aber die einen glaubten, was sie sahen und hörten, die anderen nicht. Je mehr Wunder man den Pharisäern präsentierte, umso mehr verhärteten sich ihre Herzen, umso stärker nahmen sie Affront gegen Jesus und umso offenkundiger verweigerten sie ihren Glauben an ihn. Das ließ ihn fragen: **„Ist denn euer Herz verstockt? Habt ihr denn keine Augen, um zu sehen, und keine Ohren, um zu hören? Versteht ihr immer noch nichts?“** (Mk 8: 17, 18, 21) … Habt ihr denn nur fünf Sinne?

Hier, von Jesu Lippen, in einem Atemzug die ganze Wahrheit über das Sehen, Hören und Verstehen, das nur aus dem geistoffenen Herzen kommt. Niemals geht es im Glauben um spektakuläre Zeichen und allerlei Phantastisches, das sich vor unseren Augen abspielen mag; es geht nicht um „große Dinge“, sondern um das alltäglich Unscheinbare, das im Glauben zu leuchten beginnt. Es gibt Menschen, die in ihren Gebeten inständig um Zeichen bitten, am besten um eine Privatoffenbarung, und sie schließen mit Gott einen Vertrag – als Gegenleistung versprechen sie dann zu glauben. Dann erst! … Aber der authentische Glaube sieht die tausend Gesichter des Geistes im Alltag und im Leben der andern, der gläubige Mensch fühlt und ertastet die Wahrheit, vertraut den Worten, die er hört, und erfaßt ihren Sinn. Hier geht es um den Glauben, der nicht nur hofft, sondern weiß.

Mehr vom Geist verstehen bedeutet mehr von Gott und vom Menschen verstehen, mehr vom Geist verstehen bedeutet auch mehr von der Natur und von den Schöpfungszusammenhängen verstehen. Der Geist ist jene alles umgreifende Wirklichkeit, die zugleich alles von innen her bewegt. Man kann den Geist nicht hören, aber alles andere wird durch ihn vernommen, man kann den Geist nicht sehen, aber alles andere wird durch ihn erkannt. **Er ist dem Licht vergleichbar**, denn auch das Licht ist nicht das, was man sehen kann, sondern das, wodurch man sieht und erkennt. Verstehen werden wir den Geist als göttliches Prinzip niemals, aber wir können ihn leben. Wer bereit ist, Geisterfahrungen zu machen, wird belohnt werden, denn ganz von selbst wird er sich auf seine Dynamik einlassen, er wird seine Logik mitvollziehen und vertrauensvoll auf seine Inspirationen eingehen. Das Vermächtnis Jesu hieß: **„Wenn aber jener kommt, der Geist der Wahrheit, wird er euch in die ganze Wahrheit führen"** (Joh 16, 13a).

In einem kleinen Ort bei Lyon, in Dardilly, fand ich 1987 im Geburtshaus des Pfarrers von Ars einen Schwamm liegen. Ein kleines Schrifttäfelchen war daran gelehnt und ließ den Besucher ein Wort des Heiligen wissen: **„Nous sommes remplis du Saint Esprit comme l'éponge imbibée d'eau" – „Wir sind vom Heiligen Geist durchtränkt wie ein Schwamm."** Ich liebe diese einfachen Bilder, sie können so viel enthalten.

ZEITLOSES PROPHETENTUM

Jeremias hat man in einen Brunnen geworfen, weil er zuviel geredet hatte. Und zu wahr. Die Welt liebt das nicht. Aber es ist die Rolle des Propheten, Böses zu verwünschen, dafür heizt ihm der Geist eine Feuerzunge auf, vom selben Feuer wie jenes, das der wütende Jesus auf die Erde werfen wollte, als er zornig rief: **„Ich wünschte, es loderte schon empor!"** (Lk 12, 49). Wie stritt er für das Rechte und Gerade und wünschte, alles Unrechte niederzubrennen. Dann aber hat man die lebendige Wahrheit am Kreuz zum Schweigen verdammt, doch auslöschen kann man sie nicht, besonders dann nicht, wenn ihr Verkünder mit seinem Leben für sie bezahlt.

Aus dem milden Ägypten kommend habe ich im Westen zweimal Gewitterstürme erlebt, die ich nie vergesse, einmal in Frankreich und ein anderes Mal in den Vereinigten Staaten. Binnen zehn Minuten sind halbe Wälder draufgegangen, in Chicago sind Häuserteile mit 130 km/h kilometerweit davongewirbelt worden. Und ich habe verstanden, weshalb die Bibelautoren das Wind- und Sturmsymbol für die Geistwirkungen erfinden mußten, für Szenen, in denen er besonders deutlich vernommen werden wollte. Seine Macht kann überwältigend sein, wenn er die Menschen mit sich fortreißt und sie es spüren, nichts wird sie aufhalten, sie wollen ihre Mission erfüllen. Ignatius von Antiochien predigte: **„Nicht Sache von Überredung ist das Christentum, sondern Sache wahrer Größe, denn es wird von der Welt gehaßt."** Reich ist unsere Menschheitsgeschichte an diesen Wahrheitsstreitern, sie sind es, die sie vorantreiben. Er hat der Bedrängnis standgehalten – und wurde im Kolosseum den Löwen vorgeworfen.

Das Interesse an Menschen, die **„Feuer und Flamme"** sind und andere inspirieren, an Menschen, die diese **„heilige Kühn-**

heit" (Teresa von Avila) besitzen, ist derzeit im Anstieg begriffen. Ein Prophet ist nicht unbedingt der Zukunftsleser und -verkünder, vor allem interpretiert er die Zeichen der Zeit, unterstützt die Menschen, diese zu lesen und entschlüsselt mit ihnen ihre Bedeutung, auch das Gewöhnliche, Profane aus Politik und Gesellschaft, der Prophet entlockt ihm den Sinn. Diese hohe Gabe, Verstecktes herauszulösen und den Geist der Unterscheidung zu besitzen, war der einzige Wunsch, den der unvorstellbar reiche König Salomon Gott gegenüber äußerte, indem er ihn um die Weisheit bat, **„denn ich habe sie geliebt und gesucht von Jugend auf, sie ist der Widerschein des ewigen Lichts, sie ist schöner als die Sonne und übertrifft jedes Sternbild"** (nach der griechischen Bibel aus „Weisheit des Salomo", Kap. 7). Wir nennen ihn den großen Weisen des Altertums. Und wir sollen es ihm gleichtun; herausfinden, was der Geist mit uns vorhat, was er den verschiedenen christlichen Kirchen einflüstert, was er der gesamten Welt heute als ganzer zu sagen hat. Jeder ist aufgerufen, die Zeichen der Zeit zu lesen – beim Fernsehen, Lesen, Radiohören. Welche Botschaft enthält auch eine Reise, die ich unternehme, was sagt sie mir? Tiefenschau erwerben!

Aktuelles, prophetisches Geistwirken erkenne ich durchaus in den beklagten Massenmedien, doch hier sind Intuition und Unterscheidungsvermögen besonders gefragt. Auch im Internet sind Propheten aktiv, falsche und echte, sie sind in den Kunsthallen anzutreffen, in Filmen und auf Bühnen zu erleben. In der Gegenwartsliteratur. Die künstlerische Kreativität ist unbändig, und in der naturwissenschaftlichen Forschung überraschen uns die Experten alle Augenblicke mit Novitäten am Firmament der menschlichen Erkenntnis.

Propheten sind keine besondere Spezies, ausgestorben wie die Dinosaurier, es fehlt uns heute nicht an ihnen, wir müssen sie nur ausfindig machen und dann ausreden lassen! Wenn ich einen weitschauenden Zeitungsartikel mit transparenter Botschaft lese, der den Nerv eines Ereignisses freilegt und mir als Leser den Sinn entschlüsselt, dann sage ich: **Hier spricht ein Prophet, hier agiert der Geist.** Auch unter unseren geschmähten Journalisten sind hochkarätige Propheten zu finden, als Massenerscheinung werden sie freilich niemals auftreten. Wir Orientalen reden mit unserem Nachbarn im Bus und in der U-Bahn, schon mancher dieser Fremden hat zu mir prophetisch gesprochen, und ich sage mir, das tut er auch mit anderen, denn er hat etwas zu sagen, jetzt ist meine Durchlässigkeit gefragt, um den Geist zu verstehen, der sich freimacht, dieser Kämpfer, der sich unablässig müht, sprechende Münder und hörende Ohren unter uns zu finden, denn er wird nur minimal verstanden, weil seine Stimme untergeht im überlauten Weltgetriebe.

Und doch: Mitwirkende sind wir geworden in einer grandiosen göttlichen Geschichte, Tag um Tag sind wir in Gemeinschaft mit dem Geist Mitschöpfer. Bei meinen geistlichen Gesprächen bin ich als Priester zuweilen erschüttert über die Kraft des Geistes, die ein Menschenherz befällt und seinen Geist durchpflügt. Eine junge Ägypterin interpretierte mir Bibelstellen in einer solchen Tiefe, um die sie viele christliche Theologen beneidet hätten. Eine Muslimin hatte das Neue Testament entdeckt, und wie ein prophetischer Sturm ging der Geist durch sie hindurch. Derartige Fälle mag ich in meiner Brust multiplizieren, wissend, daß in allen Völkern, Rassen und Kulturen der Gottesgeist im Menschen arbeitet.

Der Geist spricht in tausend Weisen, ohne Unterlaß seit Ewigkeit und bis zur Stunde, und in Tausenden von Jahren wird er noch immer zu den Menschen sprechen und besonders gerne dort, wo man es am wenigsten erwartet. Eine solche Szene aus der Apostelgeschichte (10, 44-48) könnte man **die Visitenkarte des Geistes** nennen, mit der er sein Freiheitsprinzip dokumentieren möchte: Ohne Vorankündigung war er auf eine Gruppe von Heiden niedergegangen, und den anwesenden Aposteln ist fast das Herz stehengeblieben: Dazu hast Du kein Recht! Diese hier sind noch nicht getauft! Aber der Geist der Wahrheit fuhr fort in seiner „Grenzüberschreitung" und inspirierte diese Heiden nach seinem Willen. Daran mußte ich denken, als ich die „be-geisterte" Muslimin gestikulieren sah und betroffen ihren Worten lauschte. Eine meiner ersten Fragen an einen Suchenden: **„Hast Du persönliche Erfahrungen mit dem Heiligen Geist gemacht? Hat er Dich schon einmal richtig hergenommen?"**

Auch unsere konfessionslosen Brüder und Schwestern und die Atheisten werden vom Geist geliebt, wenn sie nach der Wahrheit dürsten, dann ist er geheimnisvoll am Werk, bringt sich in anderer Weise durch sie zum Ausdruck. Von Nietzsche und Sartre – diesen beiden Suchern – habe ich persönlich prophetische Hinweise erhalten, andere gewiß, als von den theologisch korrekten Verkündern, aber sehr wertvolle. Diese beiden Philosophen können durch viele Aussagen zu Quellen geistiger Erkenntnisse werden, weil sich neue Gedankenbahnen öffnen und zuvor in einer tabula rasa Falsches weggeräumt wird. Das gelingt ihnen vorzüglich …

Warum dämmt die Kirche seit jeher solches Gedankengut ein? Weil Propheten zu schnell voranstürmen, sie leben, glauben und äußern sich immer ihrer Zeit voraus, der Durchschnittsgläubige kann da nicht Schritt halten, im Gegenteil, er sucht Sicherheit, Geborgenheit. Es ist wahr, Propheten verunsichern auch, Pioniere sind keine Geduldsengel, aber das ist der Preis, der gezahlt werden muß, wenn wir nicht nur Vergangenheit, sondern auch Zukunft wollen. Letztlich waren sie es, die das Zweite Vatikanische Konzil ermöglicht haben, den offenen Dialog mit Andersdenkenden haben sie eingeleitet! Der Geist hatte sich ihrer erfolgreich bedient.

Das Recht ist auf beiden Seiten. Ich finde es nicht „skandalös", daß die Kirche hin und wieder eine sich lautstark manifestierende Prophetenstimme, zumindest auf Zeit, zum Schweigen bringt. Man weiß, daß ihre „Mißtöne" sehr gründlich hinter den Mauern des Vatikans untersucht werden, und in einem weit positiveren Geist, als Außenstehende es vermuten würden. Eine dieser Stimmen könnte eine Wahrheit enthalten, die zunächst den Erfahrungsweg der Häresie gehen muß, bevor sie offiziell gutgeheißen werden kann. Vatikan II hat auch einst vollkommen „querliegende" und deshalb verurteilte Wahrheiten anzuerkennen gewußt. Zu ihrer Zeit hätten sie den Gläubigen Magenschmerzen verursacht oder den Glauben gekostet. Wo und wie sollten sie das Neue einordnen? Doch sterben die echten Wahrheiten nicht, es kommt ihr Tag, an dem sie eingefügt werden können, um fruchtbar zu werden.

Das **Reizwort Häresie** muß man von allen Seiten betrachten. Wenn wir zustimmen, daß unsere Glaubenswahrheiten nichts Statisches, sondern etwas Allumfassendes sind, ein lebendiger Bewegungsstrom nach vorn und dem wartenden Christus entgegen, dann mögen sich auch allerlei Wahrheiten untermischen und oft in riesen Prophetensprüngen. **„Hütet euch vor falschen Propheten!"** warnt die Bibel – und es sind falsche Propheten unterwegs, welche die Einheit tatsächlich gefährden, denn die unkritische Menge folgt ihnen im Nu. Auch hier wird der Geist aktiv, er wird diese Phantasten zurückbinden in die Ordnung, vor allem **die mutwilligen Verzerrer der Wahrheit** in der Flut von Büchern, die aus Jesus einen Mythos machen oder seine Gleichnisse samt Botschaft auf den Kopf stellen, irgendwelche Widersprüche als „ihren" Fund triumphal verkünden und vermarkten. Der Geist reagiert, er greift ein und wir sind gefordert, mitzudenken! Mitzudenken! Häresien sind zuweilen Wahrheiten, die von Gegenwahrheiten mundtot gemacht werden, wir haben diese Spannung zwischen den Polen anzunehmen. Dem Geist vertrauen!

Und wahre Propheten, darunter Mystiker, wagen es seit jeher, in sich widersprüchlichen Worten oder Bildern von der eigenen Gotteserfahrung zu sprechen, von der überbordenden Liebe, die sie empfinden und den Konsequenzen. Das wurde manchem zum Verhängnis, oder er blieb zeitlebens im Zwielicht. **Die Kirche der nahen Zukunft wird nun das Gewicht auf ihren mystischen, pneumatischen und prophetischen Akzent legen**, die Zeit ist reif dafür geworden, sie wird ihre Ängste um den Unverstand der Gläubigen auswachsen und sich dem samenverbreitenden Geistwind öffnen. **Ich glaube an diese geisterfüllte Kirche, an eine erneuerte charismatische Institution von morgen.**

Zu allen Zeiten traten innerhalb der Kirche Charismatiker auf, sie brachten der träge gewordenen Gestalt den Geist der Liebe und Freude zurück. **Die Liebe ist prophetisch**, sie hat immer den Vorsprung, wie die Füße des eilenden Johannes, dieses liebenden Jüngers, die zuerst an der leeren Grabeshöhle eintrafen: **„Johannes sah und glaubte."** Mystiker und Propheten haben vieles in Frage gestellt, aber auch neues Leben erzeugt. Geliebt wurden sie selten, denn eine Institution braucht Ordnung, Stabilität, Gleichklang. Aber der größte aller Propheten, Jesus, brachte seiner Zeit auch die größte Unordnung. Heute ist es die Präsenz des von ihm gesandten Geistes, die dafür sorgt.

Diese dialektische Spannung zwischen Ordnung und Unordnung, Institution und charismatischem Prophetentum wird anhalten bis zum Punkt OMEGA. Sie muß sein. Denn wenn die Institution droht, zu erschlaffen und zu erstarren, inspiriert der Geist Propheten und Charismatiker und weht sie von allen Seiten heran. Beide Pole sind für den kirchlichen Auftrag wesentlich, für ihre Stabilität wie für ihre Kontinuität, und auch eine kritische Instanz ist geistinspiriert. Die Institution schaut gern in die Vergangenheit, der Prophet liebt die Zukunft. Wer hat recht? Beide! Eine Institution ohne Prophetentum trocknet aus, eine Prophetenstimme ohne institutionellen Bezug verliert sich bald in der Weite. Nicht die Institution schafft mit ihren Strukturen Geistiges, sondern es ist der Geist, der die Strukturen eingibt, weil auch sie gebraucht werden. Propheten allein sind ein Desaster, die Institution allein auch! Wir wissen es, die Balance ist schwer zu halten.

Sehr gern las ich einen Artikel über **„Synthese, Kritik und Mystik als drei unverzichtbare Wesenszüge der Kirche"** vom österreichischen Diözesan- und Medienbischof Dr. Egon Kapellari, den er am 2. 5. 1995 im Wiener „Standard" veröffentlicht hatte. Er warnte vor **„Synthesen, die zu billigen Harmonisierungen, zu einem voreiligen Sichabfinden mit irgendeinem Status Quo degenerieren"**, weshalb sie **„dramatisch aufgebrochen werden durch das Prinzip der Kritik, das mit der Gestalt des Propheten, verkörpert in Männern wie in Frauen, verbunden ist. (...) Wenn die Balance zwischen den drei Wesenszügen der Kirche – synthetisch, kritisch und mystisch – gestört ist, sind Propheten gefragt, Propheten von innen und außen – ohne Falschpropheten. Eine Allianz der echten Propheten und der synthetisch begabten Weisheitslehrer aller drei Bereiche wäre gerade jetzt sehr nötig."** Freunde hatten mir diesen Artikel ins Englische übersetzt, und ich las ihn mit großer Wertschätzung ... und Hoffnung.

In den europäischen Ländern, die ich regelmäßig bereise, höre ich diesen Ruf: **„Wir brauchen dringend Propheten!"** Doch sie sind da! Aber selbst wenn sie schrien, hörte sie keiner, weil sie als Propheten unerkannt bleiben oder weil man die Konsequenzen haßt. Das war niemals anders. Avantgardisten sind in jedem Lebensbereich Unruhestifter, das gilt für ein Individuum wie für eine Organisation, die sich profilieren. Nur eines ist sicher: Das Wesentliche besorgt der Geist.

Das Wehen des Geistes ist auch hinter kirchenpolitisch Festgefahrenem spürbar, seien wir unbesorgt, Vatikan II, dieses strahlende Frühlingserwachen durch Johannes XXIII., war ein Geiststurm solcher Stärke, der bis heute in Dialoge zur charismatischen Erneuerung mündete. Auch unser heutiger Papst, Johannes Paul II., ist ein faszinierender Mensch, kühn, sehr anspruchsvoll, mutig, sehr ehrgeizig, er will der Kirche neue Wege bahnen und ist mit einem ganz besonderen Charisma begnadet – der Fähigkeit zu begeistern, ja zu verführen. Das fünftägige Weltjugendtreffen in Paris 1998, die Nachtmesse mit dem Papst, die Anzahl von einer Million Jugendlichen hatte damals die Welt verblüfft, denn niemand hatte ein solches Geistbrausen in der kränklichen Papstgestalt erwartet gehabt. Die Weltjugend wurde eins mit ihm **„in der Einheit des Heiligen Geistes"**.

Dann, im Heiligen Jahr, im Februar 2000, kam er als erster Papst der Geschichte zu uns nach Ägypten, wieder hatte man nicht viel erwartet, und es wurde ein Triumph: 23.000 Menschen im Kairoer Sportpalast, viele weinten – und das in einem muslimischen Land mit Fernsehübertragung. Der Papst wußte es zu nutzen und forderte **„gleiche Rechte für Christen wie für Muslime, die Respektierung der jeweiligen religiösen Auffassung und das Hineinstellen aller menschlichen Fähigkeiten in den Dienst der Gemeinschaft"**.

Auch die Begegnung mit dem koptisch-orthodoxen Oberhaupt, Papst Shenouda III., war eine äußerst herzliche, man sprach von einer **„Orgie von Umarmungen zwischen Katholiken und Orthodoxen in diesen Tagen"**. Auf jeder Reise dieses Papstes ereignet sich so viel Unvorhergesehenes, das eigentlich zwanzig Jahre Wachstum brauchte, Johannes Paul II. bringt das in zwei Tagen zustande. Der neue amerikanische Präsident Bush nannte ihn in einer Washingtoner Rede (2001) **„die höchste moralische Autorität der Welt"**.

Trotz seiner allseitig bekannten, unverrückbaren Aussagen über einige heiße Eisen, die auch ich recht gerne anders sähe, ist dieser Papst der Moderne gegenüber sehr offen, er besitzt den Geist des Aufbruchs und des Antriebs, weil er von prophetischem Geist ganz erfüllt ist. Zugleich verfügt er über die Gabe des Einsammelns wie im Prophetenbuch Jesaja (40, 11): **„Er sammelt sie mit starker Hand."** Johannes Paul II. wäre nicht dieser Papst ohne das Bewohntsein des Geistes, auf nahezu einhundert Auslandsreisen wurde er von ihm entsandt, in fast 120 Länder trieb er ihn – **„dann aber begann der Geist des Herrn ihn umherzutreiben"** (Ri 13, 25). Und das als Bischof von Rom mit hunderten von Pflichtvisiten in seinen Gemeinden! Die Gesamtzahl der Generalaudienzen, die er während seines Pontifikats jeden Mittwoch abhält, belief sich im Januar 2001 auf 975 mit einer Anzahl von Gläubigen von 15,7 Millionen (Osservatore Romano, 12. 1. 2001).

Geh einmal am späten Abend auf den Petersplatz und schau hinauf in den dritten Stock des rechten Flügels. Dort findest Du bis 23.00 Uhr helles Licht in den beiden rechten Fenstern – das Büro des Papstes. Er ist allein. Er arbeitet. Trotz seiner fortschreitenden Gebrechlichkeit arbeitet er sechzehn Stunden alle Tage, an einem neuen Dokument, an einer neuen Enzyklika, an einer geplanten Synode oder an seinem Herzensanliegen – der Einheit der orthodoxen, protestantischen, anglikanischen und katholischen Christen. Ein Prophet unserer Zeit! In einem seiner letzten Apostolischen Schreiben, **„Novo Millennio Ineunte"** vom 6. 1. 2001, betont er: **„Wir fühlen uns im neuen Jahrtausend zum Interreligiösen Dialog verpflichtet, er ist in einer pluralistischen, globalen Kultur lebenswichtig."** Der Papst mahnt vieles ein, spricht wiederholt von **„unseren älteren Brüdern"**, den **Juden**, und von **„unseren Schwesternkirchen"**, den **orthodoxen**. Er will, daß wir Christen die Welt heilen und ordnen helfen, und ich persönlich glaube an diese Kirche wie ich an die Gesamtmenschheit glaube, ob Christen oder Nicht-Christen oder Nicht-mehr-Christen, denn der Geist beflügelt und bewegt uns alle. **Wir Gläubigen tragen die Ungläubigen mit.** Das ist das Geheimnis.

„Auf! ... Ins geistige Epizentrum!" sagte die katholische Weltjugend und strömte nach Rom. Das größte Fest des Heiligen Jahres, der Weltjugendtag in Rom, war optimistisch für eine Million Besucher ausgerichtet worden, 20.000 freiwillige Helfer standen bereit, aber es kamen **zwei Millionen Jugendliche aus 140 Nationen**, um mit diesem Papst zu feiern. Bei 36 Grad Augusthitze. **„Wie ein riesiges Rockkonzert der Massen ist das"**, sagte eine junge Amerikanerin, **„aber mit Unterhaltung hat das nichts zu tun, hier geht es ernsthaft um Spiritualität."** Sie schliefen zu Tausenden im Freien an Ort und Stelle, wo sie standen, um die Papstmesse am Morgen des 20. August nicht zu versäumen. Die Presse gab zu: **„Dieser Papst wird hier von der Weltjugend enthusiastisch gefeiert."** Und er rief in die geliebte Jugend hinein: **„Gründet euer Leben auf diesen Fels – Christus! ... Wenn ich Euch sehe, dann weiß ich, daß die Kirche jung ist."**

Der Geist, von Christus versprochen, vom Vater gesendet, von dieser Weltjugend verlangt, vom Papst verkündet, wird sich mehr und mehr offenbaren. Prophet nenne ich diesen Papst auch in weltpolitischer Hinsicht, nicht nur die Mauer in Berlin, sondern die Mauer des Kommunismus ingesamt stürzte ein, weil er seine Hände im Spiel hatte. Gorbatschow und er am 1. 12. 1989 im Vatikan, Gespräche unter vier Augen, und das Unerwartete, Unvorstellbare geschah. Dieser mutige Papst würde, wenn er könnte, noch ganz andere Mauern durchbrechen, aber große Teile seiner Kurie können sich für seine Öffnungstendenzen nur schwer erwärmen und äußern Mißfallen an diesen und jenen Texten, die der Inspirierte verfaßt und signiert hat. **„Helft mir, den Primat (das Petrusamt)**

neu zu definieren!" lautet eine seiner Bitten hinsichtlich seines weltökumenischen Anliegens.

Auch bei uns in Kairo wiederholte er seinen Appell von 1995 an alle christlichen Kirchen, über eine gemeinsame Amtsführung nachzudenken. Ein Kardinal in Europa sagte mir im Mai 2001: **„Der Papst leidet selbst unter der Zentralisierung insbesondere wegen der Ökumene, aber der vatikanische Apparat wehrt sich gegen jegliche Dezentralisierung, also steigen die Spannungen."** Ich ließ auch mir freien Lauf und ließ ihn wissen, daß ich unsere ägyptischen Pyramiden sehr mag, doch der vatikanischen Pyramide könne ich nur wenig abgewinnen.

Wer Treue zum Geist bezeugen und entsprechend handeln will, muß mit Unverstand oder Widerstand rechnen. **„Dieses Kind ist ein Zeichen des Widerspruchs"** sprach prophetisch der alte Simeon über das Jesuskind gebeugt. Und der Apostel Johannes hat es später mit ihm erlebt, daß er **„in sein Eigentum kam, aber die seinen nahmen ihn nicht auf, er war in der Welt, aber die Welt hat ihn nicht erkannt"** (Joh 1, 20-21). Noch immer zeigt die Welt den Aposteln ihr diabolisches Antlitz, ihre Prophetenworte werden konsequent überhört, weil sie irritierend viel von Licht und Liebe handeln. Aber Jesus hat ihnen allen ihre Karten offen aufgelegt, zumeist schlechte: **„So wie sie mich verfolgt haben, werden sie auch euch verfolgen"** (Joh 15, 20). Und ihre Devise bleibt tapfer dieselbe: Um der Wahrheit willen unvermindert gegen den Strom schwimmen. Nicht der Welt folgen, mahnt sie die Innere Stimme, wenn der Weg unbegehbar erscheint, standhaft bleiben, den Affront aushalten und Gegenreaktionen als normal ansehen. Nein, er hat seinen Nachfolgern keine Rosen auf den Weg gestreut, aber er hat ihnen den Geist versprochen. Also haben sie den Wind im Rücken.

Jedes Ideal, jede Mission stößt auf Widerstände, die Kommentare Jesu können hierzu fast unerträglich deutlich werden, doch hat sich ihre Wahrheit durch alle Generationen bestätigt. Der Widerstand mag im innersten Familienkreis schmerzlich spürbar werden, bei den eigenen Eltern und Verwandten oder bei den guten Freunden. Eine geistige Erkenntnis, eine Vision wird lächerlich gemacht oder als Unsinn abgetan, da schießen gezielte Bemerkungen, die sich bald in Pfeile der Skepsis wandeln, des Hohnes, auch des Neides. Wagemut im Glauben wird als geistiger Hochmut fehlinterpretiert, auch Jesus hat daheim nichts ausrichten können, denn ein Gottesauftrag, als äußeres Geschehen manifest, wird für Außenstehende schwer faßbar. Die Erfahrung aber lehrt uns, daß der Beauftragte seine persönlichen Opfer und Prüfungen duldsam leistet, die Wahrheit leuchtet ihn von innen aus, sie vertieft aber die Spannung selbst im nächsten Umfeld, denn nach Jesu Prophezeiung werden gar **„die Hausgenossen eines Menschen seine Feinde sein“** (Math 10, 36).

Alle diejenigen, die in unserer Welt etwas Wesentliches leisten, haben sich dem inneren und äußeren Kampf mit der Seele verschrieben. Das eine geht nicht ohne das andere, denn hier wirken Schwerkraft und Gnade gegeneinander – in erschütternder Tiefe nachzulesen bei Simone Weil. Unsere geistige Evolution ist keine Magie, unsere Geschichte ist kein Schicksal und kein Automatismus, sondern der brodelnde Weltgeist wirkt vom Zentrum her als ewiger Erschaffer. Er klopft in allen Menschenherzen, er arbeitet in allen Köpfen und Händen. Und kommt es zu Rückläufen, dann findet er in jeder Generation starke Männer und Frauen, die sich auf seine verstärkte Inspiration mit Freude und Verstand einlassen. **Der Geist bringt die Propheten hervor, die er braucht.**

Und er stellt sie keineswegs nur aus den Reihen der Kirche, inzwischen reizt diese Vorstellung fast zum Schmunzeln. **Gor-**

batschow – ein Prophet wider die Unfreiheit. Mutter Teresa von Kalkutta, eine Prophetin wider die Armut, Nelson Mandela – ein Prophet wider die Unwürde. Propheten sind sensible Seelen, die verstehen, die um einiges furchtloser sind als die anderen, und ihr Geheimnis ist der gesunde Glaube an ihre Sendung. **Solche Prophetengesichter zähle ich zu den tausend Gesichtern des Geistes.**

Unsere oft verdunkelte Geschichte führt in ein sonnenhelles Ziel, der innere Wegbereiter ist der Geist, er holt uns aus Sackgassen zurück und läßt seine Propheten unermüdlich vor dem Mißbrauch der menschlichen Freiheit warnen, denn noch ist nichts gewonnen, **„nur Stückwerk"** bekannte Paulus, nichts ist vorgegeben, aber auch nichts verloren, wie es **die schwarzen Propheten** in ihrer Schadenfreude verkünden. Sie denken fehlerhaft, weil sie den Geist ausklammern. Diese Ahnungslosen wissen nicht, daß mit dem Geist Verlorengeglaubtes taufrisch neu beginnen kann, der Geist verläßt keine Nation, er arbeitet in Synchronie mit ihr, in Sympathie mit einem Volk. Prophet ist, wer vom Sinn und Ziel der Geschichte kündet.

Alle sind wir Priester und Priesterinnen! Als Getaufte sind wir alle in den prophetischen Dienst genommen. Warum den leidenschaftlichen muslimischen Gläubigen nachstehen? Der Islam verpflichtet jeden und jede dazu, Verkünder zu sein, sich tiefer und tiefer mit dem Koran auseinanderzusetzen und sich mit den anderen auszutauschen. Alle getauften Christen, das dürfen auch wir sagen, sind Geweihte. Unsere Priester haben ihre magische Rolle längst verloren, die Identitätsfrage geht auch am Priesterberuf nicht vorbei. Die Menschen erkennen jetzt, daß Heiliges und Weltliches nicht mehr getrennt verkündet werden, also ist auch der schöne Nimbus eines Priesters verblaßt, und das ist gut so, das ist Fortschritt! Aber umso notwendiger wird es, ein neues Konzept auszuarbeiten, wenn das Profane und Menschliche ins Sakrale integriert werden.

Dann könnte es nach einer Weile befremden, daß Sakramente in einem güldenen Schrein aufbewahrt werden und der Schlüssel herumgedreht wird. Aber so weit sind wir noch nicht. Gleichzeitig beobachte ich aber, wie Ungetaufte unsere Welt durch opfervolle Wandlungen vergeistigen.

Die Frau ist eine stille Prophetin. Allein durch ihr Da-Sein, das ein ganz anderes ist als das des Mannes. Mein Bild von der Frau erscheint manchen idealisiert, mir selbst aber rechtmäßig. Sie ist für mich das deutlichste Zeichen für den „göttlichen Bereich", zumindest jene Gestalt, die ihm aus unserer Welt am nächsten kommt. In alles, was sie tut, was sie denkt und was sie empfindet, ist die intuitive Dimension integriert – die Dimension des Herzens. Allein in diesem Sinn ist sie Prophetin. Sie erweckt in mir die Idee des Gefühlvollen, des Schönen schlechthin, des Vollkommenen, sie kündet mir von der Fülle und Ganzheit, vom Unendlichen! Nicht ohne Grund erscheint in der Apokalypse (12, 1) **„eine sternengekrönte Frau am Himmel"**, Symbolgestalt unserer menschlichen Vollendung, der Mann einbezogen, die Einheit des Göttlichen und des Menschlichen. Ich könnte über dieses Thema endlos sprechen, deshalb war ich einverstanden, daß Hidda Westenberger, die seit zwanzig Jahren an der Herausgabe meiner Bücher arbeitet, aus dem bereits üppigen Material von Vorträgen und Essays ein **„Frauenbuch"** zusammenstellte, ins Deutsche übersetzte und in Salzburg herausgab: **„Starkes Tun, stärkeres Sein. Leid und Sendung der Frau"** (1997, 1999).

Stille Prophetin ... Teilhard de Chardin muß wohl ähnliches empfunden haben, denn nichts Wesentliches sei in seinem Leben ohne den Einfluß einer Frau entstanden, schrieb er in einem Brief. In seiner unvergleichlichen Hymne an das **„Ewig Weibliche"** läßt er es in der ersten Person sprechen: **„(...) Durch mich gerät alles in Bewegung und in Beziehung. Ich bin die der Welt eingegossene Anmut, auf daß**

sie zusammenfinde, und das über der Welt schwebende Ideal, auf daß sie emporsteige. Ich bin das wesenhaft Weibliche (...). Wer mich gefunden hat, steht am Eingang aller Dinge. Ich bin der Zutritt zum Herzen der ganzen Schöpfung – das Tor zur Erde – die Initiation. (...) Ich bin meinem Wesen nach fruchtbar, (...) Ich verführe immer, aber zum Licht hin. Ich reiße mit fort, aber in die Freiheit hinein. In mir wartet Gott auf euch." (Teilhard de Chardin)

Aufgrund ihrer Intuition ist die Frau Prophetin, sie ist ein erwachtes Wesen. So sehe und erlebe ich sie. Die Erwachten sind die vom Geist Erweckten, die Lebendigen. Und die vollkommen Erwachten, die Heiligen, sind geistige Sonnen, die unübersehbar strahlen, ihr flammendes Herz ist für andere spürbar, es gibt von einer höheren Anwesenheit Kunde, dem GOTT-MIT-UNS. Aber alle Erwachten unter uns sind Propheten in der Nachfolge des Paulus: **„Denn die Liebe Christi drängt uns"** (II Kor 5, 14), **„wehe, wenn ich nicht verkündige!"** (II Kor 9, 16) das Evangelium verbreiten kann nur eine Menschenseele, die davon betroffen ist, die Welt- und Lebenserfahrung und besonders Glaubenserfahrung besitzt.

In der Schweiz arbeitet, verantwortlich für den ganzen Kanton Zürich, Eva-Maria Fischer-Wolf mit geistig Behinderten, und sie wehrt sich energisch gegen diese falsche Bezeichnung: **„Sie ist unsinnig, man spricht ja auch nicht von seelisch Behinderten. Allenfalls dürften wir sie intellektuell Behinderte nennen."** Zur Weihnachtszeit ließ sie Zeichnungen anfertigen, die ich gesehen habe. Eine Behinderte kommentierte den Rucksack zwischen den Flügeln ihres Engels so: **„Das sind unsere Schmerzen, die die Engel für uns tragen"** (Berta). Eva-Maria sagte mir persönlich: **„Das sind Propheten! Propheten! Diese Menschen sind vollkommen offen, unverzeichnet, unverkrampft, grundehrlich und natürlich. Ich empfinde sie deshalb als Propheten, weil**

sie uns mahnen, die Welt anders zu sehen – mit Herz und Seele." Welch ein Apostolat geschieht da in Zürich!

Verkündigung ist ein personaler Akt, das Evangelium ist keine Ware, die einer unbeteiligt feilbieten könnte, er muß mit ihm auf DU & DU stehen, und dieser personale Akt muß täglich aus dem Gebet gespeist werden. Nach bestem Gewissen sollten wir alle diesem apostolischen Ruf folgen: **„Habt keine Angst! Fürchtet euch nicht!"** Dazu eine Warnung, ein Fragment aus einer Spruchsammlung, die man bei uns in Ägypten, in Nag Hammadi, gefunden hat und die von Experten dem verschollenen Thomas-Evangelium zugeschrieben wird: **„Denn wenn ihr hervorbringt, was in euch ist, wird euch das, was ihr hervorbringt, retten. Wenn ihr das, was in euch ist, nicht hervorbringt, wird euch das, was in euch bleibt, zerstören."**

Paulus war immer radikal in seinem Denken, gerade, konsequent. Er erkannte etwas und setzte es auf eine Karte. Neugierig habe ich einmal ein Kalkül über seine Reisekilometer angestellt und kam auf etwa 40.000, die dieser Mann unter schlimmsten Bedingungen auf sich genommen hat, um das Evangelium in die Welt hinauszutragen. Straßenräuber, See-Piraten, Schiffbrüche, Epidemien, erschöpfende Fußwanderungen, wilde Tiere und persönliche Verfolgung haben ihn nicht geschreckt, die Flamme der Jesus-Botschaft trieb ihn nach Kleinasien und bis nach Europa. Hinzu kommt seine ständige Selbstüberwindung, denn er war klein von Wuchs und eher schüchtern, keineswegs ein Redekünstler, und niemand hat ihm sein Programm in den Reisebeutel gesteckt, seine unerhörte Arbeitsstrategie hat er selbst entwickeln müssen. Jemand sagte: **„Paulus wäre heute Webmaster."** Er mag uns immer Vorbild sein, für die höchste Menschenpflicht: Offenheit und Bereitschaft für die Eingebungen des Geistes, die uns aus der Tiefe mahnen. Das bedeutet freiwerden für den Einsatz, denn auch der kleinste versetzt Berge. Freiwerden! Für denjenigen, der sich vom Geist nehmen läßt, gibt es kein Gesetz im unbedingten Sinn, der Geist legt Grenzen frei, wenn diese ein Apostolat behindern.

In diesem Sinn kann man auch annehmen, daß sich wahre Moral jenseits der abgesteckten Moral befindet. Der erwachte Christ tritt aus dem Rahmen einer starren Religionsform heraus, ignoriert überlieferte Aussagen und Gesetzeszwänge, um sich der ewigen Neuheit und Frische des Geistes zu überlassen. Alle Religionen moralisieren und festigen damit ihr äußeres Gefüge, haben die Tendenz, Strukturen für Zeit und Ewigkeit festzuschreiben, die aber den Geist ersticken können. Und das fühlen die Menschen! Doch zum rechten Zeitpunkt werden jene, die diesem Druck nicht länger standhalten können, vom Geist zur Mitarbeit gerufen, man nennt sie Propheten. Mit ihm werden sie neue Wege für die wichtigste aller Fortschrittsarten, die geistige, freilegen. Unter ihnen befinden sich die Voll- und Überbewußten, die ihr Menschsein im Geist verwirklicht haben, und für mich sind sie lebendige Gesichter des Geistes.

Doch glaube man nicht, daß die heiligmäßigen Zeugen unter uns ohne Verlangen seien! Im Gegenteil, ihre inneren Räume der Sehnsucht weiten sich ins Unendliche, wobei sie aber als geistige Fackeln inmitten unserer Konsumgesellschaft leuchten, die ihr Inneres wie unter Drogen füllt und überfüllt. Ohne leer zu werden, können die Menschen aber nicht wach werden, ohne still zu werden, können sie nichts empfinden, ohne ihre Augen zu schließen, können sie die wesentliche Gegenwart von der unwesentlichen nicht unterscheiden, und sie führen Dialoge unter Tauben, Satten und Müden und nehmen ihr Gegenüber kaum noch wahr. Und der Teufelskreis schließt sich, indem sie einander ganz übersehen, weil sie keine Ausstrahlung mehr haben. Wesen ohne Licht.

Betrachten wir dennoch alle Entwicklungen als Etappen, Christus prophezeite den **„Beistand"** (Joh 15, 26), der uns nach seiner Auferstehung gesendet wird. Ich folgere daraus, daß jedes menschliche Streben eine doppelte Geistesarbeit ist. Der Geist wirbelt durch unsere Welt und durch unsere Herzen, er dringt unbemerkt ein in die Labors und Forschungsanstalten unserer Erde und ist überall dabei. Es gibt kein bloßes Menschenwerk, das Gott entthronen könnte, sondern Hand in Hand mit dem Geist wird an der großen Zukunft gebaut. Der Geistwind weht auch durch die festgefügten religiösen Systeme, alle Religionen sind heute betroffen, er bläst durch, um falsche Vorstellungen aufzulösen. Oder um die Verantwortlichen in Rom an die Einlösung der Versprechen des Zweiten Vatikanischen Konzils zu erinnern.

Die Propheten mahnen, das geistige Fragen der Nicht-Christen anzuhören und mitzutragen, und die Mystiker fühlen es: Alle stehen unter dem selben Geistimpuls, den dieses neue Jahrtausend begreifen wird. Glücklicherweise übersteigt die Liste der Propheten, die der Heilige Geist führt, unsere liturgische Liste ins Ungeahnte. Alle Seelen sind sein „Auserwähltes Volk". **Echnaton**, den der Tod schon im 30. Lebensjahr vom Pharaonenthron nahm, wird nicht in unserer Liste geführt, und doch war er, wie viele Ungenannte, ein wahrer Prophet, ein Glaubensreformer, der erstmals vom monotheistischen Gottesbild kündete, vom Einzigen, vom Segnenden, vom Sorgenden. Prophetisch verkündete er auch die soziale Gleichstellung der Menschen und begab sich halbnackt unter die Halbnackten, solidarisch mit den Armen seines Volkes. **Gandhi!** ... Weder war er Christ, noch gehörte er einer theistischen Religion an, aber Prophet war er! Und der Sumerer **Melchisedek, ein Heide aus Urtagen** ..., heute wird er in unserer Meßliturgie bezugnehmend auf Christus genannt, bzw. Christus auf ihn, weil er der Welt die ersten Signale für das heilige Opfer, für die Eucharistiefeier gab.

Von unseren ägyptischen Christen werde ich freilich auch nach **Mohammed** gefragt. Selbstverständlich war er ein Prophet, ein großer, ein mystischer, der **„ganz im mystischen Gefühl für die Immanenz und Transzendenz Gottes gelebt hat"** (Geoffrey Parrinder). Er veranlaßte sein Volk, das dem Götzendienst huldigte, sich um höhere Erkenntnis zu bemühen und sich zum einen und einzigen Gott, Allah, zu bekennen. Und, wie die meisten Mystiker, war er auch Praktiker, er hat seine Gesellschaft sozial verändert und ihren Geist moralisch verbessert. Jedes Prophetentum enthält seinen Anteil an der umfassenden Wahrheit, von der **Christus, der menschgewordene Logos**, sagte, daß er sie sei.

In der christlichen Theologie wird auch **Jesus** Prophet genannt, und er hat es von sich selbst gesagt. Ein Prophet ist jemand, der vehement unser Ziel verkündet: GOTT. Jesus aber war selbst das WORT GOTTES. Das ist der Unterschied zu allen anderen Propheten vor und nach ihm. Er war sich seines Einsseins mit der Gottheit immer bewußt, lebte, lehrte, liebte und handelte aus dieser Erfahrung. Seine persönliche Gotteserfahrung haben ihm auch Muslime und Buddhisten bestätigt. Jesus war der vollendete Mystiker, der faszinierendste, der jemals – als Mensch – diese Einheit mit dem Geist gelebt hat. Und frei war er, vollkommen frei: **„Ich bin, der ich bin"** – wie es Moses aus dem Dornenfeuer vernahm, als er nach Gottes Namen fragte. Nach islamischer Lehre wird der **Prophet Jesus** am Weltgericht teilhaben.

Prophet ist er für seine überzeitlichen Voraussagen, er hat uns das Evolutionsziel der Menschheit wissen lassen und das Dahinter, das Danach. Ein Beispiel wären seine Worte zur Familienbindung, die er keineswegs heiligte, weil er sie nicht mit in die Vision der jenseitigen Seligkeit mit hineinnahm. Gelegentlich entweihte er sie sogar, wenn er anderes für wichtiger hielt, Dinge, die dem großen Voran besser dienten: **„Ver-**

lasse! ... Verlasse! Verlasse!" ... „Nein, kehre nicht noch einmal um, um deinen Vater zu begraben, laß die Toten ihre Toten begraben!" ... „Wer ist meine Mutter? Wer sind meine Brüder?" Das Gottesreich, das er verkörperte, wird jenseits familiärer Bindung liegen: **„Im Himmel werdet ihr nicht heiraten!"**, denn dort geht es um eine ganz neue Struktur, in der die gesamte Menschheit in Christus miteinander verheiratet sein wird. Jeder ist für jeden offen. Und dieses seltsame Neue können manche unter uns bereits spüren. Wirklichkeiten werden immer erahnt, deshalb wird nach alternativen Möglichkeiten gesucht, die menschliche Gesellschaft will sich dehnen und experimentieren.

Ich finde hier auch ein Körnlein Wahrheit in der **Homosexualität**. Wer zu eilfertig gewisse menschliche Erscheinungen als pervers brandmarkt, übersieht vielleicht das Zeichen, das sie enthalten. Alles ist Zeichen, alles! Auch die Kirche ist Umwege gegangen in ihrer langen Geschichte, sie hat Bannflüche geschleudert, später ihr mea culpa gesprochen und rehabilitiert, im Bereich der Naturwissenschaft ereignen sich ähnliche Dramen. Ich plädiere daher, auch gewisse Umwege des Menschen in ihrem intimen Lebensbereich ernst zu nehmen, denn sie mögen ein Echoruf aus der Natur sein, den sie aus einer gänzlich anderen Ordnung in ferner Zukunft erhalten. Vermutlich zu verfrühter Stunde. Eines Tages aber wird die ganze Menschheit eine Liebesehe eingehen, und **„was kein Auge je gesehen und kein Ohr je gehört hat, das wird Gott denen bereiten, die ihn lieben"** (I Kor 2, 9). Es ist die mit sich selbst in Einklang gebrachte Menschheit, endgültig versöhnt mit allem und allen. Zuweilen können wir dieses **Himmlische Jerusalem** in unseren Leidenschaften intuitiv erahnen, und wir wissen: in dieser Schlußsynthese wird nichts von unseren Neigungen, Fähigkeiten und Energien verlorengehen oder seinen Sinn verfehlen.

Ebenso außerhalb einer Familienbildung gibt es seit antiken Zeiten und kulturübergreifend die **religiöse Keuschheit**, die ganz gewiß über einen prophetischen Geist verfügt, und ich ordne sie den tausend Gesichtern des Geistes zu. Ein normales sexuelles Verhalten ist gewiß nicht der falsche Zugang, er wird alle Zeiten überdauern, doch worum es geht, ist die Erkenntnis dessen, was in einer intimen Beziehung, keusch oder natürlich, gelebt und erfahren wird, ob ihre Wurzeln und ihre ganze Wirklichkeit erkannt werden. Und dieses Herzstück des Liebeserlebnisses wird im Gottesreich mit Sicherheit wiedergefunden werden, auferstanden und voll gegenwärtig, so stark, so klar und so wahr, daß es unser jetziges Vorstellungsvermögen in jeder Hinsicht sprengt.

Klagend und anklagend fragt man mich nach **einem neuen Pfingsten**, woraufhin ich die Sehnsucht der Fragenden nach dem Geist aktiviere. Ist diese tief genug und rein, dann wird sie zum Magnet. Im allgemeinen ist die Pfingsterwartung der Menschen bestenfalls ein schönes Wort, das nicht weit trägt, mit Zweifeln beladen. Nein, verlangen wir brennend danach, fordern wir sie glaubend ein, denn sie wurde uns prophetisch zugesagt, doch es muß aus zwei Richtungen operiert werden. Der Geist kann ein Land, einen Kontinent, die Kirche und unsere privaten Vorhaben neu befruchten, sein Wesen ist unverändert, und der Geist altert nicht. Er kommt noch mit derselben Kraft auf die Propheten nieder, die den Paulus bei den Haaren packte, ihn unablässig herumtrieb und ihm Weisungen gab wie vielen vor ihm, z. B. dem Seher Bileam im Alten Testament: **„Nun öffnete der Herr dem Bileam die Augen** (...), **da kam der Geist Gottes über ihn und er begann ...“** (Num 22, 31 und 24, 2)

Wo wäre denn die Logik des göttlichen Programms, wenn sich der Geist am Tage X zurückgezogen hätte? Davon steht nichts in beiden Testamenten. Seien wir unbesorgt, die Glut der Botschaft wird nicht verlöschen, denn der Geist bläst unablässig in ihre Mitte. Auch im Vatikan, und dort wohl mit ganz besonderem Anliegen an die Verantwortlichen. Er hat den Begriff der **Kollegialität** beim Konzil inspiriert, neu war er nicht, gelebt muß er werden! Nein, nicht die Kurie, sondern die Bischöfe sind die höhere Instanz. Zu Beginn der Kirchengeschichte hat das Volk seinen Bischof frei gewählt – noch heute ein Brauch der Ostkirche – ein neuer Bischof braucht die Zustimmung des Volkes: **„Axios!" (er ist würdig!)**. Möge die Ostkirche in diesem Punkt Prophetin sein…

Im Westen sah es nach Vatikan I (1869–1870) so aus, als ginge der Geist als eine **Himmelsdusche** zuerst in großer Fülle auf den Papst nieder, dann abgeschwächt auf die Kardinäle und Bischöfe, zuletzt auf die Priesterschaft, und für die Laien verblieben nur noch ein paar Tropfen. Vatikan II (1962–1965) hat diese Pyramide umgestülpt, es wurde erkannt, daß der Geist auch aus dem Gottesvolk heraufströmt, denn dort finden sich Millionen inspirierte Seelen, sodaß alles von unten her gleichmäßig durchtränkt wird. Ich glaube gern daran, daß sich der Geist in tausend Gesichtern auch von der Basis her bemerkbar macht und alles erfassen möchte. Wurden nicht am ersten Pfingsttag **„alle mit dem Heiligen Geist erfüllt und begannen in fremden Sprachen zu reden, wie es der Geist ihnen eingab"** (Apg 2, 4)? Nun lesen wir aus einem Konzilsdekret „Apostolicam actuositatem", daß Laien nicht nur das Recht, sondern die Pflicht haben, ihre Charismen und Talente einzusetzen und apostolisch zu verwerten, und die Kirche soll diese erkennen und fördern, heißt es in diesem aufmunternden Text von 1965.

Ich sehe die Offenbarung in drei Etappen: Die Etappe des Alten Testaments als die Offenbarung **Gottes**, die Etappe des Neuen Testaments als die Offenbarung **des Sohnes und der Gottesliebe**, und nun die dritte Etappe als die Offenbarung **des Geistes in der Welt**. Deshalb gewinnt der prophetische Charakter der Kirche immer mehr an Bedeutung. Gegenwärtig ist er dabei, Verschlossenes wieder zu öffnen, Verkrustetes aufzuweichen. Es ist nicht immer ein Fall von Eitelkeit, wenn ein scharfsinniger Theologe Kritik äußert und neue Vorschläge einreicht, nicht immer will er damit nur seinem Namen in der Gelehrtenwelt etwas Gutes antun. Es mag der Geist sein, der ihn drängt, und er wird ausgesendet wie einst die Apostel. Ich glaube auch nicht, daß die weltweiten charismatischen Bewegungen nur Menschenwerk sind, ihre Fülle, ihre Intensität und ihr Ernst sprechen dagegen. Jede kirchliche Arbeit ist Missionsarbeit, der Papst betont ihre Sendung im Apostolischen Schreiben „Tertio Millennio Adveniente" von 1994: **„Die Kirche wird auch in Zukunft missionarisch sein, der missionarische Charakter gehört zu ihrem Wesen."**

In unzähligen Menschen schlummern wunderbare Energien, die, wenn der Geist sie löst, das Gesicht der Erde verändern könnten. **„Geh! Bewege!"**, das ist **der ewige Pfingstruf des Geistes**. Zuweilen erschallt seine Stimme so stark, daß fest Verriegeltes springt. Nach der großen Enttäuschung hockten die Apostel zusammengeduckt und verängstigt in einem Jerusalemer Haus, da brach der Geist ein und trieb sie hinaus und ließ sie hintreten vor die Menschen und sprechen, begeistert sprechen! Petrus, der vor kurzem noch vor einer fremden Magd gezittert und den Herrn verleugnet hatte, begann zu predigen und bekehrte Tausende. Die Fesselung der Apostel folgte, Gefängnis mit Drangsal. Dann Freiheit mit Predigtverbot, aber sie setzten ihre Mission fort: **„Unmöglich können wir von dem schweigen, was wir gehört und gesehen haben."** (Apg 4, 2)

Derselbe Geist reißt auch uns aus unserem Gefängnis und entfesselt uns, wenn wir es zulassen. Zumeist findet er uns schlafend vor oder unschlüssig, voller Bedenken. Dann bläst er uns frisches Blut in die Adern und entfaltet in seiner verwandelnden Macht unsere Gaben. Zu Totgeglaubten und Gelähmten hat Jesus gesagt: **„Steh auf und geh!"**, auch zum drei Tage alten Leichnam des Lazarus in seiner Grabeshöhle. **„Da kam der Verstorbene heraus"** (Joh 11, 44a). Und am Ostermorgen hat der Geist ihn selber auferweckt, denn er schafft nicht nur Existenzen aus dem Nichts, sondern auch neues Leben aus Lähmung und Tod – und hier liegt unsere Zukunft. Es ist die stärkste Prophezeiung, die wir erhalten haben.

Alle Heiligen, die jemals unter uns gelebt haben und leben, können diese Wahrheit durch ihr prophetisches Wirken bezeugen. Der Geist braucht Heilige, sie sind die verschiedenen Aspekte Christi, in tausend Gesichtern. Sie pflanzen Neues, Notwendiges, Gesundes, es umgibt sie ein Strahlungsfeld, das mit Kräften arbeitet, die wir nur ahnen können, aber wir spüren es. Sie lieben! Und die Liebe will das Ganze.

In Frankreich nennt man einen Priester einen **„homme mangé"**, weil er von den Menschen verbraucht wird als natürliche Folge seiner Berufung. Schon während seines Noviziats, mit dem ein Ordensleben beginnt, lebt er diesen ständigen Sprung auf Gott hin, er lernt die Radikalität seiner Hingabe im großen Test. Denn das Kriterium der Liebe muß über allem anderen stehen. Und er gibt Zeugnis für eine alte Weisheit: **Wahres Tun ist Tun aus dem Sein**, es ist Gegenwärtigsein im Dasein, in der Fülle, und es ist Verfügbarkeit. Ein Berufener, der das versteht, strahlt es aus, er nimmt Einfluß, er bewegt die Umwelt. Seine Wesensart kann schon die ganze Botschaft enthalten, seine unausgesprochene Rede wird vernommen und verstanden.

Auch seine innere Freiheit spüren die Menschen, die Freiheit, er selbst zu sein – auch gegenüber der Welt. Die angestrebte, ersehnte Freiheit Christi! **Muß nicht das Ordensleben für die Zukunft neu gestaltet werden?** Das gegenwärtige ist institutionell geworden, verbürgerlicht mit viel zu vielen Sicherheiten, das war wohl nicht die Idee. Wo sind die Ungewißheiten, die Risiken, die Herausforderungen? War die ständige Entwurzelung nicht das Urtümliche der von Gott Gerufenen? Ein Apostel ist ein geistiger Nomade, weil die Beweglichkeit im Geist nicht erlahmen darf, sie ist Zeichen für etwas viel tiefer Liegendes, für die Freiheit des Geistes. Wenn es neue Strukturen gibt, die es schaffen, innerlich freie Ordensleute hervorzubringen, umso besser! Aber diese Freiheit soll weit reichen!

Ich denke, daß **der Mangel an Berufungen** nicht nur mit der Welt zu tun hat, er muß nicht gleichbedeutend sein mit Mangel an Glauben und Bereitschaft. Im Gegenteil, eher glaube ich, daß die Kandidaten hohe Ansprüche im Sinne der Radikalität des Evangeliums stellen, denn sie fühlen sich als Berufene vom Geist hinausgeweht aus einer Fun- und Konsumgesellschaft der zunehmenden geistigen Verblendung. Hier sehen sie ihren Auftrag. Sie wollen Reinheit, Stärke, Heroismus. Junge Ordensleute sind Pioniere, ihre prophetische Natur soll ins Zukünftige weisen.

Die höchste Aufgabe des Ordenslebens besteht darin, prophetisch zu sein, **„denn nichts kann unseren Blick so sehr auf Gott ausrichten wie die Freundschaft mit den Freunden Gottes“** sagte Simone Weil, die jüdische Philosophin mit dem christlichen Herzen. Leider finden wir noch viel zu viele religiöse Gemeinschaften mit anachronistischem Charakter, es ist, als hätten sie noch immer nicht verstanden, daß gute Orden ihrer Zeit voraus sein müssen, kreativ und mutig. Weitschauend sollen sie dem Gottesvolk eine geistige Zukunft vorbereiten. Das ist ihre Berufung.

GEBET: *„Geist Gottes, Atem der Propheten, Flamme der Apostel, Zungenschwert und Wetterleuchten der Inspirierten, Du läßt ihren Geist dort einbrechen, wo er nicht erwartet, aber gebraucht wird, und Du leitest ihnen Ohren zu, die hören, und Herzen, die verstehen. Du läßt sie Wahres sagen und Falsches mit Inbrunst verdammen, Du läßt sie meisterlich bauen und kraftvoll zerstören, ausreißen und Neues pflanzen. Geist Gottes, Geist des Lichtes, erleuchte die Menschen und erschließe ihnen den Sinn ihres Daseins, gib ihnen das Gefühl für ihre Würde und Größe, die in ihnen angelegt sind. Laß sie selbst zu Strahlenkräften werden, die anderen helfen, Dein Licht zu empfangen und die göttliche Glut in allen Dingen und Wesen zu verspüren. Durch Dich, den Geist, Macht der Liebe und des Lebens, damit die Botschaft verstanden wird – die wunderbare, die einzige!"* Amen.

Gedenken wir auch der schweigend wirkenden Propheten: Nie zuvor gab es prozentual zur Weltbevölkerung so viele Opfer unter Christen wie heute. Die stillen Märtyrer sind unter uns.

PLÄDOYER FÜR EINE NEUE SPRACHE

Ich fürchte, daß der Begriff **„Neuevangelisierung"** mißverstanden wird. Papst Johannes Paul II. meint damit gewiß keinen Neuaufguß des Alten, einen erneuten Kopfsprung in die Vergangenheit, dargeboten im nie endenden Wiederholungsstil. Die christliche Lehre ist keine Ideologie, könnte in dieser Weise aber so erlebt werden, bis hin zum Vorwurf der **„ideologischen Gehirnwäsche"**, den Jugendliche unserer Zeit bereits gemacht haben. Nein, es wird ein moderner Verkündigungsstil in einer neuen, plausiblen Sprache gefordert. Die bisherige ist lebensfern geworden, sie kann eine **Existenzreligion**, die ihren Sitz im heutigen Leben hat, nicht tragen, auch ist sie zu intellektuell, zu dogmatisch und für die meisten viel zu schwierig.

Heute müssen Theologie, Katechese und die gesamte Lehrweise einschließlich der Predigtarbeit ganz neu durchdacht werden, **Gott** – und das ist das Wesentliche – muß **zur Erfahrung des einzelnen** werden, zu einem **spirituell-mystischen Erlebnis**, das in früheren Zeiten zum festen Bestandteil der Kirche gehörte. Nachdem aber die Mystik gezielt unterdrückt worden war, begann das Ganze zusehends auszutrocknen, die Lehre wurde ständig moralbetonender und sprachlich formal. Was übrig blieb, ist ein sich steigernder Intellektualismus und im Gegensatz dazu sentimentales Brauchtum. Beides ist ungenügend, denn beides ist einseitig. In den europäischen Buchhandlungen finde ich im religiösen Sektor Traditionelles, das langweilt, Theologisch-Intellektuelles, das wenige verstehen, oder triefend Sentimentales, das den Geist evakuiert hat. Daher wundert mich der enorme Absatz an esoterischer Literatur keineswegs. Unsere gute, wahre Mystik existiert zwar auch in westlichen Bücherregalen, aber viel zu schwach, ganz am Rande irgendwo, kaum auffindbar. Und die Sonntagssprache der meisten Gottesdienste geht an den Menschen vorbei, wird als leblos empfunden, somit schwindet die alte Praxis vorläufig ersatzlos dahin.

Und bei vielen engagierten Katholiken steigt der Unmut. Sie erinnern an das Wort vom Sämann, der nicht zurückschaut, sie wollen zügig vorangehen und würden liebend gern mithelfen, **„ein Vatikan III vorzubereiten"**, wie sie mir sagen, **„in starker Hoffnung auf ein modernes Vokabular"**. Jeder, der sich kirchlich engagiert, sät. Jedes Wort ist Saatgut, und es muß ein kraftvolles, frisches Saatgut sein. **„Kundenorientierung"** forderte der Luzerner Kirchenrechtler Adrian Loretan-Saladin 1999 und mahnte zu einer **„dringenden Umorientierung"** bei der Verkündigung, **„das Evangelium sollte heute nicht mehr in einer rein religiösen Sprache, aber dennoch unbedingt verkündet werden, mitten in den Markt der Sinngebung hinein, dort muß es vertreten sein, um auch Randgruppen und Außenstehende zu erreichen"**. Überall, in der Wirtschaft und im Kulturleben, ist man kreativ und innovativ, nur in der Kirche bleibt alles wie eingegraben am Ort, sodaß man fürchtet, das Wehen des Geistes kann dort kaum noch greifen. Besonders im sprachlichen Bereich müssen die alten Ängste vor neuen Formen jetzt überwunden werden.

Heute werden **gebildete Predigten** verlangt, besonders von der Jugend, die Texte müssen pointiert sein und vor allem im gegenwärtigen Leben gründen, um überhaupt angehört zu werden und zu inspirieren. Der Prediger muß auf der Höhe der Zeit stehen und ihr nicht mehr gemächlich nachgehen, seine Sprache muß so aktuell sein wie die Bilder, die er verwendet, und er muß Wege zum Weiterdenken öffnen unter Hinweis auf den Heiligen Geist. Im Idealfall könnten zeitgemäße, engagierte Predigten unseren weltlichen Bemühungen sogar vorauseilen, weil sie geistgetränkt arbeiten. Unsere Weltprobleme und die entsprechenden Lösungsversuche kreisen um Ökonomisches, Soziologisches, Ökologisches und vieles mehr, aber ohne sich mit ihren geistigen Wurzeln, die im Menschen selbst liegen, zu befassen. Hier muß eine neue, eine andere und eine wirklich geistliche Sprache einsetzen, die eine **„geerdete Theologie"** vermittelt.

Wir brauchen eine Glaubenspraxis mit Bezug zur Alltagswelt in ihrer Schönheit und Lebendigkeit, aber auch in ihrer Problematik und ihrem Leiden. Andernfalls veräußerlicht sich der Glaube und wird zum Objekt. Auch das wissenschaftliche Weltbild muß berücksichtigt werden, wobei man nicht zu nüchtern verfahren darf, sondern in anschaulichen Bildern. Anstatt uns in grauen Thesen zu ergehen, sollten wir uns viel mehr in Farben ausdrücken. Ich fordere mehr Mut und Kreativität bei der Reformierung alter, wirkungslos gewordener Strukturen. Man sollte bei den Mystikern in die Lehre gehen, seit jeher greifen sie zur Bildsprache, und man meint, sie kennen sich sehr genau in der Welt der Liebenden aus, denn in einem aktiven Glaubensleben geht es um menschlich-seelische Erfahrungen. Mit Texten von Ibn-Arabi, Al-Halladj, Johannes vom Kreuz oder Theresa von Avila – und immer wieder mit dem Hohenlied (der Liebe!) – sollten wir die lebendige Nähe Gottes vermitteln und die Menschen anleiten, **DAS ABSOLUTE DU**, wie in der menschlichen Liebe, auch so zu benennen.

Jesus verwendete kraftstrahlende Bilder, um greifbar verstanden zu werden. Auch wir müssen den Gott des Lebens wiederfinden, den Gott der Inkarnation, der von allen – im doppelten Sinn – **„begriffen"** werden möchte. Und, im Sinne Jesu, muß religiöse Sprache befreiend wirken und ermutigen, sie praktisch umzusetzen und sie nicht nur am Sonntag beglückt zu vernehmen. Seit den Anfängen wird erhofft, daß die

Botschaft eine Dynamik des Lebens und des Wachstums auslöst, darum geht es. Eine elitäre Sprache, die sich anteilmäßig viel zu viel mit den Dogmen befaßt und daher eine mehr theologische als eine existentielle ist, muß reformiert werden, ohne das Wesentliche dabei einzubüßen. Kinder sind sehr empfänglich für das Schöne, Feinsinnige und Poetische, es ist ein Bedürfnis für sie, und das muß im Religionsunterricht aufgefangen, gefördert und gut erklärt werden. Weg von der sturen, einseitigen Wissensübermittlung, damit hat man es sich viel zu leicht gemacht. **Hin zur anspruchsvolleren Erlebnispädagogik und zur Wahrnehmung des Geistes in der gesamten Schöpfung.**

Das alles könnte uns gelingen, wenn wir uns einer neuen **Spiritualität der Mystik** zuwenden. Bevor wir von Gott reden, müssen wir ihn erlebt haben. Nicht irgendwann einmal als Kummertröster oder im Jubel einer Gnadenerfahrung, sondern täglich, denn dann wird unsere Sprache ganz von selbst dieses Gottesleben widerspiegeln. Wenn Karl Rahner voraussieht, daß **„das 21. Jahrhundert mystisch oder gar nicht mehr sein wird“**, dann lese ich das als Imperativ für die Kirche. Und als eine Warnung. Sie darf heute nicht länger dabei zuschauen, wie halbe Pfarrgemeinden in andere, mystisch getragene oder pseudomystische Gemeinschaften abwandern, weil für sie dort neue Horizonte und andere Dimensionen locken und eine völlig andere Sprache für das Göttliche verwendet wird.

Leider ist das Sprachhindernis auf dem mystischen Weg zu Gott, der anderen vermittelt werden soll, nicht zu übersehen, zu diesem Liebesgott, zu diesem Geliebten der Menschen, zu diesem Verliebten in die Menschen…, das spürte die Mystikerin Mechthild von Magdeburg: **„Gott ist liebeskrank nach uns, denn wir sind seine Erfüllung.“** Mystiker wissen darüber sehr viel, denn sie erwidern diese Gottesliebe. Ein Mystiker ist ein Verliebter, verliebt in die Welt, verliebt in die Menschen um ihn her, verliebt auch in sich selbst – nicht als Narziß, sondern schlicht und einfach: verliebt.

Und aus dieser mystischen Glaubenspraxis heraus kann eine unkomplizierte Sprache gefunden werden, eine, die aus dem Vollen fließt, es wäre die **Sprache einer Existenzreligion**, die von Erlebtem – Beglückendem wie Erlittenem – kündet. Aber bitte nicht noch eine weitere Kommission zur sprachlichen Erneuerung im Vatikan einrichten! Auch keine aufgetauten mystischen Sentenzen aus der Tiefkühltruhe holen, sondern etwas wirklich frisch Zubereitetes den Menschen vorsetzen, das den lebendigen Atem des Geistes verrät. Voran! Wir gehen einer ganz neuen Menschheit mit unbekannter Zukunft entgegen, der Rückwärtsgang darf nicht mehr eingelegt werden. Christus ist der, der kommen wird, suchen wir nicht mehr nach seinen Spuren in Palästina, sondern erfinden wir für seine zeitlose Botschaft die sinnbringende Sprache für unsere Generation.

Weshalb kehren die Jugendlichen Europas heute der Messe den Rücken und nehmen Reißaus? Weil sie die unzeitgemäßen und repetitiven Texte **„zu Tode langweilen"**, das bekomme ich wörtlich gesagt. Dann suchen die Hungrigen unter ihnen charismatische Gruppen mit saftigem Weidegrund auf, die sie aber nicht in allen Fällen geistig voranbringen, sondern oft ins Magische abgleiten lassen, indem sie sich vor allem in sentimentalen Gefühlsausbrüchen ergehen. Das geht so nicht weiter. Und die traditionalistisch veranlagten Christen gehen ins andere Extrem, ihr Christuserleben ist nur ein **„archäologisches Nacherleben"**, sie unterscheiden kaum noch den Glaubensakt vom Glaubensinhalt. Der Inhalt ist das 2000jährige intellektuelle Ergebnis zahlloser Forschungen und Erkenntnisse, die die Kirche seit den Aposteln über Christus gesammelt hat; der Glaubensakt ist jedoch in seiner sprachlichen Ausdrucksform ein geistiger Akt und kein intellektueller, er basiert auf der existentiellen Ebene und lebt durch das persönliche Bekenntnis: **„Ja, ich will diesem christlichen Gott angehören und zu allen jenen zählen, die an ihn glauben."** Bleibt dieser Glaubens- und Bekenntnisakt aber archäologisch geprägt, indem der Geist in die historische Vergangenheit pilgert, dann ist der Glaubensinhalt nichts anderes als ein totes System mit eingetrockneter Sprache.

Im Jahre 1994 habe ich einen Versuch unternommen, unter dem Titel **„Jesus in diesen Tagen"** zwölf Gleichnisse herauszugeben, die in unserer Zeit spielen. Wie war die Aufnahme? Die Texte wurden sofort im österreichischen und französischen Rundfunk gesendet, die deutsche Erstveröffentlichung erlebte in Salzburg drei Auflagen im Nu, gefolgt von einer Taschenbuchausgabe in Deutschland, und das Büchlein erschien in kürzester Zeit in mehreren Sprachen. Das war ein positives Testergebnis, mit dem ich andere ermutige, denn uns allen geht es um Verständlichkeit und Aktualisierung der christlichen Botschaft, es hat ein Ringen um das Aufleuchten dieses heilbringenden Wortschatzes begonnen.

Vor zwanzig Jahren hatte ich das Glück, meinem mystischen Mitbruder **Anthony de Mello in Indien** zu begegnen, dessen tiefsinnige Parabelsprache mir bekannt war. Dieser Frühverstorbene war eine Naturkraft besonderen Kalibers, mit Visionen begnadet, immer bereit, ein Zeichen für die Authentizität des Evangeliums zu setzen – mit unkonventionellen Mitteln. Ein großer Entwurf, ein neuer Sprachversuch, der weltweit einschlug. In unserem pharaonischen Ägypten des Mittleren Reiches klagte ein gewisser Chacheperreseneb auf einem Papyrus sein Leid: **„O daß ich unbekannte Sätze hätte, seltsame Aussprüche, neue Rede, die noch nicht vorgekommen ist, frei von Wiederholungen, denn man kann sich mit den Worten der Vorfahren nicht schmücken."** Neue Rede …

Hier und dort rege ich einen Wettbewerb in den Pfarreien an, Jesu Gleichnisse auf das Heute umzuschreiben – jeweils dieselbe Botschaft im neuen Kleid und im aktuellen Kontext unserer Zeit. Fahren wir hingegen mit jenem bäuerlichen Vokabular des Altertums fort, dann betreiben wir Archäologie. Wie soll diese Sprache in unseren heutigen Großstädten noch greifen? Warum nicht den Versuch wagen, solche Wettbewerbe zu starten und solche Texte umzuschreiben? Von geistinspirierten Arbeitern, Studenten, Intellektuellen, Hausfrauen, Künstlern und vor allem Jugendlichen, von Laien der unterschiedlichsten Berufe. Das Wesentliche deutlich im Zentrum: **„Du bist freigekauft, gerettet und verwandelt! Du bist neugeboren, denn die Gnade hat Dich und uns alle auf Golgotha eingeholt!"** Weisen wir auf die vergebende Gottesliebe in Lukas 15 hin – die Parabel vom **verlorenen Sohn**. Dieser Text bietet eine Vielzahl von Möglichkeiten, ihn in unsere Zeit umzusetzen. Das gäbe neuen Schwung und neuen Stil. Texte, die zünden...

Ich bin seit langem der Meinung, daß nicht nur die Gleichnisse Jesu, sondern die gesamte Textform des Evangeliums sprachlich neu entworfen werden müßte. Die zeitlose Botschaft in sinnbringender Sprache für unsere Generation. Ich ermutige zur Sprachschöpfung, es müssen neue Worte erdacht und neue Begriffe bestimmt werden, das wird bitternötig, auch für eine Reform der Liturgie, die aber nicht intellektuell künstlich aufgestülpt werden darf, was wenig nützen würde, sondern die aus dem neu durchdachten sprudelnden Geist zu fließen beginnt. Das gilt als Mahnung an alle, die im pastoralen Dienst stehen, an dieser Stelle kreativ zu werden. Dabei den Frauen weiten Raum geben, sie haben gutes Gespür! Ich wünschte, daß die Frau auch in der Kirche vermehrt ihre geistverändernde Rolle spielen könnte. Denn die Sprache einer Frau trifft die Menschen auf sehr natürliche Weise, da stören selten abstrakte Bezüge und scholastische, philosophische Wendungen, **die Frau gibt dem Gemüt Stimme**.

Und warum nicht Textformen für verschiedene Kulturen anbieten, sofern sie der Kernbotschaft absolut treu bleiben? Das wäre nach meiner Auffassung wahre Treue zu Jesus und seiner Botschaft, denn es ist das Hinhören und Einfühlen auf den Geist, den er uns gesandt hat, und dieser arbeitet gewiß mit der Zeit und verbohrt sich nicht nach Menschenart im Alten. Der Heilige Geist ist immer Zukunft: **„Noch vieles habe ich euch zu sagen, aber ihr könnt es jetzt noch nicht tragen…"** (Joh 16, 12), **„Es gibt noch vieles andere, das Jesus getan hat. Wenn man alles aufschreiben wollte, so könnte, wie ich glaube, die ganze Welt die Bücher nicht fassen, die man schreiben müßte."** (Joh 21, 25).

Ich kenne leider zu viele fromme Christen, die mit den Bibeltexten Idolatrie betreiben. Wir dürfen uns diesen Kult nicht leisten, weil unsere Religion keine Religion des Buches ist, sondern eine Religion des Logos, wir sind das Volk des lebendigen WORTES, des menschgewordenen Gottes, und dieses WORT ist lebendiger als jedes Buch. Wie könnte man den Gottesgeist zwischen zwei Buchdeckeln einquartieren? Er ist allerorts aktiv, inspiriert unentwegt und übersteigt die Sprache der Bibel, ständig entfaltet er die Schönheit der Botschaft und trägt sie weiter von Generation zu Generation. Dabei ist es Aufgabe der Kirchen darauf zu achten, daß überalterte Texte nicht sterben, sondern durch Wachsamkeit dem Geist gegenüber, der ihnen neues Leben einhaucht, aktualisiert werden. Daß die biblische Rede niemals verdinglicht werde und der Sinn nie verblasse! Mit der angeblichen Treue zum Buchstaben zelebrieren wir Götzendienst, und es gibt den ideologischen Götzendienst zeitgenössischer Theologen! Schon ihre Arbeitsvokabel, sie würden sich mit **Glaubensgegenständen** befassen, ist Verrat am Geist, am Sinn, am Ziel. Nur das lebendige WORT, das der Geist jeder neuen Generation eingibt, ist Nahrung für den einzelnen. Der Philosoph Martin Heidegger sagte: **„Die Sprache ist das Haus des Seins."**

Leider mangelt es den Verantwortlichen grundsätzlich an Phantasie, an konkreter Vorstellungskraft. Das kann kein Vorwurf sein, denn es geht da um Talente, aber auch um die ehrliche Selbstwahrnehmung. Wer diesen Mangel erkennt, muß sich anderweitig zu helfen wissen, denn die Inspirierten sind unter uns in reicher Zahl! Laien großzügig engagieren, lebensferne Texte, die der Kirche kein Glück mehr bringen, umschreiben! Ferner braucht die Kirche starke Glaubenszeugen in dieser Welt, und ich treffe diese auch unter **wahrhaftigen und geisterfüllten Künstlern**, diese sind heute nicht weniger bedeutsam als Heilige, sie sind es, die mit glühendem Herzen Neues gebären.

Wir müssen auch **geistliche Dichter** für eine neue kultische Gottesdienstsprache heranziehen, inspirierte, die mithelfen, das Mysterium sakramental durch neue oder zusätzliche Riten auszudrücken, die von heutigen Menschen verstanden werden. Denn bei Unverständlichkeit kann die Botschaft während der Messe nicht transportiert werden. Wir brauchen eine neue, sakramentale Theologie, und ihr würde sicherlich bald eine neue Pastoral folgen.

Es muß denjenigen, die sich fortlaufend beschweren, gut erklärt werden: Aufmerksame Bibellektüre und eine umfangreiche rituelle Praxis sind notwendige Lernphasen im Aufbau der persönlichen Mensch-Gott-Beziehung, deren Ziel die Vereinigung ist. Es gibt hervorragende Bibelauslegungen, die, wie die Sakramentespendung, mit Sprungbrettern zu vergleichen sind; als beschleunigte Wege zu Gott. **Keinesfalls dürfen diese Hilfsmittel mit dem Ziel selbst verwechselt werden**, aber leider ist das für eine große Anzahl von Christen der Brauch. O nein, am Ziel meines Weges wartet die Vereinigung meiner Seele mit Gott. Bis dahin wird sie sich unter Anregung und Obhut des Geistes in einem anhaltenden Entwicklungsprozeß befinden, in den ständig neue Erfahrungen eingebaut werden müssen – vor allem mystische.

Meines Erachtens hat unsere Praxis gegenüber der Mystik schwer gesündigt, wie auch gegen das Einbinden der persönlichen Lebenserfahrung der Gläubigen. Der institutionelle, rationale und dogmatische Aspekt und alle Moral und Kirchenkultur dazu haben die Mystik stiefmütterlich behandelt. Nun schlägt die esoterische Welle hoch und lädt sehr weit aus, denn sie bietet einen Ersatzstoff in Form emotionaler Volksreligiosität, die leider (leider!) fälschlich als Mystik ausgeschrieben wird, Mystik ist keine Empfindelei! Jetzt ist es dringend an der Zeit, der wahren Mystik ihren Platz in der christlichen Religiosität zu gewähren. **Echte Mystik ist der Gipfel aller menschlichen Erfahrung, der Schritt zur Personwerdung und zum Erwachen in der Hinwendung auf den wartenden, persönlichen Gott im absoluten Sinn.**

Zuversicht ist berechtigt, denn es hat schon vielerlei Gutes in der katholischen Kirche begonnen, das man nicht ignorieren darf. Man orientiert sich neu und besinnt sich endlich auf diese und jene der noch unverwirklichten Beschlüsse von Vatikan II. Diese Neubesinnung auf das mystische Erbe hat Zukunft, denn mit ein paar sprachlichen Erneuerungen ist nichts getan, wir laufen dann nur im Kreis. Jetzt geht es um ein starkes Rückgrat und den Elan, auch über den eigenen Schatten zu springen, wenn man aufrichtig dem Geist folgen will. Obwohl Jesus zeitübergreifend ein revolutionärer Lehrer mit unerschöpflich tiefen und weitreichenden Aussagen war, verstaubt die Bibel auf den Regalen oder ist bestenfalls ein braves Lesebuch, das seine gewaltige Stoßkraft von innen nicht mehr zur Wirkung bringen kann, jene Stoßkraft und Radikalität, die Jesu Leben und Wirken bestimmte und ihm das Leben gekostet hat.

Dennoch fühle ich, daß eine christliche Spiritualität neuen Stils längst gelebt wird, weil es sein muß! Wer heute in der Verkündigung den Stil seiner weit zurückliegenden Seminare verwendet, arbeitet riskant. Die Menschen spüren, ob er nur Angelerntes und Katalogisiertes weitergibt oder ob es Eigenes ist, an Leib und Seele erfahren. In der Apokalypse heißt es in einem Dialog: **„Nimm dieses Buch und iß es!"** – es ist jenes Sichzueigenmachen, ein Text muß in Fleisch und Blut übergegangen sein, bevor man über ihn doziert und wenn man will, daß er in den Hörern Wurzeln schlägt und Triebe setzt. Das Zweite Vatikanum hat in dieser Hinsicht neue Schienen gelegt, doch geht die große Fahrt der **„Neuevangelisierung"** von Amts wegen noch über alte Gleise.

Weshalb läuft die Pastoral vielfach an den Menschen vorbei? Weil nicht nur die moderne Sprache, sondern auch der geistoffene theologische Unterbau fehlt, die Fragenden, die Bedrängten dürsten nach befriedigenden Antworten, die sich auf ihre eigenen Nöte beziehen. Hat der Helfende die passende Sprache parat, eine leuchtende, kreative? Wir können die alten Inhalte nicht mehr einfach herunterbeten, ein Wandel ist unumgänglich, und für diese tiefgreifenden Erneuerungen steht uns der Geist zur Verfügung **„vom Vater gesandt" ...!** Doch nichts wird er ausrichten können, wenn wir uns ängstlich verschließen, dann bläst er an uns vorbei und macht sich in anderen **„Geistesströmungen"** bemerkbar.

Das Ideal unserer hochgeehrten Theologie bestand über Jahrhunderte darin, sich vom Dialog mit der Welt fernzuhalten, um „rein" zu bleiben, man sah eine Tugend darin. Die vollen Bibliotheken drinnen und die Menschen draußen. So mag es niemanden wundern, daß man viele Theologen, die durchaus das Rechte darlegen, einer langatmigen, abgehobenen Gelehrtensprache bezichtigt, der Leser stößt bei ihnen eher auf einen Monolog, als daß die Lektüre zu einem inneren Dialog ermuntere. Ein Monolog, der einen Beweis aus einem anderen Buch erbringt, welches ein bestimmtes Dogma unterstützt, und das Dogma unterstützt dieses Buch, und das „neue"

Buch dieses Theologen unterstützt beides, das herangezogene Buch und das Dogma. Wen interessiert das? Wem nützt es außer ein paar Spezialisten? Da wird auf mehreren hundert Seiten nicht ein einziger Sprung hinaus ins Freie gewagt, kein Ansatz, kein Hauch ist spürbar, und keine eigene Lebensphilosophie wird eingebracht, kein Gespräch mit der Welt, und die Existenz der Naturwissenschaften bleibt unerwähnt.

Und es werden immer noch weitere theologische Bücher geschrieben, die großen Bibliotheken ziehen Zwischenwände ein, es wird eng. Und alle Bücher sprechen wie verabredet dieselbe technische Sprache. Für wen und wozu? Schreibende Theologie sollte die Erleuchtung des Geistes als Wunsch- und Sehnsuchtsziel haben, dann wird sie ihre innere Befreiung erleben, Freiheit im jesuanischen Sinn, und ein ethisch-moralisches Wachstum vermerken, unverkrampft in der Freude der Gotteskindschaft! So stelle ich mir Sinn und Auftrag der Theologie vor – als eine wirklich dienende Funktion. Außerdem wird nach einer Sprache gesucht, die die auseinanderdriftenden Teile neu verbindet, denn leider spricht der Theologe nur als Theologe, der Psychologe nur als Psychologe und der Naturwissenschaftler nur als Naturwissenschaftler – und man ignoriert sich gegenseitig. Die Menschheit aber, für die sie arbeiten und die sie erreichen wollen, sucht nach der gemeinsamen Wahrheit. Gott ist das allumfassende Eine, also muß die Wahrheit ganzheitlich angegangen werden. Und es ist die Mystik, die diesen Zugang zu bieten weiß.

Auch im Gottesdienst suchen die Menschen das Leben, sie wollen keine abgestandenen Wahrheiten zum hundertsten Mal dargereicht bekommen, also schalten sie ab, und die Predigt war umsonst. Der Pfarrer hatte gewiß gute Absichten, er war vorbereitet, wollte kostbares Wissen vermitteln, spürte aber die innere Abwesenheit seiner Hörer. Frustrierend! Es ist dann, als habe Jesus mahnend dazwischengesprochen: **„Mei-**

ne Worte sind Geist und Leben!" (Joh 6, 63). Objektiv kann kein Mensch von Gott sprechen, er kann ihn nur lebend vermitteln und subjektiv erläutern, insofern er im Herzen des Predigers lebt. Dann hat er diese Geist- und Lebensworte für die Menschen, und es wird eine Kanzelrede in vibrierender, geisterfüllter Sprache, die Seelen erweckt.

Athenagoras I., der mit Rom gesprächsbereite orthodoxe Patriarch von Konstantinopel, setzte alle Zeit auf den Geist. In seinem Todesjahr 1972 sagte er: **„Ohne den Heiligen Geist ist Gott fern, bleibt Christus in der Vergangenheit, ist das Evangelium ein toter Buchstabe, die Kirche ein bloßer Verein, die Autorität eine Herrschaftsform, die Mission Propaganda, die Liturgie eine Geisterbeschwörung und das christliche Leben eine Sklavenmoral."** In den Ostkirchen hat der pneumatische Charakter der Kirche immer Vorrang, d. h. der geistwirkende Charakter. Während die Westkirche und insbesondere die katholische mehr von der Idee des „logos" gekennzeichnet ist, so die Ostkirche von der Idee des „pneuma" – des alles überflutenden Geistes.

Auch ich bin zuversichtlich, wir leben im Zeitalter des Geistes, das Unvorhersehbares für uns bereithält. Es wird immer mehr Engagierte in der Kirche geben, die immer weniger **am Buchstaben kleben**, weil dieser wie Paulus warnte, **„tötet, der Geist aber lebendig macht"** (II Kor 3, 6). Es sind Menschen, frei genug, ihren Stil zu ändern, gerade aus Liebe und Treue zu Jesu Anliegen. Vielleicht haben wir uns an den Buchstaben versklavt, ohne daß uns das bewußt ist. Ihn zu prüfen und zu überwinden bedeutet Treue zur geistigen Botschaft des Evangeliums. Nur fehlt es der Welt noch an der Kühnheit der freien Gotteskindschaft, die Paulus so leidenschaftlich vertrat. Die Wahrheit Christi übersteigt uns alle, damals wie heute, morgen und übermorgen.

Steht es mit unserer Glaubenssprache nicht ähnlich? Viele alte Begriffe müssen neu überdacht werden, wir müssen zu einer ganzheitlichen theologischen Sicht gelangen, Normen können nicht länger disziplinär verstanden werden. Ich fühle sehr stark, hier arbeitet derzeit der Geist, er ist immer das Unvorstellbare, das Ungewöhnliche, das überrascht, er ist wie die Jugend überraschende Zukunft. Der Geist arbeitet auch an der Bibel! Ihre Schönheit ist unbestreitbar, eine Gnade, dennoch muß nachgeholfen werden, damit auch ein erotisches Erkennen der Inhalte einsetzt und ein Tiefenverständnis erfolgt. Weshalb faszinieren Schlagertexte die Jugend so sehr? Weil die Texter dem Leben der Menschen ganz nah sind und sich die Hörer mit bestimmten Sinneserfahrungen identifizieren können. Oder die großen Filmregisseure wie Franco Zeffirelli, die große, wichtige Bibelszenen fabelhaft meistern und sprachlich erschütternd zur Wirkung bringen.

Bedenken wir einmal, sprachlich gesehen, die Unterschiedlichkeit zwischen der Theologie des Orients und jener des Okzidents. Die orientalische Theologie ist eine recht allumgreifende, welche die einzelnen Bereiche nicht voneinander trennen möchte. Unsere Kirchenväter betrachteten das Gottesmysterium als ein einziges, dem man sich nur im vollen Umfang nähern kann. Deshalb ist die orientalische Theologie eine mehr **seelsorglich-psychologische**, eine mehr **seelisch-geistige**, eine mehr **asketisch-mystische Theologie**. Im Westen liebt man es, das ursprünglich Ganze aufzuteilen in theologische, dogmatische, spirituelle, asketische, mystische, exegetische, moraltheologische Fachgebiete, die sich als abgeschlossene Bereiche verstehen und voneinander getrennt entwickeln. Theologisches Wissen bringt in dieser Weise – wie in der Medizin – Spezialisten hervor, die energisch darauf bestehen, nur innerhalb ihres Fachgebietes befragt zu werden. Das hat Vor- und Nachteile.

Aber selbst alle Teilgebiete zusammen werden auch nur dann verständlich, wenn sie im Gebet verankert sind, dann wird der dargelegte Stoff lebendig, und das soll er ja wohl. Ein Theologe, der nicht betet, kann durchaus eine gute Theologie aufs Papier bringen, das ist dann aber auch alles. Wie kann er Gott beschreiben, ohne ihm täglich aufs Neue zu begegnen? Glaube ist Geistoffenbarung, und gelungene Theologie ist **Geistesarbeit** (des Geistes Arbeit) durch den Theologen. Ich habe nichts einzuwenden gegen unsere zeitgenössischen Theologen, die sich das Glaubensmysterium durch lange und komplizierte Studien fleißig erschließen wollen, doch müssen sie auch **mit dem Herzen forschen**, indem sie ihr persönliches Gebet in den Mittelpunkt dieser Arbeit stellen. Fast möchte ich fordern, **eine gute Theologie auf dem Boden kniend zu schreiben** ... Viele hingegen betreiben reine Gehirnarbeit am Computer, und das in Eile, immer in großer Eile. Am Boden kniend ..., damit ist die demütige, kontemplative **Geistesverfassung** gemeint, allezeit offen für den sich beteiligenden Geist. Dann **„beweist"** man Gott nicht, vielmehr wird Gott sich aus dem Text **„erweisen"**.

Gute Theologie muß außerdem auf der Verständnisebene von jedermann gehalten werden, und hier sind wir wieder bei der Sprachformulierung. Koste es den hochgebildeten Theologen, was es wolle, er muß sich verständlich machen, auch das ist Nachfolge Jesu! Jesus wurde von den einfachsten Menschen verstanden, und auch unsere Kirchenväter haben nicht in prächtigen Lehrsälen am Katheder gestanden, sondern auf Gemeindeplätzen direkt zum Volk gesprochen. Das verpflichtete sie, die großen theologischen Wahrheiten verstehbar zu verkünden. An dieser Zielstellung dürfte sich bis heute nichts geändert haben, oder schreiben die Theologen nur füreinander? Theologie muß in die Welt hineinverkündet werden und darf kein Diskussionsstoff unter Experten sein.

Auch die Pastoral hat ihren Meister zum Vorbild, Jesus ist auf die Menschen zugegangen, predigte glutvoll auf öffentlichen Plätzen, am Brunnen, auf dem Berge, am Ufer des Sees – und gelegentlich auch in der Synagoge. Sehr offen und missionarisch war unsere Urkirche, **„Geht hinaus!"** befahl Jesus seinen Mitarbeitern (Mt 28, 18), heute heißt es: **„Kommt herein und setzt euch!"** Ursprünglich wurde ausgesendet, und in diesem Geist sollte eine Pastoral der Neuzeit entstehen, eingekleidet in eine durchweg **existentielle Sprache**. Es wird diese existentielle Sicht für den Menschen gebraucht, die zugleich theologische und spirituelle Begriffe erläutert, die jeder verstehen kann.

Hier mahnt der Geist und appelliert an unser Neuwerden, an unsere Rückkehr aus falschen Pfaden. Beenden wir das Wändeziehen zwischen den Disziplinen, denn das interessiert jene vielen nicht, die Nahrung suchen und Trost im Glauben erhoffen, für das menschliche Dasein mit all seinen Problemen hat es keine Bedeutung. Eine warme, pulsschlagende Lebensreligion muß vermittelt werden, aus der persönlichen Erfahrung mit der Gottesliebe müssen unsere Worte fließen, und wir dürfen den großen Zusammenhang der Existenz nicht aus dem Auge verlieren, alles Leben und alles Denken muß zusammenschauend erfaßt werden, um den Sinn zu erkennen. Vielleicht müssen wir wie die Kinder werden, an unseren Ursprung zurückfinden, um noch einmal neu zu beginnen ...

Ich empfehle, die starken Mythen der Völker wieder zu lesen. Ein Mythos beschreibt innere Erfahrungen und bringt die Wahrheit in lebhaften Bildern zum Ausdruck. Die Begriffe **„Mythos"**, **„Mysterium"** und **„Mystik"** haben dieselben Wurzel, denn sie vermögen tiefstliegende Wirklichkeiten freizulegen. Vermutlich wirst Du mir entgegenhalten, der Mythos offeriert Dir nicht nur eine Sinndeutung, sondern gleich mehrere, woraufhin ich Dir sage: Wähle nicht, nimm sie alle! Die Wirklichkeit ist so komplex, daß eine Variante nicht ausreichen würde. Der Geist hat tausend Gesichter – nimm sie Dir alle! Die hochintellektuelle griechische und römische Antike erfand eine ganze Mythenwelt, weil die Sprache nicht ausreichte, es sie aber drängte, mehr auszusagen. Die Schönheit der Welt wurde als göttlicher Ursprung empfunden, das Göttliche in der Natur vor allem war für die Antike evident. Leider wurde das Absolute, das Unendliche, später zusammengeschmolzen ins Endliche, in tausend Gedankenformen und Ideen umgegossen – bis zum Eigensinn, der am Baum der Erkenntnis seine eigenen Blüten treiben läßt.

Wenn Du Sinn und Hintergrund der Evolution verstehen willst, dann vergiß nicht, den **Schöpfungsmythos der Bibel** zu lesen, denn er ist ganz wahr. Nicht im wissenschaftlichen Sinn, versteht sich, aber in einem anderen Sinn berührt dieser Mythos Wesen und Grund aller Entwicklung und vor allem sein Warum. Er zeigt Dir den liebenden, persönlichen Gott, der sein eigenes, sein geistiges Leben an uns weitergibt. **Evolution hier nicht als materieller Prozeß, sondern als eine Liebesgeschichte!** Wie oft höre ich, man könne nur an das eine oder an das andere glauben, und ich antworte regelmäßig, daß ich an beides glaube, weil beides wahr ist.

Hier haben wir den Unterschied zwischen dem **begrifflichen Denken**, das die Wirklichkeit in Ideen verpackt und verschnürt, und dem **symbolischen Denken**, das sich ausliefert an die Inspiration und an die geistige Wirkkraft der Zeichen, denn diese wohnt ihnen inne. Ein Symbol nimmt uns mit, wir lassen uns führen, wir vertrauen ihm. Der vernunftmäßige Gedanke will sofort festlegen und besitzen, wobei das, was er glaubt eingefangen zu haben, oft ein sich davonschleichender Nebel nur ist. Der Geist ist frei. Zwischen dem Dargestellten und dem Darzustellenden, das weiß jeder Künstler, liegt ein Abgrund, das wirklich Gemeinte liegt unendlich weit weg. Der Künstler hantiert mit Materie – Lehm, Stein, Leinwand, Farben – aber zwischen diesem Material und der Wahrheit liegt ein Ozean, deshalb greift er zur Symbolik und überquert diesen in der Rakete. Befragen wir die Herkunft des Wortes **„Symbol"**: es stammt aus dem Griechischen **„symballo"** und bedeutet **„zusammenwerfen"**.

ATON, die Sonnenscheibe mit Strahlen, die in Hände ausmünden, eines der schönsten Symbole, die eine religiöse Seele erfinden konnte, das ist religiöse Sprache! ATON – Symbol für die großzügige „Verschwendung" Gottes im Empfinden des Pharaos Echnaton, denn Gott ist verschwenderisch, wie es nur Liebende sein können, sie wollen nur eines: das Zuviel, das Sich-Geben im Übermaß, sonst bliebe ihre Liebe leer. Heute, Jahrtausende nach dem ATON-Kult, ist die Sonne zur „Hydrogenbombe" reduziert, eher furchterregend, weil wir die symbolische Sprache mit geistlichem Gehalt verlernt haben. Unser Gespür für das Heilige der Erscheinungen ist verkümmert, obwohl es immer wieder geistig Schauende unter uns gibt, die uns helfen möchten: **„Ich erforsche den eigenen heiligen Raum in mir und entziffere dabei die heilige Substanz der Welt"** (Paul Ricoeur). Darum geht es! Das Ausforschen des Heiligen in der Welt der Symbole ist zugleich ein Suchen und Finden des Heiligen in unserer Seele. Echnaton betete im Sonnenball ATON die Schöpferische Allmacht an.

Diese starken Symbolkräfte sind sichtbarwerdende Zeichen der Gnade und sollten in zeitgemäßem Gewand einer erneuerten Liturgie dienen. Anstatt daß man sie auferweckt, werden sie immer weniger benutzt, man geht betont sparsam mit ihnen um und möchte am besten ganz ohne sie auskommen. Aber ein Symbol drückt nicht nur eine bestimmte Wirklichkeit aus, sondern auch unsere eigene Wesenstiefe nimmt Gestalt an, und eine Bewegung zwischen beiden geschieht, eine

Dialektik zwischen zwei Wesenheiten. Das Symbol schafft noch mehr, es stellt nicht nur diesen Vorgang dar, sondern es verwirklicht ihn, sodaß in uns das entsteht, was das Symbol ausdrücken will. Wenn wir die Hostie empfangen und die stellvertretenden Priesterworte hören: **„Das ist mein Leib"**, dann ist das vollkommen wahr, in dieser Hostie liegt die versteckte Wirklichkeit der Welt, der lebendige Christus als letzte Realität des Brotes, als Sakralisierung der Materie. **Die Eucharistie ist die Sakralisierung des Universums.**

Diese Symbole sind ein Sakrament, weil wir sie als Gnadengeste bezeichnen und weil sie gnadenwirksam sind. Mit anderen Worten, sie verwandeln uns und bleiben nicht nur eine „Manifestation" in sich und für sich. Sakramente sind Mysterien, die griechische Herkunft des Wortes lautet **„mysterion"**, weil sie in materiellen Zeichen auf das Tieferliegende hinweisen. Wasser, Brot und Wein haben ihre physikalisch-chemische Ordnung verlassen, sind Zeichen geworden, die über sie hinausführen und eine andere Wirklichkeit berühren, die den Geist enthält, die Gnade, Gott selbst. Physikalische Sachverhalte sind verstehbar, aber menschliche und geistige muß man erfahren, und auf diesem Weg führen uns die Sakramente der Kirche. Wesentlich ist, Mittel und Ziel nicht gegeneinander auszutauschen! Man kann den Geist nicht einfangen wie einen Fisch, auch nicht durch Sakramente, man kann sich ihm (und den Sakramenten) nur ausliefern wie der Schwimmer dem Meer, um es kennen und lieben zu lernen.

Jene unter uns, die mit dem Sechsten oder Siebten Sinn begnadet sind, verstehen die Sprache der Sakramente mühelos, Sakramente sind Sprache! Durch sie wird die Materie ein Weg, ein Kanal der Gnade, durch den Gott sich dem Menschen mitteilen kann, deshalb sind alle Sakramente der Kirche von eminenter Bedeutung, wir können erleben, wie Gottes Geist uns berührt – physisch! Wir dürfen das Göttliche sehen, berühren oder schmecken im Sakrament aller Sakramente, der Eucharistie. Und die weiße Hostie in den Händen des Priesters soll unseren Blick über die ganze Erde schweifen lassen und bis in die Tiefen des Weltalls. Der **„Leib des Herrn"** ist weder dieser Hostienleib noch jener des historischen Jesus von Nazareth noch jener des verklärten Sohnes beim Vater, sondern immer noch mehr: Er ist **der ganze Kosmos im dreieinigen Gott**! Und dieser wird uns zur **„Einverleibung"** dargereicht! Nicht als eine wohlklingende theologische Wortkette, sondern als ein kleines Stück Materie unserer Erde ... Das ist **„Sprache"!** ...

Und wenn die Eucharistie zum Höhepunkt einer Hochzeitsmesse wird, dann spricht das eine symbolische Sprache, deren Tiefe kaum noch auszuloten ist in seinem menschlichen, geistlichen und mystischen Gehalt, weil die Liebe von zwei Menschen ins Göttliche erhoben wird. Das Ehesakrament ist dieser Sprung ins Unbekannte – im Urvertrauen eines reinen Glaubens, der sich der Gnade vollkommen öffnet. Gott macht sich zum Brot, um sich in das Fleisch dieses Paares zu verwandeln und unauflöslich eins mit ihm zu werden. Und das ist noch nicht alles, denn während dieser hochzeitlichen Kommunion werden die beiden Liebenden auch zu einem Leib mit allen Anwesenden, sie werden einander **„ein Leib und Blut" und für die Ewigkeit verbunden**. In diesem Sinn wäre jede Euchariestiefeier eine wahre Hochzeitsmesse. So weit kann und so weit soll man die Sakramente Gottes ausdehnen, der in ihnen alles verbindende Geist ist der Garant.

Für Eugen Drewermann ist die sakramentale Natur der Ehe bereits durch den Geist gegeben, unabhängig vom nachträglich zu spendenden Sakrament durch die Kirche. Aber das könnte man von allen Sakramenten behaupten, denn gewiß geht die Inspiration des Geistes und die freie Zusage des Menschen dem Ritual voraus. Voraus ja, aber die Sakramentespendung wird durch sie nicht ersetzt, solange Mittel und Zweck nicht verwechselt werden, das wäre Verrat am Denken und Wollen Christi. Es ist sehr wichtig, bestimmte Gesten zu vollziehen und nicht nur in Konzepten zu denken und zu lehren, im Gegenteil, das Konzept muß zur lebendigen Geste werden, durch den Leib hindurchgehen, damit dieser mitverwandelt wird. Die Kirche verwendet in großer Weisheit Irdisches, um Himmlisches darzustellen und zur tatsächlichen Wirkung zu bringen. Das Geistige ist im Materiellen gegenwärtig, den Glanz des Göttlichen müssen wir herausspüren – die Grunddimension weltlicher Existenz verkündend.

Die **Volksfrömmigkeit** lebt es. Wenn die Frommen niederknien, wenn sie Ikonen küssen und anderes mehr, dann haben sie recht! Ein flüchtiges Lippenbekenntnis nützt weder ihnen noch Gott. Der Muslim legt seine Stirn auf offener Straße in den Staub, wenn die Zeit für sein Gebet gekommen ist. Auch ist die Präsenz eines „Abbildes" des Göttlichen in den Wohn- oder Schlafräumen wichtig – noch immer und heute wahrscheinlich in besonderem Maß. Ich selbst bin in dieser Atmosphäre aufgewachsen: Vor dem Zubettgehen wurden wir Kinder zu einer Marien-Ikone geführt, um das Kind zu küssen – eine sehr einfache und verständliche Geste für kleine Kinder, naiv, aber was wäre falsch daran? Es hat uns alle geprägt, und in uns lebt noch das Bild unseres Vaters, wie er vor einer byzantinischen Ikone in seinem Zimmer Weihrauch aufströmen ließ, um dann in sein Gebet zu versinken.

Die **orientalische Volksgläubigkeit** kennt bis heute eine Fülle von Zeichen und Symbolen. Als ich in Wien ein Taxi bestieg, tanzten am Rückspiegel ein Rosenkranz und ein flammendes Christusherz, der irakische Fahrer wies sich als Christ aus, sein Gesicht strahlte, als wir darüber sprachen. In meinem Alexandria hängen die großen, unübersehbaren Kruzifixe beim Schuster, beim Fleischer und überall in christlichen Läden. Oder man entdeckt das tätowierte Kreuz am linken Handgelenk von Männern, sie nennen es **„Christus im Fleisch haben"**. Das ist echter Glaube und nicht oder nicht nur ein Identitätsbekenntnis gegenüber den Muslimen im Land, sie wollen wirklich vom Siegel Gottes geprägt sein. Beim intellektuellen, modernen ägyptischen Christen ist das heute unpopulär geworden und bei den arabischen Protestanten hat es das nie gegeben, dort sind die Wände leer, die Sprache ist abstrakt, sie denken und fühlen anders und beschreiten einen anderen Weg.

Ich selbst aber begrüße jedes Zeichen, jeden Hinweis auf den **inkarnierten Gott.** Deshalb berührt mich jährlich aufs neue die Unmenge wohlgepflegter **Bildstöcke in Österreich** mit modernen Malereien und frischen Blumen. Auch das ist eine Umsetzung ins Innerweltliche. Gott spricht zu den Fußgängern und Wanderern an der nächsten Wegbiegung: **„Ich bin da! Als Person, als Gesprächspartner, ich, der Lebendige! Dein Du!"** Denselben Kult der Präsenz finden wir im niemals verlöschenden roten Lämpchen in unseren katholischen Kirchen; **„Ich bin hier! Ich bin für Dich da!"** Oder bei der Krankenspeisung, wenn die Kommunion ins Haus gebracht wird: **„Schau, ich komme zu Dir!"** In der russischen Orthodoxie wird zudem eine Ikone zum innigen Berühren mitgebracht. All das nenne ich die **„Realpräsenz Gottes"** unter den Menschen, wenn diese es in rechter Weise verstehen.

Unsere **byzantinischen Ikonen** sprechen eine volle Sprache, es ist symbolische Kunst und keine realistische wie z. B. die der italienischen Renaissance. Eine Ikone hat drei Dimensionen, ein Foto daneben hat zwei, es bildet nur äußerlich ab, eine „Ablichtung", nicht mehr. Die Ikone führt weiter, sie führt in die übernatürliche Wirklichkeit, zur Transzendenz und Verinnerlichung des Dargestellten, deshalb ist sie dreidimensional. Geben wir acht bei der Beurteilung eines Ikonenkults, es ist keine Idolatrie, sondern eine Einladung, durch sie einen Vorstoß ins wirklich Geistige zu tun dank der innewohnenden Symbolkräfte, dank ihrer **heiligen Sprache**, die eine Ikone führt. Ikonen erzählen von unserer Zukunft und von unserem Ursprung, beides ist geistiger Natur, auch wenn sich das menschliche Geschöpf zeitweise selber ganz entstellt. Johannes beklagte, daß wir noch nicht das seien, was wir eigentlich sein sollten, er verstand gut. Aber Johannes lebte schon „ideal" in der Zukunft und wußte, das Ideale ist realer als das Reale! Das versteht die menschliche Liebe. Sie entdeckt fortwährend das Wahre. Liebe macht nicht blind, sondern im tiefsten Sinne sehend. All das wissen auch die Ikonenmaler. Ihre Bilder tragen uns hinweg, ins Wahre, so wie die gregorianischen Gesänge uns entführen – dem Himmel entgegen.

Wenn ich für eine dringende Liturgie-Reform plädiere, dann keineswegs für die Abschaffung der Welt der Symbole, sondern für **eine umfassende sprachliche Erneuerung**, um das Heilige den heutigen Menschen verständlicher zu machen. Das göttliche Klima fehlt in den heutigen Gottesdiensten, das bisherige hat sich veratmet, und es fehlt der Mut zum kräftigen Atemschöpfen mittels eines neuen Stils. Die Liturgie muß inspiriert sein, dann wird sie inspirieren, **das Schöne und das Wahre müssen zusammengehen**. Dogmatische Texte überhören die meisten, es sei denn, sie sind poetisch aufbereitet. Die Kirche kann das heute überall in der Welt lernen, auch vom Journalismus und von der allgemeinen Werbung, man geht psychologisch vor und weiß, daß zum Inhalt die Form gehört, über die man sich sehr viele Gedanken macht. Der Islam verkündet, in Bildern verdichtet, seine Texte, der Koran führt eine einmalige religiöse Sprache, rhythmisch-lyrisch, denn es muß Klang haben für den Araber – und Ästhetik.

Die Symbolik kann durch nichts ersetzt werden, sie wird alles überdauern. **Unsere byzantinische Liturgie nennt man**

„die göttliche", denn die Gläubigen fühlen sich wahrhaft zum Himmel getragen, und das war die Absicht derer, die sie geschaffen haben. Der intellektuelle Gehalt der Texte steht nicht im Vordergrund, man will vor allem das Gemüt, das ganze Wesen erfassen. Dazu die handgearbeiteten, prachtvollen Gewänder der Zelebranten in Gold und Seide und die Feuerflut der ungezählten Kerzen … Schönheit, die sich immer noch steigern möchte, auch für das Auge. Für die religiöse Seele ist die äußere Welt der Widerschein einer inneren, die wesentlicher und viel wirklicher ist, und wir tragen sie alle in uns. Durch Zeichen und Symbole, durch die Kunst und durch eine **vollwertige Sprache,** durch Gesten und Sakramente kann die Seele diese innere Welt erreichen und ihren Sinn in der Gnade erfahren. Göttliche Gnade ist es, die uns Menschen erreicht, sie mehrt und vergrößert uns, sie läßt unsere Seele an Maß und Tiefe gewinnen.

Eines Tages, so lesen wir in der Geheimen Offenbarung, wird es keine äußere Sonne mehr geben, keinen alten Himmel und keine alte Erde, sondern nur noch die innere Sonne – Jesus Christus – allen offenbar geworden und heller als tausend irdische Sonnen. Diese **„Sonne der Gerechtigkeit"**, die der Pharao Echnaton als ATON verehrte, wird unseren Sonnenplaneten verdunkeln und langsam verlöschen lassen. Tiefenpsychologisch bietet uns die Sprache der Offenbarung oder Apokalypse eine Kostbarkeit an geistigem Symbolgehalt, welcher **„öffnen soll, was verborgen war"** – so übersetzt sich das Wort **„apo-calypse"**, gemeint ist durch die symbolische Darstellung eine Sicht auf die Apotheose der Menschheit.

IM FEUER DER MYSTIK

Eine Mystikerin des Mittelalters, Gertrud von Helfta mit dem Beinamen „die Große", hat uns Liebesgebete an den Geist hinterlassen. Darin nennt sie ihn ein **„verzehrendes Feuer"**, ein **„süßes Licht"** oder eine **„strahlende Morgensonne"**, und die Lehren, die sie von ihm empfängt, sind ihr eine **„Salbung des Herzens"**. Mystiker leben in dieser Dimension innigsten Vertrautseins mit dem Geist, und obgleich diese sich naturgegeben allem Argumentieren, Analysieren und jedem Kunstgriff menschlicher Intelligenz entzieht, ist sie doch eine der Dimensionen des Menschen. Sie ist jene Zone unseres Wesens, die so tief liegt, daß unser Intellekt sich vorgaukelt, es gäbe sie nicht. Und dort gerade wohnt der Geist.

„Verzehrendes Feuer" als eines der tausend Gesichter des Geistes von Hildegard von Bingen ähnlich erlebt: **„Im Jahre 1141 nach der Menschwerdung Jesu Christi, des Gottessohnes, als ich 42 Jahre und sieben Monate alt war, kam ein feuriges Licht mit Blitzesleuchten vom offenen Himmel hernieder..."** Sehr interessant ist das Bekenntnis von Johannes vom Kreuz – **„ich bin eine Flamme des göttlichen Feuers"**, weil es sich wortwörtlich auch in den Upanishaden der Hindus findet: **„Ich bin göttlich, denn ich bin eine Flamme des göttlichen Feuers, ich bin ein Gefäß der Gottheit."** Und für Teilhard de Chardin war das Herz-Jesu-Fest das **„Fest des Feuers"**. Überall, bis in die Tiefen der Materie hinab, sah er den Geist **„brennen"** und empfand ihn als eine **„unermeßliche und lebendige Kraft, als ein strahlendes Zentrum, feurig..."**.

Was beabsichtigt dieser Geist? Im Feuer sollen wir entzündet werden im Sinne einer Gotteserfahrung, es ist **„der Brennende Dornbusch"** als Erleuchtungserlebnis, im Feuer sollen wir ausbrennen im Sinne von Läuterung. Aber dieser brennende Geist bedeutet auch Liebe und wilde Schönheit, die auf ihre Weise ins Licht der Erkenntnis führen sollen, sodaß wir drei verschiedene Ebenen authentischer Zugänge zum Mysterium unterscheiden: Die erste ist die **metaphysisch-religiöse** Ebene, die zweite die **praktisch-engagierte** und die dritte die **mystisch-liebende** Ebene.

Ohne die mystische Dimension des Daseins in unsere Existenz einzubringen, bleibt sie flach, mangelhaft, ohne erkennbaren Sinn und ohne Ziel. Mystik bedeutet das Licht dahinter, die brennende Mitte des Lebens und noch einmal das Dahinter dieser Mitte. Dort wohnt Gott und sein Geist ist die Liebesbeziehung zwischen ihm und uns Menschen, offenbar geworden in Christus: **„Ich bin das Licht der Welt"** (Joh 8, 12), **„Gott ist Licht, in ihm ist keine Finsternis"** (I Joh 1, 5).

Daß aber Gott kein abstrakter Begriff ist, erfahren zwei Menschenkinder, die sich lieben, denn sie haben ihn in ihrer Mitte „greifbar", was ihre Liebe reifen und zur Blüte gelangen läßt, sie schauen Gott ins Herz und einander auf den Grund und erkennen sich. Das vollzieht sich in einer Tiefenzone, in der Mensch und Gott sich kaum noch unterscheiden, und dann ist jede selbst kurze Begegnung von der mystischen Gewißheit getragen **„wir sind eins geworden"**, jeder wird den anderen als Aspekt von sich selbst empfinden. Und beide sind sich der Quelle bewußt – es ist der Geist, der sie jenseits ihres Ichs vereint hat.

Der Irrglaube über Mystiker und Mystikerinnen, sie hätten mit Sicherheit Visionen oder schwebten im Raum, sie vollbrächten Wunder oder seien Propheten, ist aufgekommen, weil wir das Physische und das Geistliche, das Bodenständige und das angeblich Unerreichbare geradezu brutal auseinanderhalten. In der echten mystischen Spiritualität treffen sich diese Welten, sie lieben sich, sie sind eins! Weder ist die Mystik etwas Absonderliches oder Sensationelles, noch etwas schrecklich Ernstes und Abgehobenes, denn in der einfühlsamen Wahrnehmung des Wehens des Geistes findet sich Gott in allen Phasen des Alltags. Verwechseln wir die Mystik nicht mit außergewöhnlichen Phänomenen, ersehnen wir nicht himmlische Lichterscheinungen oder ein wenig Kribbeln im Leib, das wären Emotionen aus der sentimentalen Ordnung, die Mystik ist etwas so Tiefes, daß uns weder Freuden noch Tränen in sie hineintragen können. Sie ist etwas sehr Stilles...

Am Grund jeder wahren Mystik werden wir vom Geist „ausgekehrt", dort in der Tiefe unserer Erfahrungen regt er uns zur notwendigen Entblößung an, damit wir frei und leer werden, um die Transzendenz Gottes in uns einzulassen. Mystisches Leben bedeutet nicht, hervorstechende Erlebnisse haben, die man mitteilen könnte, noch ist man privilegiert grandiose Dinge über Gott auszusagen, sondern es bedeutet die tägliche und nächtliche Einheit von Gott und Mensch. Daß diese wirklich gelebt wird, darüber informiert uns der Geist, und in diesem Sinne verfügen alle Religionen über einen gemeinsamen Grund – den mystischen. Die jüdisch-christliche Mystik besteht im Unterschied zur fernöstlichen oder asiatischen Mystik **in der tief persönlich erlebten Liebesbeziehung mit dem einen, persönlichen Gott**. Juden und Christen beten dieselben Psalmen und rufen ihn an.

Mystik ist die zeitlose Erfahrung der religiösen Seele, entweder es gab sie zu allen Zeiten oder niemals, denn der Geist ist ewig. Es fehlt uns heute an christlichen Gurus, erfahrenen Meistern, die ihre Schüler mit den Gesetzen der Mystik vertraut machen, deshalb wechseln suchende Christen zu bizarren Gemeinschaften und zweifelhaften Sekten. Denn leider ist die Kirche während der letzten Jahrhunderte viel zu stark Institution geworden, versehen mit vorsichtigen Predigern ohne Courage, den richtigen Ton anzuschlagen. **„Das hat doch keinen Biß mehr"**, sagen die Jugendlichen und wenden sich geringschätzig ab. Sie wollen mehr erleben!

Wen wundert dann ihre Hinwendung zum islamischen Sufismus oder zur asiatischen Spiritualität, denn dort wird Mystik geboten. Und wen wundert es, daß die Kirche gegenüber diesen Tendenzen negativ reagiert. Aber sie bietet den Suchenden auch keine kraftvollen Alternativen an. Unsere Kirche braucht die Wiederentdeckung ihres eigenen Erbes, der großen Mystiker, jener geistigen Riesen wie Meister Eckhart oder Johannes vom Kreuz. Geben wir diesen Geistern wieder genügend Raum, damit sie heute jene Christen erleuchten, die über Dunkelheit klagen.

Wer nach den Gesichtern des Geistes sucht, wird sie tausendfältig im Lebendigen finden, wenn sein Blick transparent und mystisch geworden ist, denn hinter einem liebenden Augenpaar und hinter einem reifen Kornfeld zeigt sich der Geist. Diese Momente sind kostbar, und man muß sie nicht sammeln, addieren und dann wie ein Puzzle hoffnungsvoll zusammensetzen, um das Gesicht des Geistes ausfindig zu machen, nein, in jeder einzelnen Manifestation zeigt sich sein Gesicht wie in jeder einzelnen der millionenfach gereichten Hostie – Christus, der ewige Logos, voll gegenwärtig. Der Geist ist keine theologische Konstruktion, sondern bunte Lebenswirklichkeit, in die der Mystiker eindringt, um sie im doppelten Sinn zu be-greifen und sich be-geistern zu lassen.

Mystik heißt, Gott im Herzen der Welt entdecken, heißt, sich in dieses Zentrum hineinfallen lassen. Die Mahnung lautet: Religion und Mystik sind nicht zu verwechseln! Sie sind nicht dasselbe und nicht austauschbar, denn viel zu stark ist der Begriff „Religion" von äußeren Dingen besetzt, von System, Verwaltung, Gesetzen und Dogmen und von der gesamten wohlfunktionierenden Organisation der Gläubigen, die von dieser Struktur und dem Ritus leben. Das ist zu einem bestimmten Grad notwendig, doch wo brennt das Feuer der Mystik? Wo leuchten die Gesichter des Geistes auf? Tiefer und dahinter liegt erst das Ziel – die persönliche Gottesvereinigung in der mystischen Erfahrung, erlebt vom Kleriker wie von den Gläubigen. Eine schöne Religionsform ohne Mystik bliebe nur ein schöner Körper ohne Seele.

Wahrhafte Begegnungen anstreben! Den anderen ergründen wollen! Das ist Teil der mystischen Spiritualität, die im Gegenüber eine Dichte des Menschlichen erspürt, die vom Göttlichen kündet. In diesem Sinn überträgt heute der französische Philosoph Emmanuel Lévinas die traditionelle Ethik auf die Ebene des menschlichen Gesichtes als Erscheinungsort Gottes. **„Nicht ich lebe, sondern Christus lebt in mir"** (Gal 2, 20). Der Auferstandene lebt in der Menschheit, **„das Reich Gottes ist schon zu euch gekommen"** (Mt 12, 28b), nur muß der Mystische Leib der Zukunft von uns noch herangebildet werden, von jedem von uns!

Die psychologische Dimension der Menschheit als ganze bedeutet, daß jeder von uns ein Teil dieses entstehenden Leibes ist, ohne daß seine Persönlichkeit verändert, vermindert wird oder gar verloren geht. Im Gegenteil, erst dort wird sie gekrönt, sie entfaltet sich in ihrer ganzen Fülle und Schönheit. Christus lebt nicht nur symbolisch unter uns, sichtbar nur im Tabernakel, sondern bis zur Stunde seiner Offenbarwerdung für alle ist er konkret und sehr lebendig anwesend in Dir und in mir, in jedem von uns. Geradlinig und aufrichtig zu Ende gedacht, ist **ein soziales oder politisches Engagement** im Hier und Heute die Vollendung des mystischen Weges und kein Spaziergang über den Wolken, das wäre die verirrte Mystik. Der echte Mystiker pflegt bewußt Bodenhaftung und verfügt über eine sehr klare Vision von Welt und Mensch.

Eines meiner Hauptanliegen an den heutigen Menschen ist seine im Alltag gelebte Achtsamkeit, welche Mystisches und Soziales zu verbinden weiß. Es geht um die Selbstbekehrung des Menschen zur eigenen Tiefe, um dort mit dem Geist bekannt zu werden und einen neuen Blick zu gewinnen, der auch den Grund eines anderen Menschen begreift und die Dinge und Ereignisse um ihn her besser versteht. Der mystisch gewordene Mensch wird sich den weiten Räumen des Geistes immer mehr öffnen, und letztlich kann sein Weg sogar Ausdruck im politischen Engagement finden, oder im Einsatz unter den Leidenden, den Bedrängten, den Sterbenden. Sein Engagement wird ihm gelingen, denn wer in seinem eigenen Brennpunkt ruht, schöpft unvermutet Kräfte aus dieser Mitte, und je selbstverständlicher er an seinen eigenen Grund gelangt, umso schneller klären sich ihm die Zusammenhänge und weiten sich die Horizonte.

Wenn die Mystik nicht die Politik mitumarmt, wenn sie nicht von der sozialen Not zum aktiven Handeln angeregt wird und dort Fleisch annimmt, dann darf man sie gern eine Weltflucht nennen. Im Engagement der Nächstenliebe spielt das Gebet eine entscheidende Rolle, aus dem sich dieser mystische Vorgang entfaltet. Gelingt es, dann erfahren die Bedürftigen Gnade. Der Große Geist bricht unseren kleinen Geist auf, die Nächstenliebe ist wirklich eine Liebe, die sich auf beiden Seiten erfahrbar macht, und wir berühren das Ewige.

Mystik zielt demnach auf eine Veränderung der Gesellschaft hin. Alle großen Mystiker waren Frauen und Männer der Tat. Sie setzten sozusagen den Geist um ins Fleisch, das Göttliche ins Menschliche, und zu allen Zeiten wußten diese, daß es eine Trennung von Mystik und Engagement nicht geben darf und geben kann, denn beide rufen einander. Heute ist die mystische Dimension der Gesellschaft für die Politik wichtiger denn je, sonst fehlt es ihr an der großen Vision für einen sinnvollen Entwurf und sie wird stattdessen wirtschaftlichen oder nationalen Interessen nachjagen. Wie soll sie sich dann jemals über sich hinausschwingen? Heute ist Weitblick mit starken Fernzielen gefragt. Deshalb muß das Innere, das Geistige, viel mehr an Bedeutung gewinnen.

Auch die **Kirchen aller Konfessionen** müssen ihre institutionelle Struktur lockern zugunsten der mystischen Vertiefung und spirituellen Erweiterung, kombiniert mit verstärktem Sozialengagement. Es geht nicht nur um die private Mystik des einzelnen! Der mystische Aspekt des sozialen Einsatzes ist weit mehr als nur menschliche Wärme, er ist die praktische Weitergabe einer Überzeugung, daß an der mystischen Erfahrung zwischen dem einzelnen und Gott auch ein Dritter teil hat. Wahre Mystik führt zum anderen hin, weil man ihn als das sichtbar gewordene Gottesgleichnis erkennt. Beenden wir unsere Betrachtungsweise allein in der Horizontalen, die sich immer irgendwann im Sande verläuft, und lassen wir unser Fühlen und Denken von der Vertikalen befruchten ..., und sie wird uns über jedes verstandesmäßige Erkennen weit hinausführen.

Gelebte christliche Mystik rückt den Menschen in den Brennpunkt. Während das Judentum und der Islam betonen, eine Religion Gottes zu sein, ist das Christentum die Religion des Menschen, denn es ist die Religion der Menschwerdung Gottes und der Eucharistiefeier, deren Botschaft lautet: GOTT-MIT-UNS. In diesem Licht lebt mein unbezwinglicher Optimismus, der mich wissen läßt, daß alles, wirklich alles gut wird, und daß die derzeit beklagte Säkularisierung der Welt nur zur Entdeckung des wahren Sakralen führen wird. Der Geist ist hochaktiv!

Heute wird vielfach **die fernöstliche Mystik** mit der christlichen auf einen Nenner gebracht, als käme es auf Unterschiedlichkeiten gar nicht mehr an. Doch behalten wir die Wahrheit im Auge und sprechen wir nur von diversen Aspekten, die sich gleichen. Im viel gestalteten Buddhismus gibt es Richtungen, die zu einem Monismus tendieren, zum Glauben an die einzig existierende Gottesrealität, die alles, auch den Menschen, absorbiert und damit letztlich verlöschen läßt. An dieser Stelle tritt der Christ zurück, er nimmt deutlich Abstand, denn eine Negation der menschlichen Person in dieser letztgültigen Wirklichkeit ist nicht das Ziel allen Strebens und nicht die Verheißung seiner Offenbarungsreligion. Christus nennen wir unseren Retter, er sammelt ein für die Ewigkeit.

Indem es uns um **eine personalisierte Mystik** geht, differieren die fernöstliche und die christliche Mystik weitgehend. Ich kann den unpersönlichen Charakter dieser asiatischen Sicht nicht akzeptieren, man nenne sie monistisch oder pantheistisch. Gemeinsam haben wir die strenge Selbstüberwindung im Programm, wenn es um den Abbau des EGOs geht, wird diese zum Gebot im Westen wie im Osten. Unser Tod ist im Christentum aber keine Auflösung im Großen Ganzen und Anonymen, sondern gerade das Gegenteil, er ist eine unsagbare Liebesbegegnung im Überpersönlichen und wird im Überbewußten als diese mehrdimensional erlebt.

An dieser Stelle fühle ich mich den **Sufis**, dem mystischen Weg im Islam, viel näher, und ihre Wege sind mir nicht ungewohnt. Ich nenne einige Gedanken aus dieser stillen Frömmigkeit, die seit Jahrhunderten neben der Gesetzesreligion ihr Leben führt. Aus ihr ist zu ersehen, daß es dort weder einen Dualismus gibt noch die Vergänglichkeit der Person wie im Fernen Osten, es zeigt sich vielmehr der eine Geist in der islamischen und in der christlichen Mystik: Was ich will, will der andere, und was er will, will auch ich. Die Allmacht Gottes nimmt meine Schwachheit in sich auf und wir werden eins,

Al-Halladj nannte Gott **„den Freund“**, mit dem er sich identifiziert:

„Ich bin Du, Dein Leben ist meines“ ... „Sein Geist ist mein Geist und mein Geist ist sein Geist“ ... „Ich bin er, der Freund, und er ist ich“ ... „Wie sich der Wein mit einem Wasser mischt, so sind wir vermischt. Was mich berührt, berührt Dich und was Dich berührt, berührt mich. Du bist ich in allem.“ Meister Eckhart, der christliche Mystiker, hatte dieselben Erfahrungen gemacht und bekam prompt den Widerstand der Rechtsgelehrten und Theologen zu spüren.

Aber in dieser mystischen Tiefe gibt es keine tausend Gesichter mehr, nicht einmal mehr zwei, sondern nur noch eines. Ich höre im Innern die Worte unseres Kanons der Messe **„wie sich das Wasser mit dem Wein verbindet“**. Ja, ich bin zu dem geworden, den ich liebe und der mich liebt, ist zu mir geworden, nun ist es, als seien wir zwei vereint in einem Leib. Doch wie den Unerfahrenen und Außenstehenden sich gegenüber verständlich machen? Teilhard de Chardin schreibt in **„Das Herz der Materie“** über den Mystiker, d. h. über sich selbst: **„Er wird unbezwinglich von nun an eine unverständliche Sprache sprechen, er, dem der Herr bestimmt hatte, die Straße des Feuers zu nehmen.“**

Diese Straße des Feuers führte schon manchen Mystiker an den Galgen, weil er unverstanden bleibt. Al-Halladj war ein Erleuchteter im 10. Jahrhundert, der die „mystische Entwerdung“ und Vereinigung in seinem berühmt gewordenen Satz zu äußern wagte, woraufhin er sein Todesurteil gesprochen hatte: **„ana 'l-Haqq“** (ich bin die schöpferische Wahrheit), was soviel bedeutete wie **„ich bin Gott“**, hier ist er im mystischen Feuer stehend verbrannt: er verbrachte acht Jahre in einem Gefängnis in Bagdad, erlitt 500 Peitschenhiebe, dann hat man ihm die Hände und Füße abgeschlagen und ihn an einem

Baum aufgehängt. Zuletzt die Kreuzigung – wie Jesus –, aber weil er nach einer ganzen Nacht noch immer atmete, hat man ihn geköpft. Zuvor verzieh er seinen Henkern – wie Jesus. Sein Leichnam wurde verbrannt, die Asche in alle Winde verstreut. Das Schicksal eines islamischen Mystikers, der angeblich nur gelacht habe! Er lebte in der Seligkeit der **Gottesvereinigung**, die ihm als **Gotteslästerung** ausgelegt wurde.

Ob Al-Halladj, Djelaleddin Rumi oder Ibn Arabi, ob das Lied der Lieder unserer Bibel oder die große spanische Mystik, alle bedienen sie sich des Geistfeuers der menschlichen Liebe für ihre Wortäußerungen, die so unendlich schwer zu leisten sind, aber das Wesentliche ist ihr DU! Wer Gott im innigsten Ton noch kein DU nennt, ist im Mystischen noch nicht beheimatet. **„Wer bist Du?" fragte Al-Halladj Gott und bekam zur Antwort: „Du."** Dieses DU ist alles! Es ist der Geliebte, der die Seele erwartet zur Vereinigung.

Vermutlich möchte man mich jetzt an **die indische „bhakti"** erinnern, die besonders in Bengalen die sinnliche Liebe zwischen der Gottheit Krishna und der schönen Radha feiert, dennoch empfinde ich die unzähligen Ausdrucksformen im Hinduismus als undurchsichtig und doppeldeutig, spirituell also recht problematisch für Fremdlinge. Aber im riesigen Indien (mit 16 Sprachen!) will man betont viele Wege zur Verfügung haben, vom bunt-lebendigen, folkloristischen „Götzendienst" bis zur vollkommenen Abstraktion im philosophischen Vedanta. Für mich steht das Mysterium des liebenden und leidenden Jesus im Zentrum aller Mystik, es bezeugt den Schritt der Selbstaufgabe Gottes – Gott selbst liebend und sterbend am Kreuz ist der Gipfel des menschlich Denkbaren – und für mich das wahre Gottesantlitz.

Dieses Faktum ist für mich absolut bindend, es geht um das Anerkennen eines geschichtlichen Geschehens, es geht um die Offenbarung der persönlichen Gottesliebe mit dem Ziel, unsere Menschheit innerlich zu einen und zu verewigen. **„Jesus ist für mich der Meister aller Meister und das Licht aller Erleuchteten"** bekennt Bernhard Scherer. Diese unerschütterliche Wahrheit muß kundgetan werden, sie ist kein edles Gedankenkonzept am theologischen Pult errungen, sondern am Kreuz erwirkt, sie ist **das Drama Gottes**, seine wahre Geschichte mit uns Menschen. Das ist das Unvergleichliche und Unersetzliche. Gern räume ich ein, daß es durch diverse Techniken und spirituelle Methoden im Yoga und Zen zu wesentlichen Erfahrungen kommen kann, interessant sind u. a. die **Koan-Aufgaben**, welche Zen-Meister einsetzen, um ihre Schüler aus jeglicher dualistischer Denkweise hinauszuführen, zur Erleuchtung, zur Einswerdung (Satori). Doch vergessen wir niemals, wer dieser Gott ist, mit dem Vereinigung angestrebt wird, Zen mündet ins Unpersönliche. Das Mysterium Jesu wiegt schwer in seinem Ernst, der christliche Gott wurde Mensch und nahm uns mit durch den Tod, dieser GOTT-MIT-UNS spürt unsere Leiden und Ängste wie auch unsere Seligkeiten, und er verläßt uns niemals.

Auch möchte ich die christliche **„Ekstase"** von der fernöstlichen **„Entase"** unterscheiden, die letztere erstrebt das Nirvana, das Eingehen aller Wesen in die **„Totalität"**, die sich ihrer aber nicht mehr bewußt sind und demnach ihr Menschsein verloren haben. Dieses große Vergessen ist das Gegenteil der christlichen Überpersonalisierung, **unsere Christwerdung** im überbewußten Zustand des Erlebens! Nein, Dein Leben führt nicht zurück, sondern durch den lebendigen Geist in Deiner Wesensmitte geht es aufwärts, ständig aufwärts im Geistigen! Und wie könnte eine Geistigkeit dieser Art unbewußt sein? Der Geist ruft Dich in die letztgültige und ewige Unendlichkeit hinein – Dich! Unsere christliche Kunst vermittelt dieses Sehnen mit leuchtenden Augen dem Himmel zugewandt, offen in drängender Erwartung.

Nach unserer Sicht richtig im fernöstlichen Denken, und dem Christentum ähnlich, ist die Aussage, daß wir Menschen geschaffen wurden, um mit Brahman, der Totalität, dem göttlichen All-Einen, zu verschmelzen. Richtig auch zu sagen **„ich werde Brahman" (Gott)** – das weiß jeder Mystiker –, aber falsch nach christlichem Verständnis wäre es zu glauben, daß ich als einzigartiges Individuum, schrittweise zur Person herangereift, in meinem lebenslangen Streben, bei der Endverschmelzung alles wieder verliere, meine Identität, meine Liebe, mein Bewußtsein und alles im Leben Erworbene. Richtig ist zu glauben, daß ich **„die Menschheit"** werde, wie es in Asien teilweise gesagt wird, doch nur der christlichen Sicht kann ich zustimmen, die verheißt, daß wir weiterhin voneinander unterschieden bleiben und voll bewußt, ja sogar überbewußt! Und daß wir alle dieses neue Leben in Liebe teilen. Dein menschlicher Reichtum wird auch der meine sein und mein Reichtum der Deine. Längst sind wir in diesem Auferstehungsprozeß unterwegs, der Heiland – **„der Heilende"** – strahlt uns von innen her aus, das ist das Wesentliche und Ausschlaggebende bei allen Vergleichen. Die für uns erfahrbar gewordene Christusgestalt ist ein unbegreifliches Gnadengeschenk.

In den **asiatischen Weltanschauungen** wird der Zustand der Wunschlosigkeit, des Absterbens jeglichen Sehnens und Hoffens, Wünschens und Wissens erstrebt, um in dieser Weltvereinigung die vollkommene Befreiung zu erfahren. In der Ekstase der christlichen Mystik geschieht diese Läuterung ebenso, aber der Christ tritt als ein Erwachter und Gelöster aus sich heraus, um sich den anderen zuzuwenden, er verläßt und vergißt sich, doch bleibt selbst intakt. Der Mensch entkommt seinem Ich nicht, indem er es leugnet oder beharrlich verneint, weit besser ist es für ihn, wenn er es in einer selbstlosen Liebestätigkeit transzendiert, dann hat er es auch überwunden. Für mich bietet die christliche Mystik die Meisterschaft der Selbstüberwindung, die keine Selbstvernichtung bedeutet, außerdem dient sie dem Ganzen und fördert es. **„Die Liebe allein ist fähig, das Sein zu bewegen"** (Teilhard de Chardin).

Auch erkenne ich die asiatische Mystik als eine a-historische, eine außerhalb der Geschichte stehende, gegenüber der historischen und zugleich transhistorischen Mystik des Christentums. Die göttliche Gnade, der ewige Logos, inkarnierte sich bestimmbar in Raum und Zeit, wurde geschichtlich und überschritt die Geschichte am Kreuz. Gott ist mit den Menschen einen heiligen und unauflöslichen Bund eingegangen. Das Christentum ist keine Gedankenwelt und auch keine Flucht aus der Geschichte ins Irrationale, sondern eine reale Begebenheit, die in ihrem transhistorischen Sein jeden einzelnen Menschen dieser Erde einbezieht. Das asiatische Ziel hingegen, das **Nirvana**, bedeutet das **„Nichts"**, wörtlich: **„verwehen und verlöschen"** im Sanskrit.

Deshalb ist mystisches Wissen im Christentum und insbesondere in der Gebetsekstase keine Fusion mit der Totalität als solcher, unpersönlich und unbestimmbar, die den Menschen „verschluckt", sondern ein Liebesgespräch von Person zu Person, von Herz zu Herz und zwischen zwei Freiheiten, die bestehenbleiben. Eine dialektische Polarität, die Vereinigung und Kommunion bedeutet (union et communion), wie es zwischen zwei Freunden oder Liebenden geschieht. Gerade weil Gott transzendent ist, kann er gleichzeitig unsere nächste und intimste Liebe sein, um sie mit uns zu leben. Das von ihm **„Ergriffensein"** weiß die Sprache wieder einmal „physisch" umzusetzen. Wer hat es noch nicht erfahren? Paulus unterstreicht in einem Brief an die Korinther unser Wachbleiben im Unterschied zum Absorbiertwerden, wachsein sogar in gesteigertem Maß nach dem Tod: **„Jetzt schauen wir in einen Spiegel und sehen nur rätselhafte Umrisse, dann aber schauen wir von Angesicht zu Angesicht. Jetzt erkenne**

ich unvollkommen, dann aber werde ich durch und durch erkennen, so wie ich auch durch und durch erkannt worden bin“ (I 13, 12). Dieses „von Angesicht zu Angesicht“ verheißt uns auch der Apostel Johannes: **„...wir werden ihn sehen, wie er ist. Jeder, der dies von ihm erhofft, heiligt sich“** (I Joh 3, 2c+3).

Volle oder leere Kirchen am Sonntag sind kein Glaubensbarometer, außerdem stehen diese leeren Kirchenbänke nur in Europa. Dennoch müssen die Gründe erforscht werden, weshalb sich viele Christen abmelden und in andere Bahnen leiten lassen. Die Antwort ist sehr einfach, sie brauchen existentielle Erfahrungen, sie wollen Mystik erleben! Haben wir deshalb Geduld mit den „Abtrünnigen“, geben wir ihnen Zeit. Es war im Jahre 1998 in Berlin, als nach meinen Vorträgen an der Katholischen Akademie ein junger Mann zu mir kam, um mir sein geistliches Glück mitzuteilen, denn erst vor kurzem hatte dieser „Taufscheinchrist“ seinen Glauben entdeckt und zwar auf langen Umwegen über die fernöstliche Mystik.

Heute ist eine Existenzreligion gefragt, mit Wurzeln in der menschlichen Erfahrung. Die Zeit, in der man Dogmen aus einem Überbau herabließ, ist vorüber. Der bekannte Theologe Johann Baptist Metz spricht von **„einem tiefgreifenden Schisma zwischen dem theologischen System und der religiösen Erfahrung, zwischen Dogmatik und Mystik“**. Es blutet einem das Herz ..., denn ich kenne sehr viele junge Christen, die ihr Glaubensleben ins Feuer der Mystik stellen möchten. Aber es hat bei uns wie im Islam ein Verarmungsprozeß stattgefunden, weil die inneren Ströme mystischer Quellen abgeriegelt wurden. Man fürchtete um das System, das sich seit Jahrhunderten von der Mystik bedroht fühlt, Mystiker sind nicht nur brave Beter, sie konnten zu allen Zeiten das System erschüttern. Beide Systeme, das christliche wie das islamische, vertreten heute offiziell eine Religion ohne Mystik.

Doch ist es gerade sie, die das Ganze von innen her retten wird, die Zukunft wird sehr mystisch werden! Heute findet der reif gewordene Christ kläglich Zugang nur zu Teilaspekten seines Glaubens, er vermißt eine Darbietung der Ganzheit und Fülle des christlichen Mysteriums, die den Zusammenklang von Dreifaltigkeit, Schöpfung, Inkarnation, Erlösung, Auferstehung und Ausgießung des Heiligen Geistes als die zwingende Logik einer überbordenden Gottesliebe erkennt – in einem Blick! Das erschließt sich niemandem durch das Studium einzelner Phänomene im Kopf, sondern nur am tiefsten Grund seiner Seele, an den ihn die Mystik zu führen vermag.

Deshalb gab ich einem Radiojournalisten auf seine Frage **„Wonach brennt Ihr Herz am meisten im Hinblick auf Ihre Mitmenschen?"** zur Antwort: **„Nach dem Verständlichmachen des christlichen Glaubens. Er soll in sich schlüssig sein und sich den heutigen Herausforderungen stellen. Mein Herz brennt in diesen zentralen Fragen: Glaube und Mystik, Sinn des Lebens, Sinn der Welt, Sinn der Geschichte."** Über das WARUM des Daseins und das WOHIN schweigt sich die Wissenschaft aus, sie analysiert Fakten und beschreibt Prozesse. Was aber heißt Menschsein im tieferen Sinn? Diese letzten Fragen des Seins interessieren den Mystiker, denn im Gotteswesen selbst findet er Antworten. Das Universum ist eine Person, ein Jemand, ein Du, eine lebendige und liebende Seele! Deshalb ist die Mystik zwischen Schöpfer und Geschöpf eine **„love story"** ohnegleichen.

„Eines Tages werden wir alle die göttliche Liebe entdecken, dann werden wir zum zweiten Mal in dieser Weltgeschichte das Feuer entdeckt haben" (Teilhard de Chardin). Der Geist der Liebe ist es, der uns offenbar wird und uns ans Ziel bringt. Die zentrale Triebfeder christlichen Lebens bleibt die mystische Tradition, die kein eigenes geisteswissenschaftliches Gebiet ist, sondern der Verbindungspol zu allem übrigen, das Himmlische mit dem Irdischen verschmelzend. Dort mußt Du in Deinem Leben ankommen, wo Leibliches und Geistiges eins werden, dann ist Dir der Gipfel der Mystik vertraut geworden. Seitdem Gott Mensch wurde, gibt es keine Sondierung mehr zwischen **„religiös"** und **„weltlich"**, Mystik bedeutet die glühende Nähe Gottes. Mystische Erfahrungen sind Liebeserfahrungen und diese sind für unsere übertechnisierte und lärmende Zeit lebensnotwendig.

Bereise alle Länder, um Dir die Welt zu eigen zu machen, aber darüber könntest Du das Kostbarste versäumen – die Gottesmitte in Dir. Weil sie die heilsame Stille nicht mehr ertragen, zerstreuen sich die Menschen und fliehen vor sich selbst, aber Gott offenbart sich im Verborgenen. Das ist kein Widerspruch, sondern eine Aufforderung, uns um einen neuen Blick zu bemühen, herzgeführt, nicht kopfgesteuert. Der mystische Blick transzendiert und erreicht sein Ziel. Existentielle Mystik erlebt Gott im gewöhnlichen Alltag, in einer Freundschaft oder im Liebesglück, in einer wissenschaftlichen Arbeit oder im Kunstschaffen.

Die Kunst, so meinen wir, sei eine kulturelle, eine intellektuelle Angelegenheit, mit Mystik habe sie nichts zu tun. Aber die Kunst ist ein idealer Weg, der, in der rechten Weise begangen, ins Herz der Mystik führen kann. Ein wahrer Künstler geht seinem Werk bis auf den Grund der geistigen Aussage, wobei sich notwendigerweise Schöpfergott und Schaffensgeist des Menschen begegnen. Oder: Begleiten wir einen wahren Philosophen auf seinen Gedankenbahnen, auch dort sind wir schon auf dem halben Wege zur Mystik, denn **der Philosoph** setzt immer ein absolutes Wesen voraus. Selbst **der Sport** hat seine mystische Komponente. Wer die letzten und allerletzten Energien in sich freilegt, befindet sich auf dem Wege zum Äußersten, zum Absoluten – ein anderes Wort für Gott.

GEBET: *„Geist Gottes, Du reines Licht, vielfarbig im Regenbogen der Talente, Qualitäten und Sprachen, unendlicher Reichtum! Einzigartig! Du bist die Quelle der mystischen Einheit in der menschlichen Vielfalt dieser Erde, Du, der Geist!"* Amen.

Ein Mystiker ist Realist, fest mit Welt und Erde verbunden, ist er jederzeit fähig, hineinzubrechen ins Innerste. Ein Mystiker sieht mehr, erlebt mehr, empfängt mehr, er schaut das Dahinter der Dinge und Wesen, dieses Schauen übertrifft das Auge des Metaphysikers, weil die dritte und vierte Dimension nur vom Seelischen erfaßt werden können. Feuer und Liebeswärme breiten sich aus wie das Licht, wenn sie stark sind. Der Geist ist diese Flamme, und sein Feuer wird zur Sprache. Hörtest Du noch nicht von einer „glühenden Liebe, die sich verzehrt"?

GEBET: *„Mystik! Heimliches Licht, bescheidenes Flämmchen, bedroht durch jeden weltlichen Hauch, Du wirst in uns zur Feuersglut, zum Lichtbrand und zum Flammenmeer, wenn wir uns Dir empfänglich zeigen, bereit zur Liebesleidenschaft."* Amen

Mystische Liebe ist nicht etwas Diffuses oder romantisch Verbrämtes, sondern ein ernstes Zwiegespräch mit dem göttlichen DU. Man kann nicht von Mystik sprechen, ohne Worte der Liebe zu haben, und man kann nicht von der wahren Liebe sprechen ohne die Worte der Mystik. Sprachlich rettet die Mystik die Liebe und die Liebe die Mystik. **„Wenn Gott mich erfaßt, dann ist es wie ein Kuß seines Mundes"** (Bernhard von Clairvaux). Stark wie eine physische Liebesberührung kann die Begegnung erlebt werden, und es ist nicht leicht, dort an diesem Ort jenseits aller Namen zu verweilen, gelingt es, dann wird der liebende Mensch auch seine eigene Wahrheit erkennen, jenseits von Zeit und Raum ...

Der **„ewige Augenblick“** ist die Synthese der Zeit, sie verstreicht, aber man ruht in ihrem Zentrum. Beim Auftauchen aus dem mystischen Feuer spürt man die Zeit wieder, beim Eintauchen war sie erloschen. Wahre Liebe hebt immer die Zeit auf, Liebende leben über ihr, ihre Ewigkeit ist schon da, denn ihr Innerstes arbeitet in diesem Feuer im höchsten Grad und verbrennt sich in diesem Selbstgebeprozeß. Emotionen jeglicher Art finden hier keinen Platz, das Geschehen führt sehr viel weiter. Keinen **„in Liebe Entbrannten“** vermagst Du abzulenken, er ist nicht da, er ist in der Ewigkeit.

Das Feuersymbol für die Mystik drückt auch Freimut und Großzügigkeit aus, denn im bunten Spiel des Geistes und seiner tausend Gesichter finden wir die Zwecklosigkeit, den Aspekt einer leuchtenden aber ungebändigten Schönheit. Wir kennen sein phosphorisierendes Licht zwischen den brennenden Holzscheiten, seine in allen Farben des Kosmos tanzenden Flammen, und wir sollten dieses Naturschauspiel still genießen und mystisch betrachten. Unsere Urahnen sind noch in uns lebendig, wir spüren wie sie besondere Kräfte aus dem Feuer aufsteigen, Furcht oder Ehrfurcht gebietend. Und schon beim längeren Betrachten einer Kerzenflamme können wir das erleben, schlank und willensstark züngelt sie empor, als wolle sie aus sich selber herausbrennen, um ganz über sich hinauszureichen und sich heimlich im Raum zu verzehren. Eine Flamme braucht Freiheit und Distanz, sie erlischt, wenn wir sie besitzen wollen, wie der Geist ist sie uns nur zur Betrachtung gegeben.

Die Materie ist nicht undurchdringlich, weder Deine Gartenmauer noch Dein Tisch, an dem Du sitzt. Im Innern hält sich ein Feuer versteckt, das der Mystiker und Naturwissenschaftler Teilhard de Chardin in seiner **„Hymne an die Materie“** als eine **„Weißglut“** besang, das entsprach seiner mystischen Schau. Wer die Materie geistig erkennt, weiß um ihre

Glut. Mystik und Physik treffen sich immerfort, die eine erlebt das geistige Licht, die andere die Kernenergie – beides in übernatürlicher Stärke und Dichte. In diesem Sinne nenne ich mich **„Materialist"**, weil ich das Gesicht des Geistes dort entziffere, weil ich Gott in den Dingen anwesend weiß. Das ist keine Idealisierung der Materie, indem sie mich übermäßig fasziniert, sondern ich lasse mich, wie von vielem anderen, auch von der Materie erleuchten. Der verborgene Gott hat sich einmal materiell wahrnehmbar gemacht für die Sinne des Menschen, im Fleisch und Blut eines Kindes, eines Menschen wie Du und ich.

Die geistliche Dichtung der Welt besingt das mystische Feuer der Sterne und Galaxien, an allen Orten der Schöpfung wird ein lebendiges Licht, eine Anwesenheit gespürt, das Feuer auch als Symbol für das geistige Brennen der menschlichen Seele und diese wiederum ein Symbol für die kosmischen Energien im Weltall. Simone Weil lebte, schrieb, litt und starb (1943) in diesem mystischen Feuer, Märtyrerin einer Wahrheit, die sie an Leib und Seele bewies, denn ihr Leben und Denken waren eines. So weit man es als Außenstehender überhaupt beurteilen kann, wage ich zu sagen, daß das mystische Feuer in dieser Frau noch ärger brannte als im großen Johannes vom Kreuz. Heilige dieser Größenordnung, die uns geistliche Radikalität vorleben, fehlen uns heute.

Es gibt keine verschiedenen Arten der Mystik, sondern nur die eine des Geistes, und diese ist jedem von uns gegeben. Unsagbar bleiben sie alle, denn es geht um die Gottesperson. Der jüdische Mystiker Rabbi Abraham Josua Heschel schrieb wunderbare Seiten über den Begriff des Mysteriums und die Notwendigkeit, alles Systemdenken aufzugeben. Gott hat uns, so sagt er, sein Geheimnis ins Herz gepflanzt, **„es ist ontologischer Natur"**. Auch Meister Eckhart mahnt, daß uns kein gedachter Gott je genügen möge, **„weil unsere Gedanken**

unbeständig sind, und nur das Wesen besteht". Einst habe ich ein Poem verfaßt: **„Wenn die Wahrheit nicht Leben ist, dann ist sie nichts."** (Titel und Refrain)

In dieser Weise wird der Mystiker frei von seinem eigenen Geist und erkennt, daß Diskussionen zumeist in Sackgassen führen wie solche über Wissen und Nichtwissen. Wir haben es hier mit der Jenseitigkeit der Wirklichkeit zu tun. Deshalb entweicht der Mystiker, der sich auszudrücken verlangt, ins Reich der Poesie – und wir besitzen eine geistliche Dichtung aus allen Zeiten und Mythen aus allen Kulturen. Wieviele Gleichnisse hat Jesus erfinden müssen, um vom Gottesreich zu sprechen, das für ihn selbst eine klare Erfahrung war. Sind seine Parabeln nicht packender und überzeugender als die spätere systematische Theologie? Thomas von Aquin war Mystiker, seine **„Summa Theologica"** wurzelt in authentischen mystischen Erfahrungen, darin besteht der Wert dieser Texte, hinter seinem System und dessen hoher Logik liegt wirkliche Einsicht. Dennoch erschütterte ihn selbst das Ergebnis, denn er rief aus: **„Alles, was ich niedergeschrieben habe, ist Stroh!"** – und er ging in seine Kapelle, kniete nieder und versank im Gebet.

Heute besitzen wir eine gut durchdachte und wohlgeformte Theologie, die ganz gewiß ihrem Gegenstand treu ist, doch läßt sie den mystischen Erfahrungsgrund vermissen und teilweise spürt man, daß sie ohne Gebet zu Papier gebracht wurde, weshalb sie als formal oder leer empfunden wird. Bevor man über Gott zu schreiben beginnt, muß man Erfahrungen mit seiner Liebe machen, andernfalls kann Gott nicht aufscheinen aus dem Papier! **„Wer nicht liebt, hat Gott nicht erkannt, denn Gott ist die Liebe."** (I Joh 4, 8) **„Gott ist Liebe, und jeder, der ihn liebt, lebt in Gott und Gott in ihm."** (I Joh 4, 16). Und er versteht Gott. Und wenn wir Menschen einander lieben, dann drückt sich der Geist durch uns aus, weil Gott seine eigene Liebestätigkeit durch uns fortzusetzen begehrt. Es ist seine tiefe Freude, wenn sein Geist unsere Herzen berührt und sie für die Liebe gewinnt.

Wir üben Gottesverehrung, wenn wir seine Liebe zu der unsrigen machen, um sie weiterzureichen, wenn wir den Geist der Liebe durch uns hindurchgehen lassen und mit ihm in die Welt hineinwirken. Hier waltet **das Dreifaltigkeitsprinzip im innerweltlichen Bereich**. Gott und die Liebe stellen eine ungebrochene Kreisbewegung dar, in dieser menschlichen Erfahrung berühren sich Religion und Leben. Man kann Liebe und Schöpfung nicht annähernd begreifen, ohne Erfahrungen mit dem Gottesleben zu haben, das sich uns mitteilt durch den Geist. Liebe und Schöpfung führen uns an das Gottesverständnis heran, wobei dieses uns wiederum informiert über unser Leben, über unsere Liebe ...

Deshalb müssen wir unser theologisches Glaubensverständnis vertiefen. Theologie darf keine Gelehrtenwissenschaft sein, wo Fachspezialisten am Computer hasten. Auch passiv betreibt man keine gute Theologie, wenn man in angenehmen Leseräumen gewaltiger Bibliotheken Stunden und Wochen verbringt. Wahre und fruchtbare Theologie ist das heiße Bemühen um ein Verständnis dessen, was in der Welt, in der Gesellschaft, in der Politik vorgeht, was sich aus der Natur Neues zu erkennen gibt und was sich geheimnisvoll als mystisches Feuer meinem Geist kundtut. Woher speist sich das alles, möchte ich wissen, und was ist der Sinn? Auf diese Fragen werden theologische Antworten gesucht.

Das Feuer der Mystik leuchtet nicht nur über die Dogmen hinaus, sie liefert auch entscheidende Markierungspunkte für die moderne theologische Forschungsarbeit. Dogmen können, recht gehandhabt, zu Inspirationsquellen werden, wenn man ihren Inhalt wie glänzende Perlen aus der wuchtigen Austernschale löst. Denn die Mehrheit der Gläubigen ist abstrakten Glaubenssätzen abhold, doch zugänglich für ihren mystischen Gehalt. Auch der gestrenge Kardinal Joseph Ratzinger, der tagtäglich mit Glaubenssätzen zu tun hat, äußerte im Jahre 1997: **„Die Zukunft des Christentums liegt in der Mystik"**, und 2000: **„Die Suche nach Mystik, nach Berührung mit dem Göttlichen, ist erneut aufgebrochen."** Die Kirche muß die mystische Dimension ins dritte Jahrtausend einbringen, denn ihre Stimme IST eine Stimme! Und sie wird gehört werden. Das Spannungsverhältnis zwischen Mystik und Institution wird bestehen bleiben, die Mystik verkörpert den prophetischen Pol gegenüber dem institutionellen, insbesondere im Judaismus, im Christentum und im Islam.

Die Zukunft unserer Kirche gehört nicht einer Superorganisation mit den dazugehörigen negativen Aspekten, sondern liegt in der Rückkehr zu den Quellen und diesem wiedergefundenen Kontakt, aus ihm wird sie neues Leben schöpfen. Indikator des Christseins bleibt **die feurige Liebe**, sie existiert auch heute, geführt vom innewohnenden Geist: dem Wissenden, dem Wählenden, dem Läuternden und Fördernden. Wer sich ihm öffnet, erfährt einen ungeahnten Lebenszuwachs. Mystisches Leben verspricht Erkenntniserfahrung, doch keineswegs beschränkt auf diesen oder jenen Existenzbereich, sie erfaßt den Menschen in seiner gesamten Anlage: Es wird **mystisches Wissen** vermittelt, ein lichtvoll alles durchdringendes, existentielles Wissen, der ganze Mensch wird betroffen, sein Leib, sein Verstand, seine Gefühlswelt, seine Sinne, seine Sexualität, und der Geist versöhnt diese Daseinsebenen.

Teilhard de Chardin schreibt in seinem **„Lobgesang des Alls"** im Kapitel „Feuer über der Welt": **„So bricht also nicht aus unserer Nacht nach und nach das Licht hervor, vielmehr räumt das präexistente Licht geduldig und unfehlbar unsere Dunkelheiten aus."** Das ist unser anhaltendes

Pfingsten, Durchbruch und Aufströmen des inneren und zugleich des äußeren Lichtes, der Geist entzündet sie gleichzeitig, und sie durchdringen sich beide. Bei diesem Kommen und Gehen soll der Mensch in ein umfassendes Erkenntniswissen getaucht werden. Das Äußere führt ins Innere und erleuchtet es, das Innere ergießt sich als unversiegbarer Lichtquell über das Äußere, wodurch unser Wissen mystisch wird und sich zur Ganzheitserfahrung weitet, die den Menschen in allen seinen Dimensionen zusammenfaßt.

Sicherer als unsere Handy-Gesellschaft verbindet die mystische Schau alle Wesen. Und dieser geistige Verbindungsstrom betrifft nicht nur die Lebenden, sondern auch jene, die uns vorausgegangen sind, wir nennen es **„die Gemeinschaft der Heiligen"**, eine mystische Kommunikation so existentiell, wie wir sie unter uns Lebenden haben, tief und wesentlich. In manchen Stunden der Liebe erfahre ich diese zeit- und raumübergreifende Mystik als absolute Realität, ich erlebe mich konkret in diesen Strom mit hineingenommen, in diese Wahrheit, in diese gegenseitige Durchdringung, denn auch das Jenseits ist eine Dimension unseres Wesens. Unsere Toten sind wahrhaftig nicht in ihren kunstvollen Grabstätten anzutreffen, sondern sie sind, wie Therese von Lisieux es nannte, **„ins Leben eingegangen"**, psychisch für uns unvorstellbar verstärkt, weshalb sie viel kommunikationsfähiger sind als wir. Wir nennen sie Heilige, weil sie ihr Wesen dort verwirklichen, entlehnt aus dem irdischen Bereich, wo Einzelgestalten schon heute ein heiligmäßiges Leben führen. Ich glaube, wir machen uns keine Vorstellung davon, was wir von unseren Lieben aus der anderen Welt ständig empfangen.

Und wenn einmal alle Dimensionen im Geist vereint sein werden, beginnt das, was wir **„die Herrlichkeit des ewigen Lebens"** genannt haben. Mystiker wissen, daß sie dieses Gottesleben bereits in sich tragen, sie wissen es nicht nur, sie erleben es in innerer Schau, ihr Glaube deckt auf, was ohnehin da ist. Durch Glaubensmut und viel Gebet kommen sie zur sicheren Überzeugung, daß wir alle eins sind, **eine Weltfamilie, ein Leib nur und ein gemeinsames Leben**. Die anderen mögen es ahnen, es gibt dafür viele Zeichen, wir Christen wissen es. Jesus hat die Menschheit und alle Kreaturen durch die Einwirkungen des Geistes auf den Weg der Vollendung geführt. Dieser großen Zukunft leben und sterben wir entgegen ...

DER TANZENDE GEIST

An manchen Tagen sehe ich den Geist in der Welt tanzen und den Menschen vielerlei Freude bereiten. Er liebt es, mit den Elementen zu spielen, sie so oder so zusammenzusetzen, er erfindet, er gestaltet und zeigt sich dabei von seiner köstlich humorvollen Seite. Der Geist fasziniert mich, ich liebe ihn sehr.

Deshalb tanze auch ich manchmal heimlich in meinem Zimmer, denn ich fühle den Geist und möchte eins mit ihm werden. Dann nehme ich meditativ tanzend den Raum in mich auf, versuche meine Dimension zu erweitern und meine Umgebung zur Bewegung werden zu lassen. Die Naturvölker kennen dieses Bedürfnis und leben es aus, der Tanz ist Teil ihres Daseins. Hätte ich Zeit dafür, dann würde ich mir große Ballettabende gönnen, um die Liturgie der Körperbewegungen zu genießen, das Ätherische, das Geistige dieser Augenweide, denn **„in ihm leben wir, bewegen wir uns und sind wir“** (Apg 17, 28a).

Der Geist ist freies Spiel. Ich sehe seinen Wellenkünsten zu, wenn ich an unserer Küste laufe, wenn er über die Uferstraße Alexandrias hereinbricht und sich lachend nimmt, was ihm beliebt. Wenn er die Äste knarren läßt, sie ihrer Blätter beraubt und den begeisterten Kindern die Samenkapseln vor die Füße schleudert. Die spirituell Erfahrenen unter uns kennen ihn von dieser spielerischen Seite sehr genau. Der Geist zeigt sich nicht nur in tausend ernsten Gesichtern und Gestalten, sondern er kennt auch tausend Tricks, mit denen er uns überrascht und lockt. Der Geist lockt und wirbt um unsere Erkenntnis.

Wir sollen die Welt vollenden, und dafür läßt er tausend Zauberstücke frei, bei denen er mit göttlicher Magie Schlechtes in Gutes wandelt. Er kennt sich aus in den menschlichen Herzen und ihren Absichten, radikal vermag er ein ganzes Leben umzuwenden; immer neu setzt er auf unsere Zukunft an und führt durch lange Nächte hindurch zu neuer Morgensonne. Denn er ist jung und stark, in ihm verbergen sich unvorstellbare Kräfte, die in ihrer Sanftheit wirksam sind, man empfindet seine Zärtlichkeit wie einen Friedenshauch mütterlicher Geduld und Behutsamkeit. Der Geist ist gütig, er schafft Schönes und Wahres.

Wie oft sagen wir, etwas ginge **„wie im Spiel"**. Der Geist hat sich eingemischt. Auch in unseren Tagträumen ist etwas im Spiel, sie können sehr konstruktiv sein, und wir spüren ihre Sinnhaftigkeit. Der Mensch soll träumen, denn wer von einer besseren Welt träumt, nimmt schon teil an ihrer Gestaltung. Träume sind erfinderisch, wer etwas intensiv ersehnt, der erschafft es sich! **„Wenn die Menschen zu träumen aufhören, dann sind sie in ihrer Art bedroht"** warnte der einstige französische Kultusminister Jack Lang. Unbewußt sagte er damit: dann handeln die Menschen dem Geist zuwider und leben gefährlich.

Manchen Inspirierten gehen die Phantasien durch – Gott sei Dank! Die trockenen Gemüter bekommt der Geist seltener unter seinen Einfluß, sie folgen lieber dem kleinen Geist, ihrem eigenen; aber der göttliche muß großzügig entwerfen, deshalb liebt er den frohgesinnten, den humorvollen, den spielerischen Menschengeist. Mögen doch mehr von uns ein vertrauensvoll-kindliches Gemüt aufbringen und ihren Alltag, reich an Pflichten, „spielend" leben durch den Geist!

Humor ist ein geradezu markantes Gesicht des Geistes, das sehr konkret in der menschlichen Erfahrung lebt, davon gibt es viele Zeugnisse, die stets aufs Neue verblüffen. Humor als Eigenschaft des Geistes liegt in der Nähe zur phantasievollen Freiheit dieses reinen, kindlich erscheinenden Gottes, der tanzt und lacht, weil er den tierischen Ernst vieler Menschen völlig entbehrt. Der im Geist Lebendige ist stets zu Humor aufgelegt, auch sich selber gegenüber leistet er sich Späße, die er nicht versteckt. Mir sind geistverbundene Menschen mit verheerendem Lebensschicksal begegnet, die von Humor sprühen (nicht zu verwechseln mit Zynik und Ironie). Geistiger Humor ist die Krönung einer wahren spirituellen Verhaltensweise – und wie erhebend für die Umgebung!

Ich glaube, um erwachsen zu werden, muß man das wirklich gute Spiel erlernen, sonst sind wir künstliche Erwachsene. Auch ein Gott, der nicht tanzt und spielt, wäre nur ein Kunstgott. Man kann ihn treffen: er wohnt in einer strengen und vollkommen humorlosen Geistlichkeit, die nicht einmal weiß, daß ihr Wichtiges fehlt. Humor ist ein Kriterium für gesunde, vollmenschliche Spiritualität. Alle großen Heiligen besaßen kernigen Humor. Humor mit den anderen, Humor mit sich selbst und Humor im Gebet mit ihrem Herrn – in froher Gelassenheit.

Frohsinn, Tanz und Trommeln vertiefen die Beziehung zu den Göttern, sagen die Indianer, sie werden angelockt und ins menschliche Leben einbezogen, sind voll präsent, tanzen und feiern mit den Menschen beim brennenden Feuer. Und wenn wir diese Eigenarten des Geistes zusammennehmen – **Spiel, Tanz, Phantasie, Humor** – dann haben wir das Kindliche des Geistes im schönsten Sinn des Wortes, **die Spontaneität der jungen Seele**. Wer sich be-geistern läßt, wird beschenkt, er wird selbst mit der Einfachheit eines kindlichen und freien Wesens beschenkt, er fühlt sich **„über den Dingen stehend"**, ist leicht und beschwingt und nimmt sich selber nicht zu ernst.

Zwang und Spiel vertragen einander nicht, demnach haben wir hier eine reine Freiheit, die über diverse Stufen jeden Druck hinter sich gelassen hat. Es geht hier nicht um die eigensüchtige und kapriziöse Freiheit aus dem eitlen Persönlichkeitsbereich des Menschen in seinen zahllosen Schattierungen, sondern es geht um Geisteskraft und Personalisierung.

Auch hier sitzt der Geist am Hebel, beide Begriffe sind eng miteinander verknüpft, wahre Freiheit bezeugt die Geistesnähe eines Menschen, ein Zeichen, das nicht täuscht, und sie ist eines seiner tausend Gesichter. Die Freiheit bildet den Grundstein für menschliches Wachstum. Wo der Geistwind weht, dort ist Freiheit und Werden. Gottgegebene Freiheit und keine x-beliebige, sondern eine Freiheit, die den Menschen nach und nach von allem abschält, nachdem er eingewilligt hatte, arm zu werden und schon nichts mehr zu verlieren hat. Die Armut Christi! **„Er besaß nicht einmal einen Stein, um sein Haupt darauf zu ruhen"**, ein Wanderer auf heißen Straßen, besitzlos und ohne jeden Titel. Diese Freiheit aber gewährte ihm andere Freiheiten, diese Armut machte ihn reich.

Eines der schönsten menschlichen Beispiele ist **die Freiheit des heiligen Franziskus**, der auf sein reiches Erbe verzichtet hatte und dann spürte, daß ihm, arm geworden, ALLES gehörte, ALLES! Hier tanzt die Freiheit mit dem Geist. Hier tanzt der Geist mit der Freiheit! Hier haben wir die Einswerdung eines Menschen, der auf der Ebene der Person angekommen ist, mit der Freiheit selbst, in der er sich fortan wiegen darf. Er erfährt sich im Tanz durch die Tage und seine Seele singt und dichtet. Beobachte diesen Heiligen genau, lies ein Dutzend Franziskus-Biographien, und Du wirst hineingenommen werden in den Rausch seiner seligen Trunkenheit. Seine Freiheit, die äußere wie die innere, ist die Frucht des Geistes, wie sie sich leider nur selten in einem Menschen verwirklicht.

Echte Freiheit löst sich eines Tages vom Boden, um sich aufzuschwingen wie schöne Tauben zur Mittagsstunde. Ihre selbstverständliche Ungezwungenheit ist etwas äußerst Angenehmes bei geistverwandten Menschen, man genießt die Abwesenheit von Krampf und Steife, und man denkt mitunter an die Pfingstsequenz, den Hymnus vor dem Halleluja: **„Flecte quod est rigidum" (Löse, was in sich erstarrt)**. Der Geist, der keine Verhärtungen kennt, sondern das Wendige und Flexible liebt, macht diese Menschen so herzerfrischend echt. Der reife Pianist weiß alle angelernten Regeln so tief in sich verankert, daß er über die „Zwangsherrschaft der Lehrzeit" hinausgewachsen ist, nun will er improvisieren dürfen, sein Inneres sprechen lassen, er will experimentieren und sich frei im Geist entfalten.

Wenn ich mir die neun Begriffe, die Paulus als **„Früchte des Geistes"** aufzählt, betrachte, dann empfinde ich diese als verschiedene Freiheitsaspekte. Der im Geist freigewordene Mensch erntet nun gute Früchte, und man könnte noch weitere hinzufügen (Gal 5, 22). Der Ablauf ist bei rechter Sicht herzbewegend: Anfangs die Inspiration und unsere Einwilligung gegenüber dem Geist, wir stimmen uns ein, vertrauen ihm. Dann sein Wirken und unser inneres Freiwerden. Und schließlich die Ernte edler Früchte, die wir hervorbringen. ALLES IST GNADE im Zusammenwirken der Dimensionen.

Solange der Mensch diese wichtige Erkenntnisschulung durch den Geist versäumt, wird er nichts gewinnen können, er bleibt bewußtseinsmäßig weit entrückt, denn der Geist gibt sich nur dem fortschreitend zu erkennen, der nach ihm Ausschau hält. Dennoch sind diese Früchte Gnade, denn das freie Spiel, der Tanz, fragt nicht nach Ergebnissen. Hat man je ein Kind gefragt, warum es spiele, oder eine Freizeit-Tänzerin, warum sie tanze? Beide verfolgen keine Absicht, sie spielen um des Spielens willen, so wie wir alle leben um des Lebens willen. Das Leben trägt sein Ziel in sich, dessen Sinn sich nicht erst irgendwo und irgendwann erkennen läßt, sondern heute leuchtet er bereits im Herzen dieser Stunde. Das ist es, was die Kinder und die Tänzer spüren.

Ein Kind läuft auch nicht, weil es keine Zeit hat, sondern um zu laufen, um in Kommunion mit dem Raum zu sein, früh schon ist dieses Sehnen lebendig. Der Geist läßt den Menschen fühlen, daß er den Zwängen des Körpers entgehen und die Begrenzung überwinden kann, im Lauf, im Sprung, im Tanz, das läßt ihn die Welt berühren wie in einer Erweiterung seines eigenen Körpers. Aber jede Nostalgie ist auch ein Leiden – die Welt ist da, und man kann sie doch nicht greifen, man bleibt ein Mikrokosmos, der sich seit antiken Zeiten nach Einswerdung mit dem Makrokosmos sehnt – nach Erlösung aus dem Endlichen, Begrenzten.

Wissenschaft und Kunst entstammen derselben Geistquelle, sie werden aus der Vorstellungskraft, der Phantasie, dem Erfindungsreichtum und dem schöpferischen Akt geboren. Diese Quelle ist unbegrenzt. Ein Forscher hat die Seele eines Träumers, eines Künstlers. Erdrückt er sie durch das Gewicht des Intellekts, dann wird er nicht viel finden. Pioniergeist ist gefragt, ein Wissenschaftler muß Schöpfer sein, ein Forschungsreisender im Lande des Geistes. Er wirft sich in den Dschungel ohne Karte, dann entwirft er Hypothesen und versucht, seine innerlich erfaßten Dinge zu postulieren. Dabei ist Geduld gefragt, eines Tages werden sie vielleicht an Boden gewinnen und neue Türen gehen auf …

Anders gesagt ist auch der Künstler Wissenschaftler, denn in der wahren Kunst finden wir eine strenge Forderung, die dem wissenschaftlichen Streben nicht nachsteht. Seit Planck und Heisenberg wissen wir, daß die atomare Welt recht eigensinnig ist, daß die Elementarteilchen Walzer tanzen und die

Schule schwänzen. Die Materie kann recht launisch sein, gelegentlich spielt sie mit ihren eigenen Gesetzen und macht uns für unsere falschen Voraussagen eine lange Nase. Auch dann, wenn sie sich wieder einmal ein böses Vergnügen leistete und der Mensch verzweifelt ist. Aber das ist eben die schrankenlose Freiheit einer geistigen Schöpfung, und ich muß hier diese Brücke zur Kunst schlagen, zum Großen Geist des Weltalls und zum kleinen Geist des Künstlers und dessen Werk, das, wenn es Kunst und Wahrheit ist, unberechenbar bleibt und ohne Grenze. Der Geist tanzt weiter...

Die Kunst ist ein Anruf aus der Ordnung des Absoluten. Ein Künstler spürt die Pflicht, ihm zu folgen und sich über die eigene Person hinauszuschwingen. Gleichzeitig weiß er, die Gesetze des Gleichgewichtes und der Harmonie, die jedes Kunstwerk beherrschen, bedeuten zugleich Druck und Enge. Sehr wohl darf man sagen, daß die Kunst aus der Begrenzung geboren wird, Zwänge dieser oder jener Art sind förderlich. Der Irrtum einer gewissen modernen Kunst, hochgepriesen und hochbezahlt, liegt in ihrem Fehlverhalten, Grenze und Freiheit sinnvoll zu handhaben, und sie beschert uns völlig überflüssige Dinge oder Werke des Grauens. Nein, hier wird eine Strenge mit sich selbst verlangt und nicht die bodenlose Freiheit, Strenge für die künstlerische wie für die wissenschaftliche Arbeit. Wissenschaft und Kunst haben viel mehr gemeinsam als man annimmt, und sie gelingen dem, der den Geist im Innersten beachtet.

Das allgemeine Erziehungswesen legt heute viel zu viel Wert auf die wissenschaftlich-mathematische Ausbildung. Andere Wege zur Wahrheit, der ästhetische und künstlerische Zugang, das Erfühlen bestimmter Sachverhalte, die Erlebnisschulung in der Kunst, der Literatur, der Poesie und der Musik befinden sich im Schrumpfprozeß. Sie dienen bestenfalls sich selbst und weniger der Wahrheitsfindung unserer Jugendlichen. Menschsein ist mehr, sehr viel mehr, und in einer einseitigen Schulung wird der Mensch sich selbst entfremdet, er wird weniger, nicht mehr.

Der tanzende Geist ist nicht mehr gefragt – das ist das Drama der gegenwärtigen Humanwissenschaften. Aber die Logik des Lebens ist eine andere als die der Mathematik. Unser Leben ist ein Flußbett in Mäandern, auch der Baum zeigt uns sein Streben in der unendlichen Verzweigung, die keine einzige gerade Linie kennt, desgleichen unser Körper. Das Leben erfreut sich seiner Phantasie. Aber ich bin Optimist und glaube sicher, daß wir jetzt in unserer postmodernen Zeit wieder zum holistischen, ganzheitlichen Denken finden werden, die Anzeichen sind vielfältig. In drei Millionen Jahren Menschentum auf dieser Erde gab es nur zwei kühle Verstandesperioden, die griechische während drei oder vier Jahrhunderten und die moderne Zeit der letzten drei oder vier Jahrhunderte. Über die längsten Zeiträume hat die Menschheit eine ganzheitliche Sicht gepflegt, man hat dialektisch reflektiert, allumfassend betrachtet und ergründet.

Der ästhetische Genuß muß neu erlernt werden. Gegenwärtig gilt er als eine in sich abgeschlossene Realität, die konsumiert wird. Dabei verliert er rasch an Leben. Ästhetisches Erleben, dieses kostbare Gut, sollte aber die Einladung zu einer authentisch-mystischen Erfahrung sein, nichts weniger als das! Denn es ist der Gottesgeist, der sich im Schönen zu erkennen gibt, die Schönheit ist ein Weg zu Gott wie alle Äußerungen des Guten. Güte und Schönheit sind ein Paar, **„Schönheit ist schon Ewigkeit in dieser irdischen Welt“** sagt Simone Weil in ihrem Buch **„Das Erwarten Gottes“** (1950). Und ein halbes Jahrhundert später lesen wir dieselbe Botschaft in einem Schreiben aus Rom:

Papst Johannes Paul II. hat am Ostersonntag 1999 einen Brief an die Künstler verfaßt, aus dem ich zitiere: **„Ich wünsche Euch Künstlern in der Welt, daß Eure vielfältigen Pfade alle zu jenem unendlichen Ozean der Schönheit führen mögen, wo das Staunen zu trunkener Bewunderung und unsagbarer Freude wird. Die Schönheit ist Schlüssel zum Geheimnis und Hinweis auf das Ewige. Eure Kunst trage dazu bei, die wahre Schönheit herauszustellen, die als eine Art Widerschein des Geistes Gottes die Materie verwandele und dem Innern der Menschen den Sinn für das Ewige erschließe. Das wünsche ich von ganzem Herzen."**

Nichts gegen die moderne Kunst – auch eine Ikone ist im Grunde etwas Abstraktes, aber ohne eine Sphinx zu sein, sie ist durchlässig. Es muß der Kunst gelingen, die Seele des Betrachters zu erreichen, sonst ist sie sinnlos. Es gibt Kunstrichtungen, die ich als intellektuellen Sadismus empfinde, eine Kunst, die sich selber in Stücke schneidet, das Leben für sinnlos hält und deshalb in einer Art Sucht das Häßliche propagiert. Die Botschaft, die ich hier herauslese, ist eine pathologische, Ausdruck einer Zeit, die krank sein will, nachdem sie die Transzendenz und allen Sinn der Welt gestrichen hat. Originell sein wollen, Schlagzeilen und Gewinne machen, das ist Arbeit ohne den Geist und dient niemandem, der Künstler schafft für sich allein, er ist nicht daran interessiert, was er im Betrachter auslösen könnte. Echte, mit Herzblut erkämpfte Kunst wird oft erst posthum erkannt, aber sie bleibt, während jene andere sich selber löscht. Es besteht heute ein großes Bedürfnis nach Aufrichtigkeit, und für manche Künstler ist ihre Arbeit ein Beichtersatz, das ist gut. Andere aber betreiben puren Exhibitionismus, nackt stellen sie sich in ihren Werken allen zur Schau, weil sie es verlernt haben, ihre Gefühle aus der Tiefe heraufzubringen und zu artikulieren, um sich mit anderen auszutauschen, ihr Interesse daran ist erloschen oder es hat nie bestanden.

Suchen wir nach den echten Künstlern unter uns, es gibt sie in reicher Zahl, und wenden wir uns an sie, um zu lernen. Denn echte Kunst führt in die Mystik. Das Gefühl einer lebendigen Gegenwart hinter den Dingen ist sehr viel aufregender als nur genußvoll erlebte Schönheit, es ist Kommunion mit der im Werk anwesenden Person des Künstlers, die von der betrachtenden Seele erkannt wird. Alle Fähigkeiten und Sinne sammeln sich wie in einem Trichter und fließen ins Innerste. Die Transzendenz des Werkes wird durch Inspiration erlangt, **Geist kommt von Geist und Geist führt zu Geist**. Der Intellekt setzt viel später ein, die Analyse, die Kunstkritik. Das Mentale, das Verstandesmäßige hingegen ist nicht schöpferisch, allenfalls verleiht es die Klarheit der Idee, das Mentale reflektiert über Ursache und Wirkung, es ist ein dialektisches Denken und in einem gewissen Maß schon geistiger Natur, aber noch stark begrenzt.

Der Herzschlag der Kunst wird vom Geist bewegt, er ist ihre Suggestivkraft. Die Sprache der Kunst suggeriert Seelenkräfte. Das sind metaphysische Wahrheiten. Wann aber ist Kunst Kunst? Wenn es zur Kommunion kommt, zur Übereinstimmung zwischen dem Werk und seinem Betrachter, und mit dem Werk meine ich das Herz des Motivs und seine Gestaltung, das Innerste. Dann vereinen sich Objektives und Subjektives im Universellen, und hier ist Kunst **wahr-haft** Kunst, sie beinhaltet **Wahrheit**. Leider wird heute auf allen Gebieten nach Objektivität gesucht, auch in der Kunst, und es wird kaum erkannt, daß man sich fremd gegenüber bleibt. Der Betrachter muß herumrätseln: ist es nun die Wahrheit des Künstlers, die mir hier geboten wird, oder die des Objektes, des Motivs, oder ist es meine eigene Wahrheit, die ich darin sehe? Was jedoch am Subjektivsten ist, das ist universal. Rein objektive Aussagen sind uninteressant. Die größten Menschengeister sagen zu allen Zeiten in großem Ernst ihre eigene Wahrheit aus, es sind die Klassiker, die das Universale erreichen und die Gabe haben, es zu vermitteln. In ihren Werken sehe ich den Geist freizügig tanzen.

Die Schönheit liefert sich nur dem aus, der sich anzuhalten und von sich selber abzustreifen weiß, dann läßt auch sie ihre Schleier fallen und das Erleben wird ein mystisches. Und nach der Betrachtung sehnt man sich nach Stille und Schweigen, das ist der eigentliche Ort der **„Wahr-Nehmung"** – **„ich nehme die Wahrheit"** aus dem Erlebten heraus – draußen in der stillen Natur oder im Zimmer allein, denn erst jetzt will sich das Letzte offenbaren, indem ich das Erlebte wieder und wieder lese. Die Kunst erwartet unsere meditative Versenkung, die dem Glaubensgeheimnis nahe verwandt ist.

In tausenden von Fällen wird die ästhetische Freude als ein Endziel gesehen, man denkt nicht weiter, man will nicht weiter, man ist gesättigt. Man ahnt nicht, daß die Kunst ein Weg zur Mystik ist – oder sie ist dieser Weg selbst. Unserer Epoche mangelt es an der Erfahrung der Seins-Einheit im Betrachten und Erleben. Der Genügsame, der sich allein der Welt zuordnet, verpaßt den Weg zu Gott und damit zu sich selbst. Diesen Bruch zwischen Welt und Mystik darf es aber nicht geben, daran könnte unsere Gesellschaft zugrundegehen, denn Mangel an Transzendenz läßt die menschliche Existenz verflachen. Und das hat viele Folgen. Sehr viele.

Möglicherweise gibt es eine Entschuldigung für diesen Verlust: Das Wort „Mystik" wurde mißverstanden und mißgedeutet, landschaftliche Einöde oder hohe Klostermauern treten ins innere Bild. Heute wird eine andere Mystik verlangt, eine, die an ihre existenzielle Dimension erinnert. Jeder Willige kann in den normalen Vollzügen seines Alltags Mystiker werden, um die dritte und die vierte Dimension in sein Leben einzubauen. Dann wird dieses endlich zu strahlen beginnen und einen Sinn erhalten. Der tanzende Geist, der auch die Kunst beflügelt, ist der Offenbarer.

Michelangelo sagte: **„Die Sonne ist nur ein Schatten Gottes"**, und van Gogh malte **„das Dahinter"**, die Wahrheit einer Landschaft, die Innenglut der Natur setzte er in Farben um; das überströmende Licht des Geistes hatte dieser Künstler wahrgenommen, weil er der Schöpfung ins Herz sah, gradlinig und tief genug, sodaß sie sich ihm preisgab. Das ist der Ablauf einer Glaubensfunktion, sodaß dieser ehrliche Mann sagen konnte: **„Ich male die Dinge, die dahinter sind."** In seiner Maltätigkeit wurde er mit dem **Tabor-Erlebnis** belohnt ...

Was hat ein Maler, so fragen wir, mit den drei Aposteln auf dem Berge Tabor gemeinsam? Sie sahen plötzlich mehr, sie sahen das Dahinter, man hat es den **„verklärten Jesus"** genannt. Sie kannten ihn aus nächster Nähe, er war der Freund und Meister, niemand kannte ihn so gut wie diese – aber doch nur vordergründig ... Jetzt wußten sie, daß es ein inneres und ein äußeres Licht gibt, das innere blendete sie derart, daß sie sich niederwarfen, und es war von so überwältigender Schönheit, daß sie dort oben für immer bleiben wollten ... Eine Erleuchtung so konkret wie im Sonnenlicht. Nicht nur Mystiker aller Zeiten und Kulturen wissen es, auch mancher Intellektuelle spricht von den „beiden Sonnen", z. B.: Kant: **„Es gibt eine Sonne über unseren Häuptern und eine andere in der Tiefe der Herzen."** Van Gogh hat diese Innensonne in Feuerfarben umgesetzt.

Das Reich der Kunst lebt inwendig im Menschen, nicht außerhalb von ihm. Wenn ich ein künstlerisches Foto oder eine Handzeichnung betrachte, dann wird der Gegenstand in meine Welt aufgenommen, wobei ich ihn vermenschliche. Zugleich aber humanisiert auch mich dieses Kunstobjekt, wenn es wahr ist. Denn es aktiviert die geistige Dimension in mir, ich werde zu dieser Stunde mehr Mensch, und wenn es tief geht, bleibt es mir. Das Dargestellte dringt ein in meine Gedanken- und Gefühlswelt, eine Szene oder ein Stück Natur wird Teil meiner Lebensphilosophie. Das ist die Funktion der Kunst, sie läßt die Realität tiefer erfassen, auch die eigene, denn ein Kunstwerk offenbart das Besondere im anscheinend Gewöhnlichen. Darin liegt der Wert der Humanisierung durch die Kunst.

„Man muß das Feuer in seiner Seele niemals verlöschen lassen, sondern es anfachen" schrieb van Gogh in einem Brief, er spürte: Ein Künstler wird vom Geist besessen. Der Maler Matisse hat ihn in seinem Pinsel anwesend gespürt. Deshalb sagen wir, ein inspiriertes Kunstwerk **„atmet"**, der lebendige Hauch wird vom Betrachter erlebt, Licht und Feuer der gesamten Ausdruckskraft ist der Geist. Jede anhaltende künstlerische Betätigung **„im Feuereifer"** bezeugt die Anwesenheit des Schöpfergeistes. Der Zustand wahrer Inspiration erfordert das Selbstvergessen zugunsten einer Einfühlung in den Geist, der Mensch wird transparent für ihn. Die eigenen Gedanken fließen lassen, sich mitnehmen lassen von den Bewegungen eines Höheren. Jede Kunst ist eine Einladung zum Loslassen, ein Künstler tanzt mit dem Geist.

Der Sinn künstlerischen Ausdrucks liegt über allen Worten, oder sie werden in Eile verstummen. Dennoch verkündet das vollendete Werk eine Botschaft ähnlich der Sprache Gottes in unserer Welt. Der Übergang von der zweiten zur dritten Dimension bedeutet den platten Realismus konsequent verlassen. Ein wahres Kunstwerk steht am Schnittpunkt zwischen Transzendenz und Immanenz, dort, wo beide Dimensionen ineinander übergehen. Wer denkt hier nicht an die Menschwerdung Gottes?

Und wieder sind wir bei der Schönheit. Simone Weil hat viel über sie nachgedacht und das in mystischer Weise: **„Je-**

der Künstler hat einen realen, ganz unmittelbaren Kontakt mit der Schönheit der Welt, einen Kontakt wie ein Sakrament. Gott inspiriert das echte Kunstwerk, und mag das Motiv auch tausendmal profan sein." Ich bin auch nach der Häßlichkeit gefragt worden, wie kann ein Mystiker die häßliche und tragische Seite der Welt, in der die Schönheit blüht, mittragen? Wie erlebt er sie?

Meine Antwort war etwa die folgende: Der heutige Mensch ist sehr engagiert, er überhört den inneren Anruf längst nicht mehr. Menschliches Leid erkennt er als Einladung zum Engagement, verwandelnd einzugreifen, denn nach Paulus **seufzt die Schöpfung danach und erwartet die Offenbarung der Kinder Gottes** (Röm 8, 19-22). Der häßliche Teil der Schöpfung, alles was uns irritiert, ist der noch unfertige Teil, sie zeigt sich dort noch nicht in ihrer Würde und eigenen Fülle.

Das wäre ein Aspekt, der andere betrifft unsere Verschiedenheit. Unter Schönheit verstehen wir nicht alle schablonengetreu dasselbe. Es gibt die griechische Plastik, die strahlenden Adonis und Apollo, und es gibt unsern Herrn am Kreuz, dessen äußere **„Zerstörung"** von Jesaja prophetisch geschaut worden war, **„der entstellte Menschensohn"** (52, 14). Dies ist vielleicht das schönste aller Gottesbilder, ein anderes als das erhaben-gelassene Gesicht eines Buddha, wie wir es so reich in der asiatischen Kunst finden, sondern hier offenbart sich das ganz Reine und noch Schönere. Der Vorwurf gegen Gott, er sei nur ein Zuschauer des Leidens, ist eine Anmaßung. Im Gesicht des Gekreuzigten lebt Gott als Opfer und nicht als distanzierter Betrachter des Leidens. Bis heute haben selbst wir Christen dieses abgrundtiefe Geheimnis Gottes im Kreuzesleid noch nicht verstanden.

Das Häßliche ist die Aushöhlung des Schönen, ein Aufschrei aus der Mitte, denn alles sogenannte Negative ist ein Appell an die Verwandlungskraft der Liebe. Im geisterfüllten Schauen kann ich dem Greis und der behinderten Frau das Schöne entlocken, im Leben wie in der Kunst. Der Geist der Wahrheit kann aus etwas Unschönem Schönes werden lassen. Ingmar Bergman und Federico Fellini haben schlimme Filme gedreht, auf rohe Weise die Tragik der menschlichen Existenz dargestellt, aber in ihrer Ehrlichkeit haben sie schöne Kunstwerke geschaffen. Der Geist hat viele Gesichter.

Und die Wahrheit strahlt zurück: **„Wenn die Kunst nicht das Wunder einer Verwandlung der betrachtenden Seele vollbringt, dann ist sie nicht mehr als eine flüchtige Leidenschaft."** (Gogol) Jedes Kunstwerk bleibt Menschenwerk, es bleibt in sich unvollendet. Die Vollendung weicht wie ein ferner Horizont vor den Augen des Künstlers zurück, das aber ist das Geheimnis der Suggestivkraft, die das Werk besitzt. Groß ist die Versuchung, ein vollkommenes Werk zu schaffen, wahre Kunst aber erwacht erst in ihrer eigenen Entblößung. Vermutlich ist diese Art von Vollendung der Schritt von der Täuschung zur erlebten Anwesenheit. Jetzt ist die Kunst schlicht da! Durch den ihr innewohnenden Geist wird die Kunst zur vollen Gegenwart.

In der „Unvollendung" liegt verborgen die ewige Neuheit des Geistes, sein lebendiger Tanz durch das geistige Reich offener Menschenkinder, die sich be-geistern lassen. Das ist meine Vision von Zeit und Ewigkeit. Ewiges Leben stelle ich mir als ein ungeheuer dynamisches Tun vor und keineswegs als stille Kontemplation eines Gottes, der nichts als Anbetung wünscht. Ich sehe meine Zukunft als Teilnahme an diesem überdimensionalen und gewiß hinreißend schönen Erneuerungsprozeß, geistbelebt und geistbedingt. **„Ich tanze, weil Du mich führst"**, sagte die Mystikerin Mechthild von Magdeburg. Der Geist als ewiger Tanz im Gottesreich.

Das Gesagte basiert auf menschlicher Erfahrung, die Spirituellen unter uns wissen, daß sich ihr Leben selbst verfolgt, es tanzt und stößt niemals an Grenzen, es erschöpft sich nicht, erreicht auch keine Ziele, um dort auszuruhen, sondern weise sorgt der Geist für ein Zurückweichen der Horizonte. Gott ist weder im Diesseits noch im Jenseits ein berührbares Ziel, sonst wäre er eine Sackgasse. Gott ist vielmehr Spontaneität, er ist Kindheit, er ist Jugend, er ist das Ewige in der fortwährenden Neuheit, die der Geist garantiert.

Mich be-geistert die bleibende Neuheit in seinen tausend Gesichtern. Jeden Tag erschafft Gott die Welt neu – und uns Menschen! **„Siehe, ich mache alles neu!"** – dieser Satz aus der Apokalypse betrifft nicht nur die Endzeit, sondern ist Parusie im Heute! Jetzt – **„die Erscheinung des Herrn"**. Jeder Sonnenaufgang und jede Kindgeburt ist eine Epiphanie des Geistes. Und was immer unser Alter sein mag, an dieser ewigen Jugend Gottes können wir teilhaben, wenn wir beschwingt mit dem Geist leben, in tänzelnder Freude – er verjüngt uns, er verjüngt die Welt.

Erinnern wir uns nicht, wie gern wir uns verwandelt haben, als wir Kinder waren? Wir trugen Masken und Phantasie-Kostüme, erschreckten die Erwachsenen – was ich besonders gern tat – und vieles mehr. Das Spiel der Wandlung steht unter dem Antrieb des Geistes und ist mit Abschluß der Kindheit keineswegs beendet. Wandlungsfähigkeit bezeugt geistige Beweglichkeit. John Henry Newman sagte: **„Leben heißt sich wandeln, vollkommen sein heißt sich oft gewandelt haben."**

In Nordamerika fand Gottes Beweglichkeit und ewige Jugend einen Namen in einem neuen Begriff, es gibt dort eine Richtung, die von Gott als einem Prozeß sprechen möchte – **„God as a process"**, das enthält Wahrheit! Gott ist nicht der ewig Unveränderliche, sondern ständige Neuheit, Jugend und

Überraschung. Seine Vollkommenheit meint nicht einen statischen Zustand, sondern ein ständiges Sich-selbst-Erfinden, und wenn ihn die Bibel Quellsprudel nennt, dann kommt das dieser Vorstellung nahe. Gottes Geist ist sich wandelndes Leben, sein Aus-Druck sind dynamische Liebeskräfte, welche die Welt tragen. Wir Christen haben ein faszinierendes Gottesbild!

Und seine Lebens- und Liebeskraft brachte Gott in die Schöpfung ein, alles Erschaffene vibriert und strahlt, alles formt und verändert sich, alles pulst und strebt und bildet sich. Gott schafft nicht von außen, sondern durch den Geist von innen her, die Schöpfung ist ein Werdeprozeß, den wir Evolution genannt haben. An die Kraft des Geistes glauben in der ewigen Jugendekstase. Alles in Leidenschaft tun, tanzen und wissen: Ich bin nicht, sondern ich werde, mein Dasein ist Wachstum, und die Geisteskraft der Liebe ist in mir. Leben heißt unentwegt Gebären und Neugebären, das ist ein Versprechen, das uns gegeben wurde. Wir sind uns selbst geschenkt worden als ein Versprechen! Dabei versteht es sich von selbst, daß wir uns noch als unvollkommen erfahren, unruhig und unbefriedigt sind, immer auf der Suche. Wir fühlen, daß wir eine Welt in uns tragen, die noch schlummert...

Die Abenteuerlust des Jugendlichen steckt in jedem von uns, nur wirkt sie sich tausendfach verschieden aus. Könnte ich in diesen und jenen schüchtern Verklemmten die Spiritualität des Wagnisses hineinzaubern! Auch der vorsichtig Berechnende bringt es zu keinem Lebensertrag, der ihn glücklich stimmt. Ich bin für **eine Ethik des Spielens in der Freiheit unserer Gotteskindschaft**. Gotteskinder haben keine Ängste, sie spielen glücklich im Angesicht ihres Vaters... Einen **„Fan des Heiligen Geistes“** nannte mich 1996 die österreichische Kirchen-Presse in der Überschrift ihres Artikels, das hat manche unserer Leser erheitert, mir aber ernstlich aus dem Herzen gesprochen, insbesondere eine Textstelle über die Ängstlichkeit: **„Seine Reden lassen etwas vom Pfingstwunder aufblitzen, das auch damals die Jünger und Jüngerinnen von ihrer Ängstlichkeit befreite."**

Wir verfügen über Abgründe von geistiger Energie, die nur darauf wartet, ausgehoben zu werden, Gottes Geist ist immer dazu bereit, nur wir sind es nicht. Selbst wenn uns eine Krankheit niederstreckt, bleiben wir verschlossen und skeptisch, in Wahrheit könnten wir kraft des Geistes, mit dem wir uns verbinden, das Böse überwinden.

Ein südafrikanischer Arzt in Lesotho, Dr. J. L. Molete, sagte 1997 in einem Interview über das geistige Phänomen der Selbstheilung: **„Auch heute, wie schon vor Tausenden von Jahren, ist der Kranke selbst in der Lage, seine ihm zur Verfügung stehenden Selbstheilungskräfte zu mobilisieren, der Arzt oder der Medizinmann im Busch können dabei nur helfen."** Die „Traditionelle Chinesische Medizin" (TCM) und die „Traditionelle Afrikanische Medizin" (TAM) beurteilen Krankheiten als geistig-seelische Verunreinigungen (ich würde es lieber Störungen nennen), also müssen sie an ihrem Ursprung behoben werden. Dabei sehe ich die Freude – den tanzenden Geist als den Hauptagenten. Wir hören auch von wahrhaften **„Spontanheilungen"** oder von **„wunderbaren Genesungen"**, die nach meinem Gefühl durch einen Hoffnungssturm geistiger, religiöser Freude ausgelöst werden.

Mein Glaube ermahnt mich, meinen kleinen Menschengeist in den großen Gottesgeist hineinzulegen, das bedeutet meine „Grenzerweiterung", denn diese verdoppelte Energiequelle schafft unbegrenzte Möglichkeiten. Das hat Jesus den Kranken und Gelähmten gesagt und vor allen Augen demonstriert. Das Evangelium ist die Botschaft von der Kraft des Geistes jenseits der brüchigen Hoffnung des Menschen. Eine Botschaft, die über den Tod hinausweist.

Unsere Gottähnlichkeit wird erkennbar. Aber den Menschen steht ihre Weltnatur näher, sie sind begnadet geistige Wesen und wollen **Fleischmenschen** bleiben, eingekapselt in eine Scheinwelt, welche die Hindus **„maya"** nennen, ein Leben außerhalb der Wirklichkeit. Aus Unlust? Aus Unglauben? Aus Furcht vor Veränderungen? Ahnungslos unwissend darüber, daß sie sich mit einem **Fleisch-Geist-Wandel** die ewige Jugend einhandeln könnten. Nein, lieber bleiben sie fest verankert stets am selben Fleck, genießen die Stunde oder schauen nostalgisch zurück in ihr Gestern – und altern! Weshalb ist es so beflügelnd, mit Jugendlichen zusammen zu sein? Weil man diese Herzen klopfen hört und förmlich sehen kann, wie sie mit allen Fasern nach der Zukunft streben. Welch Geistesglanz in diesen Augen, welche Hast in den Bewegungen! Und welche gesunde Sicherheit! Die Jugend lebt noch ganz im Urvertrauen und atmet in der Dynamik des schöpferischen Anfangs. In der Jugend quillt und treibt und wirbelt es. Sie tanzt! Sie tanzt! ...

Aber auch die Ältesten unter uns bewohnt der Geist als ewige Feuerflamme, die nichts anderes im Sinn hat, als zu entzünden. Das Gesicht des Geistes als Spontaneität ist etwas Wunderbares. Niemand kann ihn voraussagen, das Bild der einfliegenden Taube wurde von unseren Vorfahren gut gewählt, aber die Taube entflieht auch! Die bunten Phantasien dieses freien Vogels werden uns bis an unser Lebensende überraschen. Das Bild eines tanzenden Gottes liegt mir besonders, denn ich glaube an diesen sprühenden Gottesgeist, der mit riesigen Schwingen über dem Universum tanzt.

Seine spielerische Anwesenheit ist mir längst Erfahrung, denn ich werde nur allzuoft zur Flexibilität gedrängt und zur Improvisation verpflichtet. Dann, gerade in der Bedrängnis, spüre ich, daß ich besonders phantasievoll sein kann, weil der Geist mit mir tanzt. Weil dieser Unendliche seine Struktur verändert, um sich mit mir als endliches Menschengeschöpf zu arrangieren und unvorhergesehenen Umständen anzupassen. Weil ich Erfahrungen mit ihm habe und mich immer für ihn offen halte, verändert er seine Struktur, um durchzukommen und mich abzuholen. Ich muß bereit dafür sein, das heißt, daß auch meine eigene Struktur nicht erstarren darf.

In dem Maß, in dem der Gottesgeist meinen Menschengeist erfassen kann, verwirkliche ich mich selbst. Meine Menschlichkeit war zu Beginn meiner Existenz keine Mitgabe wie ein angeborenes Talent, sondern sie bestand als ein Projekt, nach dessen Ziel die Seele verlangt. Um dieses Projekt – Menschsein im geistigen Erwachen – geht alles! Doch braucht der Geist unser Grünes Licht, um Wunder geschehen zu lassen.

Bleibt der Mensch in sich verschlossen und verharrt in selbstgenügender Gleichgültigkeit, dann wird eines Tages die Traurigkeit bei ihm einziehen und sich ausbreiten in seinen inneren Wohnungen, sie wird sich fühlbar machen durch düstere Schwere im halb-bewußten Wissen, daß er seine Berufung verrät. Genauer gesagt, er spürt, daß er sich seiner Inneren Stimme versagt hat und sein eingetrübter Blick gibt uns darüber Auskunft. **„Betrübt nicht den Geist in euch!"** mahnt das Evangelium. Frohsinn und Lebensfreude sind Früchte des Geistes, die deutlich sichtbar hervortreten.

Und von dieser lebensfrohen Art ist auch seine Beziehung zu Gott. Seine Gebete haben keinen offiziellen Charakter, er kennt kein mühseliges Winden in Worten, sondern er **„spielt"** mit Gott. Und Gott hat seine helle Freude an dieser inneren Freiheit, denn kindliche Vertraulichkeit mit Gott ist die glückliche Eigenschaft eines wahrhaft spirituellen Menschen. Glücksmomente pflücken und sammeln, wie Kinder es mit besonderen Dingen tun, denn sie weisen auf das Ewige hin! Begreifen, daß es einzigartige Geistesgnaden sind, unwiederholbar, aber verewigt! Diese Augenblicke erkennen und innehalten, dabei die Unendlichkeit des Himmels in einem Tropfen Tau entdecken. In der Mystik des Raumes ... In der zeitlosen Zeit ...

Ein Zeichen authentischer Gesundheit ist die Freude, Heilige sind fröhliche Menschen, man spricht von der **Heiterkeit der Heiligen**. Filippo Neri, 16. Jahrhundert, nannten seine Zeitgenossen den „Heiligen der Freude", und dem großen islamischen Mystiker des 10. Jh. Al-Halladj sagte man nach, er habe nur gelacht, der Mißverstandene wurde umgebracht. Aber, wie es uns Dietrich Bonhoeffer hinterließ: **„Bei Gott wohnt die Freude, von ihm kommt sie auf uns herab und ergreift Geist, Seele und Leib. Es gibt eine Freude, die von Schmerz, Not und Angst des Herzens gar nichts weiß, oder sie haben keinen Bestand und können nur für Augenblicke betäuben."** Der unzerstörbare Freudenzustand der Heiligen kündet von der Vollkommenheit und von ihrer „durchlebten" Mystik. Diese lacht nicht in die Welt hinein als das übliche Echo allgemeinen Frohsinns, sondern wird in der Stille des eigenen Herzens erlebt, um sich dann unter anderen Gesichtern der Außenwelt mitzuteilen. Die mystische Freude erleuchtet das Innere, den gesamten Leib, den Ausdruck der Augen und der Lippen. Möge doch jemand einmal die Anzahl des Wortes „Freude" in einem mystischen Erlebnisbericht zählen ... wenn es diesen gäbe!

Die Heiterkeit des Mystikers hat seinen Grund. Was geschieht? Der Geist der Einheit hat diesen Menschen zu sich selbst gebracht und ihn innerlich geeint. Mystik und innerer Einklang sind nahezu identische Begriffe. Der Mystiker hat seine Einheit in der unsagbaren Freude geistiger Aussöhnung des Ichs mit dem Selbst gefunden, des Intellekts mit dem Gefühl, der Seele mit dem Kosmos. Und dieser Weg führt durch die Mystik hindurch in die tiefe, unschuldige Freude.

Sri Aurobindo, der hinduistische Religionsphilosoph, sagt es in sehr schlichten Worten: **„Lerne die wahre Freude und Du wirst Gott kennen."** Es gibt die kleine Freude zum halben Preis, und es gibt die heroische Freude. Es gibt die gewöhnliche Freude und die außergewöhnliche. Es gibt die natürliche Freude und die übernatürliche.

„Freut euch im Herzen zu jeder Zeit!" schreibt Paulus (Phil 4, 4). Zu jeder Zeit? ... Das ist eine Herausforderung des Geistes! Laßt unser inneres Leben ein schwingendes sein, über den kleinen, oft so unwesentlichen Dingen stehend, in der Leichtigkeit des tanzenden Gottes, der in uns lebt. Laßt uns jenseits aller Zwänge, Pflichten und Strukturen freudig sein! Laßt uns werden wie die Kinder, die am Tage 400 mal lachen – im Gegensatz zu uns Erwachsenen, uns gelingt es nur noch 15 mal, so die wissenschaftliche Disziplin der Lachforschung, die uns mit dieser Meldung sicherlich nicht freudiger stimmte. Wissen, daß es der Geist ist, der uns aus uns herausschleudern will, wenn wir uns verkrampfen.

Ein weiter Weg liegt noch vor uns, bis wir uns diesem glänzenden Horizont der bleibenden Freude nähern und das Land der Geschwisterlichkeit betreten können. Vielleicht werden wir lange noch auf dem Wege bleiben müssen und uns nach der Verheißung sehnen, deren Erfüllung jede Vorstellung übertreffen wird. Geben wir nicht der Versuchung nach, jetzt seßhaft zu werden, es uns geistig gemütlich zu machen und uns vorzuspinnen, wir seien am Ziel, das Mögliche sei erreicht und das Unmögliche anzupeilen sei unvernünftig. Das ist genau die Falle!

Mit dem Geist alles groß sehen! Flammenzündende Ideale weitergeben, die nicht aus uns selbst stammen, sondern **„Eingebungen"** sind, durch die **„uns ein Licht aufgegangen ist"**. Alles leidenschaftlich und be-geistert angehen! Seinen Träumen kein Maß anlegen und seiner Sehnsucht keine Schranken! Das Leben ist eine Wette auf die Zukunft. Alle Zeit an die Macht des Geistes glauben, an den unendlich Großen und an den kleinen Geist in uns. Es sind die geistigen Ideen, die unsere Welt bisher getragen haben, sie sind uns Antrieb.

Vom Patron unseres Jesuitenhauses in Alexandria, dem heiligen Franz Xaver, sagte man, er sei verrückt gewesen. Aber dann wurde er zum Heiligen erhoben. Gewiß hat er verrückte Dinge gesagt und getan, aber die Nicht-Verrückten haben die Welt nicht weiter vorangebracht, geschweige denn verändert. Selbst ein Nobelpreisträger, der dänische Atomphysiker Niels Bohr, wußte ganz sicher, was er sagte: **„Wer wirklich Neues erdenken will, kann nicht verrückt genug sein."** Es tanzt der Geist...

Ich möchte das auf unseren Glauben ausdehnen und appellieren: Wir sollten lieber in ganz verrückter Weise an Jesus glauben, als daß wir ihn vergäßen. **„Komm! Folge mir nach!"** – das ist kein Formelspruch, sondern der ewig gültige und sehr ernst gemeinte Anruf Jesu. Um damals seine Lehre zu festigen, brauchte er zunächst innerlich freie Menschen, die in der Lage waren, sich auch äußerlich freizumachen, bereit zu sein, dem Geist zu trauen. Das Geheimnis des Christentums liegt in dieser Freiheit gegenüber einem Auftrag. Das Evangelium ist ein Weg der Befreiung und zugleich ein Scheideweg.

„Folgt mir ins Unbekannte!" das war die Bedingung für die Jüngerschaft und sie meint auch uns und unsere Nachfolge in der Geistbeweglichkeit. Seinem Stern folgen, den man im Universum entdeckt hat! Sich – mit dem geistigen Schwert – aus allen Hindernissen freikämpfen, Durststrecken überwinden und Abgründe akzeptieren, dabei den Stern niemals vergessen. Dann zieht er uns voran. Die Begriffe Fortschritt und

Menschheit meinen im Grunde dasselbe, der Mensch ist ein Wesen auf Trab. Und das Christentum ist in diese Fortschrittsidee hineingegründet.

Die Jugend nehme ich als ein Zeichen des verheißenen **„neuen Himmels über einer neuen Erde"**, die Jugend als Sakrament des Kommenden, die Jugend als jene Hoffnung, die uns Generation auf Generation darauf hinweist, daß die Welt nicht altert und daß jemand für uns alle die Zukunft gebucht hat. Ein Blick auf die Jugend gibt uns diese Sicht frei, ich sehe in ihr ein eschatologisches Element, sie gibt mir Kunde von der Parusie, in der wir alle strahlend jung sein werden ...! Jetzt aber bleibt uns noch Wesentliches zu tun, vor allem unsere Offenheit zu mehren, um Mitschöpfer Gottes zu sein, tanzend in der Freiheit des Geistes.

GEBET: *„Heiliger Geist, Du bist die ewige Kindheit Gottes und auch unsere, Du bist unser Spiel und unsere Fröhlichkeit, unsere Träume und alle Phantasie, bewirkt durch Deine Heiterkeit und souveräne Freiheit in allen Dimensionen. Laß uns Deine Kräfte spüren, denn alles vermagst Du, Du bewirkst, daß selbst Gott sich im ständigen Prozeß befindet, im Werden ohne Ende, weil auch er sich überschreitet. Komm, dynamischer Geist! Du hast den Urgewässern Schöpferkraft verliehen, Du bist uns Menschen eingegeben worden als der göttliche Hauch, lockere uns, aber binde uns an Dich! Gewähre uns die Erkenntnis, daß Du in uns lebst, uns inspirierst, unsere Zukunft zu gestalten. Im Glauben an Dich, im Glauben an uns selbst und im Glauben an unsere Mitmenschen."* Amen.

Es gibt eine Oster-Ikone, in der unser auferstandener Christus die Menschen mit sich nimmt und sie tänzerisch nach oben geleitet – ein Ausdruck seliger Freude für Gott und Mensch. Und es gibt eine Ikone der Dreifaltigkeit, in der die drei göttlichen Personen miteinander tanzen.

DIE BELEBTE NATUR

Mensch und Natur sind aufeinander abgestimmt und voneinander abhängig. So wie der Mann sich nach der Frau sehnt und die Frau nach dem Mann, so sehnen sich Mensch und Schöpfung nacheinander und stehen schicksalsverbunden im gemeinsamen Prozeß ihrer Vollendung.

Die Welt in Leidenschaft lieben! Verliebt sein in die Schöpfung! Denn wir wissen es: Ihre Erhabenheit ist die Geistanwesenheit in ihrer unerschöpflichen Kraft der Gestaltung. Das ist das Faszinosum der Natur, das ist ihre Sprache, und ich nenne es die tausend Gesichter des Geistes. **Natur**, das ist die Weichheit der großen Sanddüne bei der Oase Siwa, ein flüssiges Gold, das am Horizont mit der Unendlichkeit verschmilzt. **Natur**, das ist das entfesselte Meer in Kobalt und Türkis an einem Wintertag in Alexandria. **Natur**, das sind die tausend stillen Gesichter einer Frühlingswiese in den Alpen. **Natur**, das ist der deutsche Wald, dunkel und voller Geheimnisse. **Natur**, das ist das spielende, das kämpfende oder das mütterlich sorgende Tier. **Natur**, das ist alles Wimmeln und Kribbeln im Überschwang der Lebenskräfte, das Bersten der Erde und ihre Geburt an jedem neuen Tag.

„Diese Welt", sagt Simone Weil, **„ist die Sprache Gottes zu uns, das Universum ist das Wort Gottes. Die Schönheit alles Geschaffenen ist das zärtliche Lächeln, das Christus uns durch die Materie schenkt."** Für mich ist die Natur ein Königsweg zu Gott und zu mir selbst. In ihr finde ich meine eigenen Wurzeln und den festen Grund meines Wesens, dort liegt mein Ursprung, der tierische, pflanzliche, mineralische und kosmische Ursprung. Diese beseelte Wesenheit, geprägt von Kreativität und Zielgerichtetheit, die Wirkung des ihr einwohnenden Geistes, dienen auch mir zur Neubelebung. Dieser Antrieb ist Sinn und Zweck jeder Kontemplation, eine ergreifende Naturszene formt etwas am Betrachter und gestaltet ihn, er wächst! Denn wenn er die Szene von innen her erlebt, dann öffnet sie ihm ihre Seele.

Wir haben ein Problem dabei – den Besitzinstinkt. Beide Hände wollen wir über ein Gut breiten, es leidenschaftlich verteidigen in Worten und Zeichen. Doch geistige Güter verteidigt man nicht, man lebt sie. Wenn Du Deinen Anspruch geltend machst, verflüchtigt sich der Schatz. Die Liebe vor allem. Sie ist ein geistiges Gut, das Deine innere Armut und Anspruchslosigkeit voraussetzen möchte, dann wird sie sich Dir hingeben, wie sich die Natur Dir hingibt, an einem hellen, starken Tag.

Der Geist ist dieses freie Spiel in unserer natürlichen Welt, tänzelnd über allem, präsent in allem, entzieht er sich doch unserem Zugriff. Niemand kann nach einer Landschaft greifen, sie gehört dem Schöpfergeist. Ein chinesischer Weiser hat es so empfunden: **„Du kannst den Geist nicht einfangen, doch kannst Du ihn auch nicht verlieren. Deine Ohnmacht, ihn zu greifen, ist Dein Glück, denn nur so kannst Du ihn fassen. Der Geist spricht, wenn Du schweigst, und der Geist schweigt, wenn Du sprichst."**

Die Erhabenheit der Natur besteht in ihrem Dasein um des Daseins willen. Oft fürchte ich, daß die Menschen diese Zwecklosigkeit ihrer unendlichen Schönheit nicht bedenken, weil sie ihre eigene Existenz auf Zweck und Nutzen richten, diese haben Vorrang und sind wertbestimmend. Wer sich aber in schlichter Selbstverständlichkeit an der Natur erfreut, wird wie von selbst ins Innere der Erscheinung gleiten, er wird hineingetragen werden – durch den Geist! Dem Geist wird es immer ein Verlangen sein, den Menschen zu sich selbst kommen zu lassen, deshalb führt er ihn geheimnisvoll bei der Naturbetrachtung. Die Natur wird ihn unterstützen und bereichern, sodaß er ein wenig mehr sein wird, als er gestern noch war.

Was verstehen wir unter der **Seele der Natur**? Sie ist jene stille Kraft, welche die Elemente zusammenhält, nur sie allein kann diese organische Einheit schaffen und erhalten, denn sie stammt aus einer Ordnung, die das Natürliche überragt. Das läßt weite Gedankensprünge zu, ich denke an das sich bildende Europa, das sich in einem ähnlichen Prozeß befindet. Die gesamte Menschheit strebt nach dieser organischen Einheit, man spürt, daß sich auf unserem Planeten etwas Grundlegendes verändert. Da werden nicht nur Schritt um Schritt Elemente zueinander gefügt, nein, diese Wirkkraft ist geistiger Art, es ist der Gottesgeist, der diese Einheit plant.

Der Geist vereint die Personen in der Dreifaltigkeit, jetzt in diesem Augenblick! Und dieses göttliche Prinzip findet seinen Widerhall in unserer Schöpfung – jetzt! Die Entwicklung drängt voran, und eines Tages, nach unserer Auferstehung, werden wir ein Geistleib sein. Während in der Natur die Seele das notwendige Prinzip der Einheit war, ist beim Menschen die Seele schon geistig. Weil wir noch einen Fuß im Tierreich stehen haben – und recht fest, brauchen wir diese **anima**. Aber wir sind nicht nur Seele und noch nicht Geist, sondern beides, eine Geistseele, weil wir zugleich tierische und geistige Wesen sind.

Ein Tier ist ein beseelter Körper, der Mensch steht auf der Schwelle, seine Seele weist über seinen Körper weit hinaus, übersteigt dessen Maß, ist größer als jedes Maß. Durch den Geist hat der Mensch Anteil an jener grenzenlosen Wirklichkeit, die in den weiten Räumen des materiellen Universums nicht einmal Platz fände. Eine Pflanze hat noch kein Bewußtsein, sie ist noch nicht hinreichend komplex, aber sie ist beseelt, sie hat ihre **Pflanzenanima**, doch noch keinen Geist. Er würde ihre Natur sprengen, und das wird er eines Tages tun, **„wenn sich die Zeiten erfüllen"**. Auch die Pflanzen werden vom Geist der Liebe wachgeküßt und ins große Erlösungsgeschehen hineingenommen werden.

Und noch einmal: Bei Pflanze und Tier findet sich die Seele im Körper, beim Menschen ist das Gegenteil der Fall, **wir sind ein Körper in einer Geistseele**. Dasselbe gilt für die Eucharistie: Nach dem Empfang der Kommunion befindest Du Dich in Christus – nicht er in Dir. Dein Körper ist in Deiner Geistseele enthalten. Deshalb sind wir Menschen für die kreatürliche Welt so wichtig, wir stellen ihre Verbindung zum Reich des Geistes her. Ich gestehe, den kommenden Zustand der gesamten Auferstehung würde ich postulieren, wenn er uns nicht offenbart worden wäre! Er ist eine Notwendigkeit nicht nur für uns menschliche Wesen, sondern für alles, was lebt und lebte. Der Geist als großer Wegbereiter, er öffnet der Schöpfung alle Tore zum Licht. Das Christentum ist eine Offenbarungs- und **eine Erlösungsreligion**.

Um uns Menschen bemüht er sich längst vor unserem leiblichen Tod, denn wir sind kommunikationsfähig. Er regt uns an, unsere natürliche Bindung zu lockern, er ruft und lockt uns in einen höheren Wesenszustand. Jeder wird einmal **„an Leib und Seele erfahren"**, daß der Geist alles ist! Dann verstehen wir auch, daß wir als Gottesfreunde für die niederen Stufen der Schöpfung verantwortlich sind, weil wir gemeinsam im Werden stehen, im Vergehen und Auferstehen.

Lassen wir uns bewußt werden, was jener Gottesauftrag in der Genesis zum Inhalt hat: Wir sind die Schlüsselfigur, die Leitgestalt der Schöpfung, die natürliche Welt wurde in unsere Hände gelegt, sie soll uns am Herzen liegen. Über diese Ethik der Verantwortung gibt es ein neues Buch von Hans Jonas: **„Das Prinzip Verantwortung"** (1979). Es ist unsere

Berufung, die Schöpfung in unser menschliches Leben zu integrieren, damit wir uns gemeinsam – Pflanze, Tier und Mensch – in diesem kommenden höheren Zentrum vereinen können. Unsere Funktion, unsere Mission besteht darin, die Schöpfung zu Gott aufsteigen zu lassen, und das bedeutet, sie muß durch uns vermenschlicht werden. Und Großes strahlt zurück: Wir vervollkommnen uns selbst dabei!

Kürzlich schickten mir Liana und Tina, zwei Schwestern von 12 und 10 Jahren, aus Kalifornien eine dringende E-Mail, nachdem ihr Hund gestorben war und sie sich fragten, was nun mit ihm geschehen würde. **„Sind Hunde vom Himmelsleben ausgeschlossen? Gibt es niemals ein Wiedersehen?"** ... Ich habe sie beruhigt: **„Weil Euer Hund ein Teil von Euch gewesen war, ein Stück von Euerm Herz und Leben, deshalb kann er nicht verschwinden. Durch Eure Liebe und Pflege habt Ihr ihn in Euer menschliches Leben aufgenommen, und das ist ewig. Dieses Tier ist mit Euch unsterblich geworden, und eines Tages werdet Ihr es wiederfinden in der unaussprechlichen Glückseligkeit der Gottesnähe."**

Hast Du noch nicht die Sehnsucht der Natur verspürt, wie sie sich nach Dir streckt und dürstet nach einem Mehr als sie selbst? Das Höhere wird vom Niederen erahnt und herbeigesehnt, die Natur möchte teilhaben an Deinem Leben. Wir Menschen streben zum Göttlichen, weil wir Ahnung und Kunde davon haben. Die Natur ahnt das Menschliche, und sie hat an dieser inneren Spannung zu tragen. Da klopft ein Herz! **„Warum soll es zu den Seelen, die da laufen, schreien und fressen, nicht auch Seelen geben, die still blühen, die im Schlürfen des Taus ihren Durst, im Knospentreiben ihren Drang, im Wenden gegen das Licht eine höhere Sehnsucht befriedigen?"** Das fragte im 19. Jahrhundert der Naturphilosoph und Physiker G. T. Fechner.

Tiere haben Sinne, die den unseren überlegen sind oder die wir nicht einmal ansatzweise besitzen. Bekannt ist, daß Haushunde über beträchtliche Entfernungen ihren Menschen, den sie lieben, wiederfinden. Die längste mir bekannte Strecke bewältigte in diesem Jahr ein australischer Vierbeiner, den ein Fernfahrer verloren hatte. Er fand – und nur Gott weiß wie – sein Zuhause nach drei Monaten wieder und hatte 4000 Kilometer zurückgelegt. Unsere Haustier-Liebe ist ein Phänomen, und es ist anzuraten, diese Wahrheit einmal in aller Tiefe zu durchdenken. Du wirst Zeuge irrsinniger Freude eines kleinen Hündchens, das von seinem Besitzer begrüßt und liebkost wird. Ganz und gar auf diesen einen Menschen eingestellt, wird dieser Hund zum Botschaftsträger für alle übrigen Geschöpfe, die sich dem Menschen gegenüber nicht äußern können. Der Hund findet Antwort, viel Zärtlichkeit, eine reiche Gegenliebe durch den Menschen – und diese gilt zugleich der übrigen Natur.

Die Natur harrt dem Miterlöstwerden. Die Prophezeiung des Paulus, daß die Erlösung nicht nur die Menschheit betrifft (Röm 8, 21f), besagt, daß die Natur sich ihres Ursprungs und Zieles „unbewußt bewußt" ist. Gegenwärtig wird sie von einer Nostalgie getragen, die von den einzelnen Geschöpfen geistig noch nicht erkannt werden kann. Doch eines Tages wird der Geist ihnen das Wissen eingeben: **„Ich werde geliebt"** – und alles Lebendige wird auf seine Weise das Reich Gottes erkennen.

Die Indianer, z. B. die Apachen, sprechen von den Pflanzen als dem **„Grünen Volk"**, es lebt und ist beseelt, Mensch und Pflanze sprechen miteinander. Obwohl die Pflanzen keine Sinnesorgane besitzen, verfügen sie doch über eine Art Primärwahrnehmung, sagen die beiden Autoren Tompkins und Bird in ihrer berühmten Dokumentation von 1973 **„Das geheime Leben der Pflanzen"**, Ergebnis einer internationalen Forschungsarbeit über das Mitgefühl, die Mitfreude und das Mitleid von Pflanzen, über ihre Körpersprache, die sie beherrschen, und über ihre Liebessprache! Die Pflanze ist ein agierendes und reagierendes Lebewesen, und man muß kein Indianer sein, um darum zu wissen.

Man muß auch kein Mystiker sein, um Bäume zu lieben. Diese Liebe ist sehr weit verbreitet, wie einen inneren Anruf empfangen es die Menschen, einen Baum zu umarmen und ihm etwas zuzuflüstern. In England gibt es 2000jährige Eiben und noch immer Nachkommen keltischer Stämme, die mit diesen Bäumen im Austausch stehen. Sie sprechen von dem Geistwesen, das in jedem Baum anwesend ist, die **„Dryade"**. Angeblich benutzte schon das antike Griechenland diesen Namen in diesem Zusammenhang.

Ein Baum ist mehr als ein zukünftiges Möbelstück. Er spricht zum Menschen und verkündet etwas, und hier spielt unsere Betrachtung, die wir Kontemplation nennen, ihre außerordentliche Rolle. Zunächst gehen wir dabei eine horizontale Beziehung ein, wir addieren und speichern die Bilder, die wir empfangen, in unserem Innern – bis sich unser Blick plötzlich weitet und wir den Baum in seiner Tiefendimension erfassen. Und vielleicht können wir die Botschaft lesen, denn die Gesamtstruktur, die ungeteilte Sicht eines Baumes, hat uns Wichtiges mitzuteilen, man könnte ein Leben damit zubringen, über das Wunder von Bäumen in ihrem Symbolgehalt nachzudenken. Tief und schwer senkt er sich in das Erdreich ein und wirft sich zugleich dem Himmelslicht entgegen. Er ist alles in einem: Niederes und Verborgenes, Lichtes, Leichtes und Strebendes. Vermutlich ist der Baum für mich in der Natur das greifbarste Gesicht des Geistes; weil er so weit auslädt, verbindet und versöhnt er die Dimensionen.

Diese betäubend schöne Geste der Natur! Immanenz und Transzendenz signalisierend, hält der Baum viele Mitteilungen für den Menschen bereit, der sich öffnet. Ihm erzählt er von der Zeit, die er braucht, und dem stillen Rhythmus des Lebens in der Wirkkraft des Geistes. Im Wurzelbereich eines Baumes finden wir auch das Abbild von Leben und Tod, da sein unterirdisches Leben begrabenes Leben ist. Die Natur ist immer beides, Schwäche und Stärke, Sterben und Neuerwachen, sodaß ich den Geist im lebenden Baum in dieser Spannung der Gegensätze finde, welche Widersprüchliches vereint. Beseeltes Leben kennt immer Leben und Tod.

Ein Animist – 228 Millionen soll es geben – glaubt an eine hierarchisch gestaltete Welt aktiver Naturgeister, alles und jedes hat seinen eigenen Geist, der es bewohnt – der Fluß, der Berg, der See, dieses oder jenes Tier, gut oder böse, und jeder Geist trägt als „Person" einen Namen. Der Animist weiß, daß seine Geister nicht auf derselben Realitätsebene mit ihm leben, dennoch sind sie für ihn real, und ich glaube, daß hier eine **„reale Intuition"** vorliegt, wurzelnd in der Inspiration, die klarlegen will: Es gibt keine rein-materiellen Dinge, nichts Lebloses existiert, die biologische Welt ist beseelt und der Geist an der Arbeit. **„Das WORT ist allezeit grün, es ist Geist und manifestiert sich in allen Lebewesen"** (Hildegard von Bingen), **„Jedes Geschöpf ist ein Wort Gottes"** (Meister Eckhart).

„Devas" nennen die Hindus bestimmte Wesen, die, wie sie sagen, von Hellsichtigen geschaut oder in der Meditation visualisiert werden können. Das ist wohl der Hintergrund vieler Märchen mit Elfen und Feen, mit Sylphen, Zwergen und kleinen Kobolden. Die Hindus haben wie die Animisten Erfahrungen mit einer Unmenge von Naturgeistern, die sie in einem spezifisch veränderten Bewußtseinszustand wahrnehmen, nicht über die physischen Sinne. Der Begriff Animismus kommt von **anima**, Seele, und drückt den zweifelsfreien Glauben an diese Dinge aus. Er ist in Afrika, Lateinamerika und Asien lebendige Alltagswelt. Ich erkenne die Natur als eine Schule Gottes, allen Menschen zugänglich, auch den Analphabeten, weil sie mystisch lesbar ist.

Im allgemeinen überwiegen die guten Kräfte in den Naturreligionen, doch gibt es auch die Harmoniestörer, die Rachegeister, die Unglücksbringer, und es agieren unter den professionellen Magiern auch die Totbeter (Schwarze Magie) mit Hilfe von Pflanzen und Tierteilen. Ist **„Voodoo"** eine hypnotische Praktik? Niemand weiß es genau. Alle Geister, glaubt man, üben Macht aus, weshalb man viele Riten und Opferzeremonien und eine große Zahl von Liturgien entwickelt hat, um sie zu besänftigen oder ihnen eine Gunst zu entlocken. **„Allem, was lebt, den Tieren und Pflanzen, weihen wir Opfergaben"** sagen die kolumbianischen Indianer.

Wer sich mit den Unterschiedlichkeiten des Animismus in verschiedenen Zivilisationen befaßt, wird erstaunt sein, wie gering sie sind. Auch können wir ihn geographisch fast durchgehend entlang des Äquatorgürtels in den tropischen Zonen ansiedeln. Persönlich habe ich massiven Geisterglauben, Geisterfurcht und Geisterverehrung im Sudan erlebt und in Indonesien und kenne dies zudem aus meinem eigenen Land Ägypten. Aber schließlich sind unsere christlichen Himmelsgeister, die Schutzengel, und die uns umtanzenden Dämonen bisher auch noch nicht abgeschafft worden ...!

Auch Europa war einmal animistisch, bevor es christianisiert wurde. Pan, der griechische Hirtengott, spielte seine Flöte bis ins Mittelalter. Auch die arabische Welt, bevor sie islamisiert wurde, war animistisch, und es blüht der Animismus trotz doppelter Missionierung (Christentum und Islam) fröhlich oder fruchtsam weiter, ungebrochen führt er sein Leben neben den neuen Religionen. Selbst in Lateinamerika, das heute fast geschlossen katholisch ist, lebt die animistische Glaubenspraxis friedlich Seite an Seite mit dem Christentum. Nicht anders auf dem afrikanischen Kontinent, wo der strenge Islam sehr effektiv missionierte, auch dort bleibt der Animismus zäh am Leben. Und in unsterblicher Weise auch bei uns in Ägypten unter den sehr frommen Christen, den Kopten, wie unter den tief überzeugten Muslimen. Die Natur ist belebt, sagen sie alle, die Geister sind da!

Interessant ist bei allen Ausformungen des Animismus die Existenz eines **Großen Geistes**, bei den Indianern wie bei den Afrikanern, und wir denken an ihre Lyrik. Früher habe ich diese sehr schönen Gebete an den Großen Geist gesammelt, denn er ist kein Geringerer als unser Heiliger Geist, der hoch erhaben über sämtlichen Natur- und Himmelsgeistern regiert und über den Geistseelen der Menschen, der Verstorbenen wie der Lebenden. Man sollte neben der Poesie auch die Legenden dieser Völker studieren, jene, die in ganzer Kraft den Großen Geist anrufen, weil sie ihn im Zentrum allen Geschehens voraussetzen. **Das ist der wahre Geist!** Der Schöpfergeist am Ursprung unserer Welt und am heutigen Tage. Das ist **der wahre Geist, „alles überwachend und alle Geister durchdringend"** (Wsh 7, 23b), der Schöpfergeist am Ursprung unserer Welt, der bis zum heutigen Tag von den Menschen erspürt wird.

Zuweilen erscheint mir das praktizierte Heidentum Afrikas oder Südamerikas geisterfüllter zu sein als ein bestimmtes allzu aufgeklärtes und abgeklärtes Christentum. Jene angeblich unterentwickelten Menschen haben sich den echten Sinn für eine universelle Präsenz in der Natur bewahrt, eine fühlbare Anwesenheit in allen Teilen der Schöpfung. Ihre spirituellen Texte besingen das Zusammenspiel alles Lebendigen, das sie ganzheitlich an Leib und Seele empfinden. Bedauern wir nicht diese **„armen Primitiven"**, kümmern wir uns vorrangig um ihre materielle Armut, denn geistig sind sie weder arm noch primitiv.

Als wir sie missionierten, konnten wir nicht erkennen, daß das „Heidentum" über kaum verzichtbare Elemente verfügt, die es uns zu geben bereit gewesen wäre. Sind diese Werte nun verschüttet? Der „Heide" ist nicht a-religiös, ganz im Gegenteil, Tag und Nacht sieht er sich in ganzheitlicher Beziehung zu seiner natürlichen Umwelt. Er atmet im Einssein mit dem Kosmos, weil er sich ihm zugeordnet und in ihn eingebunden weiß. In seiner Weise lebt der „Heide" im Kontakt mit den tausend Gesichtern des Geistes.

Wir meinen, diesen „Aberglauben" durch unseren Fortschritt überwunden zu haben. Kann es aber Fortschritt sein, wenn wir einen wesentlichen Kontakt dabei verloren haben? Auch jene, die sich neu besonnen haben und von den **„primitiven Völkern"** nicht mehr reden mögen, meinen dennoch **„primitiv im Geiste"**. Sie ahnen nicht, daß sich dort ein geistiges Potential verbirgt, dessen Dimension wir erst einmal erschließen müssen. Vielleicht empfängt unser müdes Christentum aus dieser Richtung eine frische Brise ...

Welt und Natur sehen wir eindimensional. Wie sollte uns bei einer verkürzten Sicht der Sinn für das Ganze aufgehen? Einzelphänomene sind dann nicht einzuordnen und vom Erkennen keine Spur. Unser besonderer Sinn, die Intuition, hat sich zurückgebildet, und indem wir uns fahrlässig von der Natur entfernen, werden wir uns selbst entfremdet. Anstatt mit dem Herzen zu denken, rechnen wir nur noch mit einem Computer, und was man früher eine Seelenverwandtschaft unter zwei Menschen nannte, kommentiert man heute mit der läppischen Bemerkung: **„Die Chemie stimmt."** Der seelische Bezug zur Natur ist gestört, und da alles verbunden ist, wird **die Sexualität** mitbetroffen.

Früher war auch dieser Lebensbereich eine Osmose mit der Natur und dem Kosmos, während er heute eine dualistische Haltung demonstriert, eine ambivalente, oder, man verzeihe mir den Ausdruck – eine schizophrene. Man studiert das zwanglose sexuelle Verhalten der Naturvölker und versucht, sich dort etwas abzuschauen. Man möchte diese tänzerische Lust in ihrer Leichtigkeit für sich gewinnen, bleibt aber im Äußeren haften, weil nicht verstanden wird, daß deren Sexualität ein Ausdrucksmittel für das ganzheitliche Erleben der Natur und des Daseins ist. Der leicht morbide und künstlich aufgeheizte Charakter sexueller Betätigung in den heutigen Großstädten aller Kontinente wäre diesen frohen Menschenkindern vollkommen fremd.

Sollten wir Intellektuellen nicht zumindest spirituelle Anregungen von den Naturvölkern empfangen und uns anleiten lassen, **die tausend Gesichter des Geistes in der Natur** zu finden? Vielleicht muß heute die Zivilisation durch sie bekehrt werden? Deren Naturgeister in den Geschöpfen und Elementen könnten uns einmal den Heiligen Geist auf „Heidenart" schmecken lassen. Eine südkoreanische Theologin wirbt seit Jahren für eine neue Lesart von Welt und Bibel, aus der Perspektive der Vögel, der Bäume, der Berge... Ich bin sicher, das ist keine romantische Schwärmerei, sondern eine geistige Haltung, die uns not tut.

Es gibt einen Gedanken von Sigmund Freud, den ich hier einbringen möchte. Das Kind lebt in wunderbarer Harmonie mit dem Kosmos, desgleichen der Heide. Beide fühlen sich als Teil ins Ganze hineingenommen, und erst viel später löst sich das Ich aus dieser Symbiose der Ganzheit, wird selber Pol und fühlt sich nun allein der Welt gegenüber. Über dieses paradiesische Anfangsstadium, den Existenzbeginn des Menschen in seiner Individualität, schreibt Freud im ersten Kapitel seiner Schrift von 1930 **„Das Unbehagen in der Kultur": „Der**

Säugling sondert noch nicht sein Ich von einer Außenwelt als Quelle der auf ihn einströmenden Empfindungen (...) Ursprünglich enthält das Ich alles, später scheidet es eine Außenwelt von sich ab. Unser heutiges Ich-Gefühl ist also nur ein eingeschrumpfter Rest eines weit umfassenderen, ja eines allumfassenden Gefühls, welches einer innigeren Verbundenheit des Ichs mit der Umwelt entsprach."

Und in den Kammern unseres Herzens haust fortan eine stille Nostalgie nach dem Goldenen Zeitalter, als wir Welt und Natur nicht vereinfacht als das „Natürliche" ansahen, sondern als eine geistige, höhere Ordnung, die uns Menschen beherbergt. Die Folge ist unser ständiges Scheiden des Geistigen vom Materiellen und die Verführung, dem materiellen Schein Ehre zu erweisen. Eigenmächtig zerschneiden wir die Dinge und isolieren sie weit voneinander entfernt. Der heutige Mensch leidet, er leidet wirklich, es ist ihm nicht bewußt woran, aber er fährt fort in seiner intellektuellen Naturbetrachtung der Abscheidung und steht ihr folglich fremd gegenüber. Seelisch fremd! Solange man sich vor etwas stellt, kann man nicht zugleich in ihm sein, um sich mit ihm zu vereinen und es zu verstehen. Nur wer die Natur von innen her zu erleben sucht, wird ihre Wahrheit eines Tages nahezu berühren können.

Nun kommt der Einwand, aber ich will ihn entkräften: Freilich sind wir uns der Gefahr eines **„blühenden Pantheismus"** voll bewußt, wenn wir sagen, Gott sei in jedem Partikel der Natur, gewissermaßen eine Materialisierung Gottes in seiner Schöpfung, und das sei alles, Schlußpunkt. Doch die andere Gefahr sehe ich als noch größer und folgenschwerer: wenn wir Gott unnennbar fern für uns im Himmel lokalisieren, in unbestimmbaren Gefilden. Die wahre Sicht ist die christliche der Inkarnation, Gott als „Immanuel" hier mit uns Menschen, in ihnen und im weltlichen Bereich durch uns Menschen.

Beide, Gott und Mensch, arbeiten gemeinsam an der Natur, an der Vollendung der Schöpfung. Profanes und Heiliges dürfen wir nicht gegeneinander ausspielen, beide Bereiche überlagern und befruchten sich. Diese vereinigende Sicht muß der Mensch dringend wiedererlangen, um Sinn zu erkennen, Sinn und Einheit gehören zusammen, es gibt keine Sinnfindung ohne eine allumfassende, einheitliche Vision des Seins. Die Ureinwohner Australiens, die Aborigines, fühlen, denken und äußern sich ganzheitlich.

Das Vertikale ist im Horizontalen angelegt, die Transzendenz schon in der Immanenz. Dieses Sich-Überschreiten ist die christliche Botschaft. Wer annehmen möchte, das Vertikale zu suchen bedeute Weltflucht, irrt sich bitter. Die Dimension der Transzendenz ist im Herzen der Welt erlebbar, auch als Alltagserfahrung im ständigen Einerlei, ja, auch dort! Und dann hat es nicht mehr die Marke des Gewöhnlichen! Spürbar in einer engagierten Arbeit, spürbar während der Kontemplation eines kleinen Vogels. Es müssen nicht die Niagarafälle sein.

Die gegenwärtige ökologische Bewegung empfindet wie die Naturvölker und wie die Mystiker aller Epochen ein starkes Gefühl für Natur und Erde, und ihre Intuition ist eine echte, denn es ist eine stille Liebesbeziehung. Dennoch bleibt sie ohne theologischen Horizont limitiert. Der ökologische Trend, heute in aller Munde, sollte meines Erachtens dringend getauft werden! Nicht um die Natur mit dem Begriff „Kirche“ zu besetzen, sondern um diese idealistische Bewegung auf ihre Tiefe hin zu befragen und geistig auszudeuten. Viel Zeit ging schon verloren. Eine Spiritualisierung der Ökologie ist notwendig geworden, damit der Geist in ihr bleibt und sie nicht von ihrem gutgesinnten Wege abzweigt.

Seien wir ehrlich, tendiert die Ökologie als „Fachrichtung“ nicht dazu, die Natur als ein Ziel an sich und für sich selbst zu sehen, nicht mehr und nicht weniger als das? Das wäre der falsche Weg. Respekt vor allem Lebendigen, selbstverständlich! Aber bitte keine Gleichsetzung mit dem Geistwesen Mensch, wobei seine Transzendenz ignoriert wird. Sind wir nicht schon dabei, unsere geistige Perspektive zu verlieren und alles gleichzuschalten? Oftmals habe ich den Eindruck, daß die Beweggründe für den ökologischen Kampfruf jeder Art mehr einer ideellen Wunschvorstellung entspringen als einem wahren Rückkehrwillen zur Natur. Im Grunde wäre das eine neue Ideologie, die eine alte ersetzen soll. Ich wünschte mir, daß wir die Rückkehr zur Natur ganz anders in Angriff nähmen, unter einem ontologischen Blickwinkel, in gewisser Weise **durch den mystischen Zugang**.

Das würde zugleich Versöhnung des Menschen mit sich selbst bedeuten, des Menschen mit der Natur – und mit seinem Schöpfer. Diese drei Aspekte sind nicht voneinander zu lösen. Aus diesem Grunde plädiere ich mit engagiertem Herzen für die mystische Dimension, die das Christentum neu vertreten und stärken muß; ich sehe auch, wie sehr es einem Bedürfnis bei den Menschen entspricht, besonders in den westlichen Industrienationen. Diese Welt besteht aus flimmernden Bildschirmen und Millionen-Infos, die Weekend-Ausgabe der NEW YORK TIMES ist inzwischen so voluminös und schwer, daß die Obdachlosen New Yorks sie als Matratze benutzen. Alles ist Überfüllung, die Seele muß auf der Strecke bleiben. Und trotz aller Lobpreisungen ist die Naturliebe eher eine zweckgebundene. Bevor man sie aber beherrscht und sinnvoll nützt, muß man sie geistig lieben!

Ich komme als Ägypter oft nach Europa und empfinde die grüne Natur als etwas so Köstliches, daß mir die Sinne vergehen, und ich erlebe auch, wie sich gestreßte Städter seelisch aufzutanken suchen. Dann bete ich, daß es nicht beim emotionalen Genuß bleiben möge, sondern zu einer mystischen Liebe erwache, die hinter den Naturerscheinungen einen Jemand findet und ein Lächeln entdeckt, vermittelt in den Gesichtern des Geistes in der Natur. Bereit sein, Zeichen der Liebe herauszulesen, bereit sein, besondere Botschaften Gottes zu vernehmen.

Mystik besteht im Wiederfinden dieses Urstadiums, aber dieser Rückweg verläuft nicht leichtspurig dahin, sondern führt über Umwege und Suchpfade, bis man das Zentrum aufspürt und den Knotenpunkt gefunden hat, den der anglikanische Philosoph und Theologe Alan Watts **„Knoten ohne Grenzen"** genannt hat. Dort, und nur dort, ruhen wir am Herzen der Wirklichkeit. Dieses mystische Erleben ist eine tägliche Erfahrung für die Naturvölker, wenn auch in anderer Erlebnisart und in einem ganz unmittelbaren Verständnisgrad. Das Mystische will bewußt erobert werden, unter Umständen auch über längere Umwege. Wenn ich also von einer Rückkehr zum „Heidentum" im Lichte des Animismus spreche, dann meine ich diesen Weg als Versuch, aber mit neuem Ziel.

Es geht nicht um ein Verbleiben im Kindheitserleben oder um eine Rückkehr in ältere Zivilisationsstufen, sondern um ein bewußtes geistiges Erschließen der Dinge. Jesus sagte nicht **„Bleibt wie die Kinder!"**, sondern **„Werdet wie die Kinder!"**. Wir schulden ihm das genaue Hinhören. Wie alle Kinder haben auch die Naturvölker selten abgesteckte Ziele, nach denen sie hetzen müssen. Sie suchen nichts, sie leben, das ist ihnen das Wesentliche. Sie verschenken sich wie die Mystiker vollends an den Augenblick, das ist etwas Wunderbares. Denn dort finden sie die Fülle des Daseins, weil sich der Mensch darin selber einholt, er vereint sich mit sich selbst – und mit Gott.

Der „Heide" und der Mystiker, das dürfen wir behaupten, haben ihren Treffpunkt im unbedingten Gefühl für die Einheit allen Seins, beide verfügen über dieses intuitive Wissen. Und bei dieser Erfahrung weitet sich das Bewußtsein, in Seligkeit möchte man das Sein umarmen. Keine Umarmung im Wegschmelzen wie in mancher Liebesekstase oder unter Drogen, keine personale Auflösung im Eintauchen in die Natur und Wegtauchen von sich selbst, sondern gerade das Gegenteil: Man konzentriert sich auf seinen eigenen Brennpunkt und erreicht sein **„Herz des Herzens“** wie ich es persönlich nenne. Die Hindus nennen es in den Upanishaden die **„Höhle des Herzens“**, bildlich der innerste Innenraum des Menschen. Die muslimischen Sufis befinden sich dort **„im Garten der Seele“**. Die weltweite Mystik spricht nur eine Sprache, und sie feiert im Naturerleben ein und dieselbe Kommunion.

In weit zurückliegenden Kulturen findet sich diese menschliche Erfahrung, und sie hat im geistigen Schrifttum die Zeiten überdauert. Alle Mystiker leben, jenseits von Zeit und Raum, in einer still ahnenden Gemeinschaft, vereint in derselben Erfahrung der Seinseinheit. Wenn der Mensch vollkommen in seinem Zentrum ruht, hat er den Eindruck, alles, ja göttlich zu sein! Sein innerstes Selbst fällt mit dem höchsten Selbst, Gott, zusammen. Hier haben wir jene Wahrheit, die außerhalb der Mystik abgelehnt wird, denn sie wird mißverstanden. Mystik aber verleiht eine verstärkte Seelenqualität.

Es ist auch nicht sagbar. Welcher Mystiker vermochte es je, sich zu erklären? Sein Selbst identifiziert sich mit Gott, und doch erkennt er grundsätzlich die Unterscheidung von Schöpfer und Geschöpf an. Das Erlebnis seiner vollkommenen Vereinigung mit der Natur und dem Universum ist eine Geisterfahrung, bei der es keine tausend Gesichter mehr zu erleben gibt, sondern nur noch ein einziges. Geisterfahrung ist Ganzheitserfahrung. Das EINE wird erlebt, es ist die alles durchdringende Erfahrung vom Zentrum wie vom Umfang her, weil der Geist ALLES ist.

Da aber der gejagte Mensch seine Herzensbindung an die Natur verloren hat, sitzt er nun zwischen zwei Stühlen, er ist nicht mehr urtümlich und noch nicht mystisch, er ist nicht mehr Heide und noch kein Mystiker, er erfährt seine Existenz allein auf der Verstandesebene. Mit seinem fortgeschrittenen Verstand greift er mit immer raffinierteren Mitteln stets nur nach weltlichem Wissen und sogar nach der künstlichen Intelligenz. Aber trotz aller Wunder, die er verwirklicht, wirkt er innerlich verstimmt und verarmt. Das Unbehagen gründet im Verlust seines **„Knotenzentrums"**, seiner wahren Existenzmitte. Sie allein kann ihn wieder ins Lot bringen.

Und auch die Natur leidet. Mangels einer alles integrierenden Gesamtschau greift der Mensch in einer Weise in sie ein, die viel Unheil stiftet. Wie aber soll er der Natur zu Hilfe eilen, wenn ihm das Gespür für das **Eine und Ganze** und der Sinn für **das Geistige und Mystische** fehlen? Ganzheitliches Erkennen ist das heilsame Wort und die dringende Antwort auf einhundert Probleme, auch – und besonders – im naturwissenschaftlichen Bereich. Wenn die Kirche vor gentechnischen Experimenten warnt, dann ist es ein Leichtes, ihre „Bremshaltung" anzuprangern. Ich fühle eine tiefe Besorgnis, eine durchaus ernst zu nehmende Intuition, die auf das Gleichgewicht von Natur und Mensch hinweist und fürchtet, daß der Forschungseifer den Geist vor der Tür läßt.

Beten wir, daß der heutige Mensch zur Neugründung einer Seelenfreundschaft mit der Natur finden wird, andernfalls wird er sie amputieren und intellektuell beschlagnahmen. Auch die bestgemeinten wissenschaftlichen Fortschritte können eine Vergewaltigung des Lebendigen darstellen, wodurch offenkundig ist, daß überhaupt keine innere Beziehung zur Natur besteht. Für mich ist das Abbild des unfaßbaren Reichtums des göttlichen Geistes, der wortlos aber deutlich in tausend Gesten seine Weisheit verkündet. Jedes Ding und jedes Wesen geht auf den einen göttlichen Urgrund zurück, auf den Logos, das WORT Jesus Christus. Versenken wir uns! Tauchen wir bis an den Grund hinab! Dem großen Dichter Novalis erschien **„Gottes Bild auf Kräutern und Steinen, Gottes Geist in den Menschen und den Tieren"** und er mahnte seine Mitmenschen: **„Die höhere Welt ist uns gewöhnlich näher als wir annehmen, wir leben in ihr und sehen sie aufs Innigste mit der Natur verwoben. Oh, daß doch der Mensch die innere Musik der Natur verstünde!"**

Niemand von uns könnte je dem Mysterium des Weltgeistes auf die Spur kommen, ohne zuvor die Dinge dieser Welt in sich aufzunehmen. Kontemplation! Jenes Öffnen und Schließen der Augen im sanften Wechsel, um die empfangenen Bilder im Herzen zu durchforschen. Dann kommt der heilige Moment, in dem der Geist sich erschließt, damit das Ganze erkannt werden kann. Die vertikale Dimension überschreitet alles Geschöpfliche, und sie ist doch inwendig in uns, auch wenn wir unser Haupt erheben und Gott über uns wähnen. Deshalb bedecken wir mit beiden Händen unsere Augen, senken unseren Kopf und sammeln uns. Nur eines wäre falsch – Gott nach draußen zu verlegen, dann sind uns die Naturvölker überlegen, sie vernehmen das Höhere, die göttlichen Noten der Schöpfungsmelodie. Leider, und das bedaure ich sehr, sind viele Christen nicht bereit, im göttlichen Milieu zu baden, beharrlich halten sie sich in respektvoller Distanz und glauben recht zu tun.

Die Übervorsichtigen und Ängstlichen finden nur schwerlich den mystischen Zugang. Ich verehre den deutschen protestantischen Theologen Paul Tillich, der schon in einem seiner Buchtitel alles sagt, was es zu sagen gäbe: **„Der Grund unseres Wesens."** Er lehrt, daß Gott unser Grund und Boden, unsere Mitte ist und zugleich das gesamte Dahinter. Denn recht verstanden und recht gelebt wird niemand den Schöpfergott auf seine Schöpfung reduzieren, Gott ist immer noch größer als das je Vorstellbare und dieser transzendente Liebesgott läßt als einziges Geschöpf den Menschen unaufhörlich wachsen – ihm entgegen! Das ist unsere **„glückliche Herausforderung"** durch den Geist und dessen Wahrheitsanspruch.

Der Geist fördert Welt und Mensch und treibt beide einem noch Größeren entgegen, vom Weniger zum Mehr geht die Reise, unaufhaltsam! Die Evolution hat immer mit Transzendenz zu tun, weil sie dieses Ziel ständig vor Augen hat. Und, wie ich schon mehrfach sagte, jeder Mann und jede Frau steht in der geistlichen Berufung, sie sind Priester und Priesterin der Welt. Der Mensch soll die Natur und alle Kreaturen weihen, er soll eine Brücke zwischen der natürlichen Welt und der geistigen schlagen, er soll ein Pontifex sein, ein Brückenbauer zwischen den Dimensionen. Warum er? Weil er doppelten Ursprungs ist, er hat Anteil an beiden Welten, unser Körper am Materiellen und Biologischen, unsere Geistseele am Göttlichen. Wir sind Gottessöhne und Gottestöchter.

Dabei spreche ich keineswegs nur vom Priestertum der getauften Christen, sondern dehne diese Berufung auf alle Menschen dieser Erde aus. Jeder kann es lernen, aus der Tiefe der Materie die Substanz heraufzuholen und sie im Namen seiner Weihe ins Göttliche aufsteigen zu lassen. Und er kann Göttliches herabholen, um es mit Irdischem, Materiellem zu vereinen. **Oben** und **unten** sind Hilfswörter für die **irdische** und **transzendente** Dimension. Kochen kann, im rechten Geist und Sinn, liturgisch vollzogen werden wie eine Transsubstantiation während der Eucharistiefeier mit goldener Patene und Meßkelch. Liturgisch auch an den sechs Wochentagen in der Küche und am Familientisch, denn die Verarbeitung der Naturstoffe hat zum Ziel, Liebe und Wachstum der um den Tisch vereinten Menschen zu fördern. **Die Idee des Tischgebetes** hat wie alles einen weitreichenden Hintergrund.

Lausche in einem griechischen Restaurant den Menschen, und Du wirst das Wort **„evkharisto"** hören, **„danke!"**, woraus unsere **„Eucharistie"** abgeleitet wurde, die eine **„Danksagung"** ist. Die Abendmahlsfeier ist der Akt, durch den die Gaben der Schöpfung an den Schöpfer zurückgegeben werden und symbolisch mit ihnen, dem Wein und dem Brot, die gesamte Schöpfung. Eine Eucharistiefeier ist die mystische Dimension unserer Alltagswoche und keine sonntägliche Episode, sondern sie verleiht eine Haltung, in der wir das übrige in einer bestimmten Optik erleben, um so zu einem Leben in Fülle zu gelangen. Dann werden uns die bescheidensten Dinge überraschen, wir spüren, sie sind durchtränkt von Gottes Liebe! Nur schwer kann ich mir vorstellen, daß Christus einen scharf abgesteckten Kult schaffen wollte, bei der Einsetzung der Eucharistie ging wohl vor allem folgendes in seinem Herzen vor: **Dein Leben und das Leben der Welt sind heilig, denn es ist mein Leben. Es ist mein Leib. Es ist mein Blut.** Unsere Erde ist Gottesgegenwart, die sich in tausend Gesichtern des Geistes zeigt. Das Universum ist heilig, und auch Dein Menschenleben, wie immer Du es befinden magst, ist heilig, weil Gott es in seinen Händen hält.

Symbol für die geistliche Berufung des Menschen ist sein aufrechter Gang, der ein ganzes Programm signalisiert, allein durch den weitschauenden Blick, vorausschauend bis zum Ziel und zurückschauend bis zur Quelle allen evolutionären Wachstums. Ein Tier ist weder Zukunftsforscher noch hat es archäologische Ambitionen. Und wir wissen, daß wir noch lange nicht am Ziel sein werden, die Evolution ist ein Pfeil, wir sind mit ihm unterwegs. Mit dem Geist geht es einer **höheren Menschheit** entgegen wie Teilhard de Chardin sich ausdrückt. Wie tief dieser Zukunftsprophet den Sinn der Evolution erkannt hat, wie beglückt er war, wie fasziniert, und wie leidenschaftlich er das Erkannte vermittelt hat!

Ein liebender Gott hat sich an diese Schöpfung selber hingegeben, alles Kreatürliche, das leidet und stirbt, leidet und stirbt in Gott und in einem für uns unvorstellbar verdichtetem Maß. Gott wird in einem gefällten Baum verwundet und in einem geschlagenen Esel getroffen, er leidet im gedemütigten Schulkind und in der entrechteten Frau, er leidet in allen Armen, die wir übergehen. Und doch hat alles von Gott her gesehen einen Sinn, den er uns noch zu unserer Verblüffung offenlegen wird.

Selbst Naturkatastrophen werden wir zu verhindern lernen, denn es liegt in unserer Berufung, der Natur Orientierung zu geben, sie soll sich nicht allein überlassen bleiben, das ist Gottes Auftrag im Rahmen seiner unvollendet gelassenen Welt, die Schritt um Schritt vom Menschen gemeistert werden muß. Auch die Viren bekommen wir in den Griff, in weltweiter Vernetzung der wissenschaftlichen Forschungsergebnisse, so schwierig es ist: **„der dümmste Virus ist gescheiter als der klügste Virologe"**, seufzte George Klein, ein schwedischer Virologe. Auch das ist geistiges Leben: Allezeit auf den Geist einstellen und mit ihm gehen, dann wird uns vielleicht die Gen-Manipulation zum Guten gereichen, wir werden sie handhaben lernen wie die Atomspaltung – trotz aller Risiken. Nein, wir werden von keiner blinden Natur mitgerissen, bewußt betreiben wir ein positives Abenteuer.

Unsere Hauptbeschwerde gilt dem Tod. Wir umkreisen seine Gestalt mit dem Intellekt und drehen uns deshalb mit ihm im Kreise. Auch hier sind der Bruch mit der Natur und der Verlust unserer Gesamtsicht verantwortlich zu machen. Wem die Erfahrung der Einheit fehlt, dem fehlt es an allen Ecken und Enden und ganz gewiß auch beim Todesverständnis. Aber triumphierte nicht der Geist schon über die Finsternis, schwebend über der Urflut, tanzend über den dunklen Aspekten und schweren Elementen, die unsere Schöpfung anfangs behinderten, so wie unsere eigene Materie uns nur allzuoft gegen unseren Geist und Willen behindert? So, wie sie auch einmal vorübergehend im Tode siegen wird?

Aber in der Herzmitte des Leibes von Welt und Menschheit arbeitet verläßlich der Geist, weshalb nichts Lebendiges verlorengehen kann, nicht Du, nicht ich, nicht unsere Lieben, nicht unsere Tiere und Pflanzen. Derselbe Geist, der zu Weltbeginn in unerforschlicher Weisheit ordnend aktiv war, fährt fort, in der Tiefe jeder Welterscheinung, unbemerkt und rettend durch alle Weltnächte hindurch gestaltend fortzuwirken. Jeder Tod enthält in sich den Samen neuen Lebens wie die lebensstarke Wintersaat unter ihrer Grabesdecke aus Eis und Schnee. Das Mysterium des Geistes ist sein Erneuerungswirken. Jeder **Herzschlag** ist ein **Geistschlag**, der uns das Blut reinigt und es weiterleitet, jeder Atemzug ist ein **Geistzug**, der zu unserer Neubelebung erdacht wurde. Und derselbe Geist arbeitet gleichzeitig in den Lungen dieser Erde, den weiten Wäldern; **„vierzig Millionen Quadratkilometer Blattoberfläche sind Tag und Nacht mit der Photosynthese beschäftigt, damit Mensch und Tier leben können“** (aus der Öko-Presse).

Aber woher stammt die **„überwältigende Schönheit“** der Natur, die alle besingen? WARUM ist sie schön? Weil das Schöne in Beziehung zur Liebe steht und die Liebe die Weltsubstanz selber ist, das Schöne ist inkarnierte Liebe! Gott bringt sich im Schönen zum Aus-Druck. **„Schönheit ist eines der seltenen Wunder, die unsere Zweifel an Gott verstummen lassen“** (Jean Anouilh), und wer es fühlt und so erkennt, hat sich bekehrt. Bekehrung meint nichts anderes, als in der Betrachtung der Welt in eine neue, eine zusätzliche Dimension einzutreten und die Dinge anders zu sehen. Die Tiefe des Seins ist Liebe, und Liebe muß persönlich sein! Gott ist nicht nur die **vitale Kraft** hinter der Natur, **Energie** und noch tausendmal **Energie**, sondern ein persönliches Wesen, das liebt. Gewiß liebt er anders, nicht nach unserem beschränkten Maß und Verständnis, deshalb ziehen es manche unter uns vor zu sagen, Gott sei **transpersonal, hyperpersonal** oder **suprapersonal**. Auch das ist gut.

Sich anhalten zur Anbetung des Gottesgeheimnisses im Innersten der Welt! Vielleicht werden wir im Dritten Jahrtausend öfter niederknien denn je, weil die Wissenschaft uns jetzt näher denn je an die Wahrheit heranbringt. Ohne daß es ihre Absicht wäre, führt sie uns zur Anbetung, hin, zur einzig würdigen Haltung des Menschen. Bereits bei Einstein gibt es dafür große Texte zu meditieren. Erkenntnisse der größeren Zusammenhänge führen ins Zentrum eines persönlichen Glaubensengagements. Ich sehe das im Sinne von Pascal, der für einen blinden Vorschußglauben plädiert: **„Glaube, und du wirst erkennen!"** Denn dann wird, wie Saint-Exupéry es bezeugt, **„die Wahrheit wie eine Frage sein, die sich erübrigt hat"**. Beides sind Worte aus der tief-persönlichen Erfahrung.

Beten wir wider die Maulwurfsblindheit gegenüber der Mystik. Beten wir für ein neues Sehverständnis für die Natur, das nicht nur jenes Abtasten des Äußeren verfolgt. Weil alles lebt, werden wir hineingenommen in eine Bewegungsspirale, die uns dann ins Jenseitige der Erscheinung führt, so wie es manche Filmkünstler vermögen: Ein Dokumentarfilm hat das Darlegen und Beschreiben zum Ziel, ein Kunstfilm aber greift ins Jenseits einer Wirklichkeit und versetzt den Zuschauer suggestiv in eine andere Welt.

Wer die Natur nur romantisch besingt, verkürzt das Gesicht Gottes, sein Gesang führt nicht hinaus wie die Mystik. Er verkürzt auch das Wesen Gottes zur **„unpersönlichen Naturkraft"**. Die romantische Naturbetrachtung darf nur als Eingangstor dienen, für kurze Augenblicke, sie ist noch nicht mystisch, aber ein Weg für manche, der in die Mystik münden kann.

„Alle Geschöpfe preisen Dich, jene, die Stimme haben, und jene, die stumm sind. Alle verehren Dich, jene, die denken, und jene, die es nicht können. Allen gemeinsam ist das Verlangen, die Sehnsucht nach Dir.“ (Gregor von Nazianz im 4. Jh.)

Mystisches Naturerleben ist schon Gebet. Man streckt sich aus im Leben wie ein Wanderer im weichen Moos, hält sich an, um eine Libelle zu betrachten, in der sich das Mysterium der Weltexistenz versteckt hält. Es geht um die Empathie, das Mitfühlen mit dem Geist, **„pathein“** meint im Griechischen **„sich einfühlen“**. Unter religiöser Anbetung nicht nur das traditionelle Niederwerfen in einer Kirche verstehen, sondern die immerwährende Haltung inneren Offenseins und starker Aufnahmebereitschaft. Anbetung ist Andacht, ist Erstaunen und Schauder. Anbetung ist das Erlebnis von Stille im Lärm unserer Zeit.

Denn am tiefsten Grund ist das Leben wundersame Stille, und sein Geheimnis ist so überwältigend, wie es seine Schönheit ist. Lautlos tritt alles Wachstum, das biologische wie das geistige, aus einem Herzen hervor, dem die Welt gehört.

LIEBE, DISKRETION UND INNERLICHKEIT

Wenn ich in Österreich an den eindrucksvollen Kirchen und Domen vorüberkomme, erregen ihre Glasfenster nicht mein Interesse, denn sie fallen nicht auf. Erst nach dem Hineingehen werden sie durch ihren Lichthintergrund überhaupt bemerkbar, und bei der plötzlichen Berührung von Sonnenstrahlen offenbart sich das Dargestellte in seiner ganzen Pracht und Aussage. Unser Verstehen braucht ein anderes Licht, unser Glaube eine Sonne, unser Geist den Heiligen Geist. Doch dafür müssen wir uns hineinbegeben wie in einen Dom. Erst wenn wir uns im Innern des Evangeliums befinden, beginnen wir es zu verstehen. Erst aus der Glaubensmitte heraus begreifen wir seine Schönheit, seinen Sinn.

Versuchen wir, den Geist innewohnend zu erahnen. Etwas kann sich unserem Verständnis entziehen, weil es zu groß für uns ist oder zu unscheinbar, zu fern oder zu nah. Der Geist ist uns so nah, daß wir ihn nicht erkennen, wir leben in seinem Element wie die Fische in ihrem. Leider ist seine Unauffälligkeit für viele Menschen das Argument, seine Existenz zu leugnen. Aber der Geist ist der Grund aller Dinge, das Herz allen Seins. Deshalb ist es so wichtig, auf seine innige Vertrautheit hinzuweisen, die aus seiner Selbstzurücknahme resultiert. Der Geist verbleibt in der geheimen Stille, aus der heraus er wirkt.

GEBET: *„Ewiger Geist, ewige verschleierte Präsenz! Diskret und geheim; Du verbleichst Dein eigenes Licht, um die Welt und uns zu erleuchten, es ist Dein Verlangen, sich in den Wesen verborgen zu halten und doch überall anwesend zu sein als ein Mysterium der Innerlichkeit."* Amen

In der lateinischen Pfingstsequenz wird der Geist unser **„süßer Seelengast"** genannt, das sind wahrhaft mystische Klänge, und in der Philosophie spricht man von seiner **„Immanenz"** – von der versteckten Anwesenheit der Gottheit im Innersten aller Geschöpfe. Die Immanenz wird hier vom Philosophen bewußt der Transzendenz gegenübergestellt, welche den radikalen Unterschied zwischen Gott und Welt deutlich machen will, eine Entfernung, mit der sich kein Mystiker zufrieden gäbe! Die Transzendenz könnte als ein unendlicher Raum über unseren Köpfen verstanden werden, oder auch ganz anders, als die abgrundtiefen Bereiche der Innerlichkeit, und ich glaube, daß wir in diesem Sinn auf dem rechten Weg sind. Innerlichkeit als starke, geheime Kraft verstanden, der man sich nicht bewußt ist. Man kann sie auch **eine Transzendenz der Immanenz** nennen. Dabei denke ich an eine Formulierung Kierkegaards: **„Es gibt die absolute Nähe in der unendlichen Distanz."**

Wir jagen über die Oberfläche unseres Daseins, bewegen uns in den Außenbezirken unseres Selbst, verfehlen uns, bleiben uns selber fremd. Und wenn wir uns selbst nicht verstehen, wie könnten wir die anderen verstehen? Oder den Geist, der alles bewirkt? Augustinus bekannte: **„Ich war außerhalb von mir, und Du warst in mir, Du bist näher, als ich selbst mir bin."** Weshalb gelingt es uns so schwer, die Tiefenzonen unseres eigenen Wesens zu erreichen? Selbst ein Heiliger wie Augustinus hat die verborgene Anwesenheit Gottes spät herausgefunden und beklagt dies.

Alles, was den Urgrund unserer Existenz berührt, entzieht sich uns. Wer vermag den Urgrund des biologischen Lebens, den Urgrund der Ideenwelt, den Urgrund künstlerischer Werke aufzuschlüsseln? Nicht einmal den Urgrund einer bestimmten geschichtlichen Entwicklung mit allen Hintergrundfaktoren vermögen wir zu erkennen. Jeder Ursprung liegt für uns unter

Nebelschleiern, präsent, aber nicht greifbar. Und der Geist, der Ursprung aller Dinge und Wesen, hat kein Gesicht…

Greifen wir zu einem Gleichnis, **dem Wasser**. Seine verwandelnde Funktion in allem Lebendigen! Es wird selbst zu einem Blütenkelch, zu einem Schwan, zu einem Menschen, denn es assimiliert alles und läßt sich von allem assimilieren. Für mich gilt das Wasser als eine grandiose Parallele zur Geistpräsenz und Geistwirkung im Bereich des Lebens. Auch das Wasser nimmt, wenn es sich „auswirkt", tausend Gesichter an, es besteht eine Osmose zwischen ihm und jeder lebendigen Wirklichkeit.

Ein Mysterium der Diskretion ist der Geist, deshalb ist eines seiner Gesichter das Wasser, welches lebensbestimmend alles Biologische durchdringt bis in die letzte Zelle, um sich dort schon wieder zu verlieren im ewigen Wandel des Lebens. Das Wasser wird zu dem, was es belebt, und verschwindet in seiner eigenen Gestalt. Auf Grund dieser Diskretion und Bescheidenheit hat der Pfingsthymnus den Geist **„Pater pauperum"** genannt, **„Geist der Armen"**, denn seinem Wesen nach ist er Armut, sein Selbstbehalt hat ihm noch niemals am Herzen gelegen.

Derselbe Geist, aktiv zum Weltbeginn und allgegenwärtig in der Natur, wird uns auch bei der Jordantaufe sinnbildlich gezeigt, als Jesus dem Fluß entsteigt. Wiederum das „Schweben des Geistes über dem Wasser" und über Jesu Haupt. Hier erweitert sich unsere Kenntnis über den Geist, er ist nicht nur der Pulsschlag der biologischen Existenz, sondern vor allem der Impuls für alles Geistige, und er wird zum göttlichen Leben für den, der hinabsteigt ins Wasser der Taufe. Am Jordan wurde eine Schwelle überschritten und eine entscheidende Etappe im evolutionären Aufstieg gewonnen. Jetzt transzendiert das Leben, es übersteigt sich selbst, um sich in etwas gänzlich

Neues zu verwandeln, in das Gottesreich im Menschen. **„Zusammen mit dem ganzen Volk ließ auch Jesus sich taufen. Und während er betete, öffnete sich der Himmel, und der Heilige Geist kam sichtbar in Gestalt einer Taube auf ihn herab …“** (Lk 3, 21-22a) Der Prozeß der Taufe ist kein bloßer liturgischer Ritus, er geht weit über alle Priesterworte und rituellen Gesten hinaus, um die Tiefendimension des Daseins zu erfüllen.

Die Jordantaufe weist auf die Fähigkeit des Menschen hin, einem gewissen ego-zentrischen oder rein materiell orientierten Leben zu entsagen, um Eintritt in einen anderen Bereich zu erhalten, wo es am höheren Leben teilhaben kann, das man das Gottesleben nennt. Der Übergang von einem alten Leben in ein neues. Erleben von Tod und Auferstehung im Taufgeheimnis. Es ist der Schritt von der Persönlichkeit zur Person, geistgeführt, denn der Mensch kann diesen Schritt nur im Aufgeben seiner oberflächlichen Persönlichkeitsbetonung und seines auf Genuß und Wohlstand ausgerichteten Lebens schaffen. Jetzt wird es hell in ihm, denn er beginnt ein Leben, das sich dem Tod entziehen wird.

Das Taufwasser ist in seiner Symbolkraft eines der wichtigsten Gesichter des Geistes, deshalb wählte es Christus für unsere Neugeburt, bei der wir wie der blinde und gefesselte Fötus die Dimension wechseln und hineingeboren werden in Licht und Freiheit. Trotz Schmerz und Risiko versucht der Erwachsene noch einmal sein Leben, um von einem höheren und intensiveren zu kosten. Um ganz er selbst zu sein, muß der Mensch, so paradox es klingt, sich verlassen und über sich hinausgehen, weit hinaus! Das Taufwasser ist das Element, das absterben läßt und zu Neuem erweckt.

Auch das Samenkorn verliert im Wasser seine Gestalt, es bläht sich, platzt, zerfällt und stirbt, doch zugleich entläßt es einen neuen Lebenskeim, der sich in ein neues, aufsteigendes Leben wandelt. Das fest in sich verschlossene, unbedeutend wirkende Korn wird in der Macht des Todes in die höhere Dimension aufgenommen. Ein junges Pflänzchen richtet sich auf, und es hat sich sehr viel vorgenommen: **„Ich sage euch, wenn das Weizenkorn nicht in die Erde fällt und stirbt, bleibt es allein; wenn es aber stirbt, bringt es reiche Frucht.“** (Joh 12, 24)

Eine Tauffeier spiegelt eine spirituelle Erfahrung, eigentlich die Grunderfahrung des Menschseins wider, die so tief greift, weil sie eine Transformation durchläuft. Im Brennpunkt der Taufhandlung agiert der Geist, er regt diese Grenzüberschreitung an und stößt nach vorn. Wechsel von einer Erfahrungsebene zur nächsten – wie die Passionsstunde Jesu und das nachfolgende Osterlicht, wie der Durchgang durch das Rote Meer für die Hebräer, was immer es auch bedeutet haben mag, die Aussage ist klar, denn es sind wahre menschliche Erfahrungen und zumeist unter der Beteiligung des Wassers. Man bedient sich dieses Elements, um **„ans andere Ufer zu gelangen“**, wo ein anderes Leben wartet. Der Mensch muß Räume zu überschreiten lernen und vor allem sich selbst, um wahr zu werden. Dann geschehen Mutationen ...

Jesu berühmte Antwort auf die nächtlich-heimlichen Fragen des Pharisäers Nikodemus: **„Ich sage dir, wenn jemand nicht von neuem geboren wird, kann er das Reich Gottes nicht sehen. (...) Wenn jemand nicht aus Wasser und Geist geboren wird, kann er nicht in das Reich Gottes eingehen. Was aus Fleisch geboren ist, ist Fleisch, was aber aus dem Geist geboren ist, ist Geist. Wundere dich nicht, daß ich dir sage: Ihr müßt von neuem geboren werden!“** (Joh 3, 3-7) Wiedergeborenwerden bedeutet im Geist erwachen, heißt Bewußtwerdung, und das Wasser verfügt als Gesicht des Geistes über diese Doppeldimension von Tod und Leben, weshalb es seit allen Zeiten für die symbolische Sprache verwendet wird.

Wir hören von den babylonischen Legenden, die von der Ambivalenz des Wassers sprechen. Da gab es **Tiamat, das salzige Meer,** den unermeßlichen Abgrund, und da gab es **Apsu, das Süßwasser**. Aus ihrer Ehe ist die Welt hervorgegangen, das Wasser in seiner Doppelnatur am Ursprung, Tiamat weiblich, Apsu männlich, und in der Genesis finden wir den Geist befruchtend über Tiamat, der **„Urflut"**. So setzten beide Schöpfungsmythen ein – Wasser am Ursprung, die Tiefe, die Weite, das Verlorensein und zugleich das Lebenswasser. In unserer altägyptischen Götterwelt ist **Nun das dunkle fruchtbare Urgewässer**, das schon vor der Schöpfung bestand, Quelle der Nilschwemme und Flußstraße für die göttliche Sonnenbarke. **Gott Amun** („der Verborgene") wird als **Gott des Windes und des Atems** verehrt, über den gesagt wird: **„Kein Ding ist leer, er, Amun, ist darin"**, und auch er stammt aus der Welt vor der Schöpfung und gilt als Allgegenwart. Dargestellt wird er mit hoher Federkrone als Windsymbol.

Die Doppelfunktion des Wassers finden wir in der Arbeit des Geistes wieder. Geist und Wasser reinigen, läutern, bringen Dinge und Wesen von einem Ort an den anderen, das heißt von einer tieferliegenden Daseins- und Erkenntnisstufe auf eine höhere. Der unsichtbare Geist und das sichtbare Wasser zeigen sich in ihrer tausendfältigen Wirkung. Sie sind einander verwandt als Phänomene der Diskretion, sie entziehen sich unserem Blickfeld, hinterlassen nur ihre Spur, arbeiten im Inneren, Verborgenen. Aber das können wir uns mystisch erfahrbar machen, verinnerlicht, denn **„Mystik ist unser Zustand der vollkommenen Verinnerlichung"** sagt Hans-Urs von Balthasar. Ich nenne den Geist gern **„die Bescheidenheit Gottes"**. Und diese Innerlichkeit des Geistes entdecke ich auch in seinem weiblichen Antlitz.

Das Weibliche ist für mich ein Abbild der Geistwirkung in unserem Weltgeschehen, denn ich glaube, daß die Frau in der Menschheitsgeschichte ein Wesen der Diskretion und Innerlichkeit ist, das sehr viel in Bewegung bringt; weit mehr verkörpert sie die Liebe in der Welt als der Mann. Und leider fehlt in der Dreifaltigkeitslehre die Vision des Weiblichen, wenn wir uns auch der Transzendenz voll bewußt sind. Ich kann mir denken, daß hier in naher Zukunft Korrekturen vorgenommen werden, in Deutschland spricht die protestantische Theologin Dorothee Sölle bereits von der **„Geistin"**. Das diskrete, aber intensive Einflüstern des Geistes erinnert stark an den weiblichen Einfluß, davon weiß man in allen Kulturen, und es hat mit dem zeitgenössischen streitbaren Feminismus nichts zu tun, hier geht es um innere Abläufe. Derselbe Logos, der sich in Jesus von Nazareth inkarnierte, sprach bereits durch große Prophetinnen des Altertums und nicht nur durch Männer.

Jedes Geschöpf zeigt uns eines der tausend Gesichter des Geistes, alles Geschaffene ist Botschaftsträger seiner Herkunft, und sein Gesicht ist immer beides zugleich, männlich und weiblich. Auch jeder Mensch muß Männliches und Weibliches in sich zum Einklang bringen – und auch die Kirche! Wenn sie allumfassend sein will, dann vor allem integrativ, sie kann den weiblichen Einfluß nicht draußen lassen. Vergessen wir nicht, die Weisheit ist in den meisten Sprachen feminin...

Die Diskretion des Geistes führt meine Gedanken über die Dreifaltigkeit zur **menschlichen Liebe**, die, wenn sie echt ist, immer dreifaltig ist. In diesem Sinn ist das Dreifaltigkeitsmysterium für uns ein Leuchtturm im Meer der spirituellen Unwissenheit, denn was für sie gilt, gilt auch für die Schöpfung, auch sie ist **Aus-Druck** Gottes, auch hier wirkt die Kraft des Geistes hinter allen Vorgängen und in allem Lebendigen, in besonderem Maß dort, wo nach tieferen Zusammenhängen gesucht wird, wo Lebendiges zum Höheren strebt. Die Diskretion des Geistes zeigt sich im trinitarischen Geschehen, wo er sich nicht als dritte Person behauptet, sondern nur die vereinende Kraft zwischen den beiden anderen sein will, er selbst bleibt in der von ihm geschaffenen Einheit unauffindbar, denn er selbst ist diese Einheit. In einer wunderbar verinnerlichten Weise ist der Geist dieses innere Bewegen in der engen Beziehung zwischen Diskretion und Intimität, sie sind verabredet miteinander und treffen sich im Geheimen.

Der Sohn, der Logos, das Wort ist der **Aus-Druck** einer Wirklichkeit. Wenn ich von meinem eigenen Logos spreche, dann ist er jenes, was ich in meinem Innern als Idee besaß und nun als Wort **aus-gedrückt** habe. Auch im Englischen und Französischen haben wir dafür die **„ex-pression"**. Der göttliche Logos aber, Christus, ist der **Aus-Druck** Gottes und nicht nur als Wort, sondern als Totalentäußerung. Dieser Vorgang ist das Werk des Geistes. Zunächst west der Logos in Gott, aber angeregt durch die Dynamik des Geistes, kommt es zum gegenseitigen Hinschenken, zur Liebesekstase ohne Grenzen.

DU, ICH, GOTT, WIR. Alle unsere Liebesregungen stammen aus dem Geist, der die Beziehung anregt, vollkommen durchdringt und immer neu befruchtet. Wenn eine menschliche Verbindung sich selbst genügen will, ohne Kind, ohne Bezug zu Gott, ohne Auftrag oder Engagement für das Ganze, dann wird sie sich selbst verlieren, und eines Tages umarmen die beiden die Leere, es gleitet nur noch ein Schatten vorüber, nicht mehr. Nimmt sie aber den Logos, den lebendigen Christus, in ihrer Mitte auf, dann reicht diese Liebe schon jetzt in die Ewigkeit hinein, weil menschliche und göttliche Liebe sich in ihr vereinten. Gott liebt mich im andern, seine Augen suchen mich in meinem Partner, durch dieses Menschenherz schlägt mir das göttliche entgegen. Eines Tages werden wir das alles besser verstehen, und noch vieles mehr ...

Die Liebe ist ALLES! Sie ist das Geheimnis des Daseins, das Verwobensein der Menschheit, der Sinn des Lebens. Die Liebe ist das Einfachste und doch das Schwierigste für die Menschen, und sie ist das Herz des Christentums. Die Liebe hat das letzte Wort, denn sie ist selbst DAS WORT DES LEBENS, daher ist sie heilig. Heilig!

Nur die Liebe eint ein Wesen. Nur durch die Liebe werden wir mit uns selbst, mit den anderen und mit Gott vereint. Daher sprechen alle Mystiker von der Liebe. Und daher ist jede wahre Liebe mystisch. Ein Mystiker, der keine Liebessprache führt, ist kein wirklicher Mystiker, er steht noch vor dem Ziel. Die Theologie, so wichtig sie uns bleibt, hinkt immer der Liebe nach. Ganz einfache Menschen aber können Mystiker sein, ohne theologische Kenntnisse zu haben.

Menschliche und geistliche Liebe sind sich gleich, sie wollen ALLES ODER NICHTS, denn sonst wäre es keine Liebe. Doch das Wollen und das Verwirklichen treffen sich nicht selbstverständlich. Auch wenn der geniale französische Dichter Rimbaud sagt: **„Ich – das ist ein anderer"**, so liebt doch niemand von uns optimal, selbst Jesus wies es zurück, als man ihn **„gut"** nannte und verwies auf Gott: **„nur der Vater ist gut"**, denn er liebt vollkommen. Auf einer Autofahrt durch Kairo fragte mich plötzlich die neben mir sitzende Schwester Emmanuelle, die ihr eigenes „Blut" den Müllmenschen geschenkt hat: **„Pater Boulad, kennen Sie einen einzigen Menschen, der wirklich liebt?"** … Sie meinte „Liebe" im tiefsten und reinsten Sinn. Und das fragte diese Ordensfrau, die sich seit Jahrzehnten ausbrennt wie eine Kerze. Im allgemeinen sind wir mit unserem eigenen Liebesgeist beschäftigt, nicht mit dem heiligen, die Eigenfreude an unserer Nächstenliebe verstellt uns den Blick.

In der **menschlichen Liebesverbindung** wird die Intimität des Geistes zuweilen klar, denn der Geist der Betroffenen befindet sich in permanenter Kommunion, auch aus weiter Ferne, auch im tiefen Schlaf. Diese Diskretion könnte uns als Leitstern dienen für alles weitere, denn man erobert einen anderen Menschen nicht, sondern man sucht ihn in der Stille, im geduldigen Hoffen und Erwarten, im Respekt vor dessen Freiheit. Der Geist rät zu dem, was er uns vorlebt: Zurückhaltung – um den anderen hervortreten zu lassen.

Anfangs ist menschliche Liebe spontan und sehr privat, die beiden möchten sich aus dem Bewußtsein ihrer Umwelt löschen und auf eine ferne Insel fliehen. Noch ist sie ganz besitzergreifend, und sie will sich auch ergreifen lassen. Zugleich ist sie hochempfindlich, beide Seelen sind sehr verwundbar, durch eine Geste, eine Silbe. Weshalb? Weil der andere ein Objekt tiefsten Verlangens ist, er braucht ihn. Für sich. In diesem Stadium will erst einmal eine Liebe geboren werden, und dafür braucht sie eine Reifezeit unter der Obhut des Geistes, **„der allem das Leben, den Atem und alles gibt"** (Ap. 17, 25b).

Jetzt flüstert der Geist die universelle Komponente der Liebe in die Herzen der beiden, er vermittelt ihnen den Ausblick auf die Welt als ganze, und er zeigt ihnen den gemeinsamen Weg, auf dem ihre Liebe einen Sinn bekommt. Dann regt er die Öffnung zur Welt, zur Menschheit an. Denn nur in dieser Einbeziehung des Universellen und in der fortschreitenden Öffnung wird den beiden Liebenden der ganze Reichtum der Existenz bewußt, und sie wachsen hinein in diese weiten Räume. Dann schauen sie in ihrem Liebespartner das Ganze als eine Verdichtung. Jetzt, in diesem fortgeschrittenen Stadium, wird die gesamte Menschheit so nah erlebt, daß man sie mitlieben kann! Die anonyme Masse Mensch hat ein Gesicht bekommen – das Gesicht des geliebten Wesens. Dieser lange Weg führt über die Diskretion und Innerlichkeit zur letzten Erfüllung. Und Erfüllung meint vor allem Dauer.

Wenn man hingegen bestimmte Dinge eifersüchtig schützen will, hat man sie schon verloren, denn sie liegen im Bereich der Gnade, nach der niemand greifen kann. Die Liebe ist wie das Leben eine Gnade, die uns durchzieht, und auch das Begehren ist Gnade. Sie ist das Echo im Körper auf einen sehr viel tieferen, geistigen Akt. Was die Menschen aber vielfach wollen, ist das Echo zu empfinden ohne die Wirklichkeit. Man will das Nachklingen eines Aktes, der gar nicht stattfindet, und das verfremdet das Geschehen. Man hat unbedingte Wünsche und genaue Vorstellungen, man sucht Ergebnisse, ohne daß ein Grund dafür gegeben wäre ...

Die sexuellen Kräfte in all ihrer Wildheit müssen gezähmt und vermenschlicht werden, denn von Natur her sind sie nur mit geringer Menschlichkeit ausgestattet. Aber wir bejahen sie, weil sie ein Aspekt unseres Wesens sind, der Herz und alle Sinne voll beansprucht, die vitalsten Lebenskräfte werden investiert, und es handelt sich, zumeist unerkannt, um eine unermeßliche geistige Energie.

Die Sexualität besteht nicht nur im genitalen Akt, sondern sie greift hinab in die Tiefenzonen des Menschen, mehr noch, sie ist eine eigene Dimension seines Wesens. Auch aus ihrem ganz Verdeckten und Verborgenen und Geheimgehaltenen steuert sie das Verhältnis zur anderen Person und darüber hinaus zur Gesellschaft, ja, sie nimmt Einfluß auf die Evolution der Menschheit! Die Stärke dieser Kräfte und der Radius, den sie haben, ist ungeahnt. Die Sexualität des Menschen ist eine anthropologische, soziologische, psychologische, philosophische, theologische, spirituelle und mystische Erscheinung. Nichts weniger als das. Und wer seine Sexualität eigenwillig aus diesem Gesamtgefüge schält, erhält die verkehrte Sicht, reagiert falsch und ist selber der Betrogene und Enttäuschte. Und er verschleudert vom Kostbarsten – der menschlichen Energie.

Sexualität und Liebe sind nicht zu trennen. Eine Liebeserfahrung ist eine Erfahrung des Absoluten und demnach heilig. Eine der tragischen Seiten unserer modernen Zeit besteht darin, das Absolute zu vergessen oder anzuzweifeln und die Liebe damit auf die nur-menschliche Ebene zu reduzieren. In Wahrheit ist sie ein Sakrament, das uns Gott vermittelt und **„das man wie ein Sakrament auf den Knien empfangen sollte"** (Oscar Wilde). Wer einen Menschen ganz liebt, liebt Gott ganz, die Liebe ist heilig, weil Gott heilig ist und er die Liebe ist. Liebe als Weg zum Erkenntniswissen, der direkt zum Schöpfer führt.

Gott ist das Innerste. Wenn die menschliche Liebe ganz wahr ist, dann erlaubt sie uns die mystische Erfahrung – eine Gottesbegegnung. Der Geist inspiriert den stillen Wunsch nach dem Aufgehen in einem noch größeren Ganzen, denn die sexuelle Vereinigung in all ihrer Intensität und Schönheit enthält diesen geheimen Ausblick auf eine nochmalige Steigerung im Erleben. Und für dieses Sehnen nach der vollendeten Erfüllung sind die Liebespartner einander Symbol und Sakrament. So weit soll ein neuzeitliches, geistgetränktes, ganzheitliches Verständnis von Sexualität reichen. Andernfalls entzieht sich das Mysterium.

So ist eine Liebesbeziehung ein bevorzugter Ort, an dem Gott erfahrbar wird, sodaß wir Begriffe wie **„Epiphanie"** und **„Theophanie"** verwenden dürfen, denn Gottes Bild scheint auf im Ebenbild! Das Gleichnis wird erkannt durch die Liebe! Dieses Wiederfinden der verlorenen Unschuld, diese Erscheinung Gottes im Paradies der Liebe finden wir auch im **Blickaustausch zwischen einer stillenden Mutter und ihrem Säugling** – etwas Einzigartiges geschieht! In diesem Blick spiegelt sich die Menschwerdung Gottes, in diesem Blick liegt der ganze schaffende Liebesgeist, denn wir können nicht geben, was wir nicht in uns trügen.

Beten wir, daß die menschliche Liebe vom Geist der Liebe bewacht wird. Beten wir, daß unsere Liebe nicht zu früh glaubt, ihren Höhepunkt in der Fülle erreicht zu haben, sondern in diesem wunderbaren Geschehen eine mystische Tiefe entdeckt und die göttliche Dimension klar erkennt. Dann erst wird sie sich vollenden. Die letzte, entscheidende Energie, die durch den Menschen von morgen noch erforscht werden muß, wird **die Energie der Liebe** sein, und diese ist geistig. Psychische Energie, geisterfüllt, ist stärker als die nukleare, aber sie ist uns heute noch das tiefste Geheimnis.

GEBET: *„Geist der Liebe und der Diskretion, Du verlangst nicht, daß wir Dich lieben, sondern daß wir uns von Dir lieben und führen lassen. Lehre uns die vollkommene Hingabe, geboren aus unserer Freiheit und inneren Armut, um uns ganz auf Dich einzustimmen, dann liebst Du in uns und für uns. Geist der Liebe und der Innerlichkeit, entdecke uns allen das Sakrament der Liebe, die Heiligkeit unserer menschlichen Beziehungen. Und weite unsere Augen des Herzens für das Mysterium der Heiligkeit unserer Welt, erfüllt von Deiner Gegenwart."* Amen.

Nahe beim schönen, alten Wort **„süßer Seelengast"** für den Geist liegt auch der **„Tröster"**, eine der vielen Übersetzungen des Wortes **„Paraklet"**, welches erneut von der Intimität kündet. **Die spürbare Trostarbeit des Geistes** setzt dann ein, wenn Menschen versagen oder überfordert sind, und geistig-seelisch zu trösten vermag bekanntlich nur ein Vertrauter. **„Tröster"** – dieser Name für den Geist stammt aus der menschlichen Erfahrung, das ist nichts Gesuchtes, sondern elementar Erlebtes. Der Tröster Geist ist die innere Instanz, die tropfenweise Trost spendet wie ein von innen gespendeter Balsam auf tiefliegende Wunden. Über die Funktion des Trostspendens kann man keine Worte machen, sie stammt nicht aus unserer Ordnung, sie kommt aus göttlichen Bezirken. Wenn aber die

Sprache fehlt, wird ein Sachverhalt rasch als real geleugnet. Vielleicht müssen diese Leugner erst einmal tief ins Leiden fallen, um den **„Beistand und Tröster"** anzurufen und zu erkennen, daß sie nicht allein sind. In der Stille seines Leidens hat mancher unter uns schon seine Erleuchtung erfahren.

Aus der innigen Vertrautheit mit dem Geist rührt auch der Trostname **„Verteidiger"**, er ist derjenige, der uns verläßlich zur Seite steht wie ein Freund oder wie ein Familienanwalt, der in unserer Nähe bleibt und an unserer Stelle spricht, weil er unsere Situation genau kennt. Kein Wort gibt es, das den Umfang des von Jesus gewählten Namen **„Paraklet"** für den Geist decken könnte, er hat uns nur über die himmlische Gnade informiert, die uns in seiner Führung und in seinem Schutz zuteil wird. Der Geist stärkt und ermutigt uns, wenn wir einen notwendigen Schritt nicht wagen, wenn unser Wille zittert, und er bahnt uns den Weg. Und wenn wir einen Dornenweg zu gehen haben, dann regt er uns behutsam an, nicht aufzugeben. Der Geist ist Tröster.

In seiner Trostbereitschaft liegt auch **die Vergebung**, denn er ist der Geist der Liebe, und Liebe ist göttlich. Weil sie vergibt, ist die Liebe Zukunftsträger. Großmütig bietet sie den Neubeginn an und erlaubt sich kühn das Vergessen. Die Liebe vermag das, weil ihr Pol die Zukunft ist, die Erlösung aus der Zeit bei Gott, und die Liebe ist Gottes Reich. Vergangenes ist keine Fatalität, ein Scheitern kann den nicht töten, der mit dem Geist im Einklang lebt. Durch und mit dem Geist wandelt sich das Bild und auch sein Inhalt. Wir stehen im Mysterium des Heils, Zeit und Schuld sind am Kreuz von Golgotha aufgesogen worden; er, der Auferstandene, ist DAS LEBEN, und ein Leben in der Fülle und in der Freude!

Wenn ich verzeihe, dann suggeriert es mir der Geist, diskret und wirksam, sodaß er eigentlich der Vergebende ist, nicht ich. Also ist meine Geste göttlich. Deshalb dürfen wir jedes Verzeihen unter den Menschen als ein Sakrament ansehen, am Arbeitsplatz, in der Verwandtschaft, auf Reisen unter Fremden. Hier werden Sakramente ohne Priester gespendet, und die Gnade der Vergebung darf uns sicher sein.

Nehmen wir bei aller Osterfreude das Sakrament der Versöhnung wirklich ernst? Es läßt den Geist in ganz besonderer Weise in uns wirken, nehmen wir dieses ungeheure Angebot einer Erneuerung in seiner großen Einfachheit und Güte gern entgegen? Fühlen wir uns ein in den Geist, der stets das Gute plant, haben wir Vertrauen? Zeigen wir ihm während unserer Osterbeichte jene Stunden, in denen wir uns gegen ihn versperrten, seinem Rat als unserer Stimme des Gewissens Widerstand entgegensetzten, sodaß die Gnade uns nicht erreichen konnte? Dann waren wir bestürzt und haben eine dunkle Phase Gott und der Welt angelastet. Man lese wiederholt das Buch **„Schwerkraft und Gnade"** von Simone Weil, es nimmt uns auch die letzten Schuppen von den Augen.

Die Welt braucht den Geist, denn sie hat den Menschen verhärtet, er ist aggressiv geworden und sein Herz spröde. Unsere moderne Gesellschaft kämpft – die Reichen in ihrer Besitzbedrohung und die Armen in ihrer Existenzbedrohung, da muß ein religiöses Leben ein Schattendasein führen. Wir leben nicht in einem Raum des Lichtes und der Liebe, sondern in der großen Anspannung und Verkrampfung, und das zehrt aus. Aber ich bin Christ und glaube an die Stärke der Liebe, stärker als alle Gegenkräfte, sie löst und heilt, weil sie über die geheime Energie des Pfingstgeistes verfügt.

Diskret, unerkannt, geht der Geist auf unseren Straßen mit, und vielen Menschen öffnet er, wie den beiden Männern in Emmaus, die Augen blitzartig. Er hat von unserer ganzen Erde Besitz ergriffen, sie ist sein Leib, und nun sammelt er uns ein für den großen **Mystischen Leib**. Wer Christus bei dieser Arbeit erkennt, der wird ihm ähnlich werden. Dafür sorgt der Geist.

Es gibt verschiedene Dichtegrade einer Geistpräsenz. Er ist in Dir, er ist in mir, er ist im heiligen Sakrament, er ist auch in Deinem Haustier und in Deinem Blumenstock am Fenster. In jeder Weltwirklichkeit ist er diskret, aber innerlich führend, anwesend, ohne ihn existiert nichts. Wichtig ist zu verstehen, daß der Grad seiner Anwesenheit mit der Empfangsbereitschaft und dem Bewußtseinsstand seines Trägers zu tun hat. Bei einem Stein und einem Engel dürfte da ein Unterschied bestehen. Und doch ist für ihn, in dem es keine Zeitabläufe gibt, schon heute alles das EINE.

Gott west in allem und wartet darauf, erkannt zu werden, weshalb der Geist sich beauftragt sieht, alle Menschen unentwegt zu inspirieren. In einer für den Geist ganz aufgeschlossenen Person verwirklicht sich Gott in der Schöpfung, beide, Gott und Mensch, werden stärker, und die Welt als ganze wird um einen Grad angehoben. Unser Glaube fördert die Welt in ihrem Aufstieg auf tausend Weisen, denn die Präsenz des Geistes ist stark in seiner Liebe und Innerlichkeit! Das Leben weiß, daß es im Werden ist. Der Baum ist in der Samenfrucht vollständig enthalten und fühlt den Appell. Zunächst müssen alle potentiellen Möglichkeiten ausgeschöpft werden, eine vollständige Entfaltung muß geschehen, und Gott ist dieser drängende Same in uns, wartend. Der Geist suggeriert uns die Freude am Wachstum, bleibt aber diskret, um unseren freien Willen nicht zu behindern. Es darf der Mensch sich mit seinem niederen, viel schwächeren Status seiner Existenz nicht zufriedengeben, es würde ihm an Selbsttreue mangeln, denn vollends verkennen kann ein geistiges Geschöpf seinen Weg nicht, auf den es gerufen wird. Das Aufblenden eines höheren Bewußtseins ist geheimnisvoll verborgen im „Projekt der Vollendung“ enthalten.

Das menschliche Leben ist zerrissen und zersplittert für denjenigen, der sich keine Zeit mehr für irgend etwas nimmt, der das Leben oberflächlich erfährt und immer in Eile. Tiefenschau und Innerlichkeit würden ihn eines besseren belehren. Wie geschieht das? Sich öfter aus dem Karneval gesellschaftlichen Treibens mit abgelegter Maske zurückziehen und sich auf ein Rendezvous mit dem Geist einlassen! Ihm unverzüglich eine Zusage machen, wenn er uns hinauslocken will – in die Einsamkeit. Auch Jesus trieb er für vierzig Tage in die Wüste. Es geht dabei nicht nur um uns selbst; wenn wir unsere eigene Seele entdecken, entdecken wir zugleich die Seele der anderen und erkennen unsere Verbundenheit.

Das Bild **„Wüste"** meint vor allem Stille in der Einsamkeit, für längere Zeit und im glühenden Sand! ... Aber der Zuversichtliche findet auch die Oase, wenn er weitergeht und es ihn genügend dürstet. Dann kommt der Augenblick, in dem sich ihm im Spiegel des Grundwassers seine Seele zeigt. Es liegt ein Geheimnis in der Stille, alle wesentlichen Dinge entfalten sich aus ihr. Die Stille eines Baumwachstums! Die Stille der Blumenkelche, die sich zum Licht hin öffnen! Die Stille unserer Atmung und unseres Herzschlags! Die Stille der Gehirnarbeit von fünf Milliarden Menschen! Und selbst die schwere Erde dreht sich in der Stille ... Alle Religionen lehren über die Stille als den göttlichen Raum. Gott, der Lebendige, ist in der Stille! Suche nichts in ihr, es ist der Geist allein, der in ihr arbeitet. Später erst wirst Du verstehen, was geschehen ist, wenn sich die Wahrheit offenbart ... aus der Verinnerlichung.

Die Menschen sind aber schon so stark an ihre Lärmkultur gewöhnt, daß sie Angst, ja Horror fühlen vor der Stille. Glücklich die Freunde und Liebenden, die miteinander schweigen können, das bringt dauerhafte Verständigung, auch wenn das Schweigen zuweilen schmerzt, weil jeder sich auf sich allein zurückgeworfen fühlt. Aber **„es gibt keine Liebe ohne eine**

schmerzvolle Lehrzeit der Einsamkeit, sie ist die Aushöhlung und Ausdehnung des inneren Liebesraumes" meint P. Dennis Vasse, SJ. Entfernung und Stille schaffen, um einander besser zu erkennen – wie ein Kunstwerk, das man nur aus der Distanz begreift. Es ist die Dialektik von Anwesenheit und Abwesenheit.

Zwei Liebende sollten sich von Zeit zu Zeit getrennt in die **„Wüste"** begeben, und sie werden die Quelle finden, die ihre Beziehung verjüngt, durch die sie klarer sehen und reiner lieben werden. Dort am Brunnen begegnen sie nicht nur sich selbst, sondern zugleich dem Spiegelbild des geliebten Menschen, das sie, verinnerlicht im Geist, mit sich getragen haben. Die Wüste als heilsame Einsamkeit, in der eine Liebe neue Wurzeln treibt und frische Triebe setzt. Eine solche Zeit führt auch zum Herzen der übrigen Welt und zum Herzen Gottes, und wir erkennen, daß alles ein einziges gemeinsames Zentrum hat. Und wir wissen endgültig, was MYSTIK ist.

Es gibt zwei Arten von Mystik, die Mystik der Entsagung und die Mystik der Inkarnation. Die erste abstrahiert die Welt von allen sinnlichen Wahrnehmungsgelüsten, die zweite sucht die Menschwerdung Gottes in allen Wirklichkeiten ausfindig zu machen, indem dieser mystische Blick die Oberfläche des Natürlichen und Kreatürlichen sanft durchdringt, um in dessen Mitte von einem geistigen Flammenschlag getroffen zu werden. Man erfährt eine lebendige Anwesenheit, die so gewaltig ist wie ein Feuer. Man denke an Moses auf dem Sinai oder Pascal in seiner **„Feuernacht"** der Erleuchtung, so hat er das Erlebnis benannt.

Diese konträr anmutenden Zugänge zur Mystik sind aber nicht unvereinbar, denn es besteht dieses Wechselspiel zwischen dem Öffnen meiner Augen, die sich satttrinken wollen an den Brüsten der Natur, und dem Schließen derselben, um das Geschaute zu verinnerlichen. Zuerst kontempliere ich die Schöpfung – und dann den Schöpfer. Das Schließen der Augen bedeutet also keine Verneinung, sondern wie in der Liebeserfahrung eine Verstärkung des Geschauten durch die Verinnerlichung. In dieser Doppelbewegung entwickelt und vertieft sich ein mystisches Leben unaussprechlich.

Eine Mystik, die nur Nacht sein möchte, vollkommen abgestreift nur durch die Leere hindurch zu Gott, riskiert, unterwegs auszudörren. Eine Mystik, die nur Tag sein will in tausend flimmernden Bildern, riskiert, sich zu veräußerlichen und zu verflüchtigen. Beides im Wechsel ist gut. Sich zunächst die realen Welterscheinungen „einzuverleiben", sinnlich oder kontemplativ, hinabzutauchen, um die Blume zu finden, die dort blühend wartet, und lange Zeit bei ihr zu verweilen, ist gute Mystik. Braucht unser Körper nicht auch sechs Stunden zur Verdauung dessen, was er während einer halben Stunde aufgenommen hat? In der gegenwärtigen tempogetriebenen Konsumwelt ist die Mystik eine Helferin, die lehrt, wie uns vieles zur Seelennahrung werden kann, wenn wir es uns im Geist verinnerlichen.

Wenn man den Geist den **„Geist der Armen"** genannt hat, so nicht nur, weil er selber arm sein will, sondern weil er diesen Prozeß des Armwerdens im Menschen erzeugt. Im Armwerden erwacht der Mensch zu sich selbst, hier vollzieht sich unsere entscheidende Etappe. Mit dem Geist reift im Menschen die innere Person. Je mehr mir mein Selbst bewußt wird, umso mehr befinde ich mich im Geist und bin im Geist aktiv. Es gibt nicht mich und dann auch noch den Geist in mir, sondern er ist der eigentliche Grund meines Wesens. Dort treffe ich als die Person, die ich wirklich bin, mit dem Geist zusammen. Keine Maske mehr, keine Scham, keine Ängste, kein Hochmut, keine Zweifel, ich bin ohne-ohne-ohne alles, und in diesem Stadium gelebter Freiheit spricht der Geist aus meinem Selbst.

Der Geist ist diese diskret agierende Kraft der Personalisierung im trinitarischen wie im weltlichen Bereich. Ein geistig entwickelter Mensch ist im Grunde innere Armut, das ist gut zu beobachten, er ist arm in seiner Selbstlosigkeit, arm zugunsten anderer, ein Aus-Druck Gottes. Der Geist verführt uns, er weiß, daß derjenige, der mit ihm verinnerlicht in Harmonie lebt und schwingt, wirkt, liebt und betet, niemals aufhören kann zu wachsen. Der Geist weiß, daß des Menschen Natur grundsätzlich im Jenseits liegt, in der Transzendenz schon heute. Nur der Mensch weiß es noch nicht... Sein Glaube schwächelt dahin oder er sperrt sich aus vielerlei unsinnigen Gründen. Aber der Geist ist in ihm, auf tausend Weisen sucht er ihn zu erwecken.

Die klassischen Kategorien des Persönlichen und des Unpersönlichen, des Inneren und des Äußeren, des Selbst und des Egos – sie alle werden von der Realität des Geistes eingeholt und überholt. Man nannte ihn unseren **„Seelengast"**, weil er ein Geheimnis tiefster Innerlichkeit ist. Die Theologie nennt es unser **„Bewohntsein vom Geist"**. Und er ist eine der subtilsten und ergreifendsten menschlichen Erfahrungen, die einem im Gebet oder in Extremsituationen zuteil werden, in denen man vor Blitzentscheidungen gestellt wird. Der Leichtsinnige, der Ignorant entbehrt diese Erfahrung, er hat sie nicht machen wollen, oder er war nachlässig und verlor sie wieder. Der Spirituelle ist sich seines Seelengastes bewußt, der Geist ist sein Partner, daher die Bezeichnung **„Spiritueller"** oder **„Geistlicher"**, der Geist ist innewohnende Vertrautheit, Nähe, Innigkeit... **„intimior, intimo meo"; näher als ich selbst mir bin** (Augustinus).

Und es ist der Geist, der im Namen Gottes zu dieser Entäußerung drängt – wie in der Dreifaltigkeit, in der Gott durch Selbstverzicht zum persönlichen (!) Gott wird, zum Vater, zum **Liebesgott**. Das Individuum wird zur Person durch sein Armwerden – auch in unserer Welt. Doch wir bekamen eine Zusage von Jesus: Wer sich verlieren kann, der findet sich! Denn in der Entblößung entblättert sich das wahre Sein. Immer wieder begehen wir den Irrtum, die niedere Zone unserer **„Persönlichkeit“**, die wir gern herausarbeiten und mit reichem Dekor versehen, mit der höheren, über ihr liegenden Zone der **„Person“** zu verwechseln. Nein, erst im Verlust meiner hochgeschätzten Persönlichkeit werde ich zur Person und verlasse das fruchtlose Feld des besitz- und glanzheischenden Egos, welches fortwährend – in sich selbst gefangen – um Selbstbestätigung buhlt. Welch ein Treten auf der Stelle! Die reife Person läßt sich fallen, und es ist der Geist, der ihr diese Kraft schenkt. Aber dann wird ihr leiblicher Tod eines Tages, der härteste Selbstverzicht, zum Loslassen in Würde, denn es kommt ihr ein Bekannter entgegen, den der heilige Franziskus **„Bruder Tod“** genannt hat. Er wußte weshalb ...

Erkennen wir in der Pädagogik des Geistes, in der er sich um uns bemüht, seine Liebe? Der Geist und die Liebe bilden Anfang und Ende sowohl in der Weltentwicklung als auch in der persönlichen Biographie des einzelnen. Und jeder Mensch, der stirbt, fällt in dieses Zentrum aus Geist und Liebe, bis der Punkt OMEGA alle Monaden in sich vereint und zum Plenum führt, zur Fülle der Zeit, zum Ende der Geschichte. Vom Standpunkt der Physik sagt Teilhard de Chardin über die Liebe im Weltinneren: **„Sie ist die empfundene Innenseite der Affinität, die zwei Elemente in der Welt miteinander verbindet, von Mitte zu Mitte.“** Er spricht von der ersten Hochzeit des Universums, die im Atomkern stattgefunden hat zwischen einem Proton und einem Elektron ... unter der diskreten Wirkung des Geistes.

Nach Teilhard de Chardin folgt der physischen Ausdehnung des Universums die psychische Verdichtung. Durch eine Gegenbewegung also auf anderer Ebene soll das Ganze zu einer geistigen, personalen Einheit finden. Und das geschieht tatsächlich im Innersten der Elemente durch eine geheimnisvolle Anziehungskraft geistiger Ordnung, die wir auch LIEBE nennen dürfen. Der rein wissenschaftlich beobachtenden Sicht, die nur das Wegstreben und Fliehen erkennt, entgeht die Sicht dieser inneren Gegenkraft des Geistes. Ziel dieser zweiten Bewegung ist die vollendete Einheit der Schöpfung im Punkt OMEGA, die in der **Personalisierung der Liebe** gipfelt. Diese Geisteskräfte wohnen allen Elementen und Monaden inne und treiben sie aufeinander zu. In allem waltet, formt und bindet diese zentrierende Energie einer unermeßlichen kosmischen Liebeskraft. Ein Mensch, der heute seine Liebe zu einem anderen voll bewußt zu leben versteht, legt Zeugnis ab für diese Konvergenz.

Die geistige Dimension ist das Gewebe, das die Welt zusammenhält, ihr Stoff heißt LIEBE, und der Plan einer Strukturierung dahinter ist geistig, ist göttlich, er zieht sich durch bis zur Vollendung, er ist der Ariadnefaden des Vereinigungsprozesses. Die Vielheit hat ihre zukünftige Einheit als Erwartungszustand in sich tragend, das Viele ist noch ein Nichts gegenüber dem zukünftigen Einen, welches erst das wahre Sein verwirklicht. Doch die Liebe, die wir spüren, ist es schon, sie ist schon jenes **„alles in allem“** der Zukunft, und zugleich ist sie die Mitte des gegenwärtigen Universums. Unsere Eucharistiefeier drückt es wunderbar aus: sie lebt in der vertikalen Dimension, und zugleich ist sie von unsagbarer Intimität. Ich wiederhole: **Jeder sterbende Mensch fällt in dieses Liebeszentrum, in dem er nicht verlorengehen kann, denn der Geist des Lebens ist allgegenwärtig.**

Im zukünftigen **Mystischen Leib** wird die Diskretion und Innerlichkeit des Geistes fortdauern, er ist es, der dieses unaussprechliche Wunder der Einheit schaffen wird, bestehend aus Myriaden von Menschengeschlechtern. Er wird im **My-**

stischen Leib allgegenwärtig sein, erfahrbar für alle – und doch weiterhin unbestimmbar, er wird im höchsten Maß intim sein und doch geheim. Der Geist ist der verborgene Gott, der stille **Pater pauperum**, der nichts und doch alles besitzt.

Diese zweifache Eigenschaft des Geistes Diskretion–Innerlichkeit findet sich in der Dreifaltigkeit, in der Schöpfung und im wachsenden Mystischen Leib. Auf allen Realitätsebenen, zeitlich und überzeitlich, ist der Geist in dieser Weise aktiv, ohne selbst in Erscheinung zu treten. Er bleibt unbegreifbar für unseren Verstand, entzieht sich jeder Definition und Vorstellungskraft und sei es die begabteste, und er hat sich auch einigermaßen erfolgreich dem Phantasiereich der Kunst verweigert. Alle Geistsymbole, die Menschen in kindlichen Versuchen je erdachten, irritieren mehr als sie beruhigen, der Geist ist alles und nichts davon.

Er ist unser unermüdlicher Anreger und Mahner, der von allen Völkern zu allen Zeiten bemerkt wird. Der Geist regt den Gottesglauben der Menschen an, sodaß wir von einem weit über die Erde reichenden impliziten Glauben sprechen – es ist die Anwesenheit des Logos, Christus, die geahnt wird. Im heutigen Atheismus geschieht das, was einst in der griechischen Antike geschah oder in den ostasiatischen Religionen und Philosophien: Der Geist ist nicht erkennbar, aber erfahrbar. Und wer ihn annimmt und bejaht, dem gibt er **„die Macht, ein Gotteskind zu werden“** (Joh 1, 12).

Der Geist ist nicht da, um von uns verstanden zu werden, sondern damit wir durch ihn verstehen, er ist die Intelligenz unserer Intelligenz, und diese bleibt ein göttliches Geheimnis. Aber wir sollen Verlangen nach ihm haben wie in einer Liebe, um durch persönliche Erfahrung sein Wesen innerlich **„zu Gesicht zu bekommen“**. Dann werden wir seine Bewegungen mitvollziehen, seiner Logik folgen und seinen Inspirationen Glauben schenken. Wesentlich ist unser Verlangen. Niemals seit Schöpfungsbeginn hielt sich der Geist in göttlichem Abstand der Geschehnisse, und er ist es, der die Welt ihrer Vollendung zuführt – verinnerlicht und stark. Aber er kommt zu uns incognito, nimmt tausend Gesichter an, hinterläßt uns nur die Spur eines Unbekannten, schickt uns anonyme Grüße ... Unmerklich will er sich in der Welt inkarnieren, das ist das immerwährende, ungeheure Phänomen.

DER GEIST DER WAHRHEIT UND ERKENNTNIS

„Wo im Menschen keine Frage ist, dort gibt es auch keine Antwort des Heiligen Geistes.“ Viele Aussagen der erleuchteten Hildegard von Bingen sind in ihrer Klarheit auch für uns erleuchtend. Ich formuliere es gewöhnlich fordernd, also gern im Imperativ und sage: **„DU SOLLST SUCHEN! ... Dieses Gebot möchte ich als ein elftes hinzustellen!“**

Wahrheitssuche heißt, in ein Mysterium eindringen wollen wie ins Meer, um weiter und weiter hinauszuschwimmen, denn die Wahrheit als ein ehrwürdiges Rätsel zu respektieren und sie unbefragt mit in die Ewigkeit nehmen zu wollen ist falsch. Diese Haltung blockiert Geist und Wachstum. Unsere Suche soll uns unter der Führung des Geistes in die göttlichen Räume entlassen, uns mit dem Unendlichen bekanntmachen, schon im Heute. Auf diesem Weg glänzt uns ein Licht, das spricht: Die Wahrheit hat mit der Finsternis gebrochen, sie erleuchtet des Suchenden Herz und Verstand. Es ist die fortschreitende Offenbarung Gottes im Geist der Wahrheit, der das Geheimnis auf wunderbare Weise dem Suchenden enthüllen will.

Dann dürfen wir von einem realen Erkennen der Gotteswirklichkeit sprechen, zumindest zu einem gewissen Grad, und von einem realen Weg nach dort. **DU SOLLST SUCHEN!** Unklaren Fragen nachgehen und sie selbständig weiterverfolgen, das ist heute eines jeden denkenden Menschen Pflicht. Er muß Lust und Freude daran haben, das auszuschöpfen, was die theologischen Formulierungen beinhalten. Und es wird manchmal besser sein, eine alte Form aufzubrechen wie eine Mandel, um wieder an den süßen, nahrhaften Kern einer Aussage heranzukommen. Im Begriff Wahrheit liegt für mich die ersehnte Übereinstimmung mit mir selbst und mit der Welt. Als Zeichen einer Annäherung gelten das Erleben von Harmonie und innerem Frieden. Wahrheit ist ein sehr wesentliches und starkes Wort für mich, denn es bezeichnet Klarheit und Kohärenz als Teil dieses Strebens nach dem Absoluten in mir.

Die Wahrheit bindet die verschiedenartigsten Elemente zu einem größeren, geistigen Ganzen. Wahrheit besteht auch in der Übereinstimmung des eigenen Körpers mit dem persönlichen Leben, wobei die Einheit mit sich selbst erlebt wird, denn die Frage nach der Wahrheit ist keine theoretische aus der abstrakten Welt, sondern eine existenzielle. Indem ich sie lebe, nimmt sie in mir Gestalt an und wurzelt sich ein.

Das wäre meine Vision von einer **„Kultur der Wahrheit"**, die als Zeichen Gottes nur zur Einheit führen kann. Deshalb hat mich Teilhard de Chardin in frühen Jahren bereits beim Anlesen seiner Schriften begeistert, er besaß diese integrale, alles vereinende Sichtweise; nichts wollte er von der Wirklichkeit ausgeklammert wissen. Leider kapitulieren noch immer viele Menschen vor der Wahrheit, ein allgemeiner Agnostizismus macht sich breit, in der modernen Philosophie ist der destruktive, systematische Zweifel im Umlauf. Ich wende mich entschieden dagegen, weil ich es für etwas Krankes halte.

Wahrheit, Sinnfindung und Glaube hängen zusammen. Daher ist mein Hauptanliegen bei der spirituellen Unterweisung die Verständlichkeit des Glaubens für die heutige Zeit. Es muß ein Glaube vermittelt werden, der einerseits in sich schlüssig ist und andererseits die Herausforderungen der Gegenwart voll aufgreift und integriert, denn das erwarten die Menschen. Ich bete und ringe darum, daß Christen in die Lage kommen, ihren Glauben besser in ihrem persönlichen Leben verarbeiten zu können, um den wirklichen Zusammenhang der Botschaft stärker zu erfassen. Das möchte ich aber viel tiefer begründen und nicht als Glaubenspropaganda hinstellen, denn es geht um die einzige Frage nach dem Sinn des menschlichen Daseins. Um denselben Sinn, der sich auch in der Geschichte finden läßt. Und dieser ist an den Glauben gebunden, weil es um die Existenz geht. Das sollte die Antwort sein, die auf die Frage nach der Wahrheit gegeben wird. **Glaube und Sinn des Lebens, Glaube und Sinn der Geschichte, Glaube und Sinn der Philosophie. Glaube und Liebe.**

Die Schlacht um das Gottesreich findet heute auf den öffentlichen Plätzen statt, bei jeder geistigen Auseinandersetzung, in jedem Dialog zum Thema GOTT, in allen Predigten. Ganz besonders aber am stillen Herzensgrund des einzelnen. Hier, im Bewußtsein eines Kampfes zwischen Gut und Böse, inmitten unserer Sünden, Leidenschaften und Unterlassungen, dort vollzieht sie sich wie auch im verborgenen Gebet oder in einer geheimen Opferhandlung. Überall spielt dieses geistige Welt-Drama, überall stehen sich Gott und Satan gegenüber. Das Übrige und das Sonstige, das so viel Wind und Lärm um nichts macht, betrifft nur die äußeren Schlachten mit sichtbaren Siegen und Niederlagen, so auch in der Kirche, das sind die Konsequenzen eines vielseitigen Kreuzweges durch die bewegte Zeitgeschichte. Der eigentliche Kampf aber wird im menschlichen Bewußtsein ausgefochten, darüber wird nicht gesprochen und nicht geschrieben, es wird gekämpft im Licht der Wahrheit und im Feuer des Geistes.

Der Einheit stiftende Geist der Wahrheit trennt aber auch, zumindest vorübergehend, er ruft wie die Christusgestalt Opposition hervor, doch das Selbstzeugnis lautete: **„Ich BIN die Wahrheit.“** Sie wird nicht auf der Ebene des Logos gefunden, sondern in der persönlichen Erfahrung, in der Glut des Erlebens. Was soeben noch bipolar und paradox erschien, wird plötzlich eins auf der Lebensebene. Jenseits aller Kontroversen in Wissenschaft und Glaube, Philosophie und Religion, Dogma und Praxis beharrlich die unmöglich erscheinende Synthese suchen!

Der Geist zeigt sich zuweilen wie das Feuer in seiner Doppeldimension von Leben und Tod, das wohlige Lebenswärme erzeugt, aber auch Lebendiges niederbrennt. Auch der Geist kann aushöhlen und ausbrennen, was unwesentlich ist, um das Wesentliche in seinem Brandschein zu erleuchten. Der Geist vernichtet und offenbart zugleich, er offenbart die menschliche Wahrheit, legt sie bloß, so wie die Metallschmelze Unbrauchbares verglühen läßt, um das Goldkorn zu gewinnen. Die Begegnung Mose am Brennenden Dornbusch ist bedeutungsreich, denn der feuerlodernde Busch bleibt unversehrt – eine eindringliche Lehre über den Geist, der denjenigen nicht vernichtet, dessen er sich bemächtigt, im Gegenteil, er erleuchtet ihn mit der Erkenntnis der Wahrheit. So wird auch die Läuterungsflamme Gottes – die Strahlen des Geistes – uns Menschen gelegentlich schmerzlich treffen, doch uns dabei wandeln und neu erstehen lassen.

Im westlichen System haben wir die Wahrheit und die Unwahrheit nebeneinander und gegeneinander, im östlichen, orientalischen System wird Wahrheit gerade aus den sich widersprechenden Wegen klar, und das Ergebnis ist eine Koexistenz von Schwarz und Weiß, von Ja und Nein, von Leben und Tod. Das läuft nicht über die logischen und lichten Bahnen westlichen Denkens, sondern arbeitet in tieferliegenden Zonen, genauer gesagt auf der Herzensebene, und noch genauer in einem bestimmten Punkt, den wir im Arabischen **„weydan"** nennen. Die westliche Philosophie ist exklusiv, die östliche inklusiv, sie zieht es vor, Gegensätze lieber zu bejahen und miteinzubeziehen, denn unser Leben ist von vielen Widersprüchen durchwachsen. Der tiefste Sinn aller Dinge und

Erscheinungen findet sich jenseits logischen Denkens im Reich der lebendigen Erfahrung.

Leider kann man **„weydan"** in keine europäische Sprache übersetzen, aber mit diesem Wort befinden wir uns in der mystischen Erfahrung, am letzten Seelengrund des Menschen, der auch im anderen wahrgenommen wird, dort, wo alles Seelische zusammenfließt und seine tiefste Zone erreicht, wo ein Wesen in seinem **„reinen Zustand"** existiert. Manchmal liebe ich es, das Wesen des Menschen in der Form eines umgestellten Kegels darzustellen, bei dem ich den tiefsten Punkt an der Spitze mit **„weydan"** bezeichne, der zugleich der „Aufenthaltsort" des Gottesgeistes in uns ist. **„Weydan"** kommt im Arabischen aus dem Begriff **„wujud"**, dem Sein, Ursprungsort und Quelle jeder Existenz. Könnten wir diese geistigen Vorgänge wissenschaftlich darstellen, dann würden wir sehen, wie sich unsere Eigenschaften und Befähigungen dort sammeln, die körperlichen, die organischen, die geistigen, die affektiven, die intellektuellen Kräfte strömen dort aus diesem einen Punkt in der Kegelspitze des **„weydan"**. Und jedes Wissen, das diesen Punkt berührt, bleibt uns als existenzielles Wissen, da es sich eingewurzelt hat in unsere persönliche Existenz, im **„Herz des Herzens"**.

Das Herz ist demnach der Ort unserer geistigen Sinne und letztlich der Ursprungsort der Erkenntnis. Wenn wir ein Sehvermögen besitzen, wenn wir hören können, wenn wir riechen, schmecken und etwas ertasten können, dann nur deshalb, weil wir mit geistigen Sinnen ausgestattet sind, wir haben ein inneres Sehvermögen, ein inneres Hör- und Tastvermögen, auch schmecken können wir geistig. Schließe Deine Augen und berühre im Geiste weichen Samt oder denke an frisch duftendes Zimtgebäck. Beethoven komponierte in seinen letzten Lebensjahren im tauben Zustand.

Beim geistigen Erkennenwollen ist der Weg oft rauh und unwirtlich, vielleicht zu steil erscheinend, also hoffnungslos, doch wenn er nicht verlassen wird, dann bleibt das lebenswichtige Sehnen nach dem Geist der Wahrheit und Erkenntnis. Der Mensch ist ein Wesen der Sehnsucht. Anfangs das biologisch-existenzielle Sehnen nach der Mutterbrust, dann die Berührungstendenz nach materiellen Objekten beim Kleinkind, später das psychologische Phänomen der zwischenmenschlichen Anziehung durch Freundschaft, Liebe und Sexualität, zuletzt das geistige und geistliche Sehnen als niemals zu stillender Durst. Der Geist ist da, doch läßt er sich nicht fassen, er ist frei, ihn zwingen wollen, heißt ins Leere greifen, er offenbart sich, wenn es ihm beliebt. Doch eines ist wirksam: das Gebet des Menschen.

Eine gewisse Gefahr der menschlichen Vernunft besteht darin, daß sie an ein falsches Ideal glauben möchte, an das des Nichtwiderspruchs, das erste Prinzip philosophischen Denkens. Wie können Dinge gleichzeitig weiß und schwarz sein? Sie sind es nicht, solange wir uns bei der abstrakten Vernunft aufhalten, können es aber sein, wenn wir uns um die existenziellen Fragen des Menschseins bekümmern, und wenn der Durst groß genug ist, erkennen zu wollen. **Die Erfahrung von Durst** muß man einmal real erlebt haben, ich habe es: Nach einem endlosen Wüstenmarsch in der Sahara waren unsere Trinkvorräte erschöpft, mein Gaumen klebte fest an meiner Zunge und meine Lippen an den Zähnen. Endlich stießen wir auf eine Militärstation mit einem riesigen Wasserreservoir – unvergeßlich allein der Anblick! Ich denke noch heute daran, wenn ich unter der Dusche tanze und unbegrenztes Wasser genieße und vergeude. Möge jeder Wissensdurst diese Stärke haben, dann liegt in ihm eine Verheißung. **„Wer durstig ist, der komme. Wer will, empfange umsonst das Wasser des Lebens.“** (Off 22, 17a)

Jede Erkenntnis ist eine Geburt, ein Losreißen, also weit mehr als nur ein gedankliches Phänomen, sie ist ein vitales Ereignis, das den ganzen Menschen erfaßt. Darin liegt auch unsere Angst vor der Freiheit begründet, denn Erkennen macht frei, und Freiheit verpflichtet. Viele unter uns verweigern sich dem Abenteuer des Geborenwerdens bis ans Ende ihrer Tage. In unserer übersättigten Gesellschaft des Sicherheitsdenkens wird der Wert einer Risikobereitschaft so klein geschrieben, daß man eine Lupe benötigt. Wir sind wie überversorgte Kinder eingepackt: Von der geheizten Wohnung im geheizten Auto in den geheizten Supermarkt, wo es inzwischen alles zu kaufen gibt außer Liebe, und dann ins geheizte Kino, um alle Wirklichkeit und Wahrheit für zwei Stunden zu vergessen. Dabei werden wir vor der Zeit grau und alt, denn alt ist, wer Angst vorm wahren Leben hat. Die allerletzte Herausforderung, die noch geblieben ist, scheint **der Sport** zu sein, da wird noch mit sich selber gekämpft, weshalb er wohl diesen enormen Zulauf hat und ihm grenzenlose Opfer gebracht werden. Hier geschieht noch Wahres, hier gibt es noch die freiwillige Entbehrung.

Das Licht des Glaubens, dieser Feuerfunke, der zur Erkenntnis sich entfachen möchte, kann in der Konsumwelt nur trübe schwelen, wie unter einer schweren Decke. Kardinal Henry Newman sprach vom **„Wagnis des Glaubens"**, und Erkenntnissuche ist eine abenteuerliche Sache! Fertige Lösungen, passend für Jedermann, hat Jesus seinen Mitmenschen nicht vorgesetzt, seine Weisheiten hat er nie glasklar um sich verbreitet, sondern in Bildreden und Symbolen. Immer wieder kamen Nachfragen seiner Jünger, die er nicht selten mit einer wiederum verschlüsselten Botschaft beantwortete. Er gab Anstöße, Impulse. Die Wahrheit verpackte er in bunte Parabeln und kleine lebensnahe Geschichten, die er bewußt mit Widersprüchen durchsetzt hat, um **„die heilige Unruhe"** zu erhalten, denn die Wahrheit ist ein Weg ohne Ende, es ist dieser

Weg des Durstes nach Erkenntnis, der für den Menschen zählt. Jesu Bildsprache kann man so oder so auslegen, denn das Gebot **DU SOLLST SUCHEN** hat auch er gemeint, die Suche nach dem versteckten Wahrheitskern. Wir sollen transzendieren, in der Betrachtung hinüberschreiten in andere Wirklichkeiten, um das Leben in der höheren Sicht zusammenschauend zu begreifen.

Wir sollen transzendieren, in der Betrachtung hinüberschreiten in andere Wirklichkeiten, um das Leben aus einer höheren Sicht zusammenschauend zu begreifen. Hinüberschreiten ins Land der Phantasie: Der bekannte Theologe Jürgen Moltmann sagte über sein großes Werk **„Die Theologie der Hoffnung"** (1964), daß es für ihn **„die Tür in die Freiheit, in den weiten Raum Gottes"** bedeutete; **„meine theologische Tugend war weniger Demut als Neugier und Phantasie für das Reich Gottes"**. Wir brauchen neugierige Theologen.

Leider zeichnet die Mehrheit der katholischen Christen seit Papst Pius X. eine intellektuelle Trägheit gegenüber Glaubensfragen aus, ihre Gleichgültigkeit nimmt erschreckend zu, besonders in den Ländern Europas, die ich jährlich bereise. Wo sind, bis auf kleine Gruppen, Menschengesichter zu finden, die nach Wahrheit lechzen, die von einer Erkenntnissehnsucht zeugen? Ein gewisser Pilatus fragte noch nach der Wahrheit. Früher schickte man die Gläubigen zur Beichte, wenn sie lästige theologische Fragen hatten. Heute sollte man jene zur Beichte schicken, die überhaupt nichts mehr hinterfragen, denn es ist wahr: **„fides quaerens intellectum" – der Glaube sucht das intellektuelle Verstehen**. Alle sollten wir uns heute auf eine Forschungsreise durch sämtliche Glaubensinhalte begeben und in eine entsprechende Glaubenskultur eintreten durch intensiven Gruppenaustausch und sehr vieles Lesen. Dann wird der ewige Pfingstgeist niemandem die persönlichen Antworten vorenthalten.

Vertraue dem Geist, er ist diese dynamische Suche in Dir, er selbst! Gelegentlich bläst er aus verschiedenen Richtungen gleichzeitig, weil die Menschen geistige Wirbelwinde brauchen, um nicht denkfaul zu werden oder ganz einzuschlafen. Der Apostel Thomas, der es ganz genau wissen wollte, obwohl der Herr vor ihm stand, ist mir sympathischer als einer, der gar nichts wissen will. Jesus blieb dem Pilatus die Antwort schuldig, als dieser ihn nach der Wahrheit fragte, denn er wollte nur eine Kurzantwort aus Jesu Mund, ein philosophisches Schlagwort am besten. Pilatus war nicht auf der Suche nach der Wahrheit, und wer über sie sprechen will, muß sich in einen Raum jenseits der Sprache begeben, dafür bot Pilatus ihm keinen Rahmen. Wahrheit, Glaube, Liebe, Leben – diese großen Mysterien betreffen nun einmal die Verständlichkeit oder die Unverständlichkeit höchster Wirklichkeiten, und alle werden sie vom Geist getragen, weshalb nur eine geistige Annäherung zielführend sein kann. Und was für das christliche Mysterium gilt, gilt auch für das menschliche, sie sind beide weder rational noch irrational, sondern **supra-rational**, also allem anderen übergeordnet.

Die mystischen Erfahrungen bei der Wahrheitssuche sind weltweit dieselben. Aber nicht nur Mystiker erfahren es, auch die Sprache weiß es, wenn sie sagt: **„Ich bin ganz ergriffen."** Etwas Wahres geschah, die Wahrheit ergreift uns. Wir können sie nicht ergreifen. Der indische Weise und Heilige Shankara (gestorben 820), Vertreter der Vedanta-Philosophie der Hindus, bestritt das Erfassenkönnen der Wahrheit, und auch er hätte dem Pilatus gegenüber geschwiegen. Hindus und Buddhisten wissen um den Zustand mystischen Erlebens, wenn sich alle Dualität verflüchtigt. Shankara lehrte insbesondere den **Advaita-Vedanta**. In diesem Sanskritwort steckt die Zahl **„zwei"** im Deutschen und sie betrifft die aufgelöste Dualität. Shankara ging es um die **All-Einheits-Lehre**, den absoluten Geist Brahma, die Wahrheit.

Wir Christen haben unser Vorbild in Jesus Christus, sein Leben war Mystik, war Denken, war Handeln, war Lieben. Seine Existenz unter uns bewegte sich in der Vollkommenheit, einsgeworden mit der Absoluten Wahrheit, der göttlichen. Und selbstoffenbarend zog er beides zusammen: **„Ich bin die Wahrheit und das Leben"** (Joh 14, 6), **„Der Vater und ich, wir sind eins"** (Joh 10, 30) – eins mit dem gesamten Sein! In Christus die tausend Gesichter des Geistes in einem einzigen Gesicht.

Der Traditionalist, der Konservative, glaubt, die Wahrheit läge hinter uns in diesem Gottmenschen aus Nazareth, das Kostbarste, das wir haben, das wir gut verwahren müssen. Aber er selbst, Christus, ist die Wahrheit und uns immer voraus! Welch eine Gnade, welch ein Glück, daß wir den Geist erhalten haben, denn mit ihm sollen wir versuchen, mit der Wahrheit Schritt zu halten. Das bedarf eines voll bewußten Einsatzes, deshalb stelle ich von jeher hohe Ansprüche an das rationale Mitdenken. Mein Glaube war nie von romantischer Art, glauben und darüber nachdenken – das kann ich nicht trennen, und ich weiß, ich stehe darin nicht allein. Früher sprach man vom **„Offenbarungsgut"**, das als verschnürtes Paket von Generation zu Generation weitergereicht wurde. Gott steckte in diesem Paket. Nun, beides ist wesentlich, die Aneignung dieses Paketes, dann aber mit und durch dessen Inhalt die Wahrheitssuche für den persönlichen Glauben beginnen, existenziell soll dieser selbst ergründet und geschaffen werden.

Auch **Teilhard de Chardin** hat seine Synthese, die er sich errang, nicht auf den Glauben allein gestellt, vielmehr füllt dieser den goldenen Hintergrund aus. Und sein gründliches Denken kreist im Rationalen und Naturwissenschaftlichen, um schließlich in die vollkommene Harmonie des Intellektuellen, Spirituellen und Theologischen zu münden. So verschafft Teilhard allen eine gewisse Befriedigung, denn die einen neigen zur Verteidigung des reinen Glaubens, der keiner Nachfrage bedarf, die andern rufen schrill nach Beweisen. Es mußte dieser Weg gefunden werden, der Denken und Glauben in einem einzigen Punkt anzielt, vor allem aber in der persönlichen Erfahrung gründet. Das Existenzielle meint nicht Glaube plus Verstand plus Gefühl plus Körper, denn wir sind schon vom Ausgangspunkt her EIN Wesen. Deshalb bemühe ich mich bei meiner Vortragstätigkeit, den Menschen nicht in Stücke zu zergliedern, wobei er seine Lebendigkeit verlöre – und allen Charme.

Derjenige, dessen kleiner Geist keinen Stern besitzt, der ihn im Großen Geist voranzieht, ist eigentlich ein Toter. Er fragt und sucht nicht mehr, weil er glaubt, gefunden zu haben, selbstgenügend will er keinen Stern. Ein zeitgenössischer Priester in Frankreich warnt diesen Kleingeist: **„Wenn die Wahrheit außerhalb von uns unveränderlich ist, unser Weg dorthin ist es nicht. Das, was gesagt wurde, ist noch nicht gesagt, und das, was gefunden wurde, ist noch nicht gefunden.“** (Jean Sullivan) Die Wahrheit läßt sich nicht horten, außerdem kann die subjektive Wahrheit sehr viel weiter reichen als die objektive. Die metaphysisch-spirituelle Wahrheit ist umfassender, tiefer, sie nimmt die objektive Wahrheit aus ihrer Verengung heraus und trägt sie voran. Objektive Wahrheiten gibt es kilometerweise in Bibliotheken aufzuschlagen.

Gott und die Wahrheit lassen sich im krassen Gegensatz zum Wunschdenken aller Fundamentalisten nicht besitzen und verriegeln. Versuche Deinen Stern aus dem Firmament herauszulösen und in die Tasche zu stecken, Du wirst keinen Erfolg haben, und dafür ist ein Stern auch nicht gemacht. Er will Dich in die Weite führen. Die außerordentliche Eigenschaft unseres Christentums besteht darin, **der Stern der Menschheit** zu sein als ihr ständiger Anruf zur Selbstüberwindung, zum Steigen, zum Mehrwerden. Überzeitlich! Ich glaube nicht an den üblichen Friedhofssegen **„Ruhe in Frieden!“**, diese

Vision eines Stagnierens ist mir von jeher unsympathisch und erscheint mir wahrheitswidrig. Nein, die Abenteuer mit den tausend Einfällen des Geistes werden anhalten, weil Gott das Ewige bedeutet, ohne Anfang und ohne Ende, Gott ist der Lebendige! Eine spannende Weiterentwicklung erwartet uns auch in der kommenden Welt.

Die meisten frommen Christen wiegen sich in dem sanften Glauben, daß im Evangelium alles stünde, das Phänomen sei abgeschlossen. Das ist eine wahrhaft ungeistige Betrachtung, denn Jesus selbst hat uns wissen lassen, daß nach ihm nun der Geist käme, um uns das Eigentliche zu offenbaren: **„Noch vieles habe ich euch zu sagen, aber ihr könnt es jetzt noch nicht fassen, wenn aber jener kommt, der Geist der Wahrheit, wird er euch in die ganze Wahrheit einführen."** (Joh 16, 12) Mit anderen Worten, seine Lehren, aufgezeichnet im Evangelium, sind bei aller Stärke und allem Ausmaß Vorläufiges gewesen, eine Referenz für unseren Glauben, aus dem wir selbst etwas machen sollen! Bibeltexte sind Einladungen zum In-sich-Gehen, zum Mitdenken, zum Weiterforschen. Die Offenbarung ist keine Mauer, an der man sich niedersetzt, das wäre die schwerwiegendste Falschauslegung von Jesu Wollen, eher ist sie die Dialektik zwischen demütigem Glauben und Alltagsleben, zwischen theologischem Nachvollzug und persönlichem Gebet, kurz, zwischen leben und verstehen. Diese Dialektik muß **im Gebet** stehen und dort lebendig werden, sonst verschwimmen die Inhalte.

Entgegen der Meinung der radikalen Progessisten lehnt die katholische Kirche die starre Idee einer für alle Zeiten festgeschriebenen Offenbarungslehre ab. Das Leben wächst, reift und wandelt sich, auch das kirchliche Leben, seine Lehre, seine Struktur. Jesus nennt uns seine Freunde, die Zeiten der geduckten Dienerpose sind vorüber, mögen es auch viele Christen noch immer so halten, Zukunft hat es keine. **„Und wel-**

che Rolle spielt dann überhaupt noch die Bibel?" werde ich gefragt, und ich sage: Die Bibel bleibt unsere wesentliche Referenz, weil sie uns einen **Horizont mit Silberschein** aufleuchten läßt und uns mit Visionen beschenkt, die uns leiten wie Sterne. Sie zeigt uns, was Paulus **„das versteckte Geheimnis seit der Erschaffung der Welt"** nennt, **„das in Jesus Christus offenbar geworden ist"**. Die Bibel reißt uns diese grandiose Linie der Heilsgeschichte auf.

Ich persönlich benutze das Wort „Heil" eigentlich seltener, weil darin Negatives mitschwingt, eine Warnung vor dem verfehlten Heil, „Heilserlangung" und „Heilsverlust" im menschlichen Bewußtsein sind bedrohliche Worte, fast löst sich das Wort Heil vom Boden der Sünde. Daher ziehe ich vor, von der **Vollendung des göttlichen Plans** zu sprechen, von der **umfassenden Vergöttlichung der Menschen**. Wenn wir die Bibel in diesem bedeutend helleren Licht lesen, dann gelingt es uns besser, die Frohbotschaft zu aktualisieren und sie uns nutzbar zu machen. Eine naive Lesart der Bibel kann ihren Sinn schwer erfüllen.

Unsere Fähigkeit, uns dem Glauben in ganzheitlicher Weise zu nähern, ist das Werk des Geistes in uns, er bewahrt uns vor der Versteifung im Denken und Erkennen. Er weiß, daß meine erworbene Menschenweisheit wie ein Traum zerrinnen oder eine überraschend andere Gestalt annehmen kann, wenn der Geiststurm läuternd hindurchfegt und das Unbrauchbare mit sich davonträgt. Die Wahrheit kann auch den Irrtum brauchen, um sich ein zweites Mal besser zu artikulieren. Untaugliches wird vom Geist ausgeräumt, er läßt denjenigen nicht allein, der auf der wirklichen Suche ist. Seit der Urkirche – im Licht des griechischen Denkens – glaubte man, lebendige Glaubenswahrheiten in Formeln und Dogmen gießen zu müssen. Man hat sie wie in Flaschen abgefüllt, verkorkt und etikettiert für alle Zeiten. Und wer diese verschlossenen

Flaschen nicht akzeptieren konnte, war kein Christ. Subtiles Gedankengut in Begriffen und Konzepten, unantastbar! Damit hat man das Menschsein in seiner Ganzheit auf Begrifflichkeiten reduziert, wo es doch etwas Unauslotbares, Lebendiges, und immer Unbestimmbares bleibt, allezeit mit dem Geist „im Fluß".

Wir sind heute angehalten, unseren einseitigen Intellektualismus langsam zu überwinden, er hat uns allzu stark geprägt und uns schon zu viel gekostet. Fühlen wir uns auf den Geist ein, unseren Lehrmeister und Förderer, er ist **„der Geist der Wahrheit"**. Die Wahrheit findet sich weniger in Buchstabe und Wortgebärde, aktiv oder passiv erlebt, als im mystischen Erleben der atmenden Natur, die wir in der Stille kontemplieren oder in der Begegnung mit einem anderen – mit dem Leben selbst. Der mystische Weg eines Johannes vom Kreuz ging durch die Nacht der Sinne, der Weg eines Ignatius von Loyola aber gerade mit allen Sinnen durch die lebendige Welt hindurch zu Gott. Eintauchen in die Schöpfung! Geistliches Glück wird für uns nicht erst am Ende zu finden sein, sondern der Weg selbst ist das Glück. Es ist kein Gut, das man gewinnt, kein Land, das man erobert, sondern es ist die Reise dorthin, es ist der Augenblick, der in seiner ganzen Fülle gelebt und in seiner ganzen Kraft erlebt wird. Man muß in das Leben hineinbeißen wie in eine Frucht, und tief genug! Mystik ist nicht Wirklichkeitsverdrängung, sondern das Gegenteil. Jeder Lebensmoment hat den Geschmack des Ewigen – kosten wir ihn?

Leisten wir uns vor allem keinen Synkretismus mehr, sondern streben wir nach der Synthese alles Religiösen in unserer Welt. Die christliche Wahrheit muß nicht aus der Zitadelle heraus gegen jedes „feindliche Gedankengut" verteidigt werden. Die Wahrheit sorgt für sich selbst. „Katholisch sein" bedeutet für viele nichts weiter, als zu einer bestimmten Glaubensrichtung zu zählen, somit ist alles getan und gedacht, man weiß wo man hingehört im kunterbunten Reigen der Konfessionen und Sekten; „katholisch sein" heißt aber alles andere mit umarmen und es im Licht der Wahrheit kennenlernen wollen, um dabei den Wahrheitskern der eigenen Religion immer neu herauszukristallisieren, zu betrachten, zu bewahren und zu lieben – ein Geschehen in der Aura der Harmonie mit den anderen. So kommen wir uns näher und stimmen uns dabei gewiß über vieles Gemeinsame ab. Und **„ihr werdet die Wahrheit erkennen, und die Wahrheit wird euch freimachen"** (Joh 8, 32).

Die Wahrheit ist göttlich, nichts Irdisches kann sie verändern, sie lebt und sie ist das Leben selbst. Sie ist Dynamik, sie ist ein Prozeß, immer mit sich selbst unterwegs, immer auf der Spur zur Zukunft hin, nach der wir alle streben. Wenn wir das Leben anhalten, dann stehen wir dem Tod gegenüber, das leuchtet jedem ein, und so ist es mit der Wahrheit: Wer sie in ihrem Lebensfluß unterbricht, um sie zu klassifizieren, wird sie verlieren. Vielleicht ist sie dort am ehesten zu finden, wo Menschengeist ergründen will. **DU SOLLST SUCHEN!** Denn die Verheißung haben wir bekommen: **„Wenn der Beistand kommt, den ich euch vom Vater senden werde, der Geist der Wahrheit, dann wird er Zeugnis für mich ablegen"** (Joh 15, 26), Zeugnis für die Wahrheit, anwesend in unserer Welt.

Der Geist ist alle Kraft und Energie unserer Verständnissuche. Hören wir Rabindranath Tagore, den ich gern in meinen Vorträgen zitiere: **„... wo Worte aus der Tiefe der Wahrheit kommen, wo rastloses Streben sich streckt nach Vollendung, wo der klare Strom der Vernunft noch nicht im öden Wüstensand toter Gewohnheit versickert, wo der Geist vorwärts geführt wird durch Dich, in immer weitere Horizonte von Gedanke und Tat, zu diesem Himmel der Freiheit, mein Gott, laß unsere Welt erwachen!"** Wir sollten wie Salomo um die Weisheit bitten und beten. Das Wort Weisheit geht auf **„sapientia, sapere"** zurück und bedeutet schmecken und testen, auch das Verkosten und Genießen ist darin enthalten, denn die Weisheit hat mit dem Gefühl für das Wahre zu tun. Man fühlt die Wahrheit früher auf sinnliche Weise, als daß man sie gedanklich versteht. Sapientia, Weisheit und Wahrheit – existenzielles Wissen, das nicht aus der äußeren, sondern aus der inneren Erfahrung stammt. Eigentlich sollte es allgemeines Wissensgut sein, daß wahre Erkenntnis aus dem Innersten strömend ins Bewußtsein dringt und nicht in der Außenwelt irgendwo aufgelesen werden kann.

Ich versuchte, das arabische Wort **„weydan"** als den tiefsten Seelengrund des Menschen zu erklären, die „Kegelspitze", in der sich alles sammelt und wo alles erkannt wird, das ich das **„Herz des Herzens"** nenne, weil man dort – in der Beschreibung – dem Risiko entgeht, das Erlebnis wäre nur ein flüchtiger Gedankenblitz, an den man sich bestenfalls erinnert. Nein, diese Zone wird für Zeit und Ewigkeit das Wesentliche aufbewahren, denn es stammt aus der Gefühlserkenntnis. Pascal kommt dieser Wahrheit sehr nahe, er spricht in seinen **„Pensées"** von den **„Augen des Herzens, die die Weisheit schauen"**. Über eine Schau verfügen meint, mit einem einzigen Blick das Ganze erfassen. Es ist die Wahrheitserkenntnis, die uns der Geist gewährt, deshalb erhebt sie Totalanspruch.

Die großen Philosophen und Theologen, die wir verehren, werden es niemals schaffen, das Mysterium Christi „zu vergegenständlichen", wie es in der Fachsprache heißt, denn es ist größer als sie. Wer hat dieses Weltereignis, Gottes Menschwerdung, je zu Ende gedacht, wer hat sein Selbstzeugnis **„ich bin die Wahrheit"** je ausgeschöpft? Vielleicht ist er bis heute erst um fünf Prozent erkannt worden. Trotz unserer gigantischen christlichen Weltbibliothek in 2000 Sprachen. Christus, der Logos, in dem das Universum gründet, Achse der Evolution und ihre geheime Energie, Ziel und Krönung der Weltgeschichte, welcher er einen Sinn ins Innerste geschrieben hat und Orientierung gab durch den Geist, derselbe Logos kommt als Menschensohn zu uns und offenbart sich als die persönliche Liebe Gottes! Wer faßt das? Wer wird es jemals fassen? Wessen Vorstellung „versteht", daß sich in diesem Jesus die Gottheit und die Menschheit und wir alle in ihm – vereint haben? Karl Rahner wagte deshalb über das Konzil von Chalcedon zu sagen, daß die damals dort errungenen Weisheiten und nachfolgenden Definitionen über die beiden Naturen Jesu vielleicht nicht der Schlußpunkt alles Denkbaren waren, sondern der Ausgangspunkt für unsere nie endende Suche. **DU SOLLST SUCHEN!** ... Rahner forderte diesen geistigen Freiraum für die gesamte Wahrheitsforschung ein.

Johannes Paul II., selbst Philosoph und Theologe, versteht das Problem. Die Wahrheit ist eine, die Wege, die zu ihr führen, sind vielfältig. Die einen setzen auf gründliches Nachdenken, die anderen gleich zu Beginn auf den Glauben, sie wollen hinhören und Jesu Selbstoffenbarungen wieder und wieder hören und lesen. Doch der Papst hat in unserem Interesse schlicht das Doppelte verlangt: In seiner **Enzyklika „Fides et ratio" (Glaube und Vernunft)** vom Herbst 1998 ermahnt er uns, um sicher zu fliegen, beide Flügel zu benutzen: **„Glaube und Vernunft sind wie die beiden Flügel, mit denen sich der menschliche Geist zur Betrachtung der Wahrheit erhebt."** Das Dokument nimmt jenen den Wind aus den Segeln, die unermüdlich verbreiten, der Papst fordere vor allen Dingen den blind gehorsamen Glauben, nein, in diesem Text zeigt er sich zu deren Verblüffung als leidenschaftlicher Verteidiger der Vernunft. Mit einem Flügel fliegt man schlecht.

Der Glaube ist jenes höhere Licht, das dem suchenden Verstand wie allen philosophischen Betätigungen beigegeben wird. Der Glaube verdankt sich dem Geist, und die Vernunft spricht vom sichtbaren Licht, das uns den Weltgeheimnissen näherbringt, und damit kommen wir uns selber nahe. Die Wahrheit, die im Verborgenen anwesend ist, das Herz der Welt, ist Christus, **„durch ihn und in ihm ist alles entstanden, und nichts ist ohne ihn“** (Johannesprolog). Diesen Glauben kann die Vernunft erschließen.

Auch für **die naturwissenschaftliche Forschungsarbeit** gilt bei aller Faktengläubigkeit die lebendige geistige Suche, sonst erlahmen Schwung und Fortschritt. Die Wissenschaft arbeitet mit zwei Motoren, mit dem der Gesetze und Fakten, intellektuell erprobt, mühsam erreicht, erwiesen und fixiert – und mit dem des ständigen Hinterfragens und der Hypothesen. Der erste ist offiziell anerkannt und wird gefeiert, der zweite gilt als schräger Boden, aber auf ihm tasten sich die Pioniere risikobereit voran. Welcher der beiden Motoren arbeitet im Auftrag der Wahrheit? Lassen wir das offen.

In Paris ist 1991 ein Buch erschienen, **„Gott und die Wissenschaft“**, das sich mit dem **Metarealismus** befaßt, ein neues Wort für viele. Die Autoren sind der französische Philosoph Jean Guitton und zwei russische Naturwissenschaftler namens Bogdanov, zwei Brüder. Das Buch spricht von einer totalen Umwälzung des wissenschaftlichen Denkens, eine Mutation sei im Gange, denn Materie ist nicht mehr Materie. Die Quantentheorie läßt vieles, was klar war, verschwimmen, man tappt umher, als habe man seine Brille verloren, und muß sich eingestehen, daß es keine Objektivität mehr gibt, nicht einmal in der Physik, und diese galt als ziemlich verläßlich. Die alte Wissenschaft entflieht uns, eine neue Epoche hat begonnen, die des **„Metarealismus“**, der sich nicht mehr mit tiefgefrorenen Dogmen befaßt. Er hat ein ganz anderes Gesicht und gibt sichere Zeichen, daß er ohne das geistige Prinzip oder den religiösen Bezug nicht auskommen will. Die Kategorien der Naturwissenschaft und der Religion, von Geist und Materie, werden füreinander durchlässig, sie freunden sich mehr und mehr an und vertragen sich bereits ausgezeichnet. Vor allem sprechen sie beide sehr viel vom Licht – fast wie von einer gemeinsamen Quelle. Auch wir Menschen sind **„Lichtwesen"**, unsere Zellen strahlen, siehe die gegenwärtige Biophotonenforschung.

„Metalogisch" – Jean Guittons Sprachschöpfung in seinem erwähnten Buch – bezeichnet die neue Vorgangsweise, es soll jetzt metalogisch nachgedacht und miteinander debattiert werden. Das wird Grenzen zwischen den Disziplinen sprengen, und Prophezeiungen von Teilhard de Chardin werden sich erfüllen. Auch Einstein wird bestätigt, was sein philosophisches Weltbild betrifft: **„Religion ohne Wissenschaft ist lahm, Wissenschaft ohne Religion ist blind."** Und wir werden erfreut feststellen, daß beide, die Natur- und die Humanwissenschaften, sich gemeinsam zur Sinnsuche aufmachen, weil sich beide mit dem Geheimnis der Schöpfung befassen – mit dem Geist, aus dem alles quillt und der alles trägt. Erkennen, wie sich immer nur die EINE WAHRHEIT aus tausend Gesichtern entblättert!

Auch **New Age & Comp.** möchte diesem Ganzheitsverlangen nachkommen, jene Bewegung, die heute die Massen verführt, eine Gnosis. Ein Gedankensystem, das nach der Einheit allen Wissens forscht, ist ansatzweise positiv, denn am Herzensgrund verlangt es uns alle nach einer Gesamtschau der Existenz. Auch New Age möchte dieses heftige Verlangen beantworten, zumindest wird das von den Zuläufern erhofft. Sie suchen nach einer Anhörung ihrer Sehnsucht nach Ganzheit. Aber nur die ehrliche Erfahrung des einzelnen mag bestätigen, inwieweit diese moderne Gnosis ihr Versprechen halten kann. Ich hätte für sie alle eine sehr einfache Botschaft: **„Durch ihn (Christus) habt ihr das Wort der Wahrheit gehört."** (Eph 1, 13a)

Ich verstehe die Gründe dieser Gnosis: Unsere moderne Welt leidet in der Folge ihres fortgesetzten analytischen Denkens und Forschens unter einem Mangel, es ist die Entzauberung der Existenz. Das Gebetsleben wird schwächer und seltener, die mystischen Lebensaspekte fehlen ganz. Aber eine Blume ist weder eine molekulare Konstruktion noch eine zellulare Kultur, und ein rettender Schluck frisches Wasser ist nicht H_2O. Dieser Blick gehört in die Labors und nicht ins menschliche Leben, das sich seelisch nähren will.

Auch die **Philosophie der Neuzeit** wirkt abgeschnitten vom Lebensfluß, ausgetrocknet, viel zu technisch in ihrer Methodik. Auftrag der Kunst, der Literatur und der Philosophie ist, die Seele als Thema im Brennpunkt zu haben, dann kann man von allem anderen sprechen, aber sie ist der Grund aller Wirklichkeit. Fehlt dieser Grund, dann ist alles nur Beschreibung. Früher waren unsere großen Philosophen deshalb groß, weil sie zugleich Naturphilosophen waren und Naturwissenschaftler, sie waren Mathematiker und sie waren Theologen! Denken wir an Aristoteles, Albertus Magnus, Pascal, Spinoza, Malebranche, Leibniz, Kant, Bergson. Wie kann man einen herausgegriffenen Gegenstand ohne globale Sicht verstehen und über ihn dozieren? Wie? Alles steht doch in lebendigem Beziehungsgeflecht miteinander! Was **Goethe** als den wahren Klassiker auswies, war sein universaler Geist, er hat über Pflanzen, Insekten und Farben geforscht, er hat philosophiert, sehr viel gedichtet und sehr viel geliebt! Und er hat das **„personifizierte Weltall"** erfühlt – das göttliche DU. Eines Tages war die Wahrheit für ihn personal, erfühlt hat er sie!

Unsere Gefühlskapazität ist wertmäßig reicher und höher einzuschätzen als unsere fünf Sinne. Vorangehendes Durchdenken und Analysieren kraft unseres Intellekts, mit dem wir Gedankenpyramiden bauen, ist gut, aber nur bis zu einem gewissen Grad: Sobald die Intuition fehlt, wird manches fraglich. Das Gefühl lotet die Erscheinungen tiefer aus, demnach ist jede Wahrheitserkenntnis, die von der Gefühlsebene aufsteigt und sich klärt, der physischen Sinnesebene überlegen. Unsere fünf Sinne, bestens intakt und brillant in Aktion, können unglaublich oberflächlich arbeiten und gelegentlich in ihrer Wahrnehmung völlig danebenliegen, das Herz der Dinge ist unberührt geblieben – fremd! **„Herz"** recht verstanden, nicht im emotionalen Sinn, sondern im biblischen. Dort wird es für das Zentrum des Menschen verwendet, sein Eigentliches, die geistige und menschliche Mitte, aus der heraus wir verstehen und lieben – beides in unauflöslicher Einheit. Die Gottesworte **„Weihe mir dein Herz!"** meinen: gib mir dein Bestes, und in dieser Zone wird menschliche Intelligenz zur Weisheit und zur Erfahrung der Wahrheit.

Wahres Wissen ist bleibendes Wissen, weil es mittels geistiger Intelligenz und intuitiver Einfühlung erworben wurde. Wir alle haben diese Erfahrung – intellektuell Angelerntes bleibt etwas Abgetrenntes und wird früher oder später sanft in uns entschlafen ... Überspitzt möchte ich sagen, unsere Lehranstalten produzieren falsches Wissen, denn sie vermitteln nur zerebral erworbene Fakten im Übermaß, das in eben dieser Weise weitergereicht und wiederverwendet wird, ein secondhand-Wissen. Aber junge Menschen dürfen nicht unterschätzt werden, frühzeitig verfügen sie schon über eine ganz andere Quelle, über den **Geist der Wahrheit und Erkenntnis**, über das **Licht des Herzens und der Sinne ...**

Wir sind als geistige Wesen erschaffen, und unsere Erkenntniskraft ist Geisteskraft. Sie gilt als eine der sieben Gaben des Geistes, gewissermaßen als Ergebnis aller dieser Gaben, die wir erhalten und durch die wir unsere Erfahrungen machen. Ein einziges Mal etwas in seiner ganzen Tiefe, Höhe und Breite mit dem Herzen verstanden und verkostet haben, kann wie ein Blitzschlag höheres Erkennen bescheren, dann sprechen wir auch vom **„Glaubenswissen"**. Und das bleibt! Denn es ist mit Leib und Leben Verbindung eingegangen und assimiliert worden, die Sprache ist wunderbar deutlich, wenn sie sagt: **„Ich habe es mir einverleibt."**

„Da ja der Geist Gottes in euch wohnt" (Röm 8, 11), werden sich in naher Zukunft überraschende Dinge ereignen und das Gesicht der Gesellschaften und Kirchen erheblich verändern. Der Geist reißt uns jetzt über ausgetretene Pfade hinweg und suggeriert uns am laufenden Band Neues, der Große Geist wird unseren kleinen Geist beflügeln wie nie zuvor, die Zeit ist reif geworden, **„der Geist der Weisheit, der Geist der Stärke, der Geist der Erkenntnis"** (aus Joh 14, 26). Die Erkenntnis ist nach Johannes eine der „offiziellen Geistesgaben", sie steht auch in Beziehung zu unserer Erinnerung. Kraft des Geistes wird in unserem Erinnerungsfeld nichts Wesentliches verschüttet. Unsere oberflächlichen Erlebnisse bringt uns der Geist nicht zurück, sie sterben ab, aber jene, bei denen wir voll engagiert waren und das Herz beteiligt, sind wie eingegossenes Wissen. Von starken Emotionen begleitet, können sie jederzeit abgerufen werden. Das Gemüt versteht es noch immer und erinnert sich. Geistige Erkenntnis und Erinnerung sind letztlich Herzensangelegenheiten.

Der Geist kann sich gelegentlich auch ohne Wissen seines Trägers bestürzend bemerkbar machen. Im Tun oder Glauben eines Menschen gibt sich der Geist selber kund – und er wird von den Außenstehenden zuweilen früher erkannt als vom Träger, dieser möchte in falscher Bescheidenheit eher daran zweifeln. Ähnliches gilt für den Erkenntnisprozeß und dessen Wahrheitswert. Jemand ist von „seiner" Wahrheit ganz erfüllt, doch der spirituell Erfahrene neben ihm sieht den Funkenschlag des Heiligen Geistes in diesem Menschengeist, der sich mitteilen will, und er sagt über diesen Inspirierten: **„Wir müssen ihn gewähren lassen!"** Nicht der Träger erkennt den

Geist, sondern der Beobachter, der Erfahrene, und dieser sorgt dafür, daß die Wahrheit weitergegeben wird.

Schweigen wir auch nicht über unsere intim-persönliche Beziehung und „Experimente“ mit dem Geist der Wahrheit und Erkenntnis, diese Form von Demut nützt niemandem, die missionarische Weitergabe ist Pflicht gemäß unseres großen Vorbildes, des geisterfüllten Paulus, der es sich von der Seele schrieb: **„Wenn ich nämlich das Evangelium verkünde, kann ich mich deshalb nicht rühmen, denn es liegt ein Zwang auf mir. Wehe mir, wenn ich das Evangelium nicht verkünde!“** (I Kor 9, 16) Auch aus der Apostelgeschichte kennen wir die beschwörende Mahnung, daß wir nicht schweigen dürfen über das, was wir gehört und gesehen, und die Erkenntnis, die wir darüber gewonnen haben. Sie wurde uns vom Geist nicht als Privateigentum zugeteilt, sondern zum Austeilen und geistigen Entzünden anderer und möglichst vieler. Wenn Erkenntniswissen zum Lebensfeuer wird, anstatt ein glimmendes Licht zu bleiben, das unter dem Scheffel aufbewahrt wird, dann kann es sich ausbreiten und eine ganze Welt erleuchten.

GEBET: *„Geist Gottes, Weg zur Erkenntnis der unermeßlichen Wirklichkeit! Ewiger Quell des Seins, allezeit jenseits von Dir selbst, weil Du das Leben und die Liebe bist, weil Du ständig neue Gesichter annimmst, tausend Gesichter, und noch immer stehst Du jenseits von Dir. Ich liebe Dich, Geist, als den ewig Lebendigen! Nur im innigen Verwobensein mit Dir, nur in unserer gegenseitigen Durchdringung, wird mir die Wahrheit Gottes und meine eigene bewußt, weil Du zur Erfahrung wirst. Lebe und liebe in mir, Geist, sodaß ich mithelfen kann, Dein Leben und Deine Liebe in der Welt zu verwirklichen.“* Amen

WAS IST WAHRHEIT? … Die Wahrheit ist Bewegung nach vorn, uns immer voraus, uns immer überlegen. Die Wahrheit ist Weisheit jenseits unserer Weisheit, sie ist Logik jenseits unserer Logik, sie führt uns hinaus ins Unbekannte und verführt uns zur Kreativität. Sie läßt uns nach Neuem forschen und Neues finden in unermüdlicher Suche – durch ihn, den Geist, der in uns lebt als eine Gnade.

GEWISSEN UND GEISTIGE UNTERSCHEIDUNG

Der Geist flüstert – das Gewissen antwortet. Unsere Unterscheidungskraft, die das Gewissen prägt, ist ein Gut, das wir vom Geist erhalten, weshalb wir sie geistig nennen. Es sind wohl die Jesuiten gewesen, die diesen Begriff einst lanciert haben und die Botschaft heißt: Unterscheiden meint, sich auf den Geist einstimmen, ihn in uns zur Sprache bringen, damit uns der Wille Gottes bewußt werde.

Die geistige Unterscheidung erfordert eine Haltung demütiger Offenheit und hoher Aufmerksamkeit, und sie erfordert die Überwindung beider Zonen, jener des reinen Gefühls und jener der Ratio, um an das Eigentliche heran und der Sache **„auf den Grund"** zu kommen, dort, wo der Geist west. Nur so gelingt eine wahre Entscheidung zwischen A und B. Man blickt dem Objekt ins Gesicht und studiert es von allen Seiten, ohne eine Entscheidung zu fällen, dann wird man sich entspannen, um sich mit dem Geist zu beraten, nenne Du es Dein Gebet zum Geist. Dann wirst Du bald spüren, ob A oder B schwerer wiegt. Wenn Du die geistige Unterscheidung nicht in der eigenen seelischen Tiefe getroffen hast, kann es keine geistige sein, sondern eine viel zu schnelle rein menschliche Überlegung, die im logischen Verstand gründet oder aus flüchtigen Gefühlszonen stammt. Von einer geistigen Unterscheidung ist nur die Rede, wenn der Betreffende sich auf die Mitbestimmung des Geistes eingelassen hat, sie wirkt aus dem Seelischen, das Herz sendet Signale aus, die vom Geist angeregt wurden, und man möchte sagen: Jetzt denke nicht mehr ich, sondern der Geist denkt in mir. Er führt mein Denken zur Entscheidung.

Jener **„tiefe Punkt"**, in dem der Geist hochaktiv ist, ist ein sehr empfindlicher Punkt im Menschen. An diesem Ort lebt bereits die Zwiesprache, und es ist schon ein Tätigwerden des Menschen. Ignatius von Loyola hat uns Wichtiges über die Bewegungen des Geistes wissen lassen, der Geist bewegt die menschliche Seele einem bestimmten Ziel entgegen, so wie er die Personen der Dreifaltigkeit zueinander hinbewegt. Diesen Antrieb nennen wir die Person des Geistes, und seine Diskretion gewährt die Freiheit unserer Entscheidung, die Art und Weise einer Beantwortung seines Antriebs. Wenden wir uns im GEBET an ihn:

> *„Geist Gottes, Du hast den göttlichen Aufsprung in der Dreifaltigkeit bewirkt, wir bitten Dich, uns mit denselben Impulsen zu segnen, wobei wir, wenn wir Dir in Deinem Sinne antworten, Gott ähnlich werden im Gleichnis einer ewigen Liebe. In dieser Liebe sind wir grundsätzlich erdacht und erschaffen worden, durch Dich und in Dir entscheiden wir uns und werden ans Ziel kommen, denn so lange wirst Du uns bitten und darum hoffen."* Amen

Ich möchte mit vier verschiedenen Fragen fortfahren, die mir oft von den Vortragshörern gestellt werden. Es geht um die Sünde wider den Heiligen Geist, um die Verläßlichkeit des Gewissens, um die Erbsünde und um das liturgische Wort: „Schau nicht auf unsere Sünden, sondern auf den Glauben Deiner Kirche."

FRAGE 1: **„Was hat es mit der Sünde wider den Heiligen Geist auf sich? Was ist das überhaupt? Heißt es nicht geradezu bedrohlich, daß alle anderen Sünden vergeben werden können, nicht aber diese, und kaum jemand weiß, worin sie besteht."** (Mt 12, 32; Lk 12, 10)

Die Sünde wider den Heiligen Geist ist nicht nur die Lästerung, der offene Hochmut oder das stille Leugnen, sondern vor allem die eigene geistige Wachstumsverweigerung, der hartnäckige Widerstand, sich zu besiegen, um ganz Mensch zu werden. Unsere Existenz ist eine Entscheidungsfrage. Um die Sünde, so wie sie formuliert wurde, zu verstehen, müssen wir den Zusammenhang bedenken, in dem Jesus selbst von ihr zu sprechen schien, nachdem er Dämonen ausgetrieben hatte (die Ängste des Menschen, das größte Hindernis, das alles blockiert; heute kämen sicher die Dämonen der Leidenschaft und des Egoismus hinzu). Nachdem die Amtsträger ihm vorgeworfen hatten, er hätte Satan mit Beelzebub ausgetrieben, entgegnete er: **„Durch wen treiben eure Anhänger sie aus? Sie selbst sprechen euch das Urteil. Wenn Satan mit sich selbst im Streit liegt, wie kann sein Reich dann Bestand haben?“** (Lk 11, 18f) Vermutlich wollte er sie lehren, daß eine Sünde wider den Geist eine Sünde wider das Licht und die Wahrheit ist, also gegen ihn.

Wenn die Waage, mit der Du die Dinge wägst, nach Deinem Wissen fehlerhaft ist, dann wird auch Dein menschliches Verhalten fehlerhaft sein. Gewiß, es mag Dir etwas unterlaufen, weil die Waage irrtümlich falsch eingestellt wurde, doch wenn Du sie willkürlich fälschst, dann ist es aus mit der Wahrheit, denn das Kriterium, die Waage selbst, wurde verfälscht. Eine Gewissensfrage also. Wenn Dein Gewissen defekt ist, wird Dein Leben mit Defekten behaftet sein, weil Du mit Deinem Gewissen das Gespür für die Wahrheit vermindert hast.

Man kann das zu den Pharisäern und Schriftgelehrten in Beziehung setzen, die das Christuslicht mißverstanden und zurückgewiesen haben. Sie besaßen hochqualifizierte Kenntnisse in der Rechtswissenschaft und Religionslehre ihrer Zeit und haben dieses Gut im Licht der Wahrheit veruntreut.

Sie verrieten es. Gibt es nicht auch heute viele gebildete Christen, theologisch kundig, vertraut mit allen Grundregeln des christlichen Glaubens, und die doch nur passive Mitläufer bleiben? Und gibt es nicht andere, die sich trotz eines spärlichen theologischen Wissens in einem sprühenden Glaubensleben verwirklichen, sich der apostolischen Arbeit widmen oder sich in Nächstenliebe erschöpfen, also ein Leben im Licht und in der Wahrheit führen?

Ich kenne Christen, die ihren Glauben verschenkt haben, weil sie den Preis nicht kannten und sich auch niemals für ihn interessiert hatten. Nun haben sie ihren höchsten Schatz verloren. Möglicherweise ist auch das eine Sünde wider den Heiligen Geist, obwohl wir nicht der Richter sein dürfen. Doch die Besorgnis meldet sich: Wenn jemand im permanenten Widerstreit mit seinem Gewissen lebt und sein Kostbarstes für Billiges weggibt, dann könnte es vielleicht, wie dieser Evangeliumstext es ahnen läßt, kein Pardon geben.

FRAGE 2: **„Kann man sich wirklich auf sein Gewissen verlassen? Arbeitet es selbsttätig in uns und so klar, daß auch wir uns darüber im Klaren sind?"**

Unser Gewissen ist unser empfindlicher Weggenosse. Übergehst Du es wieder und wieder, dann wird es sein Warnsystem einstellen. Du fühlst eines Tages keine „Bisse" mehr, Du hast Dir einen **„waterproof"** um Dein Herz gelegt, nenne es einen **„spiritproof"**, Du hast den Geist nach draußen verlegt. Ein Erkrankter ist dankbar für bestimmte Symptome, die ihm befehlen, einen Arzt aufzusuchen und sich ihm zu öffnen. Es gibt auch die Krebstragödie ohne Warnungen, still arbeitet der Tumor im Dunkel – nicht so der Geist! Er warnt uns verläßlich. Diese Stimme des Gewissens in der Tiefe unseres Bewußtseins betrifft die Würde des Menschen.

Ob Du Dich auf Dein Gewissen verlassen kannst, hängt von Deiner Pflege ab: Je besser Du Dich von ihm beraten läßt, umso stärker wird es sich in Dir entwickeln, umso klarer macht es sich verständlich, umso sicherer wirst Du es zu deuten wissen. Und das Gegenteil: Je mehr Du es vernachlässigst, umso nachlässiger wird es Dir gegenüber. Je stärker Du es aber beachtest, umso aktiver und reiner wird es für Dich arbeiten, bis zum Grad Deines Einswerdens mit dem Geist. Dann wird er Dich glauben machen, daß Du es seist, der entscheidet, real betrachtet aber entscheidet Ihr gemeinsam. Zwischen Dir und dem Geist besteht keine Kluft, wenn es um diese Dinge geht, im Geistigen greift alles ineinander. Das war das Leben des Jesus von Nazareth, des Menschensohns, der in vollem Einklang mit dem Gottesgeist geatmet und in vollendeter Symbiose mit ihm gelebt hat. Zwischen Jesus und dem Geist bestand fließender Austausch.

FRAGE 3: **„Wir leben hier nicht im Paradies, und wir fühlen unsere Unvollkommenheit. Wie lange schleppen wir die Erbsünde noch mit uns? Andererseits heißt es, der Geist sei allezeit in uns aktiv…?"**

Gegenwärtig gibt es die widersprüchlichsten theologischen Tendenzen in der Frage der Erbsünde, die ich lieber **„Ursünde"** nenne. Ich denke, sie muß unbedingt neu durchdacht und neu formuliert, ja ganz neu bestimmt werden. Was im Garten Eden als eine Schuld geschah, kann in der Evolutionsgeschichte nicht das vollständige Bild der Ursünde widerspiegeln. Viel weiter müssen wir ausholen und nach Leid und Tod vor dem Auftreten des Menschen fragen, denn seit Beginn der Existenz biologischen Lebens gehören Leid und Tod zur aufstrebenden Natur. Deshalb frage ich mich, ob das, was wir Ursünde nennen, nicht etwas Ursächliches ist, das man entwicklungsgeschichtlich sogar bis zum Urgrund allen Werdens zurückverfolgen kann, weil es zur Schöpfungsstruktur selbst gehört.

Dann aber sollte die Erb- oder Ursünde weniger als ein negativer Handlungsakt verstanden werden als eher als ein Mangel der Wesen in ihrem Anfangsstadium, eingeboren in die Kreatur, und zu diesem Zeitpunkt noch kein Verschulden. Alles Geschaffene bildet zunächst eifersüchtig sein Eigenzentrum – Atom, Zelle, Mensch – und Zentrum bedeutet Autonomie. Wenn ich aber als geistbegabter Mensch mein ganzes Leben diesen Alleinbesitz hüte und ein geschlossenes EGO-Zentrum bleiben will, dann bedeutet das meine Ursünde, ursächlich im Zusammenhang stehend mit selbst heraufbeschworenen Katastrophen. Symbol: Der Engel mit dem Feuerschwert, Vertreibung, Fall.

Aber an dieser Schwelle wird der Geist aktiv, **„gesandt vom Vater"**. Sehr wohl weiß er, daß unsere anfängliche Egozentrik etwas Normales ist, Kinder und Jugendliche sind vollkommen auf ihr Zentrum konzentriert; etwas Normales auch für die Tiere und Pflanzen, die mit sich selbst beschäftigt sind, alle wollen sie in sich ein Ganzes bleiben, und es schlägt ihnen nicht die Stunde des Gewissens wie uns Menschen, die das Jugendalter überschritten haben. Für mich bedeutet der Begriff Ursünde dieses Festklammern ohne Ende an sich selbst, weil es über die Person hinaus auch verheerende Wirkungen auf die Mitwelt haben und eine ganze Sündenkette auslösen kann, denn Sünde und Verantwortung gehen immer zusammen, sie sind ein schreckliches Paar.

Der egozentrisch gebliebene, egoistische Erwachsene lebt im Stadium der Unvollkommenheit oder des Rücklaufs zu unteren Stufen, weil er den Geistanruf überhört, der ihn zu dieser Gewissensentscheidung anregen will, zur Öffnung und Hinwendung zur Welt. Das Gewissen mahnt diese Entscheidung ein. Dieser EGO-Tod ist ein Tod auf der Freiheitsebene, etwas ganz anderes als der Zwangstod des Leibes, es ist der Verlust der oberflächlichen Persönlichkeit und der

Gewinn der inneren Person im Erwachen zur Fülle und zum Unbegrenzten. Davor der Tunnel, die Zerreißprobe, die Agonie, denn der Selbsterhaltungstrieb ist unser stärkster Trieb. Wir sind gerufen, aus der Begrenztheit den Schritt hinaus zur Fülle und Ganzheit zu tun, dabei geht es immer um denselben Prozeß – das Sich-verlieren-Können. Unser Selbstbild vor der Gesellschaft, unsere Würde und Ehre werden mit in die Waagschale gelegt, es ist der vorweggenommene, der geistliche Tod.

Aber eine Geburt! Das Individuum wird zur Person. Und Wachstum ist alles Sein. Für den Fötus ist Enge und Dunkelheit das Sein, von Licht und Weite ahnt er nichts, seine Geburt ist ein Schock, wenn er seinen weichen, warmen Fruchtsack durch Preßwehen verlassen muß. Er verliert alles! Er friert. Er schreit. Wer aber die Abtrennung verweigert, verweigert Wachstum. Es geht um diesen Sprung, diesen Bruch. Und dann kommen die Normen der Gesellschaft und vieles andere, die er wiederum – zumindest innerlich – überwachsen muß. Wer von ihnen zeitlebens abhängig bleibt, bleibt ewig Kind. Viele Menschen leben daher wie Sklaven in der Entfremdung, denn das ist nicht das Ziel gewesen. Oder sie bleiben infantil bis ins Alter.

Die Welt ist auf der Suche, der Mensch ist auf der Suche. Aber im Inneren führt der Geist. Die Sünde wider ihn ist für mich das Weghören, das Nicht-wahrhaben-Wollen seiner Inspiration. Wenn heute fünf Milliarden Menschen auf den Geist hörten, dann hätten wir das Paradies, die Vollendung zum Greifen nahe! Aber diesbezüglich sind wir noch in der Steinzeit, das ist die eigentliche Tragik der menschlichen Existenz, daß es nur in Zeitlupe vorangeht, Gott wird draußen gelassen, an den Geist wird nicht geglaubt, wie aber dann das Böse – innen und außen – besiegen? Das ist unsere Mission!

Und wer nicht wächst und reift, wird auch die Liebe nicht erfahren können, sein Ego-Tod bedeutet Wachstum ins Reich der Liebe hinein. **Lieben heißt sterben und sterben heißt leben. Leben!** Dieses Universalwerden ist des Menschen heilige Berufung. Sich sperren ist sinnlos, daher ist der Sprung aus sich selbst heraus vor dem Tod der beste, während das Freiwerden erst im Tode durch ein jahrzehntelanges Festklammern an sich selbst schmerzhaft sein kann, ebenso das, was wir Fegefeuer genannt haben, die Reuestrecke, der Lernprozeß drüben im Licht der Wahrheit. Für mich bedeutet die Ursünde des Menschen seine Versuchung, durch Öffnungs- und Liebesverweigerung in zurückliegende Urzustände zurückzugleiten, weil er die Inspirationen des Geistes zwar vernommen, aber willentlich ignoriert hat. Er löscht damit selbst sein inneres Licht, er handelt gegen sein Gewissen.

Erb- oder Ursünde so verstanden, bewegt sich auch in der Nähe zu vielen menschlichen Krankheitsbildern, denn die Krankheit ist ein Zustand, in dem der Mensch nicht voll vom Geist besetzt werden konnte. Deshalb unterscheide ich drei humanmedizinische Begriffe: Über die rein **somatische Medizin** sind wir längst zur zweiten Stufe, zur **psycho-somatischen Diagnose und Therapie** gelangt, unsere Wissenschaftler sind sich einig, daß die Wurzeln vieler Übel psychisch bedingt sind. Ein wichtiger Schritt voran, aber noch nicht der letzte! Ich bin überzeugt, daß nun der geistige Bereich (pneuma), der tiefer liegt als die Psyche, immer mehr beachtet werden wird, denn solange die Medizin diese Tiefenschichten nicht erreicht, kann sie weder Körper noch Psyche heilen. Nach der **psycho-somatischen** nun die **pneumato-psycho-somatische Medizin**, und auch hier wird die Gewissensfrage berührt, denn der Arzt spürt die Wahrheit, den Anruf des Geistes, den sanften Druck zu einer – seiner – Entscheidung. Das ist geistige Diagnose und Therapie.

Markus berichtet von der Heilung einer chronisch Kranken und Hilfesuchenden, die nur Jesu Gewand von hinten berührt hatte. Er sah sich um und sagte zu der fremden, zitternden Frau: **„Meine Tochter, dein Glaube hat dir geholfen, geh in Frieden!“** (Mk 5, 34) Es war ihre Entscheidung gewesen, ein Ja in der Freiheit, inspiriert vom Geist, und es war ihre Heilung. In jedem von uns lebt der Geist der Selbstheilung und der Auferstehung. Jesus wirkte dieses Wunder in der Einheit mit dem Geist und mit dieser Frau, denn er berief sich auf ihren Glauben. **„Gott, gib mir Kraft!“** – alle Gebete dieser Art sollten eigentlich treffender formuliert werden: **„Laß mich Deinen Geist deutlicher in mir spüren und gebrauchen. Stärke mein Wissen, daß ich als Gotteskind über Heilkräfte verfüge.“** Wir sollten uns – kraft unseres Gewissens – dieser göttlichen Gnade dankbarer erweisen und uns gegenseitig oft daran erinnern. Das stärkt unser Selbstbewußtsein, das ist lebenslanger Glaube!

Oder bewegen wir eine andere Szene aus dem Evangelium in unseren Herzen, jene, in der man den Gelähmten samt seiner Tragbahre durchs Dach ins Hausinnere hinunterließ, wo Jesus zu Gast war und lehrte. Was geschah? Befaßte sich Jesus sogleich mit den schwachen Gliedern dieses Hilfesuchenden? Keineswegs. Er heilte ihn **pneumato-psycho-somatisch**, er aktivierte den Geist, die Seele, das Gewissen dieses Kranken, indem er sagte: **„Deine Sünden sind dir vergeben.“** (Lk 5, 17-26) Der Mann war verblüfft, war er doch mit ganz anderen Hoffnungen in dieses Haus gekommen, allein wegen seiner Beine. Jesus aber wollte ihn und die zahlreichen Umstehenden lehren, daß der Hintergrund einer Lähmung eine spirituelle Lähmung ist. Und ich bin der Überzeugung, daß die heutige Behandlungsweise diese dritte Dimension miteinschließen wird, denn alles steht und fällt mit der geistigen Dimension des Menschen. Geister wie C. G. Jung, Carl Rodgers, Erich Fromm, Viktor Frankl hatten das bereits zu einer

Zeit gelehrt, als man noch weghörte. Der Leib des Menschen wird von seiner Geistseele getragen, die seelischen Kräfte in ihm sind die primären. Sie zu fördern ist das Bestreben des Geistes, und unsere Ursünde ist eine Unterlassungssünde ...

FRAGE 4: **„Herr, schau nicht auf unsere Sünden, sondern auf den Glauben Deiner Kirche" – dieses liturgische Wort ist für viele unter uns mit einem Fragezeichen versehen.**

Auch hier geht es um die geistige Unterscheidung und das Gewissen. Das Wort enthält den Hinweis, für den Meßbesucher, voll auf den Gottesgeist zu setzen, der den Glauben der Kirche heranbildet, auf seine Zusage, auf sein Versprechen, daß unsere Sünden, Fehler und Schwächen nichts am göttlichen Geschenk ändern können, das Gott uns in seiner reinen Liebe gewährt. Denken wir an die **Parabel vom verlorenen Sohn**, jene dramatische Geschichte mit gutem Ausgang, weil Zuwendung und Vergebung von seiten des Vaters eine ganze Dimension größer waren als das Vergehen des Sohnes. Was zählt, ist unsere Hinwendung und die feste Zuversicht. Betrachte ich selbstquälerisch meine Sünden immerfort, dann schaue ich nicht Gott ins Angesicht, sondern mir selbst, ich befasse mich mit meiner Schattenseite, ich schäme und verberge mich, bis mir der Blick auf Gott verstellt ist. Deshalb erinnert die Meßliturgie daran, sich geistig klar zu entscheiden, sich auf den Glauben zu konzentrieren und nicht auf den Ungeist der Sünde. **„Wenn unser Herz uns auch verurteilt, Gott ist größer als unser Herz, und er weiß alles"** (I Joh 3, 20).

Setzen wir auch unsere Mitmenschen nicht in vorgefertigte Rahmen und sperren ab! Menschen sind lebende Pflanzen, die sich vor unseren Augen ständig verändern, je nach Lichteinwirkung, Wasserzufuhr, Bodenbeschaffenheit, Temperatur. Unsere Beurteilung trifft nur selten ins Schwarze, sondern verliert sich im Unwahren, wir vergeuden unsere Energie. Keine definitive Kategorie gibt es für ein menschliches Wesen, stellen wir diese Unart ein, laufend Etiketten zu schreiben und sie unseren Mitmenschen heimlich auf den Rücken zu heften, dann erstarren sie unter diesem Ruf und Begriff.

Nichts ist definitiv in unserem menschlichen und zwischenmenschlichen Bereich, das Zeichen eines intelligenten Menschen ist, daß er seine Meinung auch einmal ändert, denn er lebt selbst und wird nicht gelebt. Nach einer Zeitperiode ist er ein anderer geworden, er sieht anders, fühlt anders, erkennt anders. Die globale Evolution ist Veränderung, sie spart die Entwicklungsgeschichte eines Einzelnen nicht aus und läßt ihn unberührt am Rande stehen. Sie nimmt auch Dich mit, Du bist Teil dieses lebendigen, sich ständig weiterentwickelnden Weltsystems. Seine Sicht auf Biegen und Brechen beizubehalten kann ein Zeichen für Altersstarrsinn sein, für geistige Beschränktheit, für Angst oder Hochmut.

Beim Akt der geistigen Unterscheidung sind gute und schlechte Etiketten, die einer Sache aufgeprägt wurden, relativ, denn nicht die Sache selbst, sondern die Nutzung derselben weckt unser Gewissen. Unreine Wirklichkeiten gibt es selten, denn **„Gott sah, daß alles gut war"**, was er werden ließ. Entscheidend ist unser gewissenhafter Gebrauch im Lichte unserer Verantwortung auch gegen uns selbst, denn dieselben Dinge können uns aufbauen oder erniedrigen, und das ist das Kriterium und nicht unsere Lust, unser Appetit, unser Trieb. Das Tier erfüllt sozusagen den Willen Gottes, indem es seinem Instinkt folgt, der Mensch besitzt geistiges Bewußtsein und entsprechende Instanzen, die ihn sittlich warnen oder ermutigen.

Unser Körper ist durchwoben von einer ganzen Gesetzesstruktur und arbeitet in seiner eigenen, natürlichen Weisheit,

z. B. in seinem Liebesverhalten wird er sie bald entdecken und ganz allein. Naturgesetze sind göttliche Gesetze – **„Ich habe mein Gesetz in euer Herz geschrieben"**, lesen wir als Gotteswort bei Jeremias (31, 33) – sie sind nicht da, um uns zu ärgern und zu beherrschen, auch von der Gesellschaft wurden die Gesetze zu unserem Wohl erdacht, aber sie spiegeln die Naturgesetze wider, welche eingeschrieben sind in alles Geschaffene. Sie entsprechen auch dem TAO der chinesischen Weisheitslehre: **„Wer ins TAO eintritt, befindet sich in Harmonie mit der universellen Ordnung."** Der Prophet Jeremias hat nichts anderes behauptet. Auch sollte der Mensch wohl keine Verbotsgesetze nötig haben, um nicht die Natur zu zerstören. Im Grunde hat er alles, wirklich alles in sich selbst. Deshalb: Gesetze, ungeschrieben oder von Amts wegen erlassen, haben ihren tiefen Sinn, und dort, wo er nicht erkannt wird, brauchen wir unser Gewissen und die geistige Unterscheidung.

Unüberlegtes Handeln oder eigensinniges Hinwegschauen über bestimmte Gesetze zahlt sich nur selten aus. Selbst ein Kuchenrezept ist genau zu beachten. Wenn Du glaubst, es besser zu wissen, und drehst schon nach zwanzig Minuten den Herd wieder ab oder läßt das Ganze die doppelte Zeit backen, dann erlebst Du in beiden Fällen ein Desaster, was immer auch Deine Gründe gewesen sein mögen. Du hast das Gesetz ignoriert.

Nicht einem schrankenlosen Individualismus das Wort reden! Der Freiheitsbegriff ist besonders in der westlichen Welt mißverstanden worden. **„Ich tue, was mir beliebt!"** Dabei entschwindet der Freiheitswert. Wenn ich mit jemandem um 17.00 Uhr einen Termin verabredet habe, mich aber wegen des schönen Wetters lieber zu einem Spaziergang in den Wald begebe, denn ich bin ja frei, dann ist meine Freiheit Illusion. Frei werde ich, indem ich zur Abmachung stehe, und das wird mir spätestens am Abend klar, wenn ich meinen Tag resümiere. Der Mensch ist nicht frei, sondern er wird es, seine Freiheit ist nicht der Ausgangspunkt, sondern der Endpunkt, dort wird sie sichtbar.

Sich nicht von Resignationen würgen lassen, weil man Stückwerk anstatt Vollkommenes leistet! Der Geist nimmt tausend Gesichter an, die wir nicht deuten können, und vollendet für uns das Begonnene. Die Grundregel: Gut auf die Stimmen der anderen hören, doch letztlich nur meiner eigenen folgen, meinem Stern! Ein Arbeitserfolg ist nicht immer sein Wahrheitskriterium, aber der souveräne Frieden, der mich danach erfüllt, wird es sein. Am Ende meines Weges werde ich der sein, der ich wirklich bin, denn der Geist verwirklicht sich in mir, er wird manifest.

Unser Gewissen ist der innere Kompaß. **Die zitternde Geistnadel.** Normen und Regeln sind hingegen nur richtungweisend, Vorschläge von Wegen, die von außen an uns herangetragen werden, es gibt nicht „den" Weg für alle, Du mußt den Deinen selbst entdecken und ich den meinen. Nur eines vereint uns auf dem Wege zum Ziel, unsere Gewissensführung durch den Geist, **„denn alle, die sich vom Geist Gottes leiten lassen, sind Kinder Gottes"** (Röm 8, 14). In diesem Pauluswort liegt unsere Geistgebundenheit und zugleich unsere Freiheit zur Unterscheidung der Dinge. Haben wir unserem Kompaß vertraut, so ernten wir den dreifachen Lohn: Erfahrung der Freiheit, Erfahrung des Friedens, Erfahrung der Freude.

Jede Wahrheit lebt aus ihrem sozialen und menschlichen Kontext. Gegenwärtige Probleme wie jene für die wiederverheirateten Geschiedenen und manche andere werden oft zu schnell beantwortet unter Hinweis auf die bestehenden Gesetze. Auch der Sabbat war zu Jesu Zeiten ein Gesetz, sogar ein göttliches, das hielt ihn nicht davon ab, es zu übertreten. Seine einfache Erklärung wurde berühmt bis in unsere

Tage: **„Der Sabbat ist für den Menschen da und nicht der Mensch für den Sabbat“** (Mk 2, 27). Er hatte das bestehende Gesetz, das er keineswegs aufhob, der Situation angepaßt, welche erforderte, den Menschen über das Gesetz zu stellen. Heute würde er vielleicht sagen: **„Es ist gut, daß wir strenge Verkehrsgesetze haben, rote und grüne Ampeln, aber die Ambulanz beachtet sie nicht, sie braucht freie Fahrt.“**

Jesus hat in vorbildlicher Weise unter uns gewirkt, seitdem haben wir kein Recht mehr, uns als Gesetzesanbeter zu gebärden und diesen und jenen Paragraphen heiligzusprechen. Der Prioritätsanspruch gilt einzig dem Menschen; es gibt keine definitiven Antworten aufgrund unantastbarer Regeln. Alles Menschliche ist derart komplex gestaltet, daß es für viele Situationen überhaupt keine festgeschriebene Regel gibt. Dann regiert allein der Pulsschlag des Gewissens, der uns zur geistigen Unterscheidung weckt. Die höchste Bezugnahme ist der existenzielle Wert einer Regel.

Im Wurzelboden des Gebetes findet alles menschlich Erfolgreiche seine Nährstoffe. Zwar ist das Gebet der unverzichtbare Moment vor dem Akt einer geistigen Unterscheidung, doch ist diese weniger ein punktuelles Tun, das wir plötzlich aus dem Nichts heraus vollziehen, als das langsam erworbene rechte Gespür für Dinge und Menschen. Dieses „heilige Gespür“ gilt es zu pflegen, damit es ein anhaltender Seelenzustand wird. Das macht uns bescheiden! Alles Gelingen unserer Vorhaben erkennen wir als die Konsequenz dieser Harmonie mit dem Geist. Ein wichtiger Unterscheidungsakt wird dann nicht kurzfristig einmal ins Geistige aufgenommen, und dann entfernen wir uns wieder, um ins „normale Leben“ zurückzutauchen, sondern wir verbleiben in diesem Zustand der geistigen Unterscheidung. Auch das nenne ich ein aktives Gebetsleben. Das wahre Gebet darf sich rühmen, viele Namen zu führen, es hat wie der Geist tausend Gesichter.

Dieser Alltag im Geist wird belohnt mit der inneren Sicherheit. Hier geschehen Dinge wie in der Liebe, die weit über der Verstandesebene ihre Heimat haben. Du wirst es wissen, wenn Du die rechte Wahl getroffen hast, Du magst versuchen, Deine Liebe zu rechtfertigen und Beweisgründe aufzureihen, einer so attraktiv wie der andere, aber letztlich hast Du diese Wahl unter einem ganz anderen, geheimnisvollen Stern getroffen. Man liebt, weil man liebt. Dasselbe gilt für eine geistliche Berufung: die glänzenden Argumente, die Berufene zuweilen vorbringen, sind nicht die tiefsten, denn man rechtfertigt seine Berufung nicht, wie man auch seine Liebe nicht rechtfertigt. Diese ganz wesentlichen Entscheidungen eines Menschen werden – gemeinsam mit dem Geist – in einer Tiefenzone vollzogen, die unabhängig und frei ist hinsichtlich logischer Begründungen.

Ich wiederhole: Die vom Geist stammende wahre Unterscheidungskraft trägt das Erkennungszeichen der inneren Sicherheit. Ich bin mir einer Sache gewiß. Du bemerkst es auch bei Deinen Mitmenschen, die bewundernswert sicher auftreten, und wir wissen, daß es ungebildete, aber geistbegleitete Menschen gibt, die große Dinge vollbringen. Ihre Bestimmtheit und die Klarheit ihrer Worte faszinieren, Menschen wie Felsen, in sich gefestigt und stark, wie der einfache Fischer Petrus, so tragfähig, daß Jesus seine Kirche auf ihn setzte. Petrus besaß die geistige und geistliche Unterscheidungskraft in der vollkommenen Sicherheit seines Messiasbekenntnisses **„Ja, Du bist der Sohn Gottes!“** – ein Gefühl aus der seelischen Tiefe, eine „felsenfeste“ Überzeugung. Geistgeleitete Menschen wissen, daß sie Rechtes tun und Wahres sagen.

Man lese Jesu Rede über die Vollmacht, das Zeugnis der Wahrheit (Joh 5, 19-47). Der Apostel Johannes sagt später, nach der Kreuzigung, über sich selbst aus: **„Und der, der es gesehen hat, hat es bezeugt, und sein Zeugnis ist wahr. Und**

er weiß, daß er die Wahrheit berichtet." (Joh 19, 35) Eine solche Sicherheit bedarf keiner weiteren Referenz, die Aussage ist die lebendige Kraft des Zeugen selbst. Der wahre Zeuge beruft sich nur auf sich allein, er weiß, daß er aus einer geistigen Tiefe spricht, die von dorther mühelos den Gesprächspartner erreicht und in dessen Mitte fällt, wo der Geist der Wahrheit auch in ihm lebendig ist, beide schöpfen aus demselben Quell.

Als Priester will ich in der geistlichen Begleitung „bewegungsfrei" bleiben, auch wenn ich die Tendenz schon kenne, komme ich nicht mit fertigen Antworten zum nächsten Termin. Besser ist es, leer und offen zu bleiben, so stelle ich mich jedesmal neu für die Anwesenheit des Geistes zur Verfügung. Ich möchte den Ratsuchenden keinesfalls beeinflussen und seine eigene Entscheidungsebene einseitig belasten, denn ich will sein Problem nicht lösen! Es ist der Geist in ihm, der alle Antworten kennt, auch in heikelsten Fragen und unter dramatischen Umständen. Also lasse ich mich im Zustand vorübergehenden Unbeteiligtseins, aber absoluter Verfügbarkeit – ein Gefäß für den Geist! Und wie oft ist es mir dann schon gegeben worden, daß sich plötzlich „der" Weg vor uns auftat, der einzig richtige, begleitet von der Erfahrung der inneren Sicherheit. Der Geistfunke war aufgesprungen.

Die rechte Unterscheidung der Gegebenheiten und die Lösung des Problems entwächst dem gegenseitigen Offensein, dem unbelasteten Austausch, was nicht heißt, eine der beiden Personen muß ein Geistlicher sein, der den weißen Hasen aus dem Zylinder zieht. Leider wird diese Nummer von uns Priestern immer wieder verlangt. Nein, auch Laien, insbesondere Frauen, sind psychologisch begabt und meistern es zuweilen fabelhaft, gemeinsam mit dem inspirierenden Geist um eine Antwort zu ringen – ohne Fremdbestimmungsmanier.

Das kann harte Geduldsproben erfordern und einen hohen Zeitaufwand kosten, ein zähes Vor und Zurück im bedachtsamen Tasten und Suchen. Das untrügliche Zeichen einer guten geistigen Unterscheidung im Licht der Wahrheit bleibt das, was wir im Arabischen **al yaquîne** nennen, der spürbar werdende, stille, klare Punkt in unserer Tiefe, in dem sich alles trifft und sammelt. Dieser schafft augenblicklich die innere Sicherheit, er ist das Kriterium dafür, daß man nichts Artfremdes übernommen hat.

Die Theologie des Orients ist viel weniger systematisch als die westliche, vielleicht auch weniger klar, doch dafür ganzheitlicher. Mit absoluten Antworten ist man so rasch nicht zur Stelle, man will die Zeit reifen lassen, man zeigt sich tolerant. Zunächst soll der Mensch allein urteilen, was ich lebensnah nenne. Diese mehr offene, realistische Sicht macht die orientalischen Kirchen in ethischen Fragen flexibler, sie sind auch demokratischer, synodal und kollegial aufgebaut. Patriarchen und Bischöfe haben sehr viel mehr Vollmachten als im Westen, sie sind selbständiger.

Doch seit Vatikan II hat sich in der römisch-katholischen Kirche auch schon einiges in dieser Richtung bewegt, nur geht es zu langsam voran. Ich verstehe die Ressentiments, die manche Theologen heute gegen diverse Standpunkte dieser Kirche laut werden lassen, erkenne darin aber keine Revolte, sondern eine Folge der notwendig gewordenen geistigen Unterscheidung. Richten wir uns aus nach der Freiheit Christi, erhaben über viele Beschränkungen und Tabus, wenn sie den Fluß des Lebens behindern. Die Kirche ist geistiger Natur, also muß sie offen für alles sein und darf sich nicht in ihrer Festung verschanzen, das hieße den Geist draußen lassen. Die Geistlichkeit muß ihr Gewissen selbst immer wieder prüfen. **„Ich sage in Christus die Wahrheit und lüge nicht, und mein Gewissen bezeugt es mir im Heiligen Geist."** (Röm 9, 1)

Die Kirche muß sich weiterentwickeln, um ihren Auftrag in der Zeit zu erfüllen, und die Zeit fließt. Treue zu sich selbst kann auch bedeuten, daß man sich ändert oder sich ganz um sich selber dreht, wenn der innere Kompaß es anzeigt. Jeder Mensch irrt zuweilen auf der Suche nach Gott und nach sich selbst. Dann wird er sich im Namen seiner geistigen Freiheit neu bestimmen. Eine Religion ohne die Spiritualität des Wachstums ist nur von minderem Wert. Die von Vatikan II dekretierte **Gewissensfreiheit ist mir ein Herzensanliegen**, denn seit langem bin ich der Überzeugung, daß sich unser Gewissen durchaus auch in der Auseinandersetzung mit der Kirche bilden soll. Die letzte Instanz aber bleibt meine innere Stimme.

Die Jesuiten haben beizeiten den Dialog in ihre Ordensregel und Lebensweise integriert. Der jesuitische Gehorsam gilt primär nicht gegenüber dem Oberen, sondern gegenüber dem Geist, und diesem unterwirft sich auch der Obere der einzelnen Gemeinschaften und ebenso der General in Rom. Angestrebt wird das gemeinschaftliche Unterscheidungsvermögen mit dem Ziel des gemeinsamen Erkennens des Willen Gottes. Es geht heute nicht mehr um den vertikalen Gehorsam, sondern um das gemeinsame Entscheiden durch offenen Austausch. Diese neue Auffassung von Gehorsam besagt, daß nicht der Untergeordnete dem Übergeordneten blind zu folgen hat, sondern beide offenen Auges dem Geist. Der Einzelne wird zur persönlichen, gründlichen Auseinandersetzung mit dem Sachverhalt verpflichtet, um dann seinem Gefühl, seinem Gewissen zu folgen. Das ist Ordensgehorsam nach dem Geist und weniger nach dem Buchstaben. Ordensobere besitzen nicht das Monopol des Heiligen Geistes, dieser bläst heute ebenso kräftig von der Basis her.

Die **ignatianische Spiritualität** in ihrer Kreativität, Flexibilität und geistigen wie geistlichen Unterscheidungskraft erscheint mir als „die“ moderne Spiritualität des Menschen schlechthin. Wir Jesuiten sind von den Vorgängen in der Welt stark betroffen, deshalb allezeit polarisiert und mobil mit dem nur einen Bild im Herzen: die Entwicklung des Menschen in allen seinen Dimensionen und das Kommen des Gottesreiches. Ich bin meinem Orden außerordentlich dankbar für das Vertrauen gegenüber seinen Mitgliedern. In verantwortungsvoller Unabhängigkeit dürfen sie planen und handeln, besondere Umstände oder besondere Mittel werden ihnen nicht verweigert, jeder soll sein Ganzes geben können, sich voll investieren. Jesuiten werden in der Freiheit der Gotteskindschaft auch im Dritten Jahrtausend ihrem Charisma treu sein und ihr Sein und Handeln intensiver denn je in den Dienst stellen, weil er mehr denn je gebraucht wird.

Seit Vatikan II erfährt die Kirche eine Neubelebung durch den Geist, der zur Verinnerlichung ruft, zu mehr menschlicher Verantwortung als in der Vergangenheit und zu mehr Reife. Zu lange hatte die Hierarchie gemeint, die Menge sei noch unreif für bestimmte Korrekturen. Wenn sie aber nicht aufhört, sie als unreif zu behandeln, wird sie niemals reifen. Auch Ordensleute wurden viel zu lange wie Kinder behandelt und sind es durch eine jahrzehntelange Bevormundung auch geblieben, das heißt, sie sind menschlich nicht gereift. Das war die folgenschwere Falschauslegung des Gehorsamsgelübdes. Damit sich ein langes Ordensleben vergeistige und vergöttliche, muß es zunächst ganz menschlich sein, zutiefst menschlich! Das ist in der Praxis nicht ganz einfach, aber je weiter sich der Baum verzweigt und zum Himmel streckt, umso tiefer muß er sich einwurzeln, und ich glaube, daß die Ausbildung der zukünftigen Jesuiten um ein ganzes Maß tiefer reichen muß – es betrifft den allgemein menschlichen Aspekt, den spirituell-mystischen, ja, ganz besonders den mystischen!

Mehr Mut zur Verinnerlichung, mehr Zeit für Verinnerlichung! Mit diesem Ziel frei werden wollen! Auf der moralisch-ethischen Ebene folgt die Liebe aus der Freiheit. Ein unfreier Mensch kann nicht aus sich herausgehen, um den anderen zu erreichen, ihm fällt das Lieben schwer. Aber Liebe ohne Freiheit ist keine Liebe, und Freiheit ohne Liebe ist keine Freiheit. Ein moralisches System muß die Befreiung des Menschen wollen, sonst ist das System mangelhaft. Paulus warnte in seinen Briefen an die Römer und Galater vor der Anbetung der Gesetzesparagraphen, **„denn wir leben im Geist"**. Das Kriterium für einen reifen Menschen ist seine Liebesfähigkeit, geboren aus der geistigen Freiheit, seinem Gewissen. Mehr Mut zur Verinnerlichung in der Liebe! Wir müssen in die Liebe eintauchen, um **das Prinzip Jesu** zu erkennen und uns für die Liebe zu entscheiden. Das Christentum ist nicht nur als soziologische Größe zu behandeln, sondern als ontologische Größe zu begreifen.

Ein Atheist, der die Liebe kennt, kennt Gott. Andererseits, ein praktizierender Christ, der das Credo auswendig sagt, aber um die aktive Liebe einen weiten Bogen macht, kennt Gott nicht – und mich würde da etwas stören. Die verbale Verneinung Gottes durch den menschenfreundlichen Atheisten beunruhigt mich keineswegs, denn er hat die geistige Unterscheidung – unwissend – für Christus getroffen und lebt sie. Der französische Orientalist Louis Massignon (gestorben 1962) bekehrte sich vom leidenschaftlichen Atheisten über die Mystik des Islam zum Katholizismus. Die semitische Kontemplation hatte es ihm im Sufismus angetan, die Mystik, die zur Mitte kreisend immer tiefer und tiefer gelangt, um im Herzen der Dinge und Wesen Gott „leibhaftig" zu finden. Und dort, in der islamischen Mystik, entdeckte er schließlich den persönlichen Gott, den Gott der Liebe, die ihn zu Christus führte. Dieser suchende Geist arbeitete mit den **„Augen des Herzens"** als Richtinstanz.

Die Frage von morgen kreist weniger um **das wissenschaftliche WIE** als um **das geistige WARUM** und weniger um **das ethische WOZU** als um **den SINN und das ZIEL der Existenz**. Das ist geistige Unterscheidung. Es wäre die Sünde des Menschen, wenn er diese Richtung versäumte, indem er sich dem Un-Sinn ausliefert und den Geist als seine Kompaßnadel verliert. Aus Unachtsamkeit? Aus Desinteresse am Reich des Geistes? ... Das Bild kann sich vollkommen wenden, wenn wir füreinander beten und jeder selbst um den Geist bittet. Lassen wir den weisen Jesaja eine Voraussage machen: **„Der Geist des Herrn läßt sich nieder auf ihm, der Geist der Weisheit und der Einsicht, der Geist des Rates und der Stärke, der Geist der Erkenntnis und der Gottesfurcht. Er richtet nicht nach dem Augenschein, und nicht nur nach dem Hörensagen entscheidet er."** (Jesaja 11, 2+3)

Unsere letzte große Frage muß heißen: WAS ERWARTET GOTT VON MIR? Unsere Liebeskapazität schlummert noch zu neunzig Prozent ungenutzt an unserem Grund, und wir könnten mit ihr ein Liebesfeuerwerk auf Erden feiern, denn es wurde uns alles Nötige dafür geschenkt: **„Er wird euch mit dem Heiligen Geist und mit dem Feuer taufen"** (Lk 3, 16b). Beten wir zu diesem Feuergeist:

GEBET: *„Reines Licht im Zentrum unseres kleinen Menschengeistes, innerer Weg, der sich an jeder Kreuzung neu bekennt und neu entscheidet, keine Spuren hast Du uns vorgezeichnet, weil Du der Unberechenbare bist, der immer neue Weg, Du, der große Geist! Führe uns dorthin, wonach wir uns im stillen alle sehnen – zu einer geistigen Schau unseres Daseins und zu innerem Frieden."* Amen.

WIDER DEN EUROPESSIMISMUS!

Es ist schon kurios, daß die Wohlstandseuropäer heute in die ärmsten Länder reisen, nach Indien oder ins tiefe Afrika, um sich dort psychisch aufzutanken. Sie holen sich von dort eine kräftige Injektion Lebensoptimismus und nicht nur eine Labsal im Anblick eines Palmenpanoramas. Und sie suchen Menschliches! Eine Konsumgesellschaft des gegenwärtigen Ausmaßes ist keine wirklich menschliche Gesellschaftsform mehr, denn auf höhere Ziele ist der Mensch angelegt als auf die ständige Steigerung seines Geld- und Lustgewinnes. Erscheint es nicht paradox, daß Pessimismus und Nihilismus gerade aus der Überfülle des **Habens** aufsteigen? Es fehlt an spirituellen Fragen und Antworten und damit an tieferen Lebenswerten.

„Wohin treibt denn das Ganze? Wofür wird eigentlich gelebt und gejagt?“ Wer hört nicht diesen stillen Schrei? Man hat dieser Gesellschaft einen Namen gegeben: „Spaßgesellschaft“, doch aus der Ferne erscheinen die Menschen freudlos. Ein Beobachter aus der Dritten Welt sagte mir: **„In Europa wimmelt es von lebenden Toten, die einen makabren Leichentanz aufführen, denn die Tänzer wissen nicht, daß sie tot sind. Ihre Unersättlichkeit hält sie aufrecht und närrisch aktiv.“** Europa hat auch andere Gesichter und Strahlkraft. Technischer Fortschritt setzt Zeiteinheiten frei für Sozialengagement und personale Entfaltung. Positives Denken und sinnvolles Handeln beeinflussen ein Land in gleicher Weise wie Egoismus und Pessimismus.

Jedoch, großer Wohlstand und inneres, friedvoll empfundenes Glück wohnen selten zusammen, deshalb schrieb am 19. 7. 1999 im TIME MAGAZINE jemand einen Artikel unter der Überschrift **„Healthy, wealthy and unhappy“** und dokumentiert, daß in Europa der Pessimismus regiert. Das sei das Ergebnis einer Umfrage der Agnus-Reid-Gruppe, um einen **„Hoffnungsindex“** zu bestimmen: Die ärmsten Europäer, die Iren und die Portugiesen, sind die zufriedensten. Die reichsten Europäer, die Deutschen und die Franzosen, sind die unglücklichsten. Wie ist ein solches Mißverhältnis möglich? Der Artikel kommentiert dieses Umfrageergebnis: **„Neu ist die Erkenntnis nicht, daß das Verhältnis zwischen materiellem und seelischem Wohlbefinden jeweils ein umgekehrtes ist. Als der Zimmermann aus Galiläa erklärte, daß der Mensch nicht vom Brot allein lebt, zeigte er damit auf alle jene, die den Menschen mit ihren materialistischen Scheuklappen als Homo oeconomicus betrachten.“** (Gerd Behrens)

Konstant zelebrierte Schwarzseherei oder Katastrophenstimmung im mir vertrauten Frankreich. 12.000 Selbstmorde jährlich im schönen Deutschland, selbst unter Kindern und Jugendlichen ist die Tendenz steigend, angeblich versuchen in Europa täglich dreißig von ihnen den Freitod und einer geschieht wirklich. Diese Zahlen tun mir sehr weh. Und das wohlorganisierteste Land, die Schweiz, hält den Suizid-Rekord. Wenn unser Papst von der derzeitigen **„Kultur des Todes“** spricht, hat er nicht unrecht, **„denn die Seele einer Zivilisation ist ihr Glaube, stirbt er, dann stirbt sie mit ihm“** schreibt der amerikanische Kulturhistoriker und Philosoph William Durant (gest. 1981) in seinem 11-bändigen Werk **„The story of civilization“** (Abschluß 1975). Jetzt ist die spirituelle Vernetzung angesagt, unser Zusammenwirken, um diesem Krebsleiden der Seele, das noch schlimmer ist als das des Leibes, Einhalt zu gebieten. Die Gesellschaft leidet am Krebsgeschwür des Sinnverlustes.

Ein afrikanischer Autor, Albert Tévoedjrè, hatte schon 1978 in Paris ein Buch veröffentlicht, dessen Titel die intensive Botschaft enthielt: **„La pauvreté – richesse des peuples“ (Die**

Armut – Reichtum der Völker). Mir war sofort klar, was er damit meinte. Er beschreibt darin die fundamentale Lebensfreude der afrikanischen Menschen trotz ihrer wirtschaftlich äußerst schwierigen Situation und der physisch zum Äußersten belastenden Tagesarbeit, aber man denkt auch an die Seligpreisungen Jesu: **„Selig die Armen ..."** (Mt 5). Die Abwesenheit von Wohlstand als Wohltat? Das immer Zuwenig an Besitz erhält ihnen den Lebensantrieb, **den großen Hunger**, im Gegensatz zur Übersättigung in den Industriestaaten, deren engagierte intellektuelle Autoren in rechter Erkenntnis bereits vom **„Konsumvieh Mensch"** sprechen, weil es alles hingeschüttet bekommt und ihm dabei im wahrsten Sinne **das Lachen vergangen ist**. Ich klage die kriegerische Werbung an, die uns mit Lanzen aufspießt und sich amüsiert ... zumal durch sie auch die Liebe vermarktet wird, die nur noch Lust ist ohne Eros. Ein paar Überzeichnungen und Verallgemeinerungen seien mir gestattet, aber wesentliche Dinge muß man rot unterstreichen.

In Europa wandelt die graue Gestalt des Pessimismus umher, und sie schleicht sich in viele Häuser, dort suggeriert sie Schwarzprognosen, die Orientierungslosigkeit nimmt zu. Die meisten Menschen leben ohne wirkliches Lebensziel, eines, das über die Hausschwelle und die eigenen Familienanliegen hinausginge. Der Mensch ist Geist, er soll und muß seiner Natur entsprechend, die machbaren Dinge und Tagespflichten durchbrechend, ein darüberliegendes Ideal anzielen. Der Mensch soll streben, aber er entschied sich für das Gegenteil, die Bequemlichkeit und die x-fache Absicherung. Dabei nutzt er nur einen Bruchteil der in ihm angelegten Möglichkeiten. **Er braucht ein Ideal, das ihn fordert.**

Im noch unbearbeiteten Acker ruht ein Schatz, zu ihm führt eine geistige Sicht von Welt und Mensch, die sagt: **Ich weiß, daß jeder Mensch im Innersten GUT ist**. Diese Tiefe muß erschlossen werden, die Erfahrenen müssen den noch Unerfahrenen dabei helfen und sie erkennen lassen, daß sich Ungeahntes in ihnen verborgen hält und dieser Schatz gehoben werden muß, um mit ihm etwas Sinnbringendes anzufangen. Dann lebt der Mensch nicht länger gegen seine Natur, sondern mit positiven Zielen und helleren Visionen wird er zum Ausloten seiner eigenen Tiefe und zur Selbsterkenntnis fähig werden, zum Engagement und zum Opfer.

Der Geist inspiriert laufend empfängliche Seelen, die verstehen und bereit sind für diesen Wandel, denn ein fetter Wurm windet sich im Innern dieser Überflußgesellschaft, **„in der es doch allen so gut geht"**. Verzweifelt wird deshalb nach immer neuen Betäubungsmitteln Ausschau gehalten und hoch für sie bezahlt. Und es reiht sich eine Notiz wie die folgende an die andere: 300.000 Menschen haben sich bereits bei dem britischen Unternehmen **„Moon Estates"** eine Mond-Parzelle gekauft, um etwas ähnliches wie Glück zu empfinden, wenn sie den Lageplan ihres Grundstücks auf der Mondkarte betrachten. **„Unsere postmoderne Welt scheint sich ihrer geistigen Leere nicht bewußt zu sein, ihrer Oberflächlichkeit, eine Welt, in der sich der gesellschaftliche Rummel endlos wiederholt und selber parodiert. Es ist eine zersplitterte Welt überforderter Individuen, sich selbst entfremdet, die keinen Sinn in ihrem Dasein oder in der Geschichte mehr erkennen können. Als Ersatz lassen sie sich in den Strudel von einhundert TV-Kanälen saugen."** (Dave Robinson, 1999)

Der angeblich fruchtbarste Gesprächspartner zwischen Psychologie und Theologie, der Österreicher mit dreißig Ehrendoktorwürden, Viktor Frankl, hat mit seiner **„Logotherapie"** und seiner **„Psychotherapie des Sinns"** herausgefunden, daß Sinn heilt. Psychologie und Medizin müssen sich umstellen, die Menschen sind metaphysisch erkrankt. Frankl nennt seine Psychologie im Gegensatz zur **„Tiefenpsychologie"** Freuds eine **„Höhenpsychologie"**. Freud befaßte sich grundlegend mit dem Unbewußten, Frankl bemüht sich, die Menschen das Überbewußte erkennen zu lassen, er läßt den Geist mitreden! Bereist man Europa von einem anderen Kontinent, dann trifft man schmerzlich auf einen blühenden Masochismus, auf eine Genußgesellschaft nämlich, die sogar Gefallen an ihrem Pessimismus findet und der täglich in der Großverkündigung durch die Massenmedien steht, die ihn fördern, wenn nicht überhaupt kreieren. Und die Physotherapeuten sind überbeschäftigt, sie wissen, daß die Sinnfrage im Zentrum des krankmachenden Sinnverlustes steht, sie wissen, daß der erkannte Sinn ungeahnte menschliche Energien freisetzt.

Von der Lebensbejahung zum Lebensekel? Letzterer ist bei all ihrem weitgreifenden Mangel in der Dritten Welt nicht zu finden. Das Pro-Kopf-Einkommen in Ägypten beträgt 1.400 US-Dollar im Jahr, viele Bewohner der Nildörfer müssen mit einem Bruchteil davon auskommen, und trotzdem stirbt die Lebensfreude nicht, sie strahlt als eine kleine Sonne von den Gesichtern. Dasselbe habe ich in Indien und Indonesien beobachtet. Warum dieser **Kollektiv-Masochismus Europas**, besonders in Frankreich, der mich auf jeder Reise nervt, weil ich diesen Kontinent sehr liebe! ... Jede Form von Selbsterniedrigung ist verwerflich und hat Konsequenzen, für ein Individuum wie für eine Nation. Das Schlüsselwort heißt SEIN UND HABEN. Je mehr man hat, umso weniger wird man nach einer Weile sein, denn es geht einem an innerer Substanz verloren. Wie oft hat Christus die menschliche Glückserfahrung mit einem Mangel in Beziehung gesetzt! Aber es wird genau das Gegenbild gelebt – und prompt erlitten! Die meisten leben zwar hochgescheit, aber unbewußt, das ist kein Gegensatz. Nur wenige leben bewußt. Und Sinn findet der Mensch nur in der Wahrnehmung seiner Transzendenz, wenn er sich selbst aus der Blickmitte nimmt und für ein überpersönliches Ziel aus sich heraustritt oder voll im Glauben erwacht.

Das ganze Europa ist zur Sinnfrage geworden, aber wir wissen, daß echte Sinnfragen früher oder später in die Gottesfrage münden. Deshalb bin ich in meinem Optimismus unantastbar! Und wer sich Gott nähert, nähert sich der Liebe, welche die letzten Fragen beantwortet. Das ganze Universum lebt aus der Grundfigur der Liebe, von jener Macht der Anziehung bereits im Atomkern, in dem sie das Aufbauprinzip der Materie darstellt. Dieses göttliche Geheimnis ist in allen Weltphänomenen erfahrbar und gipfelt in unserer Freundschaft und Liebe. Alle Erfahrungen führen letztlich zum dreieinen, allgegenwärtigen Gott, in dem das **PRINZIP LIEBE** durch den Geist waltet. Diese Erkenntnis ist keineswegs nur auf komplizierten oder anstrengenden Wegen zu erlangen, weshalb wir, die wir die Gnade der Einsicht erfahren dürfen, diese in mitmenschlicher Verantwortung weitergeben müssen. Dringend und unbedingt!

Wahrer, durchdachter Optimismus ist niemals blind, weil er in besonderer Bewußtheit die Dunkelheiten geistig durchbricht. Wenn zwei Menschen einander lieben, dann übersehen sie die Fehler und Mängel des anderen nicht, im Gegenteil, sie schauen sehr genau hin, um sie dann bewußt mit hineinzunehmen in ihre Liebe. Sie glauben an den andern und dessen unbegrenzte Möglichkeiten im Geist, der ihn bewohnt. Es gibt die Liebe ersten Grades, die eine zärtliche und wohlwollende Zuneigung sein mag; es gibt die ins Mehrfache gesteigerte Liebe zweiten Grades, und es gibt die abgrundtiefe Liebe dritten Grades, die sich schon heute in der Ewigkeit verankert hat, weil sie eine Dreiecksbeziehung mit Gott ist. Weshalb sollen nicht auch Völker, Nationen, ein ganzer Kontinent zu dieser dreistufigen Entwicklung fähig werden? Wir alle tragen den Geist in uns, in seiner kosmischen Macht und Fülle nimmt er tausend Gesichter an, um uns beizustehen. **„Wenn Du die Gabe Gottes kennen würdest!"** sagte Jesus zur Samariterin (Joh 4, 10).

In Frankreich wollte man mich überzeugen: **„Wir sind ein alter Kontinent, unsere Uhr ist abgelaufen!"** ... und ich habe einer kleinen Gruppe ein Plädoyer gegen den Europessimismus gehalten: **„Es gibt Brüche und Kontinuität, bitte ignoriert die Propheten des Untergangs! Europa hat eine große Vergangenheit und zugleich eine sehr interessante Zukunft! Der Geist erneuert, in Europa ist er z. Zt. hochaktiv, Europa ist jung! Traut dem Heiligen Geist und Euerm Menschengeist alle denkbaren und undenkbaren Wunder zu und beendet Eure zerstörerische Selbstherabwürdigung. Es geht jetzt um den neuen Geist einer umfassenden Solidarität, es geht um das Erlernen einer Bescheidenheit, und vor allem geht es um geistige Klarheit. Glaubt an Eure Propheten, sie sind unter Euch und so bedeutend wie die großen biblischen. Entdeckt den Optimismus neu und glaubt an Eure Zukunft, der Optimismus muß beim Bau des neuen Europa die Triebfeder sein. Die Neubildung dieses Kontinents mit bewegter Geschichte ist mir ein leuchtendes Zeichen für die übrige Welt und deren Zukunft."**

Ich sehe eine absolut positive Entwicklung für Europa voraus, ganz besonders im Geistigen. Viele verschiedene Wege werden jetzt tastend begangen, und einer unter ihnen ist der Weg der Mystik, breit ist er und deutlich zeichnet er sich ab, viele werden ihn gehen. Zweifle nicht daran, daß moderne Zivilisation und Mystik im stillen Widerstreit miteinander stehen, das ist ein Ammenmärchen. Wie in einem Blitzschlag wird das erkannt werden, ein inneres Licht wird in den Menschenherzen erstrahlen – und Sie bewohnen einen Kontinent der Mystik! Die Mystik wird diese Zivilisation davor bewahren, im Materiellen unterzugehen und am Intellektuellen zu scheitern. Noch wird der intellektuelle Weg als der Königsweg menschlicher Entwicklung betrachtet, doch über ihm wartet die spirituelle Ebene darauf, voll integriert zu werden! Längst ist die Mystik im stillen anwesend, die Europäer tragen sie schon „auf Abruf" in sich, noch unerkannt und ungenutzt, aber sie ist schon da!

Hier leistet der Geist seine segenbringende Vorarbeit. Er wird im **Wohlstandsleid** bald das **Bedürfnis nach Askese** wecken und auch einen Freiraum für sie schaffen, eine moderne Askese, die sich folgerichtig mit der Mystik die Hand reicht, indem sie diese herbeiführt. Die Europäer werden weiterhin viel besitzen, doch gleichzeitig lernen, diesen Besitz innerlich abgestreift mit Gelassenheit zu betrachten. Denn je mehr sie an Gütern und Genüssen anhäufen, umso stärker wird der Wunsch in ihnen wach werden, sich wenigstens emotional davon freizumachen und sich mit der spirituellen Dimension zu befassen. Viele tun es bereits in heftigem Verlangen! Dann stecken sie nicht mehr fest im lähmenden Besitzdenken und können auch mitsamt dieser Bürde ans Ziel gelangen, beschwerlicher und langsamer, aber sie werden es schaffen.

Unsere Epoche entdeckt die leibliche und physische Dimension der Mystik, sie entdeckt die soziale Dimension der menschlichen Liebe, und es lebt an vielen Orten bereits **„die Gemeinschaft im Geiste"**, weil sie den Alltag als Humusboden erkennt, aus dem das Göttliche wächst. Falsch ist es zu glauben, daß unsere Zeit keinen Sinn für das Religiöse hegt, richtig ist, daß eine ganz neue Religiosität im Entstehen ist, die so alt ist wie die Mystik und das Urchristentum. Ich nenne es den **christlichen Humanismus**, der das Absolute in den Dingen und Wesen, das Absolute im Relativen erkennt. Der christliche Humanismus befähigt den Menschen zu einer Doppelerfahrung des Geistes. Goethe war kein passionierter Kirchgänger, aber das Wesentliche hat er geschaut, **„dieses Ungeheure, Personifizierte, tritt uns als ein Gott entgegen, als Schöpfer und Erhalter, welchen anzubeten und zu preisen wir auf alle Weise aufgefordert sind"**. Mystik ist lebbar für alle.

André Malraux sprach immerhin vom **„religiösen 21. Jahrhundert"**. Karl Rahner stellte die verstärkte Prognose, indem er den **„mystisch Gläubigen des 21. Jahrhunderts"** voraussah. Das sind zwei Prophetenworte! Diese beiden Männer wußten, daß der Mensch sich nicht endlos verführen läßt, sie fühlten, wie stark der Geist bereits am Werk ist, um uns in eine andere Richtung zu lenken. Auch ich glaube mit felsenfester Sicherheit an dieses ganz neue Zeitalter, markiert von einer atemberaubenden wissenschaftlichen Forschungsarbeit, von einer Technik, die unseren Vorstellungshorizont weit übersteigt, markiert aber auch vom mystischen Geist, der die Seele der umhergetriebenen Menschen auffängt und rettet.

Wer den Geist leugnet oder verfälscht, indem er ihn auf den Intellekt reduziert, entkommt ihm nicht, so wie niemand Gott entkommt. Denn das Gottesmal ist in uns alle eingebrannt, auch wenn es Millionen Menschen nicht mehr in den Sinn kommt, daß sie aus reiner Gottesgnade leben und atmen. **„Gott"**, dieses Wort hat im derzeitigen Europa seine Ausdruckskraft, seinen ehrfürchtigen Schauder verloren. Im Orient besitzt es noch die volle Dichte, unter den Muslimen wie unter den Christen, desgleichen in Nord- und Südamerika. Aber ein Mensch kann Gott ebensowenig verlieren wie ein Kontinent. Deshalb ist der Atheismus nur ein gescheites Gerede, ich nenne ihn schlichtweg einen **Pseudoatheismus**, der sich nur eines falschen Gottesbildes entledigen will – und das mit Recht, denn einen Götzen braucht niemand. Glaubensleere und Pessimismus aber sind Krankheiten, sie bringen den Tod nicht als „Schlag", sondern unter ihren Masken schleicht er sich von innen heran. Das erste, das er zertrümmert, ist die Vorstellung einer Sinnhaftigkeit des Daseins. Der Westen ist verurteilt, wenn er sich diese Krankheiten nicht vom Hals schafft.

Ich setze den Mutlosen und Zweiflern eine globale Sicht der menschlichen Existenz entgegen, die von einem **„öster-**

lichen Optimismus" getragen ist, von einem **„überwundenen Pessimismus"**; dieser Optimismus ist nichts Spontanes am Beginn einer Sache oder eines menschlichen Verhaltens, noch ist er eine Frage von Genen und Hormonen, sondern etwas geistig Herangereiftes, das den Tod bereits kennt. Das Gesicht eines ernsten Optimismus, ein sehr schönes, und es ist eines der tausend Gesichter des Geistes.

Als Getaufte und Geisterfüllte haben wir kein Recht, Pessimisten zu sein! Wir leben den österlichen Glauben, und unser Optimismus sollte uns in den Augen stehen. Bei manchen gibt es dieses wunderbare Erkennungszeichen, man nennt es die **„christliche Heiterkeit"**. Sie wurzelt in der Überzeugung, daß das Gute das Böse überwiegt und es auf geheimnisvolle Weise eines Tages ganz besiegen wird, daß die Gnade immer größer sein wird als Sünde und Leid. **„Meine Gedanken sind nicht eure Gedanken und eure Wege sind nicht meine Wege."** (Jes 55, 8) Ein wahrer Christ gibt nicht auf, das wäre ein Widerspruch. Er versteht, daß das Böse an der Weltentwicklung teilhat, daß es das andere Gesicht des Guten ist, er weiß, daß Gnade und Geist unentwegt für uns an der Arbeit sind und in einer Art und Weise gegen das Böse angehen, die wir heute noch nicht begreifen können. **„Durch das Böse arbeitet die Gnade"** sagt Simone Weil, und der Geist ist die dynamische Kraft in ihrem Zentrum.

Das Böse ist aber auch das Hindernis, das der Gnade von uns her gesetzt wird, beginnend bei jedem von uns, dessen Ego dem guten Gedanken, der guten Tat im Wege ist. Wir sündigen, wenn wir eigensinnig auf Nichtverstehen schalten, und diese Menschensünde arbeitet dann gegen die Gottesgnade. Auch Schwäche kann Folgen haben: Wenn wir vorzeitig aufgeben und schwarzsehen, laden wir die Schwermut zu uns ein, und sie behindert immer die Gnadenwirkung. Die **Vollendung im Punkt OMEGA** wird sein, wenn die Welt daran glaubt.

Unseren Glauben nähren und Hoffnung hegen, denn Christus hat die Weltsünde überwunden! In der heute gängigen spirituellen Sprache Asiens würde ich sagen, **Christus hat das negative Welt-Karma am Kreuz abgetragen**. Unsere Erlösung ist eine historische Realität, die historische Implikationen nach sich zieht. Nein, ein Christ hat nicht das Recht pessimistisch zu sein, weil er dann dokumentierte, das Böse sei stärker, Satan siegte, der Tod Gottes am Kreuz wäre umsonst, und das Neue Testament gehörte dem bunten Kreis der Mythen an. Betonen wir lieber **die Historizität der Auferstehung** in unseren Diskussionen: Die überlieferten Berichte beziehen sich nicht auf kollektive Visionen im reinen Glauben oder auf Träume bei Nacht, sondern alle Erscheinungen ereigneten sich am hellichten Tag, alle enthielten sie den Evangelisierungsauftrag und der war sehr verschieden formuliert. Streckenweise lasse ich gern Skepsis zu, sie ist etwas Normales und oftmals Reinigendes, unser „fester Glaube" muß gelegentlich geläutert werden, denn alle wissen wir, wie verheerend ein naiver Optimismus ausfallen und was er anrichten kann.

Der Auferstehung Jesu aber ging das Kreuz voraus, Angst, Blut und Tränen – und dann der Todeshauch in der Verlassenheit. Aber das wäre im erweiterten Sinn auch unser Durchbruch. In diesem Nachvollzug lebt ein Christ **„ein Leben über dem Leben"**, selbst wenn er das Weltböse beweinen muß und sich selber in Sünden verfängt. Bleibe Deiner inneren Stimme treu! Bleibe dem Geist treu! Als Auferstehungsreligion gibt Dir das Christentum die Richtung an: Durch den Tod hindurch, ja, aber ins Osterlicht. Gnade und Liebe sind göttliche Kräfte, die jeden Pessimismus entkräften sollten, sobald die Wahrheit erkannt wird.

Die Heilsbotschaft spricht Dir von der Vollendung und verheißt allen Menschen guten Willens **„einen neuen Himmel über einer neuen Erde"** (Off 21, 1). – Und ich glaube daran, da das Absolute, das Gute, das ABSOLUTE GUTE, sich in unsere Menschenwelt eingesenkt hat wie ein Hefestück, das nun dafür sorgen wird, das Ganze fortschreitend anzuheben und zu verändern. Das Hefestück ist der Gekreuzigte und Auferstandene, und die Triebkraft ist der Geist. Mein Herz ist durchdrungen von der Gewißheit, daß Jesus nicht umsonst unter uns gelebt und gelitten hat. Jetzt strebt die Menschheitsgeschichte ihrer Verwirklichung unaufhaltsam entgegen. **„Mit diesem Hinfluten, mit diesem Münden – in breiten Armen ins offene Meer – mit dieser wachsenden Wiederkehr – will ich Dich bekennen, will ich Dich verkünden – wie keiner vorher“** (Rainer Maria Rilke).

Den **„neuen Himmel über einer neuen Erde“** spüre ich im Innerweltlichen präsent, eben als dieses geheime, von der Gottesgnade eingesetzte „Triebwerk“. Gott hat nicht nur viel, sehr viel, sondern alles in den Menschen investiert, da gibt es kein Zurück mehr! Johannes benutzt nicht das Wort „soma“ (Körper, Leib), sondern „sarx“ (Fleisch): **„kai o logos sarx egeneto“ – „das Wort ist Fleisch geworden“**, um die vollkommene Nähe und endgültige Verschmelzung der Gotteswelt mit der Menschenwelt auszudrücken. Genial! Stärker, intensiver und endgültiger kann man es nicht darlegen. GOTT-MIT-UNS ist nicht nur ein Hoffnungsschimmer, sondern eine Realität, wie sie realer nicht sein kann. Gott hier, noch im Verborgenen, aber als unbestreitbare Anwesenheit.

Das äußere ich nicht nur im Namen meines Glaubens an die Schrift, die es eindringlich verkündet, sondern ich erlebe es in innerer Schau als eine Wahrheit, die ein Imperativ ist: Ich muß sie weitergeben, weil der europäische Kontinent sich in dieser Hinsicht selbst verdunkelte. Vielen erscheint ihr Dasein ziellos, Unglaube und Depressionen sind als zwei Verbündete im Wachstum begriffen, denn wer keinen Glauben mehr an Gott besitzt, besitzt auch keinen an sich selbst und an die anderen um ihn her. Nur in Gott liegt Zukunft, deshalb brauchen die Menschen eine Botschaft des Optimismus und der Zuversicht, so stark, daß ihnen der lebendige Gott unter die Haut fährt. Der gepriesene materielle und wissenschaftliche Fortschritt lechzt im stillen auch nach dem menschlichen und geistigen Fortschritt.

Teilhard de Chardin ist keine Geschmacksfrage. Möge Europa diesen Europäer besser als Prophet unserer Zeit dankbar erkennen. Seine von Optimismus durchstrahlte Synthese ist so gründlich erarbeitet, so tiefreichend und alles erfassend, daß sie für unsere Zeit wichtiger denn je geworden ist. Hegel hat sich um eine ähnliche Synthese bemüht gehabt, nicht uninteressant: Die Entwicklung des Geistes Schritt um Schritt, bis zur Manifestation des, wie er es nannte, **„Absoluten Geistes"**. Diese Sicht ist berührend und achtenswert und sicherlich nicht ganz falsch. Im Mai 2000 stand ich lange Zeit an seinem efeubewachsenen Grab in Berlin und bedachte das geistige Ringen dieses großen Mannes.

Doch Teilhard de Chardin gab uns nun die zeitgemäßere Antwort als Naturwissenschaftler und Geistlicher, er war mit einer wissenschaftlich-mystischen Schau begnadet, die durch alles hindurchdrang, zeitlich und räumlich, materiell und geistig, um uns am Ende aller Entwicklung den **Punkt OMEGA** zu benennen, der aufleuchten wird für alle, der aber heute bereits zurückstrahlt aus dieser Zukunft – OMEGA ist eine Person, eine lebendige Liebe! Das unterscheidet Teilhard von Hegels Vision des **„Absoluten Geistes"**, der sich selbst produziert, aber das Relative kann nicht das Absolute hervorbringen, das Minus nicht das Plus. OMEGA ist im ALPHA schon enthalten, OMEGA ist das endgültig verwirklichte ALPHA. Aber weshalb wissen wir es nicht schon längst? **„Ich bin das Alpha und das Omega, der Erste und der Letzte, der Lebendige"** (Off 21, 6). OMEGA ist der **Mystische Christus** und die auferstandene, für immer vereinte Menschheit in ihm. Durch ihn und mit ihm vereint im Geist, der uns in dieses Ziel führt.

Teilhard de Chardin sah als Visionär und Prophet schon in den dreißiger Jahren des 20. Jahrhunderts das Internet voraus, das Dorf **„One World"**, die E-Mail-Vernetzung, den Globalisierungsprozeß, alles planetarische Denken und Fühlen. Er wäre auch als Wissenschaftler nicht erstaunt gewesen, hätte man ihm von unserer **„Internationalen Raumstation ISS"**, die Zukunft der bemannten Raumfahrt, berichtet. Der Vereinigungsprozeß um noch einmal eine Nummer größer. Und ebenso als Naturwissenschaftler hätte er uns vermutlich zum ganzen Aufruhr über die Nahrungsmittel-Genmanipulation in unserer Zeit auf die Offenbarung verwiesen: **„Hüben und drüben stehen Bäume des Lebens. Zwölfmal tragen sie Früchte, jeden Monat einmal, und die Blätter der Bäume dienen zur Heilung der Völker."** (Off 22, 2)

Wenn es diese Entwicklung vom Minus zum Plus gibt, dann nur durch den innewohnenden Logos, Christus, in dem die Schöpfung gründet, der sich langsam entfaltet und in unser Bewußtsein dringt, **„das Reich Gottes ist schon zu euch gekommen"** (Mt 12, 28b). Und dank des Geistes – ebenso in uns anwesend – werden wir das langsam erkennen. 15 Milliarden Jahre hat die Evolution sich Zeit gelassen, um den Menschen heranzubilden, unentwegt hat der Geist die Vorstufen des Menschlichen bearbeitet, die Materie angereichert bis zum Sprung ins biologische Wunder des Lebens; dann nahm er sich dieses vor, ließ es immer komplexer werden bis zum nächsten Sprung, von der Biosphäre zur Noosphäre – dem Reich des menschlichen Gedankens und des Bewußtseins, dem Reich des Menschengeistes. Hier war die Schale gesprungen wie die Schale eines ausgebrüteten Eies, und ein neues Reich hatte begonnen. Gibt uns diese Rückbesinnung nicht Anlaß, dem Pessimismus zu widersprechen und den Verheißungen des Evangeliums zu trauen? **„Selig, wer an den prophetischen Worten dieses Buches festhält."** (Off 22, 7)

Zu beachten bleibt der allezeit radikale Unterschied zwischen unserem begrenzten Menschengeist und dem unbegrenzten Gottesgeist, der alles umschließt und in sich versammelt. Dennoch bin ich nicht glücklich damit, denn göttliches Geben ist Geben im Überschwang ohne Grenzen. Sage Dir: **„Gott hat mir SEINEN GEIST eingehaucht und nicht nur ein Quäntchen zugemessen, so wie er mir seinen ganzen Leib, die ungeteilte Hostie, durch den Priester spendet."** Zwinge Dich niemals zur falschen Demut, sie ist Gott unlieb, Du hast nicht nur ein glimmendes Fünklein vom unendlich kosmischen Feuer des Gottesgeistes erhalten! Diese Sicht wäre menschlich gesehen logisch, sie entstammt unseren Denkkategorien, die andere aber aus den Kategorien Gottes. Gestehe Dir die Tiefe, das Gewicht dieser Gnade ein!

> BETE STILL: *„Ich beherberge den Schöpfergeist in mir, jenen, der die Welt seit den Uranfängen lenkt und unaufhörlich wandelnd neugestaltet – und auch mich. Ich bin bereit und liebe es, diesen Geist auch in meinen Mitmenschen spürbar zu erkennen. Das ist für mich spirituelles Leben, dann wird jeder andere für mich zum Spiegel, der mich über die Gotteswirklichkeit ins Bild setzt."* Amen

In tausend Gesichtern läßt der Geist die Menschen Gott erleben. Der Wandel seines Bildes vom allmächtigen und bedrohlichen Herrschergott zum All-Liebenden hat sich im Unterbewußtsein vieler Menschen schon vollzogen. Dennoch bleibt er für viele Europäer eine intellektuelle Herausforderung und wird zum künstlichen Problem stilisiert, weil sie nicht ahnen, wie einfach und direkt Gottes Sprache mit den Menschen ist. Brächten sie doch ein Naturerlebnis, ein Sozialengagement, das Gelingen einer Liebe oder das Finden einer Wahrheit in Verbindung mit dem lebendigen Gott!

Hier setze ich meine ganze Zuversicht auf den Geist. Nur durch ihn versteht unsere Intelligenz und arbeitet unser Intellekt, nur durch ihn liebt unser Herz, nur durch ihn funktionieren unsere Organe. Unser biologisches Leben ist von einem viel tieferen Leben an seinem Wesensgrund abhängig, es ist das Gottesleben durch den Geist. Der Geist erleuchtet unsere Seele und läßt uns vieles begreifen. Er selbst ist die hervorbrechende Flamme, wenn wir lieben, und zugleich lehrt er uns das Lieben. Der Geist ist auch der Wille meines Willens, souverän leitet er den meinen und versucht ihn zu orientieren, dabei zeigt er viel Geduld, sehr viel. Er weiß auch, daß wir uns selber finden müssen, bevor sich unser Wille artikulieren kann, er weiß, daß wir in großer innerer Verspannung leben und uns alle Tage neu verunsichern lassen.

Die Medien manipulieren uns, sie sind am Scheitern von Menschen interessiert, am Bösen, Perversen und Kranken, damit vergiften sie die Psyche der Schwachen und genießen ihr Geschäft. Da gab es 1997 in Europa einen Schüler, der aufgrund einer Wette seine Lehrerin erschossen hatte – Schlagzeilen für Tage, aber kein Artikel machte dazu eine Angabe, wieviele Millionen Schüler ihre Lehrerin nicht erschießen, denn nur dann bekämen die Zeitungsleser die Wahrheit. Oder jene Jugendlichen, die nach bestimmten „Drogenpilzen" die Wälder absuchen. Als einer von ihnen von den Pilzen besiegt worden war – Schlagzeile! Wo aber war die Zahl von Jugendlichen zu finden, die keine Giftpilze essen? ... Das läßt mich an eine Warnung von Umberto Eco denken: **„Die Flut von Informationen führt zur Verdummung der Gesellschaft."** Paradox aber wahr.

In meiner Heimat Ägypten ist es unvorstellbar, daß jemand nicht glaubt, jeder Zweifel erschiene absurd. Ein Ägypter aber, der eine Weile in Europa lebt, kommt bald zu dem Schluß, daß die spirituelle Armut tragischer ist als die materielle daheim, wo die Familiensippe darbt und leidet, doch alles von ihrer spirituellen Gesundheit überflügelt wird. In den reichen Industrieländern wurde Gott in der Rumpelkammer abgestellt oder ganz aus dem Hause entfernt, nachdem man die Macht des Menschen auf allen Gebieten ausgerufen hat. So wird es von unseren Heimkehrern beschrieben – und damit begründen sie den grassierenden Pessimismus Europas.

Die gesunde, normale Lebensfreude wird zum pausenlosen Unterhaltungsprogramm hochgepeitscht, darauf ist alles ausgerichtet. Innerer Kampf, um Höheres zu erringen, Opfergeist und Hingabe sind Fremdwörter geworden. Hier blinken für mich Warnsignale, denn diese Straßen führen in gefährlichen Kurven bergab. Mit den beiden Schaufeln der Oberflächlichkeit und Eitelkeit gräbt man sich selbst sein Grab, solches Leben ist für den frühen Tod gemacht, den inneren. Und die bereits erwähnten Selbstmordziffern in den reichen Ländern Europas erzählen uns den Rest. Fragen wir doch einmal einen Armen der Dritten Welt, weshalb sich so viele Schweizer das Leben nehmen. Vielleicht weiß er die Antwort ... Das Pro-Kopf-Jahreseinkommen eines Schweizers liegt bei 40.000 US-Dollar, das ich hier einmal neben die bereits erwähnten 1.400 US-Dollar eines Ägypters setze (Zahlen vom Jahre 2000).

Gott ist die höchste Instanz des Menschen, wer sie leugnet, dessen Leben verliert jeden Bezug und allen Sinn. Demnach müssen sich die Starken für die Schwachen engagieren, die Gläubigen für die Ungläubigen. Das Gottesreich wird sich nicht eines Tages vom Himmel herabsenken, und alle Menschen sind mit einem Schlage selig, sondern der Handlungsakt eines jeden Menschen zu jeder Zeit und an jedem Ort und jedes Herz, das Positives denkt, bilden das Gottesreich heran. Christi Tod und Auferstehung haben uns die Wege geebnet, und der versprochene Pfingstgeist wurde gesandt. Diese göttliche Dimension unseres Lebens und Arbeitens ist die Grundlage meiner **Existenzreligion**, die es mich drängt zu verkünden.

Im Zentrum des Winzigsten das Ganze erahnen. Es gibt nichts Unbedeutendes und kein Nichts, sondern nur das Göttliche Eine, das Alles! Einer meiner letzten Vortragstitel in Europa lautete: **„Am Tiefpunkt Deiner Ohnmacht erwartet Dich die Allmacht Gottes"**, ein anderer: **„Zufall oder Zweckbestimmung? Das Absurde und das Mysterium."** Texte wider den Europessimismus, das ist mein Anliegen. In Wien und Graz sprach ich über **Teilhard de Chardin** und werde das woanders fortsetzen, denn Interesse und Bedarf sind groß. Und ich verweise auf meine eigenen Maximen: **Das Maß seiner Träume annehmen, auf das Unmögliche setzen, an Utopien glauben! Von der Jugend lernen!** Sie ist erfüllt von ihren utopischen Träumen. Unrealistisch? Nein, es fließt göttliches Blut und himmlische Macht in unseren Adern – das Werk Jesu Christi, sein Vermächtnis, hat uns auf das Unbegrenzte hin ausgerichtet.

Die Wissenschaft ist inspiriert vom Geist, sie ist nicht vom Teufel besessen, und sie wird uns noch Brot aus Steinen machen, sicherlich noch nicht morgen, aber übermorgen, denn beide bestehen aus denselben Atomen und Molekülen. Schon Heisenberg meinte, von der Ebene der Teilchenphysik aus, daß **alles in alles wandelbar** sei. Und ein zeitgenössischer Experimentalphysiker, Anton Zeilinger, sagte: **„In der Physik stehen uns noch Quantensprünge bevor, die weit über die Phantasie von Science-Fiction-Autoren hinausgehen. Wer heute glaubt, die Quantenphysik zu begreifen, hat noch nichts verstanden."** Und ob denn die Pessimisten an das Energiepotential der Materie denken? Unsere Kernphysiker sind zwei „neuen Energien" auf der Spur, die sie entweder durch **Fission** oder durch **Fusion** schaffen wollen, letztere ist noch nicht geglückt, aber sie wartet vielleicht schon hinter der Tür. Das wäre der Triumph für einen „sauberen Energieverbrauch", und sie wäre unbegrenzt zu haben. Unbegrenzt!

Meldungen dieser Art aus der Nuklearforschung tönen mir erneut wie Weissagungen aus der Geheimen Offenbarung. Oder wie Gleichnisse aus Jesu Mund, vermutlich lächelnd, die uns an den allezeit aktiven Schöpfergeist erinnern sollen. Die Gesamtmenschheit ist in nur 200 Jahren (1790 bis 1990) von einer auf fünf Milliarden angestiegen, sie hat sich verfünffacht, während sich das Wirtschaftswachstum in dieser Zeit dank des wissenschaftlichen und technischen Fortschritts verfünfzigfacht hat. Die Pessimisten von 1790 haben ihre Wetten verloren.

Ich darf mein eigenes Land Ägypten als Beispiel nennen, als einen Hinweis darauf, daß es eben nicht bergab, sondern bergauf geht. Als ich jung war, hatten wir 15 Millionen Einwohner, heute 60 Millionen. Damals, vor 50 Jahren, hockten die Bettler an jeder Straßenecke von Alexandria, und in der Gegend um Assuan und Luxor sah ich die Kinder zu Tausenden splitternackt herumspringen. In unsere christlichen Schulen kamen sie im Pyjama, barfuß und mit leerem Magen. Die Nildörfer kannten keinen Straßenbau und hatten weder Strom noch fließendes Wasser. Nachdem nun die Bevölkerung auf 60 Millionen anwuchs, dürfte man annehmen, auch die Misere sei entsprechend gestiegen, das wäre logisch. Das Gegenteil ist der Fall: Von den flachen Dächern der einfachen Häuser glitzern Fernsehantennen, und im Inneren summen die Kühlschränke. Erst unlängst besuchte ich eine Familie und fand sie vereint auf dem Lehmboden vor dem Bildschirm hocken und eine Pariser Modenschau verfolgen. Die Kinder besuchen staatliche Schulen und sind gekleidet, es gibt Straßen, Wasser und Licht, und ein Gesundheitssystem durchzieht das Land.

Ich erkenne den realen Fortschritt auf allen Existenzebenen, denn alle physischen, psychischen, ethischen und geistigen Schätze befinden sich in einem unaufhaltsamen Selbsterneuerungsprozeß, sodaß die **Kulmination im Punkt OMEGA ein unvermeidliches Phänomen** ist. Eines Tages wird unsere Spiritualität im Zentrum allen Denkens und Handelns als ein Licht erstrahlen, um sich noch immer weiter auszubreiten. Noch sind wir weit entfernt davon, doch die Sehnsucht der Menschen nach neuen Inhalten manifestiert sich, sie spüren ihren eigenen Glaubensmangel, er schmerzt sie wie die Leere eines Magens, und viele sind schon an diesem geistigen Hungergefühl buchstäblich eingegangen, weil der Grund des Unglücks nicht vom Unterbewußtsein ins wache Bewußtsein durchschlug. Niemand hat ihnen geholfen! In Wahrheit suchten sie in ihren Depressionen nach Sicherheit in Glaubensdingen, nach Wegweisung und Unterstützung darin, nach Bergung aus dem gegenwärtigen weltanschaulichen Wirrwarr.

Weil er den Ernst der Lage voll erkannte, lancierte Papst Johannes Paul II. das Losungswort **„Neuevangelisierung"**. Er kämpft gegen die **„Kultur des Todes"** und für eine **„Zivilisation der Liebe"**, er kämpft für den optimistischen Blick und spornt den persönlichen Einsatz des einzelnen an. Er kämpft für eine positive Weltbetrachtung, er kämpft um neue Maßnahmen gegen das Verlorensein im Seelischen und Geistigen. Welches Gesicht die **„Neuevangelisierung"** haben wird, ist noch unklar. Nur eines ist klar: Ohne eine Neubesinnung auf die Mystik wird es gar keine geben, dieser Geist wird für das angebrochene Jahrtausend am dringendsten gebraucht. Europa ist mehr als eine Währungsunion...

Mystisches Erleben ist das beglückendste, das tiefste, das wertvollste Empfinden, das der Mensch haben kann und haben soll. Die mystische Seele versteht, denn sie schmeckt und verkostet, sie liebt! Sie liebt!... Und dessen ist sie sich voll bewußt, überbewußt! Reine Mystik wird im Überbewußten erfahren. Für die Mystik wird all das, was wir gewöhnlich nennen, zum Außergewöhnlichen, weil es ganz andere Dimensionen gewinnt. Auch der Eros ist Teil dieser Mystik, weil Sinnliches und Geistiges eins werden. Das mystische Leben umfaßt das gesamte menschliche und kreatürliche Sein, also kann es mitten in der Welt gelebt werden.

Europa tastet noch in vielen Richtungen nach einer Seele für diesen Leib, sein Selbstgestaltungsprozeß wird noch lange andauern. Doch denken wir immer daran – die Seele Europas ist eine christliche, das Christentum hat diesen Kontinent geistig hervorgebracht, nicht nur das intellektuelle Erbe eines griechisch-römischen Weltbildes, sondern vor allem das Christentum, ohne dieses wäre Europa ein Konstrukt ohne Seele, in das alles Denkbare und Undenkbare von außen einschwemmen würde. Jetzt muß Europa seine Seele neu stärken, um das eines Tages zu werden, was wir alle wünschen. Die **„Neuevangelisierung"** wird lebensnotwendig, und jeder ist aufgerufen mitzuwirken, sonst könnte dieser Kontinent im Sinne des Griechentums in seiner Vergötterung des Intellekts wieder heidnisch werden. Der Appell des Papstes muß als Appell an unsere eigene Kreativität verstanden werden – neue Wege suchen und finden wie Paulus. Das Christentum ist keine Bürokratie, die zur Routine wird, seit Vatikan II ist auch der Laie eine aktive Gestalt, aber er muß sich seine Rolle selbst suchen und mit zeitgemäßen Mitteln seine persönliche Mission erfüllen.

Vielleicht sollte für Europa eine neue Religiösität entwikkelt werden, denn auf den Taufscheinchristen können wir verzichten. Jetzt muß sich der Christ die Realität seiner Taufe endlich voll bewußt machen, sie ernst nehmen und in sich leben lassen. Dafür braucht es **eine persönliche Entscheidung**: Entweder geht er mit ein paar gleichgesinnten Freunden ins **christliche Ghetto** und schließt sich einer Minderheit an, die dort ihren Glauben retten möchte. Dann läuft er aber Gefahr, mit ihnen gemeinsam irgendwann an Sauerstoffmangel zu ersticken oder vor den hart anschlagenden Wellen von draußen, dem Kunterbunt einer esoterischen oder auch völlig ungeistigen Welt zu kapitulieren. Oder er versteht sich als **Teil des Sauerteigs** einer neuen christlichen Bewegung, die mit lodernder Fackel tapfer aufbricht, die tief und sicher glaubt und die Welt anzustecken vermag, sodaß es zu Lichtbränden kommt. Das ist möglich! Wähle er also zwischen einem Schrumpfchristentum, das sich resignierend zurückzieht und, vom Leben abgeschnitten, verkümmern könnte, und einem lebensstarken, heroischen Christentum, das vieles zu erleiden bereit ist, um Sauerteig zu sein. Ein Sauerteig ist ein treibender Stoff.

Das erste Ghetto der Christenheit war der Abendmahlsaal, aber der Geist inspirierte die Trauernden, die zweite Wahl zu treffen. Sie haben nach der Katastrophe nicht resigniert, sondern etwas erwartet und sich nicht in ihren äußeren und inneren Ängsten verkrochen. Erwarten wir heute etwas? Bitten wir um die höhere Kraft?... Die apostolische Flamme ist schwächer geworden, der Christ schläfrig, alles langweilt ihn. Er gehört einer Religion an, die keinen Geschmack mehr hat... **„das Salz der Erde ist schal geworden, und womit soll man nun salzen?"** (Lk 14, 30). Jesus hatte einer Religion angehört, die ihren Geschmack verloren hatte, und er rüttelte die Menschen auf. Heute würde er das **„Verdunsten des Glaubens"** mit der Vergötzung des Konsums, der Anbetung des Wohllebens und des Hedonismus in Verbindung setzen, diese blühenden Erscheinungen bilden gerade eben das Gegenteil des christlichen Ideals. Der heutige Mensch weiß nicht warum und wofür er lebt und genießt, deshalb bedroht ihn der Feind von innen – der Lebensüberdruß. Wie oft bete ich für ein neues Pfingsten und bitte den Geist, ganz besonders über Europa niederzugehen, aus dem Pfingsthymnus **„Infunde amorem cordibus" (Flöße Deine Liebe in unsere Herzen).**

Auf der grünen, amerikanischen Dollarnote lesen wir die Worte **„In God we trust"**, das ist ein offiziell dokumentiertes Gottvertrauen und so ist es gemeint. Die Amerikaner glauben an Gott und damit auch an sich selbst, denn der Glaube an Gott wird immer den Glauben an den Menschen mit einschließen. Amerika ist auch viel unskeptischer hinsichtlich des wissenschaftlichen und technischen Fortschritts, auch dort hinein reicht der Glaube an die Zukunft. Ich habe diese Dollarbeschriftung nie als ein leeres Schmuckwort gelesen, denn ich habe mehrere Jahre dort gelebt und weiß, daß Jung und Alt gläubig sind. Auch heute sind dort die Kirchen aller christlichen Konfessionen überfüllt, ein Gottesdienst löst den anderen ab, die Pfarrgemeinden sind hochlebendig, aktiv im Spirituellen wie im Karitativen, alle sind volontär engagiert. Leere Kirchen sind kein Weltphänomen, wir sollten bitte differenzieren, es betrifft nur Europa, das nur ein Viertel der Weltkirche ausmacht. Asien und Lateinamerika sind reich an Berufungen.

Die große Johannesbotschaft, die große Paulusbotschaft muß noch ihren Durchbruch finden, und sie wird es! Mein Optimismus gründet in der Beobachtung, daß der Mensch – trotz allem – besser geworden ist und daß der Sieg des Geistes über den Ungeist evident ist. Denn nichts hätte der Kreuzestod bewirkt, wenn das menschliche Bewußtsein ethisch nicht angestiegen wäre, und ich sehe eine Aufwärtsentwicklung der Menschheit in sittlicher Hinsicht. Niemand behauptet, wir stünden kurz vor der Vollendung, und das sogenannte Negative wird mir auch nicht selten vorgeworfen, dann versuche ich, bildhaft zu sprechen:

Das Böse ist eine **Abwesenheit**. Das Häßliche ist ein **Mangel**, eine Leere, ein Zeichen der **Unvollendung**. Du beanstandest das häßliche Gerüst am Bau, das die Fassade verschandelt. Du vermißt im Innern die Waschbecken, die Installation verzögert sich, und außerdem regnet es herein. Dann mahnen Dich die Verantwortlichen zur Geduld, sie zeigen Dir die Pläne und, weil sie von Deinen Fähigkeiten wissen, schlagen sie Dir eine **Arbeitsbeteiligung** vor, um den ganzen Prozeß zu beschleunigen.

Viele haben das heute sehr gut verstanden. Die NGOs arbeiten auf dem Erdenrund, denn das soziale Bewußtsein ist weltweit erwacht, auch in Europa gibt es unzählige menschenfreundliche Initiativen – und tierfreundliche, siehe das **„Tierschutzgesetz zum Wohlbefinden des Mitgeschöpfes Tier"** mit vielen Strafgesetzparagraphen gegen Tierquälerei. Oder ich denke an das besonders pessimistische Frankreich mit seinen **„Restaurants du Coeur"**, die der Atheist Michel Coluche (gestorben 1986) ins Leben rief und dessen Idee sich in Wellen auf andere Länder fortpflanzt. Zeichen lesen lernen an diesen Beispielen! Der Mär vom moralischen Niedergang hunderte dieser Beispiele entgegenhalten! Die Botschaft heißt **DAS LETZTE WORT SPRICHT DIE LIEBE!**

Trotz vieler unvermeidlicher Rückschritte gewinnt der Fortschritt. Am 4. 11. 2000 feierte die **Europäische Menschenrechtskonvention** schon ihren 50. Geburtstag. Ihre Grundlage ist die **Allgemeine Erklärung der Menschenrechte** der Vereinten Nationen von 1948 mit dreißig Artikeln, z. B. dem Recht auf Leben, dem Recht auf Freiheit, dem Recht auf Sicherheit und dem Recht auf ein faires Gerichtsverfahren. Ich betrachte das zusammenschauend mit den Bildern aus vergangenen Jahrhunderten – Europa als ein Schlachtfeld, Kriege, Haß und Zwietracht unter den Staaten – nun aber, seitdem die Europa-Idee geboren ist, spreche ich vom Einwirken des Geistes. Mit Worten allein ist die europäische Einheit nicht machbar. **Der Geist ist da, weil er gebraucht und die Einheit erwünscht wird**, das läuft nach geistigen Gesetzen wie beim Gebet und der Gebetserhörung. Der Geist glättet, bindet und setzt mehr zusammen, als wir vermuten. Im Menschen, der sich öffnet, lebt eine Stimme, die ihm sagt, was recht ist, wahr und gut, die ihm den Weg weist und dem er folgt, ohne zu wissen, daß es der Geist ist, der ihn inspiriert. Den moralischen Fortschritt herunterzuspielen ist sündhaft.

Der europäische Kontinent ist eine lebende Botschaft, die oft zitierte **„europäische Herausforderung"** ist nicht nur politischer und ökonomischer Natur, sondern vorrangig ein geistiges Unternehmen. Denn jede Nation wird zur Dezentralisierung aufgerufen und angespornt, sich zu ihren Nachbarn hin zu öffnen und damit der Europa-Idee zu dienen. Europa ist die Hauptschlagader, von der die übrige Welt betroffen ist, deshalb trägt es im Ensemble der Völker eine Weltverantwortung und darf Führungsanspruch erheben! Noch ist Europa ein Versuchsraum – aber ein Versuchsraum auch für andere Zusammenschlüsse auf unserem Globus, die nachziehen werden.

Der Europagedanke muß sich selber finden, das ist spannend und aus der Ferne beobachtet hochinteressant! Es gibt kein Modell, darin liegt schon die Problematik. Die Vereinigten Staaten von Nordamerika hatten es leichter mit ihrer Gründung, es gab eine gemeinsame Sprache, die englische. Im zukünftigen Europa sollen grundverschiedene Völker mit jeweils hervorstechenden Eigenschaften, einem gewaltigen Sprachmosaik und einem Brauchtum in allen Regenbogenfarben zusammengebracht werden, alteingesessene nationale und nationalistische Ansichten und jeglicher Chauvinismus sollen abgelegt werden, aus dem in einer langen Historie wurzelnden Regionalismus und Provinzialismus soll ausgestiegen werden. Und so weiter. Schwierig! Sehr kostspielig für Geduld und Nerven, reich an finanziellen Opfern. Aber der Geist ist der „Paraklet", der Helfer, der Beistand.

Europa hat nicht nur das Recht, sondern die Pflicht, in die Welt hineinzuwirken, in der es die großen ethischen Werte vertreten und seine unschätzbare Kultur anbietet muß. Es besteht leider die Gefahr nach dem Zusammenbruch des Kommunismus und dem Debakel mit dem Sozialismus, daß man die darwinistische Gesellschaftsform wählt, die vom Gesetz des Dschungels regiert wird, der Stärkere siegt. Diese Gefahr des Liberalismus ist im heutigen Europa akut und könnte übergreifen auf andere Teile der Welt. Daher die dringenden Fragen: Wie soll man die sozialen Errungenschaften bewahren, wie soll der Sinn für die Schwachen, das Empfinden für die Existenznot der Randgruppen erhalten bleiben? Europa darf nicht in ein brutales System hineinschlittern, in dem der Starke das Recht gepachtet hat und man mit zweierlei Maß mißt. Hier geht es um einen nicht hoch genug einzuschätzenden christlichen Beitrag, der mutig auftritt.

Denn **Europa soll Führungsanspruch in der Welt erheben**! Bisher übernimmt es diese Rolle noch nicht, es hat noch nicht genügend politisches Gewicht, weil es nicht mit einer, sondern mit vielen Stimmen spricht, die alle gleichzeitig und allzuoft gegeneinander reden. Europas politische Existenz ist noch schwach, das ist das Dilemma, welches aber nicht zum Europessimismus ausgekocht werden darf! Besser sollte die entstehende Europäische Union im Zuge ihrer schrittweisen Verwirklichung unverzüglich ihre Weltverantwortung begreifen, denn als wirtschaftlich ungeheuer starker Kontinent muß er sich auch der Weltfrage Nummer Eins, dem Sozialengagement, stellen. Das Zeitalter der Nationen ist zu Ende, vernetzt und vergrößert kann man tiefer greifen und weiter ausholen.

Die weltweiten Vereinigungsbestrebungen sind keine einfachen Konglomerate, bloße Oberflächenverbindungen, sondern es wird ernst. Die arabische Welt träumt Nassers leidenschaftlichen Traum vom **„Arabischen Großreich“** weiter, der afrikanische Kontinent arbeitet derzeit „nach dem Europa-Modell“ sehr heftig an der **„African Union“**, und in Lateinamerika bewegt sich ähnliches. Die Welt hat etwas vor, **„der Geist der Einheit“** hat etwas vor ... und keineswegs steuert unsere Menschheit in die Katastrophe, sondern sie strebt zur Verwirklichung der in ihr angelegten Ziele und geistigen Kräfte. Der heutigen Untergangsstimmung setze ich die Option für den **österlichen Optimismus** entgegen. Das ist eine Grundhaltung, die ebenso viele Vernunftgründe einbringen kann wie die Angstprognosen der pessimistischen Zukunftspropheten. Es erfüllt mich ein tiefer Optimismus, wenn ich an die nahe wie die ferne Zukunft denke, weil sich in der Wesenstiefe des Menschen unvorstellbare Ressourcen des Guten befinden.

Ich wäre kein Christ, wenn ich nicht wie Jesus Christus selber glaubte und alle Verrückten, die ihm nachfolgen, wir alle glauben an die Utopie, und deshalb wird sie sich verwirklichen! Eines Tages versetzt unser Glaube einen Berg nach dem anderen. Das Leben ist der Triumph des Unmöglichen, die Evolutionsgeschichte beweist uns das. Alles wurde uns gegeben und der Glaube erschafft sein Objekt! Wenn wir das Gute unbewiesen voraussetzen, dann wird es sich manifestieren, es wird sichtbar, es wird wirksam. Deshalb rettet der Glaube. An sich selbst glauben! An die anderen glauben! An die Welt glauben! An die Zukunft glauben!

Die **Allgemeinen Menschenrechte**, die sich um die Ärmsten der Armen, um die Freiheit der Unfreien, um die Demokratie der Tyrannisierten bemühen, handeln im Sinne der Liebes- und Friedensbotschaft Jesu. **Das ist der Sauerteig**, von dem er sprach und dem das Reich Gottes vergleichbar sei. Von Europa ausgehend hat das Christentum der Welt die Augen geöffnet und sie geprägt, weil das Evangelium die Strukturen verändert. Wieviele nichtstaatliche Hilfs- und Schutzorganisationen haben sich als Rettungsanker für die Kleinen und Schwachen in den letzten Jahrzehnten bis an die Grenzen ihrer Kräfte eingesetzt, keiner kann sie mehr zählen. Der Sinn für die Menschenwürde und die Idee der Menschenrechte ist das Ergebnis christlicher Wertvorstellung.

Das Konzept der Freiheit, der sozialen Gerechtigkeit und vieles mehr wurzelt in christlichen Werten, auch wenn es sich unter anderen Namen und unter tausend anderen Gesichtern des christlichen Geistes in der Welt ausbreitet. Heute scheinen sie auf in Initiativen, die sich sogar bewußt von der christlichen Quelle abgetrennt haben, doch das eingesetzte Hefestück ist auch für Blinde erkennbar und arbeitet weiter in voneinander getrennten Trögen. Die christlichen Werte bleiben lebendig und richten die Menschen auf eine Moral des Seins und des Werdens aus.

Mut zum Sein ist zugleich Mut zum Werden – zum Mehrwerden! Jeder muß mehr werden wollen, als er durch Erbe und Erziehung, durch natürliche Neigungen und Begabungen ist, dieses Mehrwerden ist als Ferment, als geistige Substanz, in uns eingelassen worden. Der Geist will wandeln, bessern, verwirklichen – das ist das große Abenteuer eines menschlichen Lebens. Ob wir es wissen oder nicht, ob wir es anerkennen oder nicht, ob wir es vehement von uns weisen – der Gottesgeist pulsiert und schafft in unserer Wesenstiefe mit einem sehr bestimmten Ziel. Glaube es! Nimm Dir die großen Mutmacher zum Vorbild, z. B. Anselm von Canterbury: **„Ich glaube, um zu erkennen."**

Es ist der Geist der Wahrheit, der uns durch ein wahres Lebensverständnis ins Herz des Gottesmysteriums führen möchte. Er ist der Geist des Verstehens, der Einsicht und des Mutes, der Geist, der auf aktuelle und existenzielle Fragen

Antwort gibt. Mit ihm bekommen wir den frischen Wind für eine geschwächte Glaubenspraxis, neue Zuversicht und Freude beim Überlegen: **„Welchen christlichen Stil für das neue Europa?"** Es ist der Geist, der mit göttlichen Kräften Grenzen überflutet und Tore sprengt. Es ist der Geist, der den einzelnen inspiriert, ganz er selbst zu sein, sich zu seiner persönlichen Mentalität wie zu seiner Sprache und Kultur zu bekennen und zugleich sein Wesen den anderen gegenüber zu öffnen im innigen Streben nach Eintracht und Frieden. Es ist der Geist der Erlösung, der in tausend Gesichtern durch unser Menschsein hindurch Wunder vollbringt.

Ein Eingeborenenstamm im Kongo, die Bakutus, haben die Lebensweise und die Logik des weißen Mannes immer für minderbemittelt angesehen, und ihn **„lolema djola feke"** genannt, das in etwa bedeutet: **„der ist eine Fledermaus, die erregt herumschwirrt, aber nie weiß wohin"** (nach Behrens). Wir müssen dem gehetzten Menschen eine zukunftsfrohe Weltsicht vermitteln, denn fast hat er schon keine Zeit mehr, das geringste seelisch zu empfinden, sinnlich zu genießen und im göttlichen Geist zu betrachten.

Ein Segenswunsch des Paulus: **„Er erleuchte die Augen eures Herzens, damit ihr versteht, zu welcher Hoffnung ihr durch ihn berufen seid (...), wie überragend groß seine Macht sich an uns, den Gläubigen, erweist"** (Eph 1, 18). Sünde, Erbsünde, Schuld und Angst ... zu lange lastete dieses Bleigewicht auf der Morallehre der Kirche und zu wenig wurde von der Gnade und unserer definitiven Erlösung gesprochen, vom Ostermorgen, der nicht nur die Zukunft ausstrahlt, sondern auch die Vergangenheit. Für den einzelnen wie für ein Volk – und für einen Kontinent.

GEBET EINES EUROPÄERS: *„Geist Gottes! Ich bin vom Absoluten gezeichnet, ein göttliches Wesen, denn Gott hat mir seinen Atem geschenkt, Dich – seinen Geist! Laß mich allezeit geistesgegenwärtig sein, bereit, mich von Dir anregen zu lassen, um zu träumen, zu handeln und zu wachsen. Immer noch weiter und höher hinaus, um in der Selbstüberwindung mehr zu werden und mehr zu sein.*

Geist Gottes! Bewahre mich vor Falschwahrheiten, die so zahlreich im Umlauf sind, und vor meiner eigenen Blockade, wenn ich mich Selbstzweifeln hingebe und mit ihnen endlos Vergangenes analysiere. Laß mich Dir besser helfen, mit allen meinen Herzens- und Geisteskräften, Europa umzugestalten, damit es Jahr um Jahr zuversichtlicher, menschlicher und göttlicher werden kann, denn jeder einzelne ist vom Absoluten – Gott – gezeichnet, nur kann er es noch nicht glauben. Laß mich die Geistflamme, die in mir brennt, weitergeben, sie speist sich aus dem endlosen Verlangen nach der Vollendung.

Geist Gottes! Quelle des Lichtes und der Lebensfreude! Du besiegst die existenziellen Ängste der Menschen und ihren ‚Tod vor dem Tod', denn Du greifst tiefer als jeder Schrecken und jeder menschliche Schmerz, Du, der Geist der göttlichen Liebe! Laß mich Deinen Weisungen folgen, denn Du willst mich bereitmachen für ein ‚Leben über dem Leben', das in unserer irdischen Gegenwart schon begonnen hat – durch Dich, den Gottesgeist." Amen.

IM GEIST DES DIALOGES

Jesus Christus ist der einzige Weg, der uns zum Absoluten hin offensteht, denn er ist der einzige Menschensohn, der den göttlichen Geist zur Vollendung in sich verwirklicht hat. Christus ist der einzige Weg zur Transzendenz und zur Offenbarung eines persönlichen Gottes in unseren Herzen, eines Gottes der Liebe. In erschütternder Weise hat die Christusgestalt ein neues Licht auf Gott und auf den Menschen geworfen, sodaß die paulinische Botschaft offenbar werden kann: **„In ihm verborgen liegen alle Schätze der Weisheit und Erkenntnis."** (Kol 2, 3)

Das Kreuz ist für uns ein Zeichen und Beweis, daß Gott Liebe ist, daß Gott verwundbar ist, daß er sich im Zentrum jedes nur denkbaren menschlichen Leids befindet und daß das Christentum deshalb eine Revolution des bisherigen Gottesbildes bedeutet – das Kreuz als höchste Logik des Liebesmysteriums. Ohne dieses historische und transhistorische Geschehen von Golgotha könnte man von niemandem verlangen, an Gott zu glauben und ihn zu lieben.

Das **Zweite Vatikanische Konzil** (1962–1965), kurz **Vatikan II** genannt, war ein brillantes Geschenk des Heiligen Geistes. Es bedeutete nach fast verdunkelten Jahrhunderten die Neugestaltung der katholischen Kirche, die Ermutigung zur Verkündung eines neuen Gottesbildes: vom furchterregenden zum **zärtlich liebenden**, vom allmächtigen zum **ohnmächtigen** Gott gegenüber der menschlichen Freiheit, vom glorreichen Gott mit himmlischem Hofstaat „in seiner Macht und Herrlichkeit" zum mitleidenden und mitfreuenden, **ganz nahen Gott**, transzendent, ja, aber immanent zugleich.

Der göttliche Geist und das WORT, der Logos, sind seit Menschengedenken in den Herzen wirksam, folglich nimmt jedes positive Tun und Denken teil am göttlichen Leben, welches zurückstrahlt in dieses Menschenleben. Im Doppelaspekt enthält es zwei Bewegungen: Deine persönliche Öffnung zu Gott hin, das ist der Glaube, und Dein moralisches Handeln im Licht Deines Gewissens, dieses darfst Du als Dein Bemühen um Klarheit, Gerechtigkeit, Solidarität, Nächstenliebe und vieles Gute mehr ansehen. Jeder Mensch dieser Erde, der im Geist seines Glaubens rechtschaffen zu leben wünscht, begibt sich damit in den göttlichen Bereich und kann von der Ausgießung des Heiligen Geistes erfaßt werden.

Der einzige Unterschied im Spektrum der Weltreligionen besteht darin, daß der Christ um die Gründe weiß, er weiß, daß diese Gnaden und ihre Heilsfülle das Werk des menschgewordenen WORTES sind. Jesu Tod und Auferstehung haben alle Menschen, die dem Geist – ihrem Gewissen – treu sind, ins göttliche Leben eingegliedert. Ein Christ erkennt und anerkennt in Jesus denjenigen, der dieses überdimensionale Werk vollbracht hat – das waren seine letzten Worte: **„Es ist vollbracht“** ..., ein Christ will Zeugnis geben durch seinen Glauben, seine Bezeugung ist eine Danksagung. Unwissend aber stehen alle jene Menschen „guten Willens“ im Heilslicht unseres Erlösers. Ich zitiere aus dem Konzilsdekret LUMEN GENTIUM 16: **„Auch den anderen, die in Schatten und Bildern den unbekannten Gott suchen, auch solchen ist Gott nicht ferne. Menschen, die Gott aus ehrlichem Herzen suchen, seinen im Anruf des Gewissens erkannten Willen unter dem Einfluß der Gnade in der Tat zu erfüllen trachten, diese Menschen können das Heil erlangen.“ (...) „Die katholische Kirche lehnt nichts von all dem ab, was in diesen Religionen wahr oder heilig ist. Mit aufrichtigem Ernst betrachtet sie jene Handlungs- und Lebensweisen, jene Vorschriften und Lehren, die zwar in manchen von**

dem abweichen, was sie selber für wahr hält und lehrt, doch nicht selten einen Strahl jener Wahrheit erkennen lassen, die alle Menschen erleuchtet." (Vatikan II)

Ich unterscheide **drei Kommunionen** für uns Menschen, drei Formen einer Vereinigung mit dem Göttlichen. Die erste ist **die Geradlinigkeit des Herzens**, das ehrliche Gewissen, das uns Gott erkennen läßt – **„Selig sind, die ein reines Herz haben, denn sie werden Gott schauen"** (Mt 5, 8). Die zweite Kommunion ist **die aktive Liebe**, die unsere zweite Taufe ist, denn sie verbindet uns mit dem Geist und läßt uns Christus angehören. Wer also liebt, ob Atheist, Buddhist oder Hindu, ob Muslim oder Christ, wer sich freimacht vom inneren Feind, dem Egoismus, läßt Gott in sich Gestalt gewinnen. Das folgt einem geistigen Gesetz. Die koptisch-orthodoxen Christen Ägyptens, die 93% unserer Christen im Lande ausmachen und die sich auf die ersten Taufen des Evangelisten Markus in Alexandria berufen, bezweifeln das, sie glauben, daß die christliche Taufe allein das Heil sichert, womit sie allen Muslimen die Heilserlangung versagen. Hierzu ein Rückblick auf die lateinische Kirche des Mittelalters, auf ein Zitat der von Papst Bonifaz VIII unterzeichneten Bulle von 1300: **„Wir erklären, sagen und definieren, daß es für jedes menschliche Geschöpf unbedingt notwendig zum Heil ist, dem römischen Bischof unterworfen zu sein."**

Die dritte Kommunion ist **die Eucharistie**, ein sakramentaler, symbolischer Akt, der aber sehr viel weiter reicht als die sonntägliche Vereinigung mit dem einzelnen, sondern jeden Menschen mit einschließt, der selbst und seinen Nächsten gegenüber aufrichtig lebt. Denn damit stiftet er Liebe und tritt ein in das große Mysterium des fleischgewordenen WORTES Jesus Christus, das ewiges Leben bedeutet. **„Wer den Willen Gottes tut, bleibt in Ewigkeit."** (I Joh 2, 17)

Die Frage, ob auch die anderen Religionen Vermittler des Heils sind und ob sich auch aus ihren heiligen Schriften Offenbarungswerte erkennen lassen, beantworte ich mit Ja, denn die tausend Gesichter des Geistes zeigen den Menschen auch tausend Wege zu Gott. Was zählt, ist die Treue zum Logos, zum WORT, das jedem einzelnen innewohnt und am Leben erhält, weil dann Übereinstimmung zwischen dem kleinen Menschengeist mit dem Heiligen Geist besteht.

Wenn wir das verstehen, dann verstehen wir auch den Geist, der uns zum Dialog mit der Welt herausfordert und mit allen anderen Religionen zum neugierigen Austausch. Neugierig sein heißt positiv an etwas herangehen. Die kirchliche Wahrheit ist längst keine Monopolwahrheit mehr, sondern eine weit größere, eine, die vor uns liegt, weil Christus derjenige ist, **„der kommen wird"**. Deshalb müssen wir alle bereit sein, uns aufeinander einzulassen und unser bisheriges Glaubenswissen in Be-Geisterung auszutauschen.

Vatikan II ist wahrscheinlich das bedeutendste Konzil der Kirchengeschichte, weil es die Durchlässigkeit des Geistes für alle gewährte. Diese nicht mehr verschlossene, sondern sich öffnende Vernunft unter der Inspiration des wahren Geistes schlug sich in 16 Konzilstexten nieder (4 Konstitutionen, 3 Erklärungen, 9 Dekrete), seitdem wird der wehende Geist auch im Islam und im Schintoismus oder im Gedankengut eines Friedrich Nietzsche ungeniert diskutiert. Dieser Geist ist an keine Zeiten und Räume gebunden, und er wird auch den Propheten unserer Tage die Zunge lösen. Deshalb sagen wir symbolisch, er habe tausend Gesichter, denn sein Wirken ist von unbestimmbarer Bandbreite, von einem Reichtum, den er nicht einbehält, sondern unablässig über die Welt ergießt. Der heilige Cyprian sagte vor seiner Enthauptung 258: **„Die Kirche besteht aus vielen Strahlen, aber aus nur einem Licht."**

Zu dieser inklusiven Sicht, der wahren „katholischen Weite", kehren wir nun endlich zurück.

Missionsarbeit im früheren Stil kann es keine mehr geben, weil wir längst nicht mehr glauben, daß Nichtchristen der Verdammnis anheimfallen. Aber verbieten wir uns jegliche Lästerung, denn besten Wissens und Gewissens sind Tausende und Abertausende von Missionaren und Missionarinnen ausgezogen, immer bereit, ihr Leben zu opfern, um Seelen zu retten. Dieses Konzept haben wir überwunden, wir wollen keine Konfrontationen mehr. Wie aber die einzigartige Botschaft des Christentums verkünden? Was ist unsere Aufgabe heute? Welche Wege führen uns in den fruchtbaren Dialog mit den anderen?

Nur einen sicheren Weg haben wir: **Die Tiefendimension** muß erschlossen und vermittelt werden. Nur das Christentum, das von der Mystik getragen ist, mündet in die Zukunft und kann von den anderen existentiell verstanden werden. Es ist der Weg, der sich ganz der inneren Erfahrung öffnet und den existenziellen Zugang nimmt. Deshalb sollte die Ökumene unter den verschiedenen christlichen Konfessionen nicht mehr diese endlose intellektuelle Debatte darstellen, sondern besser einen allseitigen Aufruf zur Vertiefung und Verinnerlichung. Alle Christen haben die Tendenz, an der Oberfläche zu diskutieren, das muß sich ändern, sonst fällt uns die Annäherung an andere Religionen schwer. Ich sehe im Aufruf zum Dialog vor allem einen inneren Appell zur Mystik. Dann wird es wahre Begegnungen geben, denn Gott ist eine Herzensangelegenheit und keine Verstandessache.

Die Kirche ist mystisch, sie ist kein Ghetto! Alle Menschen, die sich nach dem inneren Licht, dem Logos, ausrichten und ihre Lebenstage in einem bestimmten Maß an Hingabe meistern, sind Christen. Der Geist hält **diese Liebesmen-**

schen über geographische Grenzen und ideologische Gräben alle zusammen. Vatikan II war ein prophetisches Konzil hinsichtlich dieser Neuverkündigung der christlichen Identität.

Dialog bedeutet geben und nehmen, er bedeutet die Bereitschaft, bislang fremde geistige Strömungen ins eigene Erbe zu integrieren, auf beiden Seiten! Seien wir unbesorgt, der universale Christus ist das Tau, die universale Natur aller Religionen und Geistesrichtungen der Menschheit. Er ist das vereinigende Prinzip des Universums: **„Denn in ihm wurde alles erschaffen, das Sichtbare und das Unsichtbare ... Er ist vor aller Schöpfung, in ihm hat alles Bestand ... Gott wollte mit seiner ganzen Fülle in ihm wohnen, um durch ihn alles zu versöhnen. Alles im Himmel und auf Erden wollte er zu Christus führen, der Friede gestiftet hat am Kreuz durch sein Blut."** (Kol 1, 15-20)

Sind wir nicht verpflichtet zu dieser Öffnung und zu einer echten Universalität? Diese Art von Weltökumene sollte uns heute beschäftigen. Fühlen wir nicht, daß wir auf diesen Weg gerufen werden? Freilich erfordert das einen Wandel im christlichen Denken und in der Haltung der Kirche, die viel mehr Vertrauen wagen muß. Zweifel und unverbrüchliche Fixierungen bezeugen nur den Mangel am nötigen Urvertrauen der Kirche und in den über ihr waltenden Geist.

Ich erwarte vom Dialog eine **integrale Ökumene**, eine **Konvergenz des weltweit Religiösen**, ich plädiere für eine **„katholische Gnosis"**, falls der Begriff „katholisch" als „allumfassend" richtig verstanden wird. Interreligiöser Dialog ist keine raffinierte Taktik, um Andersgläubige durch diese Luke ins eigene Lager zu ziehen, sondern um beiderseitig reicher zu werden. Vatikan II hat bekannt, daß es Wahrheiten gibt, die vergessen, vernachlässigt oder unrechtmäßig verurteilt wurden. Interreligiöser Dialog heißt gegenseitige Akzeptanz unter der Bedingung einer theologischen Vertiefung auf beiden Seiten, heißt Bereitsein für einen geistesgeführten Austausch fundierten Wissens und keines Halbwissens, freigeworden von unfruchtbaren Emotionen und dem ewigen Pochen auf die eigenen Formeln und Dogmen. Einer **allseitigen Existenzreligion** muß Raum gegeben werden und **die mystische Erfahrung des Geistes** soll in jeder Religion nicht nur gestattet, sondern unterstützt werden, um zur gemeinsamen Gotteserfahrung zu kommen.

Dann empört nicht mehr das Andersfühlen, Andersdenken, Andersglauben, man nimmt fremde Riten an – lieben muß man sie nicht – wie man verschiedene Stilrichtungen in der bildenden Kunst immer problemlos angenommen hat. Betrachtet man einen Engel von Picasso und zugleich einen goldbeflügelten Barockengel, dann weiß man, daß sich dieselbe geistige Botschaft in ihnen vereint... Und die Menschen finden heute tausend Gesichter und tausend Weisen, um den Geist in unsere Welt hineinsprechen zu lassen. Wie könnten wir ihn allein an unser Credo binden, in dem er **„Herr ist, der lebendig macht"**, er macht nicht nur Katholiken lebendig.

Hier ist die frühe Intuition des Paulus zu bewundern, dieses kühnen und weitsichtigen Theologen. Gleich zu Anfang wollte er der Kirche ihr universelles Gesicht geben. Manches Hinderliche hat er gestrichen, den Beschneidungsritus abgeschafft, andere jüdische Riten ignoriert, die Synagoge ist er umgangen, denn sie hätte das junge Christentum bestenfalls geduldet, es aber der jüdischen Kultur und Denkweise angepaßt, wodurch es bald aufgesogen und vernichtet worden wäre. Oder es wäre eine exklusive, enge, neue Religion entstanden, aber das wollte Paulus dem Jesus nicht antun. In dieser Hinsicht ist das Erste Konzil von Jerusalem von größter Bedeutung gewesen, hier hat sich die Kirche aller Arten von heiligen Traditionen entledigt, um den universellen Charakter des Christentums, so wie es gemeint war, zu verkünden. Diesen Paulus trieb der Geistwind wahrhaftig und mit ihm die Urkirche. Was die ersten Christen den anderen brachten, war keine neue Theologie oder spezielle Gebetskultur, sondern der Glaube. Der Glaube! Und der Glaube kann viele Gesichter annehmen und in vielen Farben leuchten.

Dafür bin ich selber ein lebendes Beispiel, da als **Melkite** ein pluralistisches Geschöpf. Die katholische Kirche Ägyptens ist in nicht mehr und nicht weniger als sieben verschiedene Riten gegliedert: in den **koptischen**, den **melkitischen**, den **syrischen**, den **maronitischen**, den **chaldäischen**, den **armenischen** und den **lateinischen** Ritus. Getauft und zum Priester geweiht wurde ich im **byzantinischen** Ritus (man mag ihn auch **melkitisch** nennen), ich bin also **griechisch-katholisch**, dazu lese ich die Messe auch im **koptisch-katholischen** und im **lateinischen Ritus**. Ein und dieselbe Messe in drei verschiedenen Liturgieformen – welch ein Reichtum in der Minderheit! Auch die Sakramente werden jeweils anders gehandhabt. Eine koptisch-katholische Messe im tiefen Süden Ägyptens in arabischer Sprache und Mentalität gefeiert muß doch gegebenermaßen ein völlig anderes Gesicht haben als jene, die ich auf meinen Reisen in Paris, Berlin, Genf oder Salzburg mit den dortigen **römisch-katholischen Menschen** feiere. Ich bete für mich aber in ganz anderer Weise, meine Spiritualität ist keine westliche, sondern eine orientalische.

Nichts Einheitliches also, sondern Einheit, die Pluralität und die Integrität zuläßt, und das setzt verschiedene Ausdrucksformen des Glaubens voraus. Blühende Vielfalt aus der inneren Einheit! Meine byzantinische Liturgie folgt auch anderen Texten, sie beginnt anders und sehr melodisch, gesprochen oder gesungen, das ist freigestellt, und man kann die Sprache wählen, man verneigt sich nach Osten oder nach Westen, ist unbeschuht oder beschuht, man trägt den Kopf bedeckt oder bloß, man hat einen wallenden Vollbart oder ist frisch rasiert, man tritt in prächtigen Meßgewändern vor die Gemeinde oder ganz schlicht. Diese **griechisch-katholische Messe** kann eine halbe Stunde dauern oder drei Stunden einnehmen. So stehen dem zelebrierenden Priester viele äußere Formen zur Wahl. Rom tut sich da im Vergleich schwer, Pluralismus ist nicht sein Lieblingswort, alle Missionskirchen hatten immer den lateinischen Ritus zu übernehmen, ganz gleich in welcher Fremde, es gab nur diese Monokultur. Zu spät ist dieser Fehler erkannt worden.

Ich spreche vom **Pluralismus der Christenheit**, weil er schon Dialog bedeutet, er ist schon dieses gleichzeitige Miteinander, unvermischt, welches die Voraussetzungen aller ökumenischen Arbeit ist. Vatikan II hat diese spezielle Tür weit geöffnet gehabt, und es beunruhigt mich nicht, wenn sie vorübergehend wieder sachte angelehnt wurde, denn das Ganze ist ungeheuer komplex. Diese Tür aber wird niemals wieder geschlossen werden und dabei wissen wir gut, jede Kirche soll ihre Autonomie weiterhin genießen. Die Vorstellung, daß die orthodoxen Christen zu Rom zurückkehren sollten, ist ein trügerisches Ideal, denn nur die Einheit in der Vielfalt hat Zukunft, in der man jeder christlichen Konfession ihr Charisma zugesteht, ihren Stil, ihre theologische Formulierung.

Beide Kirchen sind zur Zeit verunsichert: Die Ostkirche klammert sich nahezu geschlossenen Auges an ihre Vergangenheit, die Tradition wird mit viel Brimborium sehr streng gepflegt, und die Krise der westlichen Moderne, die Europa durchzumachen hat, destabilisiert die Gesamtexistenz, vorrangig den religiösen Lebensbereich, resultiert aber auch aus dem tiefen Graben zwischen theologischer Lehrsprache und dem, was die Menschen bewegt, was sie denken und im Alltag erfahren. Und sie erfahren viel Leid. Die westliche Theologie hat meines Erachtens den Aspekt von Sünde, Schuld und Tod so stark betont, daß es fast den Anschein hat, die Auferstehung bliebe unterbelichtet oder würde fast übersehen. Die Christen Europas sollten baldmöglichst das andere Gesicht des Todes entdecken, freigelegt und durch Christus gelöscht. Die Ostkirchen legen dort den Schwerpunkt. Ihre Theologie klingt für den Menschen sehr viel tröstlicher. Aber im Westen brauchte man nur zum hellen Geist der griechischen Kirchenväter mit ihrem optimistischen Menschenbild zurückzufinden, in dem mehr von der **Urgnade** als von der Ursünde die Rede ist.

Der Grund, weshalb sich heute westliche Menschen in hoher Zahl dem **asiatischen Gesetz der karmischen Kausalität** zuwenden, verbunden mit der **Wiedergeburtslehre**, ist wohl auch darin zu sehen, daß unsere Kirche die christliche Erlösungslehre bis zum heutigen Tag noch nicht ausreichend verständlich machen konnte. So suchen die Menschen nach Erlösung auf hinduistische oder buddhistische Weise, in jener Selbsterlösung durch eine Kette von Wiedergeburten, die ihnen unbegrenzt neue Chancen verspricht. Ihr Halbwissen darüber macht die Europäer blind, denn für die Asiaten ist das fesselnde Rad der Wiedergeburt ein Malheur, sie sehnen sich nach der letzten Station – der Befreiung im **„Verwehen" (Nirvana)**. Deshalb müssen wir diese Menschen in ihrer tiefen Suche sehr ernst nehmen, dringend eine bessere Theologie des Todes formulieren und eine weithin für alle gut verständliche christliche Vision anbieten, **eine Theologie der Gnade**.

So divergent unsere Erlösungstheorien auch sind, die gesamte Welt ist heute aufgerufen, ihre diversen Glaubensinhalte in ihren Tiefen zu klären und verständlich darzulegen, um die Einheit in der Vielfalt zu schaffen und sie dann im Farbenspiel des Regenbogens aus der Grundfarbe weiß herauszulesen und zu leben. Der Farbenreichtum macht die Schönheit eines Regenbogens aus, beeinträchtigt aber keineswegs seine Weite, seinen Schwung.

Die jesuanische Idee bedeutet nicht exklusiv Christ sein, sondern inklusiv, sie umfaßt alle Religionen und soll sie mittragen und befruchten, sie fordert demnach nicht Abschirmung, sondern Empfangsbereitschaft. Katholisch sein heißt nicht, eine endgültig in sich ruhende Identität zu besitzen, sondern eine offene Identität anzustreben. Katholizität meint die sich ständig weitende Öffnung zur Welt hin. Im Credo bekennen wir uns zu der **„einen, heiligen, katholischen und apostolischen Kirche“**. In der arabischen Sprache wird das anders formuliert, dort heißt es: **„Ich glaube an die heilige und universelle Kirche“**, denn das Griechische **„kat'holos“** meint **„ökumenisch“** und **„oikumēne“** meint **„weltweit“**.

Es geht um das Ausforschen tatsächlicher Wahrheiten, die dem eigenen Glauben bislang unbekannt geblieben oder als zu fremd erschienen sind, um überhaupt darüber nachzudenken. Vielleicht will man sie dann, nach eingehender Prüfung, freimütigen Herzens in das eigene religiöse Leben integrieren. Der große Theologe Frankreichs, Kardinal Henri de Lubac, SJ – ein Freund Teilhard de Chardins, bekennt in seinen empfehlenswerten Büchern, daß der gegenwärtige Katholizismus längst noch nicht alles ist, potentiell jedoch fähig, sämtliches Geistesgut der Welt in sich aufzunehmen. Größe und Wert des Katholizismus bestehen eben nicht darin, alles festzuschreiben, sondern in seiner Befähigung zur Integration. Leider sind wir heute erst auf dem Wege dorthin. Wann, so fragen wir, wird unsere Kirche endlich wahrhaft katholisch sein? Wohl erst im Punkt OMEGA, das heißt, wenn sie alle Welt in Liebe vereint, geistig aufgenommen haben wird.

Bis dahin bedeutet Katholizität, entsprechend ihrem Ursprung und dem Geist der Erde – **Dialogbereitschaft**. Es gab und gibt viel großes Menschentum, es gab und gibt gute Philosophie, welche ohne christliches Etikett das WORT, den Logos, verkündet. **„Der Kleine Prinz“** von Saint-Exupéry ist für mich tief evangelisch. Oder die wunderbare **„Theologie der Kultur“** von Paul Tillich sei erwähnt. Diese große Geistesfamilie der Gegenwart könnte man sehr weiten, und wir würden an vielen Stellen fündig werden. Das heißt heute, den Menschen vom Geist sprechen, vom Göttlichen!

„Das Schlechte lassen, das Gute aufgreifen und behalten“ rät Paulus. Römisch-katholische Christen können sich zum Beispiel von den orthodoxen ein wenig Kollegialität abschauen, das täte gut, desgleichen etwas „Freiheit des Christenmenschen“ von den Lutheranern. Vieles, was einst von römischer Seite verboten oder verurteilt worden war, hat Vatikan II entgegengenommen und zu integrieren versucht. Das **MEA CULPA** unseres Papstes am ersten Fastensonntag des Heiligen Jahres 2000, ein 1100-Seiten-Dokument mit dem Titel **„Erinnerung und Aussöhnung. Die Kirche und die Verfehlungen der Vergangenheit“**, ist eine Sensation in der Kirchengeschichte. Im interreligiösen Dialog können jetzt ganz andere Wege beschritten werden. Wahre Katholizität ist Dynamik, ist ein Prozeß, ist ein Weg ohne Ende, das bestätigte bereits Vatikan II und Papst Paul VI. sagte dort: **„Dialog ist die neue Art, Kirche zu sein.“**

Bedenken wir aber, daß es sich hier nur um ein Wiederaufgreifen einer schon vorhandenen, eingelagerten Wahrheit handelt. Der erwähnte frühchristliche Märtyrer, der enthauptete Bischof Cyprian, lehrte bereits: **„Man kann verschiedener Ansicht sein, solange das Gesetz der Einheit im Glauben gewährleistet ist“** (im lateinischen Original: „Licet salvo iure communionis diversum sentire“). Der Geist bildet in seinen tausend Gesichtern geradezu die Grundlage für den Pluralismus in der Kirche. Mit Sicherheit gibt es nur einen einzigen christlichen Glauben, doch dieser darf sich vielfältig manifestieren, gespiegelt aus den Gesichtern der Kulturen, im verschwenderischen Reichtum des Geistes. Die Kirche ist kein monolithischer Block mit unbeweglicher, d. h. steriler Theologie. Oder bezweifeln wir, daß der Geist in uns ganz individuelle theologische Gedanken erzeugt?

Es gibt kein letztes Wort in der Theologie. Gott bleibt der unerforschliche Abgrund allen Denkens. Diese göttliche Tiefe erfaßt kein Religionssystem und kein dogmatisches Gebäude, das vorgeben könnte, die vollständige Glaubenswahrheit vorzustellen. Deshalb treibt der Geist die Kirche durch die Jahrhunderte und verpflichtet sie, den Glauben fortlaufend zu vertiefen. Zu vertiefen! Darum allein geht es. Die Kirche darf pluralistisch sein, wenn die Einheit im Kern gewahrt wird, wenn bestimmte Aussagen nicht im grundsätzlichen Gegensatz oder offenen Widerspruch zueinander stehen, sondern einander ergänzen.

Eine uniforme Kirche kann keine wahre Kirche sein, sie muß der Vielschichtigkeit menschlichen Empfindens entsprechen. In der Gemeinschaft nur kann der wahre Wert bereichert und vertieft werden. So sollte es auch nicht nur eine einzige christliche Theologie geben, sondern mehrere, die sich freilich nicht alle miteinander sanft unter einen Hut bringen lassen. Das ist auch nicht erstrebenswert, weil dann die Lethargie des Denkens und Weiterdenkens einsetzte. In der theologischen Vielfalt zeigen sich die Gesichter des lebendigen Geistes, die uns geistig auf Trab halten.

Vielfältig sind die Ziele der modernen Theologen, man beachte ihre Unterschiedlichkeit bei Leonardo Boff, Eugen Drewermann und Hans Küng. Oder in den protestantischen Reihen bei Rudolf Bultmann, Dorothee Sölle und Dietrich Bonhoeffer. Jedes dieser Herzen drängt etwas anderes ganz besonders, aber alle stehen sie vereint unter dem Kreuz. Auch die Theologie von Joseph Ratzinger hat ein brennendes Anliegen wie jene von Teilhard de Chardin oder Karl Rahner. Mögen sich die Standpunkte dieser glaubwürdigen Streiter doch einander ergänzen! Denn auch verschiedene Theologien haben sich herausgebildet, es gibt die aufbrechende **afrikanische Theologie**, die **Theologie der unierten Ostkirchen**, die **Theologie der Befreiung** in Lateinamerika und hoffentlich bald eine **Theologie der Ökologie**, denn diese ist überfällig. Ich war zweimal in Indien, um dort gemeinsam mit meinen Mitbrüdern **indisches Christentum** vor dem Hintergrund des Hinduismus und der Bhagavad-Gita zu erleben. Die Kirche ist ein Buntfenster aus tausend Facetten, jede Facette gibt Kunde vom Reichtum der christlichen Botschaft, um so alle Menschen zu erreichen.

Im August 1999 nahm ich in Kottayam, im süd-indischen Kerala, am 15. Weltkongreß der ökumenisch engagierten Jesuiten teil. Thema: **„Interreligiöser Dialog"**, 47 Teilnehmer aus 24 Ländern aller Kontinente hatten einen faszinierenden Erfahrungsaustausch im Licht des spirituellen Reichtums der Völker. Der Heilige Geist war die glühende Mitte, die Zentralperson, der stille Geliebte aller und die große Zukunftshoffnung, viele Vorträge befaßten sich mit seinen tausend Gesichtern in den Kulturen und Religionen unseres Erdkreises und mit dem stillen Druck, der Mahnung zur Einheit.

Danach lud der indische Jesuit P. Sebastian Painadath in sein **„Sameeksha Center for Indian Spirituality"**, sein Ashram in der Nähe an einem Fluß gelegen – breit wie der Nil. Dort leitete er für uns 8-tägige Exerzitien mit der Bhagavad-Gita und der Bibel im ständigen Vergleich. Pro Tag ein Vortrag, eine Eucharistiefeier – mit frommen Hindus aus dem Dorf – und sechs Meditationen in der quadratischen Kapelle, in deren Mitte ein Kreisrund für die Ewige Kerze und vier heilige Bücher: die **Bibel**, der **Koran**, die **Upanishaden** und die **Bhagavad-Gita**. Die vielen Meditationstunden im beschwerlichen Lotussitz gehörten zum asketischen Rahmen dieser Tage. Pater Painadath bereicherte unser Wissen über den geistigen Gehalt des Yoga, über die strengen geistlichen Übungen der **„Sâdhana"** und über „die selige Ruhe im Erleben der Einheit": **„Samadhi"**. Oft fiel das für mich ambivalente Wort **„völlige Auflösung"**, auch in den meditierten hinduistischen Schriften: das Verlöschen aller Sinne und Gedanken eines Menschen als höchstes erstrebenswertes Ziel. Aber auch mit wunderbaren göttlichen Gemeinsamkeiten auf den Wegen christlicher Mystik wurden wir konfrontiert, von denen ich einige Proben gebe:

„OM – Fülle dort, Fülle hier: Fülle geht aus der Fülle hervor. Nimm Fülle weg von Fülle: und doch bleibt Fülle bestehen" (Upanishaden, 800 v. Chr.) … **„Dienende Liebe allein, Hingabe an mich verdient dir den Anblick Brahmans in seiner hehren Gestalt, so wie ich bin. Wer mich liebt, geht in mich ein."** (Bhagavad Gita, 300 v. Chr.) … **„Den, der in dir lebt und außerhalb, der mit allen Händen wirkt und mit allen Füßen geht, dessen Körper ihr alle seid, den betet an! Zerbrecht alle anderen Bilder! Narren ihr! Den lebendigen Gott zu übersehen, die unendlichen Strahlen seines Wesens, von dem die Welt erfüllt ist, verehrt ihn!"** (Vivekananda, gestorben 1902) Ich habe während dieser Zeit der Kontemplation und Askese die Seele Indiens kennen und lieben gelernt, das mystische Indien, das wahre Indien.

Pater Painadath hatte englischsprachige, tabellenförmige Vergleiche für uns ausgearbeitet, z. B. über den vorwiegend westlichen **„interpersonalen Zugang"** zur Gotteserfahrung und den östlichen und fernöstlichen **„transpersonalen Zugang"** – ein Blatt mit sage und schreibe 39 Gegenüberstellungen, die es im interreligiösen Dialog erst einmal zu verstehen gilt, bevor sie gegenseitig respektiert werden können. Für mich gilt bis zum Ende der Zeiten das Interpersonale, die ICH-DU-Beziehung ohne Dualismus, **der persönliche Gott**. Ein Gott, der nicht in sich und für sich existiert als Weltenergie und Absolutes, sondern FÜR UNS MENSCHEN UND FÜR SEINE SCHÖPFUNG, insofern ist er „persönlich". Der reine, unendliche, vollkommene Geist, Schöpfer und Meister alles Bestehenden, ist in Jesus Christus **„der gute Gott"** geworden, **„der Liebesgott", „der Geliebte eines jeden Menschen".** Deshalb ist es notwendig, unsere Kreuzestheologie immer noch tiefer auszuschürfen und für den interreligiösen Dialog verständlich zu machen. In Österreich hielt ich zwei Vorträge unter dem Thema: **„Die Logik des Kreuzes"** und hatte fast den Eindruck, daß die vielen still weinenden Hörer, alles Christen, zum ersten Mal davon hörten. Das hat mich bestürzt.

Pater Painadath ist der Enkel eines konvertierten Brahmanen, Professor für Sanskrit, der den kleinen Sebastian schon frühzeitig Spiritualität gelehrt hatte. Und Dialog! Seit 1981 wird er jährlich für Exerzitien und Seminare nach Deutschland geladen, die er in fließendem Deutsch und ganz im Geist des Dialoges zwischen Christentum und Hinduismus aufbaut und zuweilen auch die Europäer schilt, wenn sie ihr Christentum ablehnen und die asiatischen Religionen idealisieren. Andererseits kritisiert er im Westen den Mangel an Mystik bereits in der theologischen Ausbildung, er vermißt sie auch in der praktischen Seelsorge, und er plädiert energisch für viel mehr kontemplative Stille in der westlichen Liturgie. Hier rät er, von hinduistischen Meistern zu lernen.

Ich glaube, daß wir Christen uns selbst und die Welt in Bewegung halten sollen, immer auf der Suche nach neuen Spuren des Geistes, mit ihm wird dieser Prozeß niemals ins Stocken kommen, wir dürfen Altes neu interpretieren, Ungeklärtes prüfen und ganz neue Fragen wagen. Wenn wir uns gemeinsam in den Geist einleben, dann werden wir vieles besser erkennen. Ist nicht der ganze Ansatz eines Evangeliums in vier Texten von vier verschiedenen Autoren schon ein Bild des Pluralismus? Möglicherweise sollen die vier Texte als geistige Entwürfe betrachtet werden, und es wäre die Aufgabe der Kirchen, dieses Unternehmen gemeinsam über die Jahrhunderte fortzusetzen – im Geiste des Dialoges. Seit der zweiten Hälfte des vergangenen Jahrhunderts gelten viele Aussagen nicht mehr als endgültig, weder in der Naturwissenschaft noch in der modernen Theologie und kritischen Exegese noch im geistlichen Leben der Ordensgemeinschaften. Alles ist in Bewegung und erscheint inspiriert.

Die Konstitution der Jesuiten ist nicht zu Ende geschrieben worden, nicht weil Ignatius von Loyola keine Zeit mehr gehabt hätte, sondern weil er bewußt vieles offen halten und seine Arbeit nur als erste Etappe eines langen Weges in die Geschichte hinein ansehen wollte. Hier finden wir ein untrügliches Zeichen für das Genie dieses Ordensgründers, der vom Geist geführt wurde. Und Vatikan II kommt das Verdienst zu, keine Erklärungen abgegeben zu haben, die widerspruchslos hinzunehmen wären, sondern es ging um bislang verschlossene Tore, die zu freien Pisten aufgestoßen wurden. Verständlicherweise hat das nicht wenige in die Flucht geschlagen, jene, die sich mit Bequemlichkeit verwöhnen ließen, die es gewohnt waren, Blitzantworten mit Absolutheitsanspruch mundgerecht serviert, um nicht zu sagen vorgekaut zu bekommen. Eigenes Nachfragen und Mitdenken lehnten sie ab und reagierten mit der Flucht zurück in die geistliche Geborgenheit.

Der **Fundamentalismus** erstarkte und mit ihm eine ganze Palette von Glaubenshaltungen, die versuchen, ihre Adepten wieder in definitiver Sicherheit zu wiegen. Hier heißt es achtsam sein! Beim Begriff eines allumschließenden, integrativen, wirklich „katholischen" Christentums darf der Integrismus und Fundamentalismus nicht mit ins Blickfeld geraten, Gott bewahre uns vor Verwechslungen! Denn Fundamentalisten glauben immer, die alleinige Wahrheit Punkt für Punkt zu besitzen, kein Blick nach rechts, keiner nach links und keinen Schritt weiter. Der Fundamentalismus, ganz gleich wo er sich stark macht, ist eine Sackgasse, ihm kann die Zukunft nicht gehören, weil ihn die Vergangenheit interessiert und mit ihr viele unwichtige Äußerlichkeiten einer religiösen Praxis. Der Fundamentalist spürt als letzter, daß seine Lehre keinen Sitz im Leben hat, weil sein Geist sich mit dem Gestern beschäftigt. Und das echte Christentum ist vollkommen auf das Morgen ausgerichtet! Christliche Fundamentalisten betreiben Archäologie, aber Christus ist kein Gott der Toten, sondern der Lebenden. Sein Geist ist Tag für Tag unter uns.

Das Problem der **Angst vor dem Geist des Dialoges** ist ein arges Problem, und jede Milderung darf als Gnade angesehen werden durch die Mitwirkung des Geistes. Unsere katholische Kirche zeigt sich nur zu oft im Stadium der Angst vor dem allzu heftigen Brausen des Geistes, wenn er durch die eigenen theologischen Reihen fährt, sie zögert auch mit der Umsetzung von neuen Beschlüssen, um auf das Volk Rücksicht zu nehmen und den Belangen der Weltkirche gerecht zu bleiben. Verständlich! Der französische Jesuit Jean Daniélou hatte entsprechend gewarnt, die Volkskirche sei von größter Bedeutung, weil ihr die Masse geistig folgen kann. In diesem Sinn hat Rom nach der Lockerung des Konzils die Zügel wieder angespannt, es will dem Ganzen neue Struktur geben, um in erster Linie der großen Herde mit neuen Sicherheiten zu dienen.

Trotzdem muß die Kirche der Zukunft im Licht des Geistes furchtloser handeln und sich vor allem in die Lebenswirklichkeit der Menschen hineinbegeben. Wo sind denn ihre Feinde? Ich erlebe bei meiner Arbeit ein internationales Menschenmosaik, das um vieles verständiger ist als angenommen wird, sie alle verlangen nach Wahrheit. Ein kräftiger Körper steht unter Dauerattacken von einer Unzahl an Viren und Bakterien, er reagiert – und gedeiht dabei! Ein durch Angst und Selbstzweifel geschwächter Körper läuft Gefahr, unter diesen Fremdeinflüssen einzugehen. Es scheint, der Geist hat die Kirche zur Zeit in ein umfangreiches Impfprogramm genommen. Dasselbe gilt für die Identität. Die schwache vergräbt sich in sich selbst und verweist fortwährend auf ihre Vergangenheit, die starke stellt sich den Herausforderungen der Stunde, hat die Zukunft im Auge und ist veränderungsfähig. So hat z. B. einst der moderne Atheismus der Kirche einen wertvollen Dienst erwiesen und sie verpflichtet, vielerlei zu klären.

Diese Herausforderung, diese Chance, muß erkannt werden, dann wird sich zeigen, was Freiheit bedeutet und welche Früchte sie heranwachsen läßt. Der Christ ist heute kein traditionell Gläubiger mehr, vielmehr muß er zur urpersönlichen Überzeugung finden und lernen, sie zu artikulieren, sonst gibt es keinen Dialog mit Andersdenkenden. Viele wissen nicht einmal, warum sie Christ sind! Jetzt geht es endlich um die Tiefendimension, welche der Glaube früher weitgehend entbehrte. Ich frage mich, ob wir nicht erst jetzt in eine authentische Epoche des Christentums eintreten.

Ich liebe den Geist! Denn wo der Geist wohnt, wohnt mit ihm die Freiheit. Immer verbinde ich den Geist mit dem Prinzip der Freiheit, die unseren christlichen Gott charakterisiert. Und uns Christenmenschen. Er verleiht eine Freiheit jenseits der Konventionen, er ist das Zeichen eines Sprungs in geistige Freiräume – **„wenn ihr euch aber vom Geist führen laßt, dann steht ihr nicht unter dem Gesetz“** (Gal 5, 18). Wie oft in allen Jahrhunderten wehte der Geist schon über manches Formelle oder soziologisch Enge hinweg, niemand kann ihn allein für sich beanspruchen. Doch seien wir unbesorgt, die Kirche hat die Verheißung Ewigen Lebens, sie ist das Sakrament der Gegenwart Christi in der Geschichte. Diese Wahrheit aus der Tiefe der lebendigen, göttlichen Anwesenheit waltet über allen Brüchigkeiten menschlichen Versagens oder den leidigen kirchenpolitischen Querelen, von denen nur die Presse profitiert, sonst niemand. Ich hege unbegrenzte Hoffnung in diesen **„Zukunftskeim"** (Teilhard de Chardin), den die Kirche beherbergt. Während der letzten 40 Jahre ist dieser schon sichtbar geworden und hält Ausschau nach Sonne und Freiheit.

Ein wertvolles Apostelwort: **„Der Herr aber ist Geist, und wo der Geist ist, da ist Freiheit."** (II Kor 3, 17) Deshalb schmerzt es, wenn dem Geist der Freiheit noch immer der Rücken zugewendet wird. Der Gefahr der „abgöttischen" Textverehrung unterliegen alle Fundamentalisten – ob katholisch, orthodox, protestantisch, jüdisch oder muslimisch. Dem Islam lauert die Gefahr besonders auf, weil nach muslimischem Verständnis die koranische Offenbarung ein wirkliches Wunder göttlichen Ursprungs und eine Verbalinspiration Mohammeds ist. Die Urschrift dieser diktierten Texte **„wird im Himmel aufbewahrt"**, es ist das unmittelbare Wort Allahs und daher unfehlbar und durch keine Silbe zu interpretieren, jede kritische Exegese ist sündhaft. Wer stellt sich da zwischen fundamentalistischen Muslimen und einer laizistischen, pluralistischen Gesellschaft konkret einen offenen und entwicklungsfähigen Dialog vor?

Trotz allem hoffe ich, daß diese Verschlossenheit eine ähnliche Etappe in der Jahrhundertreise einer Religion darstellt wie das Christentum sie kannte und beenden konnte. Im 9. Jahrhundert hat es in Bagdad schon einmal eine geistige Strömung gegeben, es war die dialogbereite Zeit der Abbasiden, die sich um eine historisch-kritische Methode bemühte, eine Art Koran-Exegese, mit dem edlen Ziel, den Glauben zu vertiefen und noch weiter in den Koran einzudringen. Sehr lange hat es nicht gewährt, aber es gab diese philosophische und theologische Reflexion, die eine Verbindung von religiösem Denken und Lebensalltag gewährte, eine geistig offene

Zeit, die den Reichtum der religiösen Kultur im Islam aufzeigte. Dann senkte sich wieder das große Schweigen herab, das strenge Gebot für jeden Muslim, sich keinerlei Koranauslegungen zu gestatten. Erst jetzt regen sich erneut die Geister, besonders in Ägypten und Nordafrika gehen einige mutige Gestalten sehr offen mit alten und neuen Fragen um – im vollen Wissen, daß sie auf erbitterten Widerstand der Fundamentalisten stoßen, denn die Macht ist auf ihrer Seite und ihre Vertreter zeigen sich kompromißlos wie einst die Mächtigen unserer mittelalterlichen Kirche.

Ich unterscheide derzeit fünf verschiedene Ausdrucksformen oder „Naturen" des Islam: den **laizistischen Islam, den mystischen Islam (Sufismus), den Volksislam, den offiziellen Islam, den politischen Islam.** Wenn ich sie alle nach einem friedensfördernden, interreligiösen Dialog befrage, dann verliert sich diese brennende Frage aus unterschiedlichen Gründen in der Weite der Wüste.

Ein ernsthafter Dialog wäre für uns nur mit zwei dieser Richtungen möglich, wenn er möglich wäre ..., mit dem laizistischen und mit dem mystischen Islam. Der **laizistische Islam** ist um ein theologisches Weiterdenken bemüht, er ist der übrigen Welt gegenüber aufgeschlossen, er strebt nach Harmonie von Glaube und Vernunft, Philosophie und Religion, Moderne und Tradition. Die Vertreter dieses gemäßigten Islam befinden sich unter den Intellektuellen (Schriftsteller, Journalisten, Gelehrte, Universitätsprofessoren), sie sind eine winzige, aber geistig starke Minderheit und werden von der Obrigkeit gefürchtet und unmißverständlich bedroht. Gelegentlich werden sie auch des Landes verwiesen wie z. B. der ägyptische Koran-Gelehrte der Al-Azhar-Universität in Kairo, Nasr Hamid Abu Zaid, der wegen seiner historisch-kritischen Koranforschung 1995 als Ketzer verklagt wurde. Seine Ehe wurde zwangsgeschieden, um die Reinheit seiner Ehefrau zu erhalten, er ging nach Holland und hat dort einen Lehrstuhl für Islamwissenschaften inne. Er sagt, er fühle sich als Verfolgter des Fundamentalismus, hält aber als tief gläubiger und aufgeklärter Muslim mit ehrlichen Äußerungen nicht zurück: **„Bedauerlicherweise ist heute ein Dogma entstanden, wonach die Autorität des Korantextes über den Glauben hinausgeht und alle Bereiche der Gesellschaft und des Wissens erfaßt.“** (Zitiert in CiG 51/1999)

Ein geistig und menschlich vertieftes Gespräch ist durchaus auch mit dem **mystischen Islam**, dem Sufismus, möglich. Von Ajatollah Khomeinis Ausruf: **„Der Islam ist Politik oder nichts"** wollen sie nichts hören, denn ihre Religionspraxis ist reine Privatsache und sehr persönlich. Ihr mystischer Ansatz und ihre mystischen Erfahrungen sind unseren christlichen Erfahrungen sehr ähnlich. Einige Namen, die für die außerordentliche Schönheit ihrer poetischen Liebessprache berühmt wurden: **Ibn'Arabi, Al-Halladj, Al-Rumi, Ibn-Al-Faridh, Junayd, Rabaa-Al-Adawiyya** und **Ghazali.** Daß dieses sanfte Bild des Islam von der zuständigen Orthodoxie als eine Häresie betrachtet und abgelehnt wird, ist im Westen so gut wie unbekannt, weshalb es genügend enthusiastische Europäer gibt, die den Sufismus nichtsahnend mit dem regierenden politischen Islam gleichsetzen. Also auch hier stehen die Chancen für einen zielführenden Dialog gleich Null.

Kein wahrer Dialog, aber zumindest ein Gespräch auf Alltagsbasis kann jederzeit mit dem **Volksislam** geführt werden, der traditionell praktizierten Religiosität, die überhaupt keine Frage stellt und im inbrünstigen, in gewisser Weise auch berührenden Auswendiglernen der Koransuren schon ihren Glauben begreift. Beim Dialog mit Andersgläubigen schwankt der Volksislam zwischen Toleranz und Intoleranz hin und her, aber man kann mit seinen Gläubigen offen über manches reden. Dann aber wird es schwierig und für Dialogfreudige deprimierend. In der arabischen Welt dominiert der hierarchisch konstruierte, **offizielle Islam** der Tradition und Konvention im Dienst der Regierung. Die Religion steht im Bündnis mit der Macht, ihre Vertreter kennt man im Westen als die Scheichs, Ulemas, Mullahs oder Imame. Der Kairoer Al-Azhar-Moschee-Komplex ist zugleich die ehrwürdige Lehranstalt, welche das geschlossene System aus Religion, Kultur, Wirtschaft und Politik predigt, das in der Gesellschaft omnipräsent und voll bestimmend ist. Ich möchte nicht behaupten, daß hier ein interreligiöser Dialog ausgeschlossen wäre, denn wir haben es nicht mit den radikalen Islamisten und dem Islamismus zu tun, sondern noch immer mit dem traditionellen Islam. Aber Versuche dieser Art führen nicht weit, solche Zusammenkünfte werden bewußt formell und sehr elegant gehandhabt und geschehen mehr oder weniger aus Höflichkeit.

Die fünfte und letzte Richtung, die genannt werden muß, weil die Europäer dem Islamismus überwiegend unkritisch gegenüberstehen und nicht wahrhaben wollen, daß unentwegt am „Gottesstaat Europa", dem Wunschziel, gebaut wird, ist der **politische Islam.** Nach Angaben des Zentralinstituts „Islam-Archiv Deutschland" gab es im Frühjahr 2000 bereits 2.200 aktive islamische Gotteshäuser und ca. 100 Moscheen in Deutschland, weitere im Bau befindlich (Quelle: Inter-Info, April 2000), in Brüssel lief ich durch zwei Stadtteile und glaubte, ich sei in Kairo. In ganz Europa addieren sich die Millionenzahlen von Muslimen zueinander, bedingt durch Immigration, Infiltration, Konversion und Kinderreichtum. Vor allem aber rollt man im Namen der Demokratie und des Dialoges den roten Teppich aus! All das ist in einer seit Jahren anhaltenden Flut von Büchern eines liberalen Muslims in Deutschland nachzulesen, der unaufhörlich warnt: der Syrer Bassam Tibi, Professor für Internationale Politik in Göttingen, Deutschland. Die herrschende extreme Toleranzbereitschaft macht den Islamisten alles möglich, hinzu kommt das christliche „Glaubensloch", das geistige und geistliche Vakuum mit seinen Blüten wie Pessimismus, Nihilismus, Orientierungslosigkeit, aber auch unbewußtem Hunger nach Spiritualität. Logischerweise ist der politische Islam weder dialogbereit noch dialogfähig im Sinne seiner weltmissionarischen Sendung, der er treu bleiben muß.

Ständig werde ich im Westen nach einer sanften Entknotung oder Wandlungsfähigkeit des Islams gefragt, und auch hier bekunde ich meinen Optimismus, auch wenn derzeit keine Liberalisierungsanzeichen am Horizont schimmern. Aber ich fühle mich verpflichtet, Optimist zu sein, weil das Christentum auf der geschichtlichen Bühne schlimme Szenen der Intoleranz dargeboten und diese Epoche auch überwunden hat bis hin zur Vergebungsbitte unseres Papstes. Eines Tages, so hoffe und bete ich, wird sich auch der Islam mit der Moderne, mit der Religionsfreiheit, mit dem Problem der christlichen Minderheiten im arabischen Raum, mit den Menschenrechten – insbesondere denen der Frau – auseinandergesetzt haben, er wird den kritischen Realismus zulassen und damit fähig werden, in den interreligiösen Dialog einzutreten, denn sonst würde diesem etwas fehlen, der Islam hat wie alle anderen Religionen Werte einzubringen.

Noch einmal zitiere ich den verfemten ägyptischen Reformer und Korangelehrten Nasr Hamid Abu Zaid aus einem holländischen Interview: **„Als Muslim lebe ich in einer Beziehung mit dem Absoluten und spüre den Herzschlag des Universums in mir. Ich lebe in diesem Rhythmus. Womöglich ist das Mystik, denn sie ist das Innere aller Religionen."** (1999) Es gibt nicht wenige islamische Reformtheologen, die eventuell die Piste für den Dialog planieren, z. B. der iranische Theologe an der Universität Teheran, Mojtahed Schabestari, der offen von reformbedürftigen Dingen spricht und sich für eine historisch-kritische Auslegung religiöser

Schriften einsetzt; er sagte: **„Religiöser Glaube kann nur erhalten bleiben, wenn er sich schrittweise von überkommenen Formen verabschiedet, weil diese versteinern und zur Entfremdung führen können, dann verhindern sie, daß Menschen in Freiheit Gott anbeten."** Ein aufgeschlossener islamischer Gelehrter. Und wenn man an die Reise des Wiener Erzbischofs Kardinal Christoph Schönborn 2001 nach Teheran denkt, dann ist das auch von dieser Seite Dialogbereitschaft. Ich sprach mit ihm, gerade aus dem Iran zurückgekehrt, und durfte seinen engagierten Vortrag lesen, den er am 20. Februar an der Islamischen Imam Sadr Universität gehalten hatte: **„Dialog zwischen den Kulturen für eine Zivilisation der Liebe und des Friedens."** Ich lese nur mit Rotstift und einem Mini-Lineal ... in diesem Manuskript ist vieles von mir dankbar unterstrichen worden! Ich glaube, es gibt Hoffnung.

Der Geist, der über alle Menschen ausgegossen wurde, ist stärker als unsere Vorstellungskraft. Außerdem existiert die unsterbliche, konfessionslose, still verbindende Mystik im Zeichen der weltweiten Suche nach spiritueller Erfahrung. Wer aus der authentischen Mystik lebt, den rechne ich zur lebendigen Heilsgemeinschaft unserer Erde. Pir Zia Inayat Khan, das neue Oberhaupt des Internationalen Sufi-Ordens: **„Die Globalisierung, deren Zeuge wir heute sind, ist eine nie dagewesene Herausforderung, aber auch eine nie dagewesene Gelegenheit. Indem die entlegensten Winkel der Erde in ein einziges globales System hineingenommen werden, muß auch eine einzige und integrative Weltansicht vorherrschen. Wird es das materialistische Ethos des Kapitals sein? Wird es ein dogmatischer religiöser Absolutismus sein? Es gibt eine dritte Möglichkeit: spirituelle Freiheit – die Verwirklichung einer dynamischen inneren Einheit, die die äußere Vielfalt mit einschließt und zugleich übersteigt."**

Wenn wir IM GEIST DES DIALOGES die spalterischen Tendenzen einmal überwunden haben, dann sagen wir zum Andersgläubigen: „Danke, jetzt habe ich endlich verstanden, was Du meinst und tief überzeugt glaubst, auch wenn ich nicht mit allem übereinstimmen kann. Lebe Du Deine Religion ehrlich und verinnerlicht im Geist, der Dich führt. Nicht die Religion ist das Ziel des Menschen, sondern der Mensch ist das Endziel!" Unser Evangelium verkünden „bis ans Ende der Welt" meint dann, dem einzelnen in Liebe behilflich sein, seine eigene menschliche Tiefe und geistige Weite voll zu erkennen. Dann steht er im Licht des WORTES, des Logos, und wird aus ihm handeln, denn wir Christen wissen es: **„In ihm, Christus, war das Leben, und das Leben war das Licht der Menschen"** (Johannesprolog 1,4).

Im Zeichen des tiefgreifenden Wandels, der sich jetzt vollzieht, wird der Katholik es schätzen lernen, andere Wahrheiten in sich aufzunehmen. Zu unseren ägyptischen Christen sage ich: **„Laßt uns zunächst im Herzen Muslime werden, um ihr Innerstes kennenzulernen, und erst dann laßt uns Christen nennen. Wir dürfen den Islam als einen Teil unseres Glaubens betrachten, denn Allah ist ein persönlicher Gott, der sich aus seiner Schöpfung nicht zurückgezogen hat, sondern alle seine Geschöpfe begleitet."** Übrigens: auch im Islam wird die Idee einer Wiedergeburtskette streng abgelehnt und die Einmaligkeit und Verewigung eines Menschen mit Leib und Seele sowie seine volle Verantwortlichkeit vor Allah aufgezeigt.

Wir erleben jetzt in den meisten Religionen eine Öffnungstendenz, um zum **EINZIGEN GOTT** vorzudringen, der uns eines Tages im gemeinsamen Jubel ewiger Seligkeit für immer vereinen wird. Auf diesem Weg machen wir alle die innere Erfahrung des Logos. Wir können auch auf älteste Schriften zurückgreifen, auf Origenes, Johannes Chrysostomos oder

Klemens von Alexandria, die uns anleiten, wie man mit Skeptikern über die Menschwerdung Gottes spricht, denn sie haben damals schon aufgezeigt, daß der Logos auch außerhalb der Christenheit manifest war. **„Es ist ausgeschlossen, daß die ganze Wahrheit nicht zu allen Zeiten an allen Orten zugegen ist und jedem zur Verfügung steht, der nach ihr verlangt“** (Simone Weil).

Den Spuren des Geistes nachgehen! Die Zeichen des Geistes lesen lernen! Die **„semina verbi“ – die Saat des WORTES** – ausgebreitet in der Gesamtmenschheit finden! Dieser Begriff stammt auch von Klemens von Alexandria aus der Zeit des Aufbruchs und wurde jetzt von Vatikan II in diesem Sinne neu verwendet. Das gibt Hoffnung, und es wurde auch Zeit, denn **die Gotteskindschaft ist allen Menschen gemeinsam**. Deshalb brauchen wir eine offene Theologie für die Saat des WORTES, damit allseitig beobachtet werden kann, wohin diese Saatkörner fielen, ob und in welcher Weise sie keimen und fruchten und wie weit wir auf dem Weg zu einer **integralen Ökumene** schon vorangeschritten sind.

„Zur Zeit stecken wir im Tunnel, aber das Licht ist schon zu sehen“ sagte mir der Grandseigneur der österreichischen Kirche, Konzilsvater Kardinal Franz König, bei unserem letzten Treffen in Wien im April 2001. Gelassen schmunzelnd! Er hätte nicht bereits im Jahre 1964 die Stiftung **„Pro Oriente“** gegründet, wenn er nicht Wert und Dringlichkeit des interreligiösen Dialogs erkannt hätte. Dieser **„Brückenbauer“**, wie er genannt wird, setzt sich damit für Aussöhnung von Orthodoxen und Katholiken ein. Uns allen voraus, schrieb er schon 1951 sein großes Werk **„Christus und die Religionen der Erde“**. Seinen unerschütterlichen Optimismus teile ich vollkommen und seine Überzeugung, daß der Geist jetzt besonders stark an der Basis weht. Ökumenische Basisarbeit geschieht an vielen Orten und in Schwung und Farbe:

Beispiel: Im Juni 2001 wurde die große Bahnhofshalle Zürich zum Festplatz eines interreligiösen Dialogs, unter dem Thema „Flüchtlinge" gab es einen afrikanischen Spiritual-Chor und Tänze von srilankischen Mädchen, es gab Gebete, Meditationen und Kurzreferate von reformierten und katholischen Geistlichen, von einem jüdischen Rabbi, von Muslimen und tibetanischen Mönchen. Vor allem gab es einen interreligiösen Gottesdienst! Hierhin gehört wie eingeboren das Wort unseres Papstes: **„Durch den Dialog machen wir Gott in unserer Mitte gegenwärtig."**

Ein Jahr zuvor, im August 2000, luden die Vereinten Nationen nach New York zum **„Gipfeltreffen der Weltreligionen"**, ein absolutes Novum? Basisarbeit? Organisiert wurde das Treffen von einer unabhängigen Gruppe von Religionsführern, Theologen und Wissenschaftlern, die zugleich dafür Sorge trugen, daß die Welt es unter **„www.beliefnet.com"** im Internet live miterleben und dem Geist der Einheit bei der Arbeit zuschauen konnte ... Ökumene strebt gewisse Endziele an, aber in mancher Hinsicht ist sie schon Gegenwart.

Ich erkenne eine **vierstufige ökumenische Hoffnung:** Die erste haben wir, wenn auch mit großen Opfern, geschafft, es war der Zusammenschluß aller Katholiken dieser Welt, und das war aufgrund der hohen kulturellen Barrieren und der Vielfalt der Sprachen kein Kinderspiel. Man bedenke das Maß an investierter menschlicher Arbeitsenergie! ... Die **zweite ökumenische Hoffnung** besteht gegenwärtig darin, alle christlichen Konfessionen in ihrer enormen Fülle an Spiritualität, Tradition und Liturgie zu vereinen – nicht in Gleichheit, sondern so, wie in einem dichtbesetzten Orchester jeder sein Instrument liebt, es aber in einer Weise handhabt, daß alle zur Tonharmonie und melodischen Einheit gelangen.

Und nun wird eine **dritte ökumenische Idee** hoffnungsvoll in Wind und Segel genommen, die sich den nicht-christlichen Religionen zuwendet. Ein großer geistiger Entwurf, aber Vatikan II hat auch hierfür die Weichen gestellt und das entscheidende Schlüsselwort geliefert: DIALOG, denn es scheint, der Geist war im Sturmangriff beteiligt. Interreligiöser Dialog heute ist ganz anders gemeint und erstrebt, nicht als geschickte Strategie, um die Unerlösten zu erlösen und sie klammheimlich zu vereinnahmen, sondern als ein immenses Interesse aneinander, als ein Verlangen nach gegenseitigem Verstehen, wobei wir aneinander reich, sehr reich werden können! **Dialogfähigkeit heißt Integrationsvermögen auf beiden Seiten.**

Und wenn sich diese drei Kreise einmal schließen werden, dann ist noch längst nicht das Paradies geschaffen, denn wir haben eine **vierte ökumenische Hoffnung**, eine sehr bedeutende, die wir mit allen Kräften schon jetzt im Herzen tragen müssen: Unter uns haben wir unsere konfessionslosen oder nicht mehr praktizierenden Brüder und Schwestern, die keiner religiösen Vokabel ihr Ohr leihen möchten, und diese dürfen wir keinesfalls vergessen. Liebevoll mit ihnen umgehen, ihnen zuhören und eine ganz andere glaubwürdige Sprache für sie wählen, aus der sie aber den Herzschlag spüren und unseren Ernst.

Auch dem **zeitgenössischen Atheismus** müssen wir offenen Geistes zuhören, es ist unchristlich, sich die Ohren zu verstopfen und zu polemisieren. Ich kenne genügend „geist-reiche" Atheisten, die nach meiner Sicht und Erfahrung wirklich inspiriert sind. Der Logos spricht aus ihnen geradezu fühlbar, nur wissen sie es nicht, man nennt sie die **„anonymen Christen"**. Vielleicht ist unser atheistischer Gesprächspartner naturwissenschaftlich zu „belastet", um uns folgen zu können, dann sollten wir einige Bonmots bereit haben, z. B. eines von Heisenberg, wo wir hinzusetzen: deutscher Nobelpreisträger für Physik 1932: **„Der erste Trunk aus dem Becher der Naturwissenschaft macht atheistisch, aber auf dem Grund des Bechers wartet Gott.“** Oder ein anderes aus der römischen Antike von Seneca: **„Allen Menschen ist der Glaube an die Götter ins Herz gesät. Es lügen jene, die da sagen, daß sie nicht an Gott glauben; denn wenn sie es dir auch bei Tag versichern: In der Nacht und wenn sie allein sind, zweifeln sie.“**

Dem WORT, Christus, ist nichts Menschliches fremd, und der Geist führt über große Zeiträume zur fortschreitenden Konvergenz der Dinge. Unsere Art der Verkündigung hat sich schon grundlegend geändert, aber sie muß sich noch tiefer bekehren, indem wir aus dem innigen Gebet zum Geist handeln. Paulus gab uns diverse Erkennungszeichen für die Übereinstimmung mit dem Geist in die Hand, und wenn wir Ökumene heute in diesem Licht sehen, dann sollte sie gelingen. Paulus spricht von den „Früchten des Geistes“: **„Liebe, Freude, Friede, Langmut, Freundlichkeit, Güte, Treue, Sanftmut und Selbstbeherrschung.“** (Gal 5, 22-23)

Aber auch seiner Strenge sind wir gewiß und müssen ihr folgen. Vielleicht haben wir den Geist zu allen Zeiten unterschätzt. Wir Menschen können ihn nicht dirigieren, nicht zügeln, nicht manipulieren, nicht besitzen, er ist frei und immer unberechenbar. Er weht nicht nur in Mekka, Jerusalem und Rom, sondern überall in der Welt, wo er Offenheit findet, um sein großes Werk voranzutreiben. Er läßt sich dann aber nur schwer verdrängen, nachdem er hier und dort Staunen und Bewundern oder Furcht und Zittern ausgelöst hat. **„Wer Ohren hat, der höre, was der Geist den Gemeinden sagt: Wer siegt, dem werde ich zu essen geben vom Baum des Lebens“** (Off 2, 7). Ich lese die Offenbarungsworte auf meine Weise: **HÖRE,** wie der Geist in den Religionen der Welt spricht! **HÖRE,** wie der Geist sich in der philosophischen Gedankenwelt der Menschheit zu Wort meldet. **HÖRE,** wie der Geist die Herzen bewegt! **HÖRE,** was der Geist Dir persönlich zu sagen hat! ...

Gott ist näher als alle Religionen, Gott ist die absolute Dimension aller Menschen, und sie werden sie entweder als etwas Urpersönliches auffassen, als eine lebendige Person oder als etwas Neutrales, unmeßbar fern. Das Judentum, das Christentum und der Islam sind sich in diesem Punkt vorbehaltlos einig – die Gottheit ist ein persönliches, dem Menschen nahes Wesen.

Und wir Christen haben noch eine Botschaft hinzuzufügen, etwas Einzigartiges: **ALLE RELIGIONEN ZEIGEN IHRE WEGE ZU GOTT, NUR DAS CHRISTENTUM IST DER WEG GOTTES ZU DEN MENSCHEN.** Und das nicht als Idee, sondern als geschichtliches Ereignis. Unser Glaube hat keine starre christozentrische Haltung nötig, er besteht allein in der schlichten Zustimmung zu diesem zentralen Faktum der Heilsgeschichte.

Henri Boulad

Henri Boulad, Jesuit, geb. 1931 in Alexandrien, verkörpert, was einst den Reiz dieser Stadt ausgemacht hat: einen Schmelztiegel der Universalität. Der Abstammung nach Syrer und Italiener, der Nationalität nach Ägypter und Libanese, dem Ritus nach byzantinischer Grieche, der Kultur nach Franzose, ein Jünger von Pascal, Teilhard de Chardin und Simone Weil, begabt mit orientalischer Seele und westlicher Denkweise, träumt Henri Boulad von einer Zusammenführung und Versöhnung der unterschiedlichsten Bereiche: Philosophie und Theologie, Physik und Mystik, Sexualität und Keuschheit, Aktion und Kontemplation, Soziologie und Religion, Wirtschaft, Politik und Glaube. Er liegt damit genau auf der Linie des „christlichen Humanismus", der für die Spiritualität der Jesuiten und ihres Ordensgründers Ignatius von Loyola charakteristisch ist. Dank seiner Fähigkeit zur Integration findet er sich auch in der Avantgarde der Postmoderne wieder, deren Kennzeichen die Interdisziplinarität ist.

Sein Studium der Spiritualität, der Literatur, der Philosophie, der Theologie und der Psychologie hat ihn aus dem Libanon nach Frankreich und in die USA geführt, wo er sich ein Doktorat in Psychologie erwarb. Als Erzieher, geistlicher Führer, Vortragsreferent und Theologieprofessor übernahm er der Reihe nach die Aufgaben des Jesuitensuperiors in Alexandrien, des Regionaloberen der Jesuiten in Ägypten, des Direktors der Caritas Ägypten sowie des Vizepräsidenten der Caritas Internationalis für die arabische Welt (Naher Osten und Nordafrika). In Anerkennung seines Einsatzes für die Ärmsten wurde er von Frankreich zum Offizier, später zum Kommandeur des Ordre National du Mérite (Nationalen Verdienstordens) ernannt.

Als ewig Suchender wähnt er sich nie schon am Ziel. Sein Verlangen nach einer Verbindung und Versöhnung von Glaube und Vernunft, von Tradition und Moderne drängt ihn zu immer neuen Frage- und Infragestellungen. Als Liebhaber des Risikos, als Freund des Paradoxen und als leidenschaftlicher Provokateur stellt Henri Boulad eine Persönlichkeit der Sonderklasse dar, die sich in keine Kategorie hineinzwängen läßt.

Zahlreiche Veröffentlichungen in vierzehn Sprachen

WEITERE BÜCHER VON HENRI BOULAD

in der Übersetzung von Hidda Westenberger

ALLES IST GNADE
Der Mensch und das Mysterium der Zeit

GOTTESSÖHNE, GOTTESTÖCHTER
Gelebte Existenzreligion

DIE VERNUNFT DES HERZENS
Wohin die Seele strebt

ORDNE DEINE TAGE IN FREIHEIT
Selbstverwirklichung und Erlösung

DIMENSIONEN DER LIEBE
Persönliche Aufzeichnungen

JESUS IN DIESEN TAGEN
Zwölf moderne Gleichnisse

DER MYSTISCHE LEIB
Kosmischer Zugang zur Eucharistie

STARKES TUN, STÄRKERES SEIN
Leid und Sendung der Frau

SAMUEL SAMUEL!
Alexandrinische Predigten

MYSTISCHE ERFAHRUNG UND SOZIALES ENGAGEMENT

IM LICHT DER HINWENDUNG
Vorträge vor Geistlichen

HENRI BOULAD

„Samuel, Samuel!"

Alexandrinische Predigten

übersetzt nach den französischen Originalkassetten und herausgegeben von Hidda Westenberger

160 Seiten, gebunden
Ä 18,–
ISBN 3-7013-1019-X

„Lesen Sie diese Predigten, sie sind den Zeitaufwand wert!"
grm, Paneuropa Österreich

„Henri Boulad ist ein Mystiker und Prophet, der unseren Tagen geschenkt ist. Er führt den Leser in den Kern der Botschaft Christi. Wer sich auf ihn eingelassen hat, wird nicht mehr so schnell von ihm wegkommen."
Leo Ettlin, Schweizerische Kirchenzeitung

„16 Predigten des Jesuiten, die sich nicht nur mit Gewinn lesen lassen, sondern teilweise von überraschender Aktualität sind."
Alois Schlachter, Ordenskorrespondenz

„Das Buch führt in die Tiefe, läßt die echte Botschaft des Evangeliums lebendig werden und läßt uns das Mysterium des Lebens erahnen."
E. S., Evangelium heute

„Das Buch entläßt den aufmerksamen Leser als einen anderen. Er findet sich innerlicher, hoffnungsfroher und bereiter, seinen Weg mit und zu Christus zu gehen."
Josephine Hirsch, Die Furche

„Boulad besticht durch seine Fähigkeit, scheinbar abgehobene Fragen des Christentums auf ihre existenzielle Bedeutung zuzuspitzen und mit seiner bilderreichen Sprache nicht nur den theologischen Verstand anzusprechen, sondern auch die Herzen zu berühren. Sehr empfehlenswert."
Monika Roth, Bibliotheksnachrichten

OTTO MÜLLER VERLAG

HENRI BOULAD

Starkes Tun, Stärkeres Sein

Leid und Sendung der Frau

übersetzt aus dem Französischen, bearbeitet und herausgegeben von Hidda Westenberger

---

208 Seiten, 2. Auflage, gebunden
Ä 18,–
ISBN 3-7013-0963-9

„Boulads Buch ist ein wichtiger Beitrag im Sinne der Menschenrechte. Höhepunkt dieser Ausführungen bildet eine mystische Betrachtung der marianischen Geheimnisse."

Leo Ettlin, Schweizerische Kirchenzeitung

„Ein Buch, das aus seiner charismatischen Sicht Hoffnung macht für eine Erneuerung der Welt von morgen – durch die Frau. Ein leidenschaftliches Buch. Es geht unter die Haut."

Drehpunkt Familie

„Boulads optimistische Prognose lautet: Im starken Tun und noch stärkeren Sein der Frau wird es der Welt gelingen, sich wieder einzupendeln und dann einen sinnvollen Weg einzuschlagen. Gott hat die Frau auf seiner Seite."

aw, Miteinander

„Es ist ein hochpolitisches Buch entstanden, nicht aus der distanzierten Beobachterloge geschildert, sondern mit heißem Atem formuliert."

Otto Betz, Christ in der Gegenwart

„Nur ein Theologe und Mystiker, in dem sich östliche Spiritualität und westliches Denken vereinen, kann ein solches Buch schreiben."

Peter Zelger, Katholisches Sonntagsblatt

OTTO MÜLLER VERLAG

HENRI BOULAD

Mystische Erfahrung und soziales Engagement

Französischsprachige Vortragskassetten
übertragen von Wolfgang Bahr
Bearbeitet und herausgegeben von
Hidda Westenberger

---

200 Seiten, gebunden
Ä 18,-
ISBN 3-7013-0950-7

„Eine befreiende Herausforderung, die uns Gott im Menschen begegnen läßt. Nimm und lies!"

mann + christ

„In diesem Buch leuchtet uns ein unerschütterlicher Glaube an die Menschheit entgegen. In unserer zersplitterten, kopflastigen und verunsicherten Welt brauchen wir solche Ermutigungen."

Forum

„Engagiert und mitreißend dargeboten, stellt Boulad die Fragen über christliche Nächstenliebe anders, klärt sie neu, und bietet damit (auch beim Lesen!) einen enormen spirituellen Auftrieb. Wärmstens zu empfehlen."

Drehpunkt Familie

„Das Buch gehört zu den wichtigsten Veröffentlichungen der letzten Zeit!"

Anton Schrettle, Bücher Bord

„Das Buch sei mit Nachdruck allen empfohlen, die sich um ihren Glauben bemühen, um ihn zu vertiefen."

Jakob Mitterhöfer, Die Zeit im Buch

OTTO MÜLLER VERLAG

HENRI BOULAD

Jesus in diesen Tagen

Zwölf moderne Gleichnisse

Aus dem Französischen
von Hidda Westenberger

118 Seiten, 3. Auflage,
12 Abbildungen in Farbe, gebunden
Ä 15,-
ISBN 3-7013-0893-4

„Ein Buch, das man schmunzelnd und genußreich lesen kann, bis man feststellt, daß es einem unter die Haut geht. Man kann diese Gleichnisse nicht so schnell vergessen."

Leo Ettlin, Schweizerische Kirchenzeitung

„Eine mystische und prophetische Stimme unserer Zeit."

Esther Röhr, Das Sonntagsblatt

„Jung und alt wird dieses Bändchen mit den tiefen Gedanken und einer schönen Sprache mit großem Gewinn zur Hand nehmen. Ein ideales Geschenk."

Johann Reinisch, Bücher Bord

„Die Gleichnisse gehen uns an den Nerv. Sie fordern heraus, schenken aber auch Mut und Vertrauen in das Leben, das von Gottes Hand getragen."

mann + christ

„Der Leser wird unmittelbar bewegt und mitgerissen."

Renate Hegemann, Bücher der Gegenwart

OTTO MÜLLER VERLAG

HENRI BOULAD

Dimensionen der Liebe
Persönliche Aufzeichnungen

übersetzt aus dem Französischen und herausgegeben von Hidda Westenberger

128 Seiten, Broschur
Ä 12,50

In einfühlsamer, meditativer Schau führt Henri Boulad in die Dimension der Liebe ein, in deren Mittelpunkt als Quell und Ursprung die vom Vater geoffenbarte Liebe, Jesus Christus, steht.

Gottessöhne, Gottestöchter
Gelebte Existenzreligion

übersetzt aus dem Französischen und herausgegeben von Hidda Westenberger

96 Seiten, Broschur
Ä 11,–

Mit dem Irenäus –Wort „Die Herrlichkeit Gottes ist der lebende Mensch" werden wir zur Entfaltung schöpferischer Dynamik ermutigt. Als von Gott geliebte Geschöpfe sind unsere Kräfte unbegrenzt.

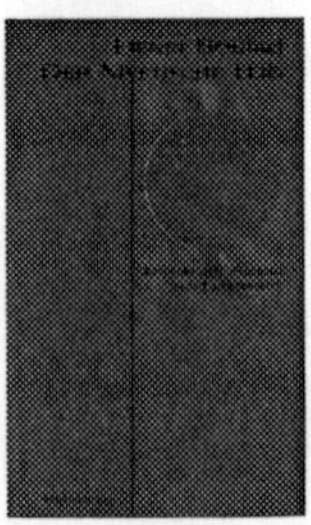

Der mystische Leib
Kosmischer Zugang zur Eucharistie

übersetzt aus dem Französischen und herausgegeben von Hidda Westenberger

198 Seiten, Broschur
Ä 17,–

„Was kein Auge je gesehen und kein Ohr je gehört, und was in keines Menschen Herz gedrungen ist…", das ist das Omega der Weltgeschichte, der Christuspol, die Vollendung von Mensch und Schöpfung im Mystischen Leib.

AUSGELIEFERT ÜBER DEN OTTO MÜLLER VERLAG